中国建筑60年（1949—2009）：
历史理论研究

Sixty Years of Chinese Architecture (1949—2009):
History, Theory and Criticism

朱剑飞　主编
Edited by Zhu Jianfei

中国建筑工业出版社

图书在版编目（CIP）数据

中国建筑60年（1949-2009）：历史理论研究/朱剑飞主编.
北京：中国建筑工业出版社，2009
 ISBN 978-7-112-11215-9

Ⅰ.中… Ⅱ.朱… Ⅲ.建筑工业-工业史-研究-中国-1949-2009 Ⅳ.F426.9

中国版本图书馆CIP数据核字（2009）第151930号

责任编辑：徐　冉　王莉慧
责任设计：赵明霞
责任校对：刘　钰　梁珊珊

中国建筑60年（1949-2009）：
历史理论研究
Sixty Years of Chinese Architecture（1949-2009）:
History, Theory and Criticism
朱剑飞　主编
Edited by Zhu Jianfei

*

中国建筑工业出版社出版、发行（北京西郊百万庄）
各地新华书店、建筑书店经销
北京嘉泰利德公司制版
北京中科印刷有限公司印刷

*

开本：787×960毫米　1/16　印张：24¾　字数：600千字
2009年10月第一版　2009年10月第一次印刷
印数：1—3000册　定价：**66.00**元
ISBN 978-7-112-11215-9
　　　　（18447）

版权所有　翻印必究
如有印装质量问题，可寄本社退换
（邮政编码100037）

作者团队（按姓氏首字拼音排序）

薄大伟（Bray, David）

薄大伟，悉尼大学社会学系高级讲师。在澳大利亚墨尔本大学于1992年和2000年分别获本科和博士学位。在2005年任教于悉尼大学前，在英国剑桥大学担任中国研究讲师。著有 Social Space and Governance in Urban China: The Danwei System from Origins to Reform (Stanford University Press, 2005) 一书。目前在清华大学建筑规划学院及加州大学伯克利分校的中国研究中心任客座教授。

丁沃沃（Ding Wowo）

丁沃沃，1984年毕业于南京工学院建筑系（现东南大学建筑学院）先后获学士、硕士学位，后留校任教至2000年。其间两次赴瑞士苏黎世高等工业大学(ETH-z)建筑系学习、任教，并获该校博士学位。2000年起执教南京大学建筑学院，目前任教授、博士生导师，及建筑学院院长。教研范围含建筑设计、城市设计与研究、方法论研究、以及计算机辅助技术方法研究。

顾大庆（Gu Daqing）

顾大庆，1986年毕业于南京东南大学建筑系，获建筑学硕士学位。1994年毕业于苏黎世高等工业大学，获博士学位。1986-1994年任教于南京东南大学建筑系，1994年至今任教于香港中文大学建筑学系，目前任副教授。主要研究领域包括：建筑教育，设计教学法，设计理论和香港现代建筑。著有《设计与视知觉》和《香港集装箱建筑》等。

吉国华（Ji Guohua）

吉国华，1991、1994年工业大学获东南大学建筑系学士、硕士学位，2007年获瑞士苏黎世高等工业大学建筑系博士学位，现为南京大学建筑学院副教授。主要研究方向为计算机辅助建筑设计和中国近现代建筑。近年发表的著（译）作有《CAD 在建筑设计中的应用》、《多媒体的图式运用》、《建筑 CAD 设计方略——建筑建模与分析原理》等。其博士论文《Building under the Planned Economy – A History of China's Architecture and Construction, 1949-1965》对中华人民共和国从建国到"文革"前的建筑进行了系统的专题研究。

贾云艳 (Jia Yunyan)

贾云艳，现为香港大学建筑学院房地产及建设系博士后研究员，

作者团队　Ⅲ

先后毕业于重庆大学建筑系与香港大学建筑系，曾任职于中国北方设计研究院和四川大学建筑系。她目前的研究领域包括建筑设计教学环境和建筑学课程结构的跨文化比较研究、职业教育与职业化的文化根源与核心价值观、建设行业人力资源管理等。

爱德华·科构（Kögel, Eduard）

爱德华·科构博士，"城市发展署"主管，柏林工业大学 Herrle 教授群落研究室研究员，负责关于 Ernst Boerschmann 的研究，关注中国建筑与城市。曾任达姆施塔特工业大学建筑规划系助理教授（1999–2004）。现任德国关注中德交流的 SKI（stadtkultur international）国际城市文化协会委员（1999– ）；清华大学《世界建筑》杂志编委会成员（2004– ）。已组织各种研讨会，并于 2002 年组建关于建筑和城市设计的德汉双语网络平台 IDAS 并任主编。

关道文（Kvan, Thomas）

关道文，现任墨尔本大学建筑与规划学院院长，此前曾任职香港大学建筑系教授。早年毕业于英国剑桥大学和美国南加洲大学，曾在几个国家从事建筑设计业务，1989 年以来任 Cox Group 合伙人，设计师管理顾问等。

赖德霖 (Lai Delin)

赖德霖，1985、1988 和 1992 年分别获清华大学建筑学学士，建筑历史理论硕士和博士学位。曾任清华大学建筑学院讲师（1994–1997 年）。2007 年获芝加哥大学中国美术史专业博士学位。先后任《世界建筑》、《建筑师》编委会委员、美国欧柏林大学美术系讲师。现任美国路易维尔大学美术系助教授。主编《近代哲匠录：中国近代时期重要建筑家、建筑事务所名录》（2006 年）一书，获 2008 年首届"中国建筑图书奖"。专著有《中国建筑史研究》、《解读建筑》（2007 年、2009 年）。合著有《20 世纪中国建筑》《西方建筑名作（古代—19 世纪）》（1999 年、2000 年）。

李华 (Li Hua)

李华，1993 年毕业于重庆建筑工程学院（现为重庆大学建筑城规学院），获建筑理论与设计方向硕士学位。2008 年毕业于伦敦建筑联盟学校（Architectural Association School of Architecture）获建筑历史与理论方向博士学位。主要研究兴趣是建筑与现代性的关系，建筑知识与概念在跨文化间的"翻译"/"转译"，及当代中国建筑的现代性实践。

李翔宁 (Li Xiangning)

李翔宁，2004年获博士学位，现任同济大学建筑与城市规划学院院长助理，副教授。长期任《时代建筑》客座编辑，从事中国当代建筑的理论和评论研究，发表了大量的学术文章并组织策划过多个展览及国际学术研讨会。自2006年起，受邀任美国麻省理工学院访问学者，洛杉矶MAK艺术建筑中心研究员，德国达姆施塔特技术大学"城市研究"国际硕士班教授，并特邀在麻省理工学院、哈佛大学、普林斯顿大学、加拿大建筑中心（CCA）等作当代中国建筑的演讲。

林家辉 (Lin Chia-hui)

林家晖，2002年获台湾中国文化大学工学学士学位，2004年获台湾科技大学建筑学硕士学位，主修西方建筑造型历史与理论，并以台湾九二一地震后重建学校之建筑形式为例，完成以当代台湾建筑形式发展为主题之论文。除学术领域外，亦拥有丰富工程实务与设计实践经历。目前为澳大利亚墨尔本大学博士候选人，主要研究领域为建筑理论与历史。

刘秉琨 (Liu Bingkun)

刘秉琨，同济大学建筑系工学学士及香港大学建筑系哲学硕士，现为上海师范大学环境艺术系副教授，负责教授建筑历史与理论、建筑设计等课程。研究领域包括中国近代建筑史、历史街区保护、及上海建筑等。在教学之外，他还是某一级建筑设计事务所合伙人，负责多个项目管理和协调工作。

彭怒 (Peng Nu)

彭怒，1990年毕业于重庆建筑工程学院获建筑学学士学位；1994年被推荐直接攻读同济大学建筑城规学院建筑历史理论博士学位，1999年获博士学位；1999–2001年间在清华大学建筑学院建筑历史理论专业从事博士后研究；2001年至今，任同济大学建筑城规学院副教授，硕士生导师，《时代建筑》副主编；研究方向为西方建筑和中国现代建筑的历史与理论。

彼得·G·罗伊（Rowe, Peter G.）

彼得·G·罗伊，哈佛设计学院Raymond Garbe建筑城市设计教授，哈佛大学杰出服务教授。现任教于哈佛设计研究院城市规划设计系，曾任该院院长（1992–2004年）。先后任莱斯城市研究项目主任（1976–1978年），莱斯中心副主任(1979–1981年)，莱斯大学建筑学院

院长（1980-1985年），哈佛大学教授（1985-）。发表众多文章，并独立或合作出版著作（英、意、中文），如《现代亚洲》（1998年）、《中国现代城市住宅 1840-2000》（2001年）、《承传与交融：探索近代中国建筑的本质与形式》（2003年）、《上海：现代中国建筑与城市主义》（2004年）、《现代东亚：当代城市的塑造》（2005年），和将出版的《转型中的东亚》。

史建（Shi Jian）

史建，建筑/城市评论家，北京一石文化传播有限责任公司策划总监。从事城市/建筑文化研究，及相关图书、展览的策划、编辑工作。《城市中国》顾问，《今日先锋》、《城市空间设计》、《当代艺术与投资》编委。独立策划"北京西四新北街概念设计国际邀请展"（2007年，北京国家图书馆），合作策划"中国'本土建筑'展"（2008年，纽约建筑中心）。合作作品《超速状态：中国城市/建筑十年》和《招头－建成－移位》参加了第一、二届深圳城市建筑双年展(2005年，2007年)。

王浩娱（Wang Haoyu）

王浩娱，南京东南大学建筑学学士（1999年），建筑历史与理论专业硕士（2002年），香港大学建筑哲学博士（2008年）。硕士和博士论文分别研究华人建筑师在民国时期大陆和1949年后香港的执业状况。协助赖德霖编辑出版《近代哲匠录》（2002-2006年），应邀参加香港大学亚洲研究中心系列研究,讲授"1949年后上海来港华人建筑师"（2006年），目前与各机构合作在香港大学继续"香港早期华人建筑师"的专题研究。

王军（Wang Jun）

王军，1991年毕业于中国人民大学新闻系，获法学学士学位。1991-2004年在新华通讯社北京分社任记者，从事城市建设与财税领域报道。2004年至今，在新华社《瞭望》新闻周刊任职，从事城市建设、文化遗产保护等领域的报道和编辑工作。现为新华社高级记者、《瞭望》编委。已出版专著：《城记》（三联书店，2003年；台北高谈文化，2005年；日本集广舍，2008年）和《采访本上的城市》（三联书店，2008年）。

薛求理（Xue Qiuli）

薛求理，博士，长期在中美两国从事建筑设计和教育，先后在上海交通大学、香港大学、英国诺丁汉大学、美国得克萨斯州立大学和香港城市大学任职。在国内外发表众多论文，已在大陆和香港出版中英文著作：《中国建筑实践》(1999 年，2009 年)，《思考建筑》(2001年)，《全球化冲击：海外建筑设计在中国》(2006 年)，《建造革命：1980 年来的中国建筑》(2006 年，2009 年)；同时参加设计实践和质询顾问工作；其设计和论文多次在海内外获奖。

姚彦彬（Yao Yanbin）

姚彦彬，同济大学建筑城规学院 2006 级硕士研究生。2001-2006 年，就读于北方工业大学建筑设计专业，获学士学位；2006 年至今，为同济大学建筑历史与理论专业硕士学位候选人。已发表《走向公众和环境的现代卫城》等论文，并参与编辑与整理《中国当代建筑作品 2008》丛书，和 Architectural Record（《建筑实录》）的中文版翻译工作。

于水山（Yu Shuishan）

于水山，1994 年毕业于清华大学获建筑学学士学位，1997 年毕业于同校获建筑史硕士学位，2006 年毕业于西雅图华盛顿大学获艺术史博士学位。1997-1999 年在建设部设计院工作，2006 年起执教于美国奥克兰大学，教研范围含东方艺术史、中国建筑史、艺术史及建筑史论。

朱涛 (Zhu Tao)

朱涛，现任香港大学建筑系助理教授，纽约哥伦比亚大学建筑历史与理论博士候选人。他也从事建筑实践，是 ZL 建筑设计公司创建人之一。他于 1990 年在重庆建筑工程学院获得建筑学工学学士，于 2001 年在纽约哥伦比亚大学建筑研究生院获建筑学硕士，2007 年在哥伦比亚大学获建筑历史与理论哲学硕士。除了在中国的建筑实践之外，他还通过写作广泛探讨当代中国建筑和城市问题，其中关于"建构"和"批判性"的研究论述引起热烈的争论。

朱剑飞（Zhu Jianfei）

朱剑飞，1984、1995 年分别在天津大学、伦敦大学获建筑学学士、博士学位，1999 年起执教于澳大利亚墨尔本大学，现任副教授、博士生导师。教研范围包括历史理论和空间分析。长期用学术英文研讨中国建筑，部分译成德、法、西文；多年受邀在欧美演讲；任中英有关杂志编委。已出版关于明清北京"政治空间"和近现当代中国建筑的英文专著：Chinese Spatial Strategies: Imperial Beijing 1420–1911（Routledge，2004）和 Architecture of Modern China: A Historical Critique（Routledge，2009）。第一本的中译本将由三联书店出版。

作者团队　　VII

目　　录

导言
001　现代中国建筑的社会分析史 ································· 朱剑飞

为民族国家而设计
018　革命与怀旧：长安街，梁陈方案与北京轴线之再定义 ················ 于水山
033　从布杂的知识结构看"新"而"中"的建筑实践 ····················· 李华
046　国家，空间，革命：北京，1949－1959 ························· 朱剑飞

作为意识形态的建筑风格
074　1955 年，"大屋顶"形式语言的组织批评 ························ 王军
099　20 世纪 50 年代苏联社会主义现实主义建筑理论的
　　　输入和对中国建筑的影响 ································· 吉国华

地缘政治版图的变迁
112　台湾战后建筑中的主体意识：一个话语历史的浅析 ················· 林家晖
121　1949 年后移居香港的华人建筑师 ····························· 王浩娱

社会主义的现代主义：政治空间与形式语言
140　从单位到小区：治理的空间化 ································ 薄大伟
156　葛如亮的习习山庄与 20 世纪 80 年代的中国现代乡土建筑 ········ 彭怒，姚彦彬
179　个人建筑师，大众社会，草根品牌：兼论中国
　　　现代主义建筑简史 ·· 爱德华·科构

知识与制度化 1：整体回顾
192　中国建筑教育的历史沿革及基本特点 ··························· 顾大庆
201　一个职业的形成：中国建筑师职业发展回顾与展望 ··· 关道文，刘秉琨，贾云艳

知识与制度化 2：专题解剖
222　回归建筑本源：反思中国的建筑教育 ··························· 丁沃沃

236	"组合"与建筑知识的制度化构筑 ··················	李华
246	文化观遭遇社会观：梁刘史学分歧与 20 世纪中期 中国两种建筑观的冲突 ··················	赖德霖

当代建筑 1：作者、实验性与适用精神

266	"建构"的许诺与虚设：论当代中国建筑学发展中的一个观念 ··················	朱涛
285	权宜建筑：青年建筑师与中国策略 ··················	李翔宁
296	实验性建筑的转型：后实验性建筑时代的中国当代建筑 ··················	史建

当代建筑 2：全球互动

316	外国建筑设计在中国：历史简述（1978 - 2008 年） ··················	薛求理
328	在长安大街的两旁：规划、建筑区域和地理特征 ··················	彼得·罗伊
343	关于全球工地：交流的格局与不同的批评伦理 ··················	朱剑飞

367	参考文献（中文）
377	参考文献（英文）

Contents

Introduction

007   A Social and Analytical History of Modern Chinese Architecture   Zhu Jianfei

For a New Nation

018   Revolution and Nostalgia: the Chang'an Avenue, the Liang-Chen Scheme and a Redefinition of Beijing's Axis   Yu Shuishan

033   A 'New' and 'Chinese' Architecture in Relation to the Beaux-Arts Tradition as a System of Knowledge   Li Hua

046   A Spatial Revolution: Beijing 1949 – 1959   Zhu Jianfei

Styles as Ideologies

074   1955: A State Criticism of a Formal Language of 'the Big Roof'   Wang Jun

099   The Incursion of Soviet Socialist Realism and its Influence on Chinese Architecture in the 1950s   Ji Guohua

Geo-political Mapping

112   Subjectivity in Architecture of Taiwan after 1949: Preliminary Analysis of a Discourse History   Lin Chia-hui

121   Chinese Architects in Hong Kong after 1949   Wang Haoyu

Socialist Modernism: Political Space and Formal Language

140   From *Danwei* to *Xiaoqu*: the Spatialization of Government   David Bray

156   Ge Ruliang's Xixi Scenery Spot Reception and Chinese Modern Vernacular Architecture in the 1980s   Peng Nu, Yao Yanbin

179   Solo Architect, Mass Society and a Grass-roots Approach to Branding: with a Brief History of Chinese Modern Architecture   Eduard Kögel

Knowledge and Institutionalization 1: Reviews

192   Architectural Education in Modern China: Evolution and Characteristics   Gu Daqing

201   The Emergence of a Profession: Development of the Profession of Architecture in China   Thomas Kvan, Liu Bingkun, Jia Yunyan

Knowledge and Institutionalization 2: Thematic Analyses

222　Back to the Basis of Architecture: Reflections on China's Architectural Education ……………………………………………… Ding Wowo

236　'Composition' and a Constitution of Architectural Knowledge …………… Li Hua

246　Social View or Cultural View: Liu versus Liang in Historiography and Concepts of Architecture in China of the Mid-20th Century …………………………… Lai Delin

Contemporary Architecture 1: Authorship, Experimentation and Pragmatism

266　The Promises and Assumptions of 'Tectonics': on a Developing Concept in Contemporary Chinese Architecture ………………………… Zhu Tao

285　'Make-the-Most-of-It' Architecture: Young Architects and Chinese Tactics ……………………………………………………… Li Xiangning

296　Transformations of an Experimental Architecture: a Post-Avant-Garde Era in Contemporary China ………………………………………… Shi Jian

Contemporary Architecture 2: Global Interactions

316　Thirty Years of Importation: Architectural Designs from Abroad (1978 – 2008) ……………………………………………… Xue Qiuli

328　Along Chang'an: Plans, Architectural Territories and Their Geographies …………………………………………………… Peter G. Rowe

343　Of China as a Global Site: Interactions and a Different Criticality ………… Zhu Jianfei

367　Bibliography (Chinese)

377　Bibliography (English)

导　言

现代中国建筑的社会分析史

朱剑飞

关于1949年以来的中国建筑，已经有相当规模的完整统一的线性历史叙述。本书组织出版的基本目的，是希望建立一个由群体学者参加，多向度的、开放的、专题化的，关心社会理论问题的现代建筑史的写作方向。建国六十周年的到来，中国建筑工业出版社的支持，一批学者已经完成或正在进行的研究，使得这种努力成为可能。带着这样的目的，本书的组稿采用了以下一些原则：①作为建筑的社会分析史，我们希望听到观察者而非实践主角的声音。我们邀请的作者主要是历史、理论和批评领域的学者，而不是建筑师、规划师、业主或官员等等。②作为中国现代建筑社会分析史的第一步，我们收集的研究，聚焦在建筑设计、设计思想和设计人/主体的问题上。其他外围的专业课题如住宅、规划、城市设计的研究都没有纳入（除非与建筑设计直接相关）③围绕设计、思想和主体的中心议题，我们强调了实践主体所处的历史、政治和社会境遇，以及思想、设计和建筑产生背后诸如国家建设、意识形态、权力关系、知识构造、教育体系、职业化和制度化等问题。我们采用的方法，是建筑历史与社会政治（包括其中的理论问题的）研究的互相结合。

这个方法的采用，今天看来是有必要的。首先从浅层看，今天关于当代中国建筑及其历史的介绍和讨论日趋频繁，而系统深入的研究较为贫乏。一个建筑历史与社会政治研究结合的工作，可以注入深远的视野和系统的方法。其次，在关于1949年前后建筑史研究等方面从深层上看，更有必要。关于1949年以来的中国建筑的学术研究，已经有了一定规模。但是研究工作目前的状态，是以建筑学内部的问题为研究的主导议题。研究工作已经概括或触及1949年以来几乎所有的建筑、政治、经济、文化、教育、职业等领域；但因为没有采用建筑学以外的社会学政治学及相关理论问题作为思考和研究的出发点，所以研究最终还是建筑学内部的，其工作并没有真正触及政治、经济、文化等问题，它是"描述"的而非"分析"的。例如，关于梁思成和民族形式等问题，如果不从社会学政治学有关理论议题出发思考分析，是无法深入解释的。关于1949年以前的近代中国建筑的研究，因为起步早，参与学者多，其范围和规模超过1949年后的现代中国建筑的研究。其中有些研究已经开始倾向采用社会政治学的概念，如以1930年代南京为背景的关于建筑师职业化在知识和国家权威关系中发展的研究。但是大部分研究还没有迈出这一步。因此，相同的问题基本上依然存在：一方面几乎所有的事物或事件都已涉及，另一方面因为研究以建筑学内部问题为基本出发点，所以其工作无法触及关键或核心的政治历史问题，它还是资料性的"描述"，而非分析和批判的。另外，从相反的方向看，也存在其他问题：如果我们仅从社会和政治学的问题出发，不考虑建筑特有的如形式、空间、物质构造、职业训练等问题，也是无法深入解释诸如梁思成和民族形式，或建筑师的知识构造和制度化等历史现象的。所以，出路就是建筑历史和社会政治问题两者结合起来研究，更精确地说，是建筑问题与社会政治问题在历史轴线上的结合的研究。

本书组稿的基本构架，是在研究的出发点和问题界定上，同时采用建筑学内部的和社会政治学理论中的研究方法。这里研究的具体方法包括描写、分析和问题化（即对作为出发点的基本问题的界定）。而这里界定的基本问题，主要是设计、历史、政治，及其他一些在两组学科中出现的，现代中国建筑史中不能回避的一些问题。它们包括国家民族、意识形态、权力关系、主体、知识、建筑师（作为知识分子、职业人士或主体）、制度化、空间、形式语言等等。组稿过程是互动的：先以上述概念的大构架邀请有关学者，然后在收集上来的文章之间组织栏目、界定专题，最后就是这个开放的集体合作的文集。

本书共有八个栏目、二十一篇论文。栏目的排列，同时兼顾了历史的时间顺序和问题/专题自身的逻辑连贯性和相对独立性。栏目的专题依次为：现代国家的象征，作为意识形态的建筑风格，地缘政治版图的变化，社会主义的现代主义（包括政治社会空间和美学形式语言），知识与制度化（包括教育体系、知识体系、建筑历史观念、知识的文本制度化），和当代建筑（包括主体作者的出现、实验建筑、全球互动等）。每个栏目有几篇论文讨论该主题或专题的不同方面；一篇同时涉及几个专题的文章，会被安排在比较能说明问题，或能体现整体历史脉络的那个栏目。

第一个栏目"为民族、国家而设计"，聚焦在中华人民共和国建立最初的年代，讨论建筑（以及城市地带）作为象征，如何服务于新兴的现代的民族国家。于水山的论文，摒弃了怀旧的同情梁思成的心理设定，客观讨论了中心设在城西和古城内核以南两种方案，以及作为首都核心的天安门广场和东西轴线即长安街的逐步胜出。李华的研究，分析了梁思成为新中国建构的设计理论背后的，以巴黎美院为渊源的"现代"知识体系；提出梁的现代化工作，在于用"词汇"、"语法"、"可译性"、"组合"等布杂的认识和技术的方法，来分解和重构中国的传统，以适应新中国的需要。我的文章，聚焦在20世纪50年代的五个瞬间，以分析国家象征语言的建设；文章讨论了梁思成及建筑师群体与党和国家的关系，"民族形式"的构成及国家象征语言的两次定格；文章强调了知识与权力在社会实践中的互动，互动所产生的建筑形式语言，这种形式和知识背后的世界和历史的脉络，以及所有线索在1959年北京的汇聚和沉淀。

第二个栏目"作为意识形态的建筑风格"，继续讨论多变的20世纪50年代，但把重点聚焦在"作为意识形态的建筑风格"这个问题上。这里，王军的文章为我们描绘了详细的历史情境，让我们读到以1955年批判大屋顶为高潮的国家组织对建筑形式语言的批评。吉国华的文章，全面介绍了苏联的社会主义现实主义理论对中国的影响及其发生发展的过程，并分析了专家的来华、"民族形式"的内涵、"结构主义"的所指、苏联理论的译介、梁思成的推动以及其后的影响等等。

第三个栏目，考察历史时间中政治社会议题在地理空间或"地缘政治版图"上的变迁。林家晖的研究，追踪1949年以来台湾建筑专业出版物的有关讨论，勾画出意识本土化、资源普惠化、专业自主化、公众参与化、形式语言混杂化等大趋势，提出建筑讨论中表现出的主体建构，在全球化和与大陆交流日趋频繁的同时，倾向于从大中华和大集体意识走向本土化和个体化。王浩娱的文章，研究了1949年后移居香港的内地建筑师的发展路径，探讨了移民的政治历史背景、内陆背景的作用（思想、职业化和业务市场等）和香港地方的影响（风格语言和职业途径），提出了内地和香港对这些建筑师的双重作用，以及他们开辟的新思路，包括对"民族国家"和"中国式"的跨越、多元地方概念的启用、国际式的采用等等。文章暗示，在冷战的封闭中，香港提供了地缘政治版图上的空隙，释放出了（个人自主设计的）地方主义和现代主义，预告了1970年代后内地发展的某些轨迹。林和王的研究，似乎都映照了中国内地现当代建筑发展的某些趋向。

下面的几个栏目，都涉及以1970年代为高潮的"中期"。首先是"社会主义的现代主义"。薄大伟（David Bray）、彭怒和爱德华·科构（Eduard Kogel）的文章，分别探讨这种"现代主义"的政治空间，后期的地方主义的美学表现，和它的贯穿在官方建筑之中和之下的一条（美学的、实验的）现代主义潜流。薄大伟采用社会空间理论，尤其是福柯的微观机构空间及其操作性和统治性等概念，分析1949年后三十年来的"单位"制度的空间化及有关的群体和住宅设计。文章指出，建筑空间和城市区域的设计建造是政府治理社会和创造新的社会主义思想和生活工作方式的基本手段。彭怒、姚彦彬的文章，聚焦在同济大学建筑系老师葛如亮1970年代后期、1980年代初期的作品，尤其是习习山庄（1982年），以及冯纪忠的有关作品；文章通过对建筑内在空间组合语言和外在历史关系的探讨，提出在岭南现代建筑之外，还有一条海派现代建筑，以及中国（南方）从1950年代到1980年代的现代（乡土）建筑的重大潜流。爱德华·科构的文章，贯串两个线索：一是张永和、刘家琨、王澍等当代青年建筑师的出现，一是整个20世纪中国建筑史中相对弱小又平行于布杂装饰历史主义建筑的现代主义建筑；爱德华认为，这条贯穿20世纪的现代主义建筑潜流，以奚福泉、杨廷宝、华揽洪、冯纪忠、莫伯治、尚廓等人为代表，在一定程度上是张永和、刘家琨、王澍等当代实验性现代主义建筑师的先驱。彭怒与爱德华的文章，引发我们思考"北方"甚至全国在1970年代出现的现代主义脉络，包括大型公共建筑（如新北京饭店、外交公寓、长话大楼等等），甚至几乎所有的单位建筑（住宅、学校、商店）。关于"社会主义的现代主义"这个问题，还需要许多学者的深入研究。

以1970（和1980）年代为高潮的"中期"，还有另外一些重大发展，如建筑学科知识的逐步体系化，包括教育的体系化和相关的职业实践的规范化等等。这组问题，以"知识与制度化"为题，在下面两个分栏目中处理，其中第一个分栏目提供整体回顾，第二个分栏目提出深入的专题研究。在整体回顾的栏目中，顾大庆介绍了中国建筑教育的发展史，提出发展的三个阶段，即巴黎美院体系在中国的引入（1949年前）、本土化（1949年后的前三十多年）、抵抗（以后现代为掩护）及其后的延展和消融（1980年代之后)。关道文、刘秉琨、贾云艳三人合著的文章,系统回顾了建筑师职业在中国的发展,然后聚焦在1994-1995年后职业实践的具体状态,考察了设计院、私人事务所、小型私人工作室和外国设计公司等几种实践类型,分析了实践的基本模式,提出了未来的趋向(私人化、服务化、创意化等等)。

  关于知识和制度化的专题研究,文集收录了丁沃沃、李华和赖德霖分别关于教育体系、布杂知识体系和建筑史学观念的研究。丁沃沃采用大尺度思考,把四千年中国建造传统和近八十年来现代中国建筑教育中从西方引入的建筑观念进行反差比较,提出教育体系的窘迫处境在于从本国传统的"器"(构造的、规范的、实用的)到西方建筑传统的"艺"(思想的、形式的、设计的、绘出的)的过渡而又无法完全西化(理论化、思想化)的这种状态。文章仔细分析了1933年"中大模式"建立时对西方体系的取舍和由此产生的基本困境。李华的文章,研究了1980年代初出版的中国通用的三本建筑"教科书"——《空间组合论》、《住宅设计原理》、《中国建筑史》,描绘了其文本和知识的构造,认为中国在此吸收了布杂(巴黎美院)中以加代(J. Guadet)为代表的理性主义传统,并由此完成了一系列的吸收转化,实现了现代布杂知识体系的中国本土化;文章提出这里的三个转化分别是对现代主义空间要素的吸收(组合论)、对现代建筑类型和技术的吸收(住宅设计)以及对中国传统建筑的再造(建筑史);文章的一个重要观点是布杂知识体系具有理性、包容性和现代性。赖德霖的文章,讨论刘敦桢与梁思成之间不同的建筑观念和建筑史研究构架;文章从1955年刘敦桢批评梁思成唯心主义建筑思想的文章入手,回顾了刘先生此后的《中国古代建筑史》、《中国住宅概说》、《苏州古典园林》等著作,及受此影响的合编的《中国建筑史》和《中国古代建筑史》等等;研究指出,如果说梁思成开启了一个重"文化"(强调风格、形式、结构、线性演化、民族的主流传统、它的艺术形式等)的古建筑研究模式,那么其后的发展是沿着刘敦桢的"社会"观念模式,强调社会和物质经济状态、地方自然条件、类型的变化、传统的多样复杂等等;研究认为,马克思主义的唯物史观,以及官方推动的1966年完稿的《中国古代建筑史》(强调生产力推动的社会发展和详细的类型及实例的分类)是促成这种学术发展的重要因素。如果我们把丁沃沃、李华和赖德霖的工作放在一起,或许可以看到许多有趣的新的联系和课题。丁沃沃提到的中国对西方建筑观念的取舍,是否对应着李华的巴黎美院体系在中国的动态转化和本土化,以及(以梁思成为代表的)布杂体系下的中建史学在历史唯物主义影响和刘敦桢等学者努力下的变形转化?

  本书最后两个栏目,关注中国的"当代建筑"。其中第一个分栏目具体探讨了当代中国建筑出现的比较独特的现象:个人作为设计主体的"作者"身份的出现,这种个人主体所关心的以建构、空间、极少等现代主义特征为形式语言的"实验建筑",以及近来似乎正在兴起的自觉的"适用主义"。这里收集了朱涛、李翔宁和史建的文章。朱涛的文章,针对张永和、刘家琨、王澍、张雷等建筑师的以构造、空间等"纯粹"概念为追求的"基本建筑"实践,质疑了这种建构实践企图的基本性、纯粹性、价值中立性,举出了一些与实际建构关系脱离甚至不反映实际建构关系的建筑部件组合以达到一种表现的、审美的建造原本性(使之"看起来很建构")的实例。文章挑战了"基本建筑"

的基本性、揭示出它的主观性、价值立场或意识形态立场。朱涛的思路有说服力。但是我们的思考可以再向前一步：张永和、刘家琨、王澍等人的基本建筑，或许就是历史的、主观的、表现的、立场的、意识形态的，其目的就是希望突破"美术建筑"或装饰主义（布杂的、后现代的、或者商业的）。李翔宁和史建的文章，开始思考张永和、刘家琨、王澍等实验性建筑师之后的演变。李翔宁提出，在杨永生四代建筑师划分的基础上（其中张永和等被列为第四代），纳入第五代建筑师，他们的基本特质是灵活、机智、迂回，采用权宜之计，注重在现有条件下实现有品质和趣味的建筑；李翔宁的基本观点是，中国正在经历世界上没有先例的高速城市化、现代化，其建筑价值和评判的标准应该是此时此地的、独特的、非西方的；文章认为，或许"权宜建筑"就是这样一种独特体系的一部分。史建的文章，通过广泛的概括和对当代史的回顾，以张永和的轨迹为主脉络（同时包括了许多建筑师和业内外的学者和艺术家），提出中国的实验建筑，酝酿于文化思想激荡的1980年代中期，起步于1993年（张永和在北京实践的开始），结束于2003年（张永和的"非常建筑"十年的研讨活动）；文章讨论了实验建筑十年的历程、谱系、内涵和实绩；提出了后实验时代的"当代建筑"的一些特征：批判的参与、采用灵活策略、争取入世有为。

"当代建筑"的第二个分栏目，讨论60年来（也是整个20世纪）另一个独特现象：海外建筑设计（高层次）的涌入和中国建筑界对西方（或西方占主导的世界）建筑领域前所未有的介入。本栏目的三篇文章，分别讨论了中国输入海外建筑设计的历史、北京长安街沿线的巨型建筑和城市空间设计、中国作为世界工地所引发的有关理论问题。薛求理的文章，采用数据图表和宏观视野，全面介绍了改革开放三十年来，中国输入海外建筑设计的历程和带来的现象及问题；文章提出输入国外建筑有三个阶段（1980、1990和2000年代），输入设计的来源地依次主要是日本、美国和欧洲国家，海外设计的最典型建筑类型依次是旅馆、办公楼和地标性文化体育设施等公共建筑。彼得·罗伊（Peter G. Rowe）的研究，聚焦在北京长安街沿线近年完成的一些地标性的大型建筑；彼得结合城市规划设计和单体建筑设计两种尺度，在一个中观的多层次上，讨论规划话语、建筑设计行为、区域地理特征（具体的、隐含的、历史积累的）及由此构成的综合的"情境逻辑"，来分析坐落在长安大街沿线两侧的中央电视台大楼（CCTV）、建外SOHO公寓群和国家大剧院，认为这些建筑并不怪异，符合具体的历史地理的情境逻辑，是不可复制的具体时空条件下的巨型地标建筑，也反映出中国其他城市以轴线为带形地段设置大型、现代、形式创新的建筑的一般特点；在方法上，彼得以"情境逻辑"来吸收历史的和当前的各种大小尺度因素，跨越了"文脉"、"场所精神"具有的某种偏重历史的保守的思维假设。我的文章，从具体的个案中退出，环视全球互动下中国成为"世界工地"的一些历史理论问题；文章用沃勒斯坦（Immanuel Wallerstein）的"世界体系"来探讨有关问题；文章回顾中国近现代建筑史后，聚焦当代建筑背景下有中外建筑师参与的大、中、小型三组建筑及它们表现的象征资本，然后在国际交流背景下讨论这些实践及背后的写作，归纳出中国与西方（世界）之间一个关于"批判"的对称交往的历史瞬间；文章随后讨论"批判建筑"的种种转变，提出一种以中国现状和传统为基础的重关联互动而非二元对立的新的"批判伦理";文章认为,今天世界体系的(后资本主义)转变以及中国已经走过的道路和达到的地位,促使中国产生(或运用已有的)独特思维和伦理系统,甚至以此影响世界;文章提出,这种中国品质和它的输出包括两组线索:大规模的适用建筑和关联的批判伦理。

现代中国建筑的历史研究,应该是一项无止境的大课题。本书仅是一个有限的努力。有许多议题和时间段还没有涉及或覆盖,如"文革"时期独特的"表现主义建筑"、1970年代北京和各地表现国家新面貌的大型现代主义公共建筑等等。本书希望提供的,是关于现代中国建筑的一个社会分析史的轮廓,一个内容尚且不完整但在结构上比较平衡的,又是开放的、可继续发展的轮廓。

Introduction

A Social and Analytical History of Modern Chinese Architecture

Zhu Jianfei

The founding of the People's Republic of China in 1949 has been employed as a dividing line between an 'early modern' and 'modern' Chinese architecture as occurring before and after the date. Against a great body of work on the period before 1949, there is now a fast growing field on that after 1949. In the field of 'modern' Chinese architecture, there are linear, 'complete' and large-scale historical narratives already published with some single perspectives of individual authors. The purpose of this collection, instead, is to explore a new direction of historical writing in which multiple voices, focused and theme-oriented researches, and those with social, political and theoretical focus, are invited to share their studies, in an open-ended and collective effort. The sixtieth anniversary of the Republic, the support of CABP (China Architecture and Building Press), and the work being carried out by various scholars in the field, have now made such an effort possible. To proceed, the collection of papers is organized with a few principles in mind: ①For writings in a social and analytical history, we have invited 'observers' rather than 'actors', that is, scholars in history, theory and criticism rather than architects, planners, clients and political leaders, to contribute to this collection. ②As a first step for a social analytical history of modern Chinese architecture, we have invited papers that deal with core issues of architecture, those that are directly related to architectural design, design thinking and agents or authors of design; studies on other specialist areas such as housing, planning and urban design are not included (unless directly related to the core issues). ③Centering on design, thinking and the agent, we have focused on historical, political and social situations of the agent or the actor-subject, and the issues behind thinking, design and production, such as those concerning nation-state, ideology, power relations, knowledge, education, the profession, and institutionalization. The approach here is to integrate issues of architectural history with that of sociological, political and theoretical studies.

Such a method is much needed today. At a surface level, there is a growing public attention and populist (academic) discourse on contemporary Chinese architecture, yet systematic and analytical studies are rare. A research that combines architectural-historical descriptions with social and political analyses would inject a deep perspective and a working method. At a disciplinary and methodological level, concerning the periods before and after 1949, it is even more important to adopt such an approach. For the post-1949 period, there is already a substantial body of work as exemplified by that from Zou Denong and others. Yet the research is conceived conceptually as an investigation within the realm of architecture. The work has touched on almost all events relating to architecture, politics, economy, culture, education and the profession, yet because it doesn't employ sociological and political concepts outside the architectural discipline the work remains confined and is unable to deal with political, economic or cultural issues seriously; the work remains 'descriptive' rather than 'analytical'. For example, on Liang Sicheng and the National Style of the 1950s, one is unable to explain the situation well unless one adopts sociological and political concepts. For the pre-1949 period, the coverage and the quantity of research surpass those on the post-1949 era as the work had started much earlier with more scholars working in the field. Some of the studies have already started to employ sociopolitical concepts, such as those on the institutionalization of the profession in Nanjing of the 1930s as a problem of power-knowledge relationship. But the majority of the research has not made such a move. So the same basic problem remains: On the one hand, almost all events and entities have been touched upon, yet on the other, because the basic conception (of research problems) remains within the discipline, it is unable to explore and deal with deep and critical issues in a political history of architecture: the research remains descriptive, not analytical let alone critical. Of course, if we observe the situation in the opposite direction, there are other issues here. If we think only in terms of sociopolitical problems, and ignore specifically architectural issues such as form, space, construction, professional education and practice, we may remain equally unsatisfied in dealing with relevant historical phenomena such as Liang Sicheng, the National Style, constructs of knowledge, and institutionalization of the architect. In other words, the only way out is to synthesis architectural history with sociopolitical studies or, more precisely, to combine issues of architecture with that of sociology and politics as they unfold on a historical path in a conceptualization of research questions.

  The methodological framework adopted in this collection, is a combination of issues from architecture and from sociopolitical studies and theories, for a basic definition of research problems. The primary methods here are description, analysis and conceptual formations of problems. And the most basic problems to deal with here are design, history and politics, and a set of issues found in both disciplines which cannot be avoided in modern Chinese architecture. They include: nation-state (symbolic construction of), ideology, power relationship, subjectivity, knowledge, the architect (as intellectuals, professionals, and the acting subject), institutionalization, space, and formal language. The process of organizing the papers is interactive: the invitation was sent to scholars with a broad framework as outlined above, and when the papers were collected, clusters of papers sharing a common set of problems and historical moments were identified with a thematic title, and were arranged with an overall historical and analytical structure. The result is the book in front of us.

There are eight sections with twenty one papers. The arrangement of the sections is historical and thematic, chronological and analytical. The themes of the sections are: symbolic representation of the nation-state, architectural styles as ideologies, mutations of a geo-political map, socialist modernism (including its sociopolitical spaces and aesthetic formal languages), knowledge and institutionalization (including architectural education, systems of knowledge, perspectives in historical studies, and a textual institutionalization of knowledge); and contemporary architecture (including the emergence of authorship, conditions of experimental designs, and aspects of global interactions). Each paper in a section deals with an aspect of the theme or problem; and if a paper deals with several different themes it is placed in a section that may best reveal the paper's significance or the overall logic of the list of problems and moments in the book.

Section One, 'For a New Nation', focuses on the earliest years of the People's Republic, and explores how architecture and parts of the capital Beijing were designed, and made to become symbols of a new and modern nation-state. Yu Shuishan's paper, moving beyond a nostalgic conventional view of Liang Sicheng, compares the two competing proposals as to if the political center should be out in the west or in the south-central area within the old imperial city, and the process in which Tiananmen Square and the east-west axial avenue the Chang'an Jie emerged as a symbolic core of the new capital. Research by Li Hua, on the other hand, focuses on design theory proposed by Liang Sicheng and a 'modern' body of knowledge embedded in the Beaux-Arts system as adopted in China; Li suggests that Liang, in an effort of modernization, had employed epistemological and technical methods from the Beaux-Arts system such as 'vocabulary', 'grammar', 'translatability' and 'composition', so as to reconstruct China's architectural tradition, for the purpose of design thinking in the 1950s. My own article here focuses on five moments of the 1950s in order to understand how symbolic forms of the new nation were constructed; the paper deals with relationships between Liang, other architects and the party and state authority, the construction of the National Style and the two moments at which an architectural language of the state was precisely formulated; the research explores power-knowledge relationship in the process, formal languages thus produced, global and historical origins of such forms and ways of seeing and knowing behind, and a confluence of the currents in Beijing of the 1950s.

Section Two, working on the same eventful 1950s, focuses on the specific problem of architectural 'Styles as Ideologies'. Here, Wang Jun's article provides a rich and detailed account of historical events of 1955 when a formal language, the 'big roof', a version of the National Style, was criticized in a state-led and institutionally organized critique of design thinking. Ji Guohua's research, on the other hand, provides a full picture of the impact of socialist realism from Soviet Russia on China and its historical development; the research deals with several important aspects of the development including the arrival of Soviet advisors, the semantic content of the National Style, the meaning of 'structuralism', Chinese translations of Soviet theories, the support from Liang, and the consequences thereafter.

Section Three examines political historical mutations over a geographical space, concerning a 'Geo-political Mapping' of design thinking as it moves over time and space. Lin Chia-hui here traces architectural publications in Taiwan from 1949 onwards, and discovers general trends in design thinking such as localization in basic outlook, a more dispersed use of resources, an emergence of professional autonomy, more public participation in design, and a rising hybridization of design languages. Lin has identified a construct of the subject in these discourses, and a trend of this subjectivity moving from a grand, collective, Chinese-national thinking into a localized and individualized perspective, although participation in globalization and interactions with the mainland have been ongoing at the same time. Another research, on Hong Kong, is provided by Wang Haoyu. Wang has traced trajectories of Chinese architects migrating from the mainland to Hong Kong after 1949, the political historical background of the migration, the effect of their mainland background (on ideas, contributions to professionalization, and the client market), and the local Hong Kong impact on them (in the evolving styles and languages, and the professional paths adopted); the research discusses the dual impact on them, and the new directions opened in their work such as a move beyond the 'nation' and the National Style, a use of multiple ideas of regionalism, and an adoption of the International Style. The research implies that in the tight Cold War era, Hong Kong had opened a spatial gap on a geo-political map and had thus released an (individualist) regionalism and modernism, anticipating certain trends that emerged on the mainland from the 1970s onwards. In fact, in both Lin and Wang's studies, we can identify certain trends that are now reflected on the mainland.

In the next few sections, the studies are moving into the middle period in and around the 1970s. The first theme is 'Socialist Modernism'. Here, David Bray, Peng Nu and Eduard Kogel are focusing on a political space, a late regionalist aesthetic elaboration, and an experimental undercurrent, of this 'modernism' respectively. David employs concepts of social space especially that of micro spatial institutions and their operations and uses for governance as found in Michel Foucault, in order to analyze spatialization of the working of the *danwei* (work units) system and the collectivist and housing designs for some three decades since 1949; the article argues that the design of spaces, buildings and urban settlements were part of the essential means of governance and of creation of a new socialist mind and ways of life and work in the Maoist decades. Peng Nu and Yao Yanbin's research, on the other hand, focuses on the design works of Ge Ruliang a professor at Tongji School of Architecture (Shanghai) in the late 1970s and early

1980s, especially his Xixi Villa (1982), in relation to Feng Jizhong's works of the same period; the article has analyzed the work both internally in spatial compositions and externally in historical relations with other designs; it argues that parallel to a modernism in southern China of the Guangdong province there was also a modernism in the east in and around Shanghai. Eduard Kogel's work deals with two issues: contemporary architects represented by Yung Ho Chang, Liu Jiakun and Wang Shu; and a long-standing stream parallel to but weaker than the Beaux-Arts-based historicism, a modernism across the twentieth-century in China as represented by Xi Fuquan, Yang Tingbao, Hua Lanhong, Mo Bozhi, Shang Kuo and Feng Jizhong, who were effectively the pioneers of experimental modernism in contemporary China represented by Chang, Liu and Wang. Peng and Kogel's articles, in fact, compels us to consider a modernism in northern China and even across the entire country in the 1970s as well when large-scale public buildings in modernistic articulations were constructed (such as Beijing Hotel, Apartment Blocks for Foreign Affairs, and Long-Distance Telephone Building), and as found also in almost all buildings for the *danwei* work units of the time (housing, schools, shops). More studies are needed on issues of 'socialist modernism'.

In the middle period of the 1970s (and 1980s), there were other important developments in China, such as a systematic institutionalization of professional knowledge of architecture, including a (re) systematization of architectural education and an increasing regularization of professional practice. This set of issues, under the title of 'Knowledge and Institutionalization', are dealt with in the next two sections (Five and Six), with the first (Five) on general perspectives and the second (Six) on specific investigations. In Section Five, Gu Daqing provides a comprehensive history of architectural education in modern China, suggesting that there are three phases in the development: importation of the Beaux-Arts system (pre-1949), localization of the system (1949-late 1970s), and resistance of the system (through Post-Modernism) and its later disintegration (since the 1980s). The next article, by Thomas Kvan, Liu Bingkun and Jia Yunyan, provides a history of the profession in China before focusing on specific conditions of professional practice after 1994-5; it has examined several forms of practice including design institutions, private offices, small ateliers, and international design firms; the paper has analyzed basic types of practice, and has indicated likely trends (more focus on privatization, design as service, and creativity).

In the focused studies on knowledge and institutionalization in the next section, Ding Wowo, Li Hua and Lai Delin have respectively worked on education, systems of knowledge in the Beaux-Arts tradition, and methodological perspectives in architectural history. Ding Wowo, adopting a long perspective, has made a contrast between a four-thousand-year long Chinese building tradition and a eighty-year long modern Chinese architectural education based on imported ideas from the west; Ding argues that the basic problem in the education system lies in a shift from an 'instrumentalist' (tectonic, regulated, pragmatic) native tradition to an 'artistic' European model (conceptual, formal, designed, graphically represented) without a full westernization (in theorization); Ding has interrogated the Central-University model of Nanjing in 1933, its selective adoption of a European system and the profound dilemmas and problems left afterwards. Li Hua's investigation is more targeted. The research here examines three textbooks in architectural education in China of the early 1980s, explores textual and knowledge constructs within the books, and argues that, having adopted a rationalist stream of the French Beaux-Arts tradition (as represented by J. Guadet), China had taken crucial steps in transforming the absorbed knowledge for localization and modernization of the system; these transformations included absorption of modernist spatial concepts (for composition in design), internalization of modern building types and technologies (for housing design), and a reconstruction of the Chinese building tradition (for a history of Chinese architecture); as such the article argues for rationality, generosity and modernity within the Beaux-Arts system of knowledge. Lai Delin's research compares Liu Dunzhen and Liang Sicheng's different conceptions of architecture and the related frameworks for research in Chinese architectural history. Lai traces Liu's work from his criticism of Liang as idealist in 1955, and covers his books *A History of Ancient Chinese Architecture*, *An Introduction to Houses in China*, and *Classical Gardens of Suzhou*, and the collective writings under his influence *A History of Chinese Architecture* and *A History of Ancient Chinese Architecture* (new version). Lai argues that if Liang had initiated a 'cultural' model of research in architectural history (emphasizing on style, form, structure, linear history, mainstream national tradition, and its artistic expressions), subsequent development in the field in China had moved in a 'social' model explored by Liu, which emphasized on socioeconomic, material, local and natural conditions, typological mutations, and the multiplicity and complexity of tradition. Lai has highlighted that a materialist historical perspective in Marxism, and the officially sanctioned publication of *A History of Ancient Chinese Architecture* of 1966 (emphasizing on a productivity-driven social history, and a detailed differentiation of types and examples) has directed historical research on this path. If we relate Ding, Li and Lai's studies here, we may identify new connections and research topics. For example, one would ask, if China's selective adoption of the European (Beaux-Arts) system of architectural education in Ding (since 1933) is related to an active transformation and localization of the initial Beaux-Arts conceptions in the 1980s as identified in Li, and the shift from a Beaux-Arts based historical research of Liang towards a Marxist historical materialism of Liu Dunzhen from the 1960s to 1990s as recognized in Lai?

The last two clusters, Section Seven and Eight, deal with China's 'Contemporary Architecture'. The first and second (Seven and Eight) focus on new developments within a domestic and global perspective respectively. Section Seven explores new phenomena unique to contemporary time in China's modern history: the emergence of the 'author' in individualist designs, an experimental architecture (concerning modernist formal issues of tectonics, space and minimalism) explored by these individuals, and a new pragmatism that has also emerged as it seems more recently. The articles here are from Zhu Tao, Li Xiangning and Shi Jian. Zhu Tao's article questions a 'basic architecture' as proposed by Yung Ho Chang and others (Liu Jiakun, Wang Shu and Zhang Lei) and argues that such a purist and value-free neutrality cannot be obtained or sustained; Zhu Tao has supplied examples in these architects in which parts of the design were not consistent with even contradictory to actual constructions but were arranged such that they looked tectonic aesthetically or in some visual representations. Zhu Tao's argument appears convincing. However, our observation can take a step further: perhaps the 'basic' and 'purist' architecture proposed by these architects (Chang, Liu and Wang) *are rightly* subjective, ideological and intentional, for a specific historical agenda of transcending the mainstream traditions (Beaux-Arts, Post-Modern and commercial), as *consciously* articulated by them especially in Chang. Li Xiangning and Shi Jian's articles, on the other hand, begin to observe developments after the experiments of Chang, Liu and Wang. Li Xiangning argues that a fifth generation of Chinese architects can be identified, based on Yang Yongsheng's classification of four generations of Chinese architects (in which Yung Ho Chang was grouped into the fourth): the fifth-generation are characteristically flexible and pragmatic, adopting 'expedient' tactics, to secure, within a reality of limitations, a best possible design with qualities. Li argues that China is going through modernization and urbanization at a speed unprecedented in world history, that values or norms used for thinking architecture must also be specific to the situation and not borrowed from the west, and that the 'expedient architecture' produced here may be part of this unique way of designing and understanding. Shi Jian's research, on the other hand, observes an entire landscape of the 'experimental architecture' and its late transformations in China. Based on a broad review of China's contemporary history in the related areas, Shi Jian, using Yung Ho Chang's trajectory as a central example, suggests that 'experimental architecture' in China originated in the mid-1980s with an active cultural-ideological debate, began to take shape in 1993 (when Chang started his practice in Beijing) and had ended in 2003 (in the forum for the tenth anniversary of Chang's practice). Providing an account of the history, genealogy, content and achievements of 'experimental architecture', Shi Jian then moves on to describe characteristics of an outlook of 'contemporary architecture' in a post-experimental era: participating critically, using flexible tactics, and affirmative and pragmatic in order to make certain impact.

  The second part of 'Contemporary Architecture', Section Eight, focuses on another development unique to contemporary time in the sixty years and also of the entire century: a large amount of overseas designs flooding into China (including those at a high national level) and an unprecedented participation of Chinese architects in the forums in the west and the world. The three articles included here deal with, respectively, a history of importing designs from abroad, large-scale landmark buildings and related urban areas along the Changan Avenue in Beijing, and some theoretical issues associated with China as a largest constructing site in the world. Using statistics and a broad perspective, Xue Qiuli provides here a history of importation of designs from abroad across the three decades of opening-up in the post-Mao era. With this, Xue says that there are three phases in the process (1980s, 1990s, and 2000s); that the main origins of the design of the three phases are Japan, the United States, and European countries; and that the key types of buildings of the three stages are, respectively, hotels, office towers, and landmark projects for cultural or sports facilities. Peter G. Rowe's research focuses on concrete examples of these landmark buildings as recently completed along the Changan Avenue in Beijing. Rowe adopts a middle range of scales in between planning and architectural design, and concepts such as planning discourse, design behavior, regional geographical characteristics (tangible, implied and historically accumulated), and a synthetic 'situational logic', for an analysis of these three mega-buildings on the east-west avenue, namely the CCTV towers, Jianwai SOHO buildings, and the Grand National Theatre. Rowe discovers that these buildings are the unique products of the time and the geographical site; they are the fitting designs in relation to the situational logic of the avenue in the capital; and as such they cannot be reproduced elsewhere; they also reveal a general tendency where large, modern and innovative buildings are arranged along an axial path or avenue as found in other Chinese cities. Methodologically, Rowe employs 'situational logic' to absorb various factors past and present, small and large, to move beyond notions of 'context' and 'genius loci' which may contain historicist and conservative assumptions. My own research retreats from the specific projects, and makes broad observations around, to deal with some historical and theoretical issues in relation to China as a global building site. The article has employed Immanuel Wallerstein's world-system theory for discussion. Having briefly covered architecture in early modern China, the research describes large, medium and small-scale projects in contemporary China, the participation by local and overseas architects, and the role of the projects as symbolic capitals; the research then moves on to discuss these designs and the related writings in an international context, and discovers a symmetrical exchange between China and the west on aspects of 'criticality'; the research then argues for a relational ethics (rather than dualist confrontation) as a basis of a new criticality in architecture, one which is based on China's current conditions and traditional values. The paper argues that, today's (post-capitalist) transformation of the world-system and the path traveled by China in the post-Mao era with its arrived position, will propel China to produce or adopt a unique thinking and value system, with certain impacts on the world; these impacts may include two streams of ideas: a pragmatism of quantities, and a relational ethics for a different criticality in design thinking.

A historical research on modern Chinese architecture is inevitably a vast enterprise with countless topics and researches to include. The present collection is a small effort at an early stage. There are still themes and moments not included yet, such as an 'expressionist' architecture unique to the Cultural Revolution, and the large-scale modernist public buildings made in Beijing and elsewhere in the 1970s representing a new image of the nation. What is intended in this collection, however, is to provide a possible outline of a social and analytical history of modern Chinese architecture, an outline that, though lacking in content and is far from complete, may be relatively balanced, and is open to further development.

为民族国家而设计
For a New Nation

在共和国建立的最初年代，建筑和有关城市地带是如何设计，成为新兴的、现代的、民族国家的永恒象征？这里的研究聚焦1950年代，探讨北京核心区域的建立和民族形式的提出及其政治、历史、形式、知识构造等深层问题。

革命与怀旧：长安街，
梁陈方案与北京轴线之再定义

Revolution and Nostalgia: the Chang'an Avenue,
the Liang-Chen Scheme and a Redefinition of Beijing's Axis

于水山

Yu Shuishan

1 前言

北京自1949年中华人民共和国成立以来发生了巨大的变化，其中最引人注目的，便是长安街的发展并成为横贯东西的城市新轴线。在帝制时代，东西长安街本是两条被天安门前的一个T形广场隔开的不起眼的小路。[1]清朝覆亡以后，它们逐渐被打通、拓宽、延伸，形成当代中国首都最壮观的一条通途。其地位自20世纪50年代以来不断上升，使以紫禁城为中心的传统中轴线相形失色。

北京东西轴线的扩展在新世纪的曙光里告一段落。在2005年1月发布的《北京城市总体规划（2004－2020）》中，长安街的两端由东西两个起点所固定，而一南一北两个箭头则预示了传统中轴线的蓄势待发。[2]

自20世纪50年代以来因革命情绪的高涨而备受冷漠的南北轴线在对老北京的怀旧氛围里悄然回归。正如近代史学者董玥在其新著《民国北京：城市及其历史》里所说，怀旧"与其说是对过去，不如说是对未来"（as much about the past as it was about the future）。它是面对"消融一切"（all that is solid melts into air）[3]的现代性时，人们所采取的一种"主动的自我保护与抵制的机制"（an active mechanism of self-protection and resistance）。[4]假如1949年以前的怀旧是以回收过去的方式再造"老北京"，那么，20世纪中叶对北京城市轴线之再定义便是以革命的姿态对这样一种怀旧的抵制。从这个角度看，新近复活的怀旧是对再造的"老北京"的再造，不仅无法保护古都风貌，可能比革命更具破坏性。

关于共和国初期的城市变革皆由政治的假定对怀旧的复活推波助澜。巫鸿先生的新著《再造北京：天安门广场与政治空间的创生》（*Remaking Beijing: Tiananmen Square and the Creation of a Political Space*）主要将天安门广场当作一个政治转型的象征。政治空间的创造也被等同于毛泽东个人意志的物化。另一方面，关于1949年前的北京的著作，例如大卫·斯坦的《黄包车北京：1920年代的市民与政治》（David Strand, *Rickshaw Beijing: City People and Politics in the 1920s*, Berkley, Los Angeles, London, 1989），杰弗里·梅耶的《天安门之龙：圣城北京》（Jeffrey F Meyer, *The Dragons of Tiananmen: Bei-*

jing as a Sacred City,Columbia,1991），苏珊·纳钦的《北京：寺庙与城市生活（1400 – 1900）》（Susan Naquin, *Peking: Temples and City Life, 1400 – 1900*, Berkeley, Los Angeles, London, 2000），以及数不清的中文文献，都有意无意地将"老北京"浪漫化。两者结合的效果便是建筑师与规划师的声音在北京研究领域中的消隐。城市策略的失败往往被匆匆地归咎于当政者对前苏联模式的盲从，而对于具体的设计方案，无论是革命或怀旧，则无暇深究。

本文将以1950年前后的梁陈方案和朱赵方案为中心，分析长安街迅速发展背后的论争及其对北京的城市肌理所造成的不可回转的影响。[5] 我的主要论点是梁氏的失败是因其提案中根植于皇城理念的怀旧情结。其时下的可见性也恰恰是因为它为今人树立了一个20世纪50年代国家主流意识形态的对立面。

2 北京的轴线

明清500年间，北京城由一条南起永定门，北至钟楼，总长7500m的中轴线所主导。它纵贯外城、内城、皇城和宫城的主要城门，并将主要的皇家坛庙宫殿连为一体。被称为"龙脉"的这一皇家轴线成为帝都藏仁风、聚王气的重要保证。长安街就恰恰相交于北京龙脉的中心点。在帝制时期，南北轴线将长安街一分为二（图1）；清朝覆亡以后，整合了的长安街将龙脉断为两截。

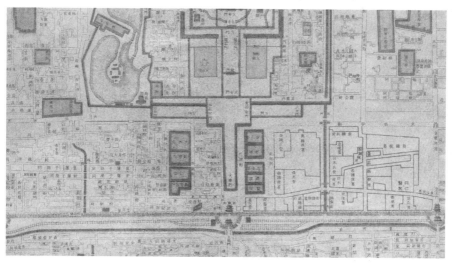

图1 明清天安门广场及东西长安街
图片取自：《最新详细帝京舆图》，1908年

虽然1949年以前长安街的某些变动已对南北轴线有所削弱，但其发展并成为城市的东西轴线主要还是在共和国成立以后。1913年1月1日，旧天安门广场周边门楼内的

门扇以及连接这些门楼的墙被拆除。[6]通路被打开,北京的市民有史以来第一次可以在两长安街之间自由穿行。[7]然而,将东西长安街分开的长安左右门,东西三座门还在。1952年,这四座城门都被拆除。长安街真正得以贯通。打通后的长安街成为北京东西交通的主动脉,西起石景山区,东至通县,其长度于1966年已达到40km。其宽度也由1950年的15m拓宽至1959年的50~80m。[8]

与形体的增长同步,长安街在20世纪中国的政治地位也不断提高。1911年,伴随着大清帝国的灭亡,权力的中心也由南北中轴线上的紫禁城,西移到中南海。[9]昔日隐身于宫苑内的宝月楼,变成了直面长安街的新华门。自此,北京的主要政治舞台,便由南北的中轴线,变成了东西的长安街。民国时期,长安街是反政府游行示威的主要场所。共和国成立以后,其政治地位为官方所确认,并在一次又一次的国庆游行中不断加强。北京的城市发展由此开始沿着东西向展开,而传统面南背北的政治理念所形成的龙脉纵深,也逐渐为长安街的横向对称所取代。

3 问题的提出

当国民党在国共内战(1945-1949年)中失败的格局日趋明显的时候,确定新都与新的政治中心便成了中共高层的第一要务。1949年9月,在中国人民政治协商会议第一次全国代表大会上,北京被重新确定为中国的首都。10月1日,毛泽东在天安门城楼宣布了中华人民共和国的成立。

定都北京无甚异议。然而,关于中央政府行政中心的具体位置却有着针锋相对的不同意见,其焦点在于如何处理新行政中心与北京老城的关系。一派主张将行政中心安置在老城内;另一派则主张在西郊另建新行政中心。

1949年12月,苏联专家在由北京市长聂荣臻主持的城市规划会议上提交了两个提案:"关于北京市将来发展计划的问题的报告"和"关于改善北京市市政的建议"。他们认为在西郊另建新行政中心很不经济,建议在原有老城的基础上安置行政中心,最好以一条主干道或一个中心广场来组织政府建筑。从苏联专家提供的规划图上看,中心广场指的是天安门广场,而主干道就是长安街。[10]

当时在北京的知名建筑师、规划师和学者大都参加了这一会议。两个月后,1950年2月,中国20世纪最著名的建筑史学家梁思成,和留学英国,刚刚受梁之邀到北京的规划师陈占祥,[11]在他们共同完成的"关于中央人民政府行政中心区位置的建议"中,正式提出了与苏联专家意见相左的首都规划方案。这就是为大家所熟知的"梁陈方案"(图2)。[12]其在西郊另建新中心的主张最终未被采纳。同年4月,两位北京的建筑师朱兆雪和赵冬日提交了另一方案,其中新行政中心就被安置在老城内,与明清皇城隔长安街分庭抗礼(图3)。[13]这一方案(本文称"朱赵方案")为北京未来几十年的发展提供了基本蓝图。

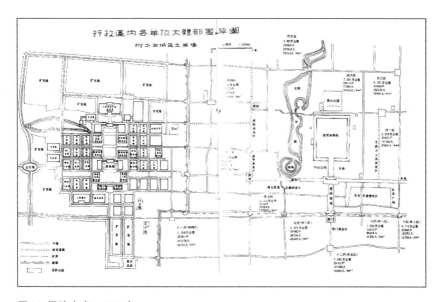

图 2　梁陈方案，1950 年
图片取自：梁思成，陈占祥. 关于中央人民政府行政中心区位置的建议. 清华大学建筑学院资料室.

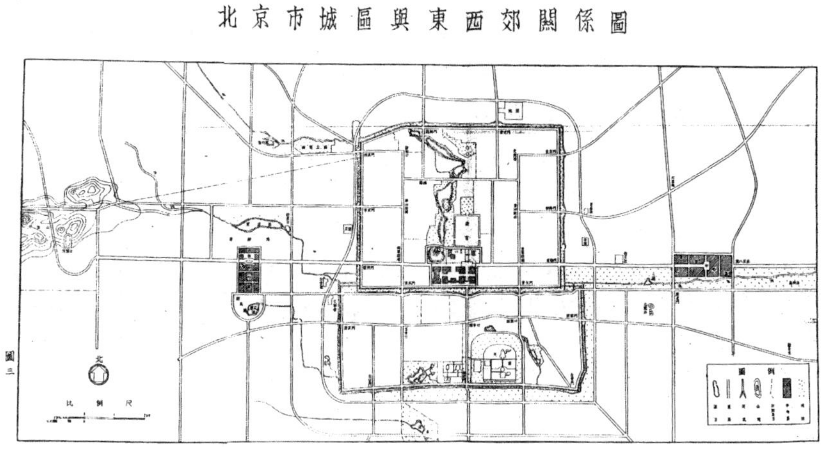

图 3　朱赵方案，1950 年
图片取自：朱兆雪，赵冬日. 对首都建设计划的意见. 清华大学建筑学院资料室.

4　梁陈方案文本中的南北轴线

梁陈在其共同方案中的分工情况并不清楚。据一份 1994 年的采访记录称，梁主要负责文章，陈主要负责规划。[14] 也许可以理解为基于二人对北京未来的共同认识，梁具体完成了文本的写作，陈具体完成了图纸的绘制。

1950 年的梁陈方案是对苏联专家的反动。其为另建中心提供的两点理由也都是关于城内方案的弊端：一是老北京将限制新行政中心的发展；二是新行政中心将破坏古都的传统风貌。[15]重点在后者。文本用了大量篇幅集中讨论传统北京的城市性格，尤其是她的南北中轴线。这一皇家轴线在梁陈方案中得到了最热情洋溢的赞美。从狭窄漫长的千步廊内到宽阔开放的天安门城楼下，那空间的开合与对比被誉为"登峰造极的杰作"；中轴线与其周边城区在形式和色彩上相得益彰，形成了一个完整的结构，以至于作者声称"绝没有一个人舍得或敢去剧烈地改变它原来的面目"。[16]

而梁陈方案也为新行政中心设想了一条与传统中轴线平行的新的南北中轴线。事实上，在文本作者的眼中，一个没有中轴线的行政中心是不可想象的。文中说：

"面积相当大，自己能起中心作用，有南北中轴线，而入口又面临干道的，只余中南海一处，现时为中央人民政府。……更偏西一点，现时市政府所在地，或可说亦能满足有南北轴线而面临干道的条件。所以这两处被选择为今天中央人民政府及市人民政府的地址决不是偶然的。"[17]

一方面，传统中轴线所产生的对称性使北京老城无法再容纳一个新行政中心；[18]另一方面，以传统中轴线为中心的有序性使得北京成为一件完美的艺术品。变动局部而又不毁坏整个作品是不可能的。文中说：

"建筑物在一个城市之中是不能'独善其身'的，它必须与环境配合调和。我们的新建筑，因为根本上生活需要和材料技术与古代不同，其形体必然与古文物建筑极不相同。它们在城中沿街或围绕着天安门广场建造起来，北京就立刻失去了原有的风格，而成为欧洲现在正在避免和力求纠正的街型。无论它们单独本身如何壮美，必因与环境中的文物建筑不调和而成为掺杂凌乱的局面，损害了文物建筑原有的整肃。……我们在北京城里决不应以数以百计的、形体不同的、需要占地六至十平方公里的新建筑形体来损害这优美的北京城。……"[19]

这一从文物建筑的历史价值和美学价值而衍生出的全面保护理论，与梁思成作为一位古建筑学家和建筑史家的经历一脉相承。与其在西方国家求学期间所形成的民族荣誉感也息息相关。梁陈方案的两位作者都在国外受过系统的西方教育，绝非偶然。对梁思成来说，这种民族荣誉感源于对西方的差距感，是他在20世纪20、30年代费尽艰辛研究中国古建筑的源动力。他曾说：

"只有中国，我们古老的东方古国，没有自己的建筑史！西方学者还没有太关注中国建筑的技术与发展。但我注意到有些日本学者已经在研究中国传统的建筑艺术。如果我们不开始整理发掘自己的建筑历史，我敢说，这个领域迟早会被日本学者占据。作为一个中国建筑师，我不能容忍这种事情发生。"[20]

这种爱国主义情怀使得梁思成决心用书写历史的方式为中国建筑在世界上争得一席之地。传统中国建筑和西方建筑传统一样丰富、杰出、进步，如果不是更好的话。这是梁氏在1949年以前所有著述的总纲，也是1950年梁陈方案的基调。然而，无论是对传统中国建筑的研究，还是对北京老城的讨论，其标准仍然是西方，尤其是奉法国结构理性主义（Structural Rationalism）为圭臬的美国鲍扎（Beaux-Arts）体系。中国传统建筑以其院落组织，木框架和斗栱构造而独特，以其结构的整体性与科学性而进步。[21]同样，梁陈方案一方面提出中国传统的城市与建筑的独特性，另一方面又强调其与西方最先进的现代城市规划原则的相似性。[22]

这种民族主义的深层矛盾来自于对已逝者无可奈何的怀旧。大卫·罗文索（David Lowenthal）说，怀旧是享受丧失之痛的一种机制，它让过去因无法挽回而变得理想化和被期盼。[23] 而梁陈方案中的怀旧则不仅是一种对过去空洞的感伤，更是为留住她而作的积极努力。从这个意义上讲，它更像董玥在《民国北京》里所讲的"回收"的概念："回收以一种具体的物质方式使过去在当下存活，从而为怀旧创造了一个实实在在的根基。"[24] 这种实实在在的怀旧根基恰恰是中共要除去的。据说梁思成曾就拆毁牌楼的话题和周恩来总理讨论过两个小时。当梁充满诗意地描绘完牌楼在夕阳西下时的美景后，周总理引用李商隐（813–858年）的诗句作答道："夕阳无限好，只是近黄昏。"[25] 对于怀旧，没有比这更好的总结了。

5 梁陈方案图中的新旧中轴线

如果说梁思成的建筑史背景为梁陈方案准备了情感基调，那么，陈占祥的城市规划经验便为其提供了技术支撑。陈氏在伦敦大学的博士学业导师阿伯克隆比（Patrick Abercrombie，1879–1957）以其在1944年大伦敦规划中的建树而著称。[26] 此规划的主要思路就是战后在伦敦城郊建卫星城，[27] 在历史城市重建的大方向上与梁陈方案是一致的。

具体到规划的设计细节，梁陈方案中的新行政中心则与紫禁城及其南侧的老行政中心十分相似（图4）。明清两代的中央行政机构集中在北京中轴线上的千步廊两侧，即今天安门广场、人民大会堂和国家博物馆的位置。在西侧，明代建有五军都督府和锦衣卫，清代建有刑部、都察院和钦天监；在东侧，明清两代建的都是礼部、户部、吏部、工部和翰林院。[28] 梁陈方案中的新行政中心也有一条南北中轴线，所有的中央部委都安排在它的两侧。和旧的皇家轴线一样，新中轴线也由广阔的空地与大体量的建筑相间纵向排列构成。唯一不同的是，旧轴线上的院落广场为新轴线上的开放广场所取代。

进一步的分析显示，新中轴线上四栋主要建筑的安排与贯穿紫禁城的原中轴线如出一辙。最南是全国人民代表大会和人民政治协商会议中心；其北为政务院；再北的一栋未标名称，应为中共中央党部大楼；[29] 最北端为人民革命军事委员会。如果我们把政务院和中央大楼之间合围而成的空间想象为一个大院落，那么，这四栋建筑之间的构成关系便与传统中轴线上的天安门、午门及紫禁城、景山极其相似。而政务院和中央大楼所形成的建筑群只比紫禁城略大（图5）。政务院的体量形状和在建筑群中的地位，都与午门很像。和午门一样，它也由一个中心体块和伸向两翼的对称结构组成；其南也有一左一右两栋对称的建筑，最高人民检察院和华侨事务委员会，就如同午门以南、中轴线两侧的太庙与社稷坛。最后，位于中轴线北端的军委大楼模仿了紫禁城后面的景山，它们都是以一个较小的正方形体块附着于一个长方形的主体建筑群。

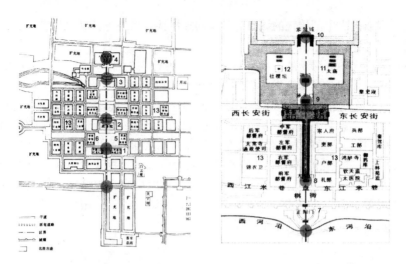

图4　梁陈方案中的新行政中心与明清时期的中央行政机构　作者分析图
1　全国人民代表大会和人民政治协商会议　2　政务院　3　中共中央党部大楼
4　人民革命军事委员会　5　最高人民检察院　6　华侨事务委员会　7　正阳门
8　大明门　9　承天门　10　午门　11　太庙　12　社稷坛　13　明五府六部等

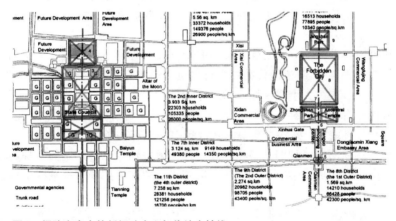

图5　梁陈方案中的新行政中心与传统中轴线　作者分析图
1　全国人民代表大会和人民政治协商会议　2　政务院　3　中共中央党部大楼
4　人民革命军事委员会　5　正阳门　6　天安门　7　午门　8　紫禁城　9　景山

　　四栋主建筑的排列顺序与中国古老的权力结构在传统建筑中的表达暗合。依据《周礼》的要求，天子当备外、内、燕三朝：外朝用于举行重要典礼；内朝用于处理日常政务；燕朝用于宗亲燕饮议事。[30] 其空间的私密性由南向北逐渐加强，而公众性则逐渐减小。外朝为礼仪性空间，而真正的权力中心则深藏于重重门墙之后的王室。[31] 不管有意无意，梁陈方案中南北中轴线上的功能安排都似乎暗示了周礼三朝由南向北的空间过渡：人大政协的礼仪性，政务院的日常操作职能，中国共产党的执政，和军委对中共权力的保证。

《周礼》中这一理想的封建权力结构在北京的紫禁城里得到了完美的体现。在明清两代，许多诸如颁诏、出征、献俘等重大典礼多在承天门（清天安门）和午门举行，可比《周礼》之外朝。在明代，奉天门（清太和门）是皇帝每日决事的场所，可比《周礼》之内朝；外三大殿，即奉天、华盖、谨身（清之太和、中和、宝和），则是朝会、策士、燕饮之地，可比周礼之燕朝；而内三大殿，即乾清宫、交泰殿和坤宁宫，作为帝后的正式寝宫，则是隐蔽的皇权之源。到了清代，皇帝的寝宫由乾清宫进一步内移至养心殿，而乾清宫也正式成为朝会之地。皇帝不再在奉天门决事，易名太和门后，它也和午门天安门一样成为颁诏受贺的礼仪场所。[32]整个三朝向内平移了一层，显示了皇权的进一步向内庭集中。梁陈方案中南北中轴线上的主要建筑人大政协、政务院、中央大楼和军委，在权力结构上可比于明代的午门、奉天门、外三大殿和内三大殿。它们在形式上也有相似之处。由政务院和中央大楼所形成的中心建筑群背枕军委，南俯人大政协，正如外三殿之北踞内三殿，南临午门（图6）。

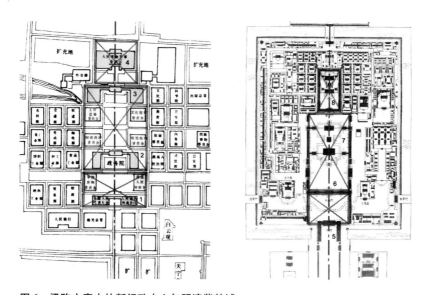

图6　梁陈方案中的新行政中心与明清紫禁城　作者分析图
1　全国人民代表大会和人民政治协商会议　2　政务院　3　中共中央党部大楼
4　人民革命军事委员会　5　午门　6　奉天门（清太和门）　7　外三大殿
8　内三大殿

因此，梁陈方案中南北中轴线上的建筑布局与北京传统的中轴线有着双层的类似。在形式层面上，它类似于从天安门，到午门，到紫禁城，到景山的空间序列；从象征性功能上，它类似于从午门，到奉天门，到外三殿，到内三殿的金字塔式的权力结构。正是这与中国传统皇权的高度一致导致了梁陈方案在一个革命的时代的最终失败。这并不是说20世纪50年代的中共革命家认识到了它们之间的相似，确切地说，应该是梁陈方案的怀旧情结使其作者无法作出比模仿传统中轴线更为有力的陈述。

6 朱赵方案与北京的新轴线

梁陈方案中的新中轴线在贯穿紫禁城的传统中轴线西5.2km且与之平行。它既是传统中轴线的精神产物，也是对传统中轴线的礼赞与模仿。朱赵方案则恰恰相反，它不但与过去决裂，而且对传统中轴线提出形式的和象征的挑战。

朱赵方案明确提出要发展一条新的东西轴线与南北轴线相抗衡。但这条东西轴线在1950年指的并不是长安街。朱赵方案中的行政中心区位于长安街与内城南墙之间的狭长地带上，西有文教政法机关，东有财经机关，新轴线应东西贯穿其中。[33]设计人之一赵冬日先生在1993年曾解释，他们当年提议的是一条位于长安街南并与之平行的由建筑物组成的轴线（"实轴"），而不是空空的长安街本身（"虚轴"）。[34]然而与赵氏43年后的解释不同的是，当年朱赵方案中的东西轴线并非以天安门广场为中心。新行政中心区的核心有一条次级的南北轴线，位于社稷坛正南，与传统中轴线并不重合。而当时尚未扩充的天安门广场在此核心区的东部，而非正中（图7）。核心区南北轴线向新华门方向偏移的象征意义是明显的，加之与社稷坛的取直，似乎有只继承江山不接续龙脉的含义。

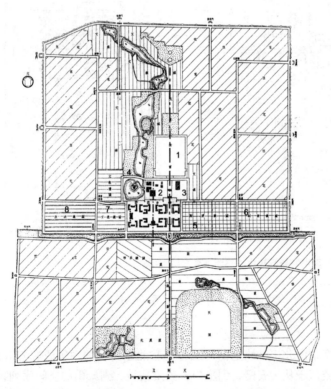

图7 朱赵方案的中心区
图片取自：朱兆雪，赵冬日．对首都建设计划的意见．清华大学建筑学院资料室．
1 故宫 2 社稷坛 3 太庙 4 中南海 5 财经机关 6 财经机关
7 文教机关 8 政治机关

在朱赵方案的总体规划图上，长安街的视觉效果确是压倒传统中轴线的。它在新与旧的行政中心之间划了一道界线，并将皇家轴线拦腰截断。未来北京的发展也是沿长安街的方向展开的，一东一西的两个次中心通过长安街与老城内的中心连接起来，并向两侧继续发展。然而朱赵方案中的长安街毕竟还不是东西轴线，甚至不是一条通途。它在城中央拐弯南北绕行。新行政中心区的核心区域将长安街分为东西两街，像过去的皇城一样阻断着北京城里的东西交通。

7 长安街与东西轴线的重合

除去细节上的出入不论，朱赵方案总体规划图中长安街的统一整体的形象为历次规划所继承。长安街自20世纪50年代不断被延伸、拓宽、取直、整合。[35]以一条主路和一个广场组织城市中心区的模式无疑有前苏联城市规划思想的烙印，尤其是古城莫斯科改建经验的影响，但将一条路指派为"城市轴线"却有着深深的中国历史渊源。

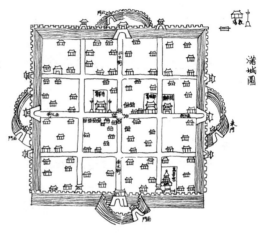

图 8　清代宁夏府城
作者绘，摹自《宁夏府志》

与莫斯科的环状向心结构不同，中国古代的城市一般尽可能建得方方正正，坐北朝南。许多地方城市都有两条十字形主干道，正交于城中心的钟鼓楼广场，提供南北东西的主要交通，并将城内的主要建筑，如文庙、衙门等，联系起来。和都城不同的是，这些地方城市的中心一般不是围合的建筑群，而是开放的街道广场。因此，中国20世纪初的城市轴线概念多与一个城市的南北、东西大街有关（图8）。

尽管轴线对称的城市之建造可以在中国上溯至周代，"轴线"一词在城市与建筑中的运用却是新近的事。乐嘉藻（1868－1944年）在其1933年初版的《中国建筑史》中提到了"中干之严立与左右之对称"，而"轴线"一词却从未用过。[36]梁思成在1932年发表于《中国营造学社汇刊》的一篇文章中，第一次用"中轴线"来描绘传统中国建筑中的院落组织，并强调中轴线上的主要建筑一般沿南北向排列，左右以次要建筑物对称均齐地配置。[37]乐氏是传统意义上的文人，而梁氏则在美国受过鲍扎（Beaux-Arts）体系的建筑教育。这种巴黎美术学院派的建筑设计十分注重平、立面的轴线对称，"轴线"一词在中国建筑中的应用与中国第一代建筑家所受的西方教育不无关系。不管是乐氏的"中干"还是梁氏的"中轴线"，讲的都是中国传统的院落建筑群中沿南北排列的中心建筑，如门、堂、楼、阁等。

因此，在20世纪50年代，"轴线"至少有两种不同的概念。一指传统建筑群中常见的实体轴线，谓之实轴；一指传统地方城市中常见的街衢轴线，谓之虚轴。对于北京的东西轴线，有人主张前者，如赵冬日先生；有人主张后者，如城市规划家陈干。陈氏主张北京的东西主轴线就应该是长安街。在一篇完成于1959年1月的文章中，他将北京的总体布局规划概括为"一个中心，两条轴线，三圈环路，四方周正"，并且明确提出了北京的纵横两条轴线的概念。他写道：

  我们利用了旧城原有的基础，形成了横贯全市的横轴，与南北中轴线正交，构成了北京城市规划的大坐标，把整个城市的布局稳定在既传统又创新的庄严格局中。

  ……

  所谓创新，主要表现在：

  （1）打通、展宽、延伸东西长安街，东连通县，西抵石景山，全长40km，形成一条横贯东西的横轴，与南北中轴线相匹配，从而进一步加强了城市整体感和布局的稳定感。这是对北京旧城的大胆突破，这样的改建与扩建不但在中国城市建设史上，就是在世界的城市建设史上亦属少见，堪称空前大手笔。

  （2）把政权象征居中的中心点从紫禁城和太和殿移到了天安门广场和国旗旗杆的位置上，移动的距离，虽然不过几百步，却鲜明地区别出了两个完全不同的历史时代。[38]

这是关于长安街在首都城市结构中地位的最早、最完整的论述。为了尽快地给长安街一个相对完整的立面，1954年的规划决定集中建设其北立面。其中的原因可能是因为街的北立面是阳面，可以更好地展现政府建筑坐北朝南的气派。因此，虽然朱赵方案中的中央办公区位于长安街南，很多纪念性立面还是建在了北边。这也是长安街在地位未确立时，还逐渐被建成事实上的东西轴线的原因之一。

8 国际背景

1950年的朱赵方案无疑会得到当时苏联专家的青睐，而梁陈方案则没有这么幸运。朱赵方案与1949年的苏联专家方案有许多共同之处，包括以旧的行政中心为基础，围绕一条主干道和一个主广场建设新的行政中心的概念。朱赵方案还引用了莫斯科的例子，以克里姆林宫周边的改建来支持其内城改造的主张。[39] 梁陈方案也引用了苏联经验，如诺夫哥罗德、加里宁和斯摩棱斯克等老城的保护，用以支持其保护北京老城的立场，反对在旧城内建行政中心。梁陈方案尤其反对沿着一条主干道排列纪念性办公建筑，称其既落后又有悖中国传统。他们主张用东方传统的院落组织形式。[40]

梁陈方案和1941年（日据时期，1937–1945年）的北京都市规划有很多相似之处。日本人在北京老城的西郊也设计了一个新行政中心，并且也有一条与贯穿紫禁城的中轴线相平行的南北中轴线。[41] 日本投降以后，国民政府接收了北京并雇用了原日籍的技术人员于1946年编绘新的北平都市规划。新的北平规划称1941年的规划为"侵略规划"，批判它的新中心距离老城太远，且完全由日本人居住，而老城则被遗弃而任由衰落。[42] 然而，国民政府的方案和日据时期的方案是一脉相承的。它们都十分推崇北京老城无与伦比的历史价值，并建议将老城保护起来作为主要的旅游文化中心。这和梁陈方案的主旨也是一致的。梁先生最初的方案必定与1941年的日本方案更加相似。据陈占祥先生回忆，是他在1949年建议梁思成将新行政中心向老城移近一些，并说当年日本人的方案离旧城太远，完全不顾老城的发展。[43]这和当年国民政府批评日据时期的方案几乎一模一样。

与过去政权的联系是梁陈方案的一个致命弱点。共和国初期，人们对西郊及老城的看法与今天是不一样的。日本人规划的西郊是有种族隔离性质的殖民主义的产物。日据时期的北京，中国人住又脏又破的老城，日本人住又新又现代的西郊。这种情形在东北的很多日据城市都存在。难怪前苏联专家也会认为另建新城就是抛弃老城。梁先生在建国初期就从破败中意识到即将逝去的事物的价值，他的远见就是看到了自己个人的怀旧有一天将成为全民族的怀旧。

9　结语

毛泽东在1942年写道："文艺批评有两个标准，一个是政治标准，一个是艺术标准。……但是任何阶级社会中的任何阶级，总是以政治标准放在第一位，以艺术标准放在第二位的。"[44]作为一个革命的政党，中共在执政初期的任何重要举措都有意识地与前政权有所区别。如同社会的变革是在旧的基础上重建新的，城市的变革也是将旧的皇都改造成人民的首都，既非推倒重来，也非易地新建。没有什么比对北京城市轴线的再定义更有象征意义的了。

北京传统中轴线的主要功能是彰显以礼法等级为基础的皇权，其空间大多有重重门墙的围合而与普通百姓无缘。1912年以前，中轴线上的大多数门多数时间是关闭的，只在特殊情况下为帝王贵胄们一开。就像清代手卷《康熙南巡图》所描绘的那样，明清时期的皇家仪仗多沿着南北轴线行进。中轴线隐身于层门叠院，在过去只有在皇家后院景山上才能窥见一斑。占中轴线一半长度的皇城阻隔了内城2/3的东西交通。普通百姓对中轴线的经验则只有从它给人们的生活带来的不便里获得。

传统中轴线的礼仪性通道为长安街所打断。它那开放平等的形象与皇家轴线封闭、私密、阻碍的性格大相径庭，而它所容纳的新的革命游行也与皇家仪仗相去甚远。周期性的国家庆典增强了长安街的可见性，也赋予了东西轴线新的象征意义。

时至今日，大多数中国人同感于20世纪50年代的梁思成，为北京城传统风貌的丧失而遗憾。当越来越多的人从梁先生的文字里找到自己的声音，一个21世纪的文化英雄便产生了。然而，假如梁先生活着，他会怎么想？一方面，仿古商业街和重建城楼将共和国初期"丑陋"的混凝土建筑抹掉；另一方面，真正的老院落街区被夷平并为理想化的"传统四合院"代替，为新的上流社会提供会所和高级住宅。前者是抹去近期的记忆以为旅游提供假的"老北京"，后者是为一个世界市场而抹去真正的老北京的记忆。后者所带来的丧失感容易被感觉到，而前者则根本不被认为是一种丧失。怀旧使其成为盲点。

龙脉回来了。梁陈方案只是建议保护老城及传统中轴线，而在新近的城市规划方案中，北京的南北中轴线被大大地延伸、加强，比20世纪50年代的长安街有过之而无不及（图9）。假如梁陈方案中的怀旧是以"回收过去"的方式保存记忆，那时下的怀旧便是一种"空洞的伤感"。它催生出一个幽灵般的城市环境，供人们"在并不真想留住过去的心情里凭吊无法挽回的过去"。[45]

图9 北京规划展览馆里的21世纪北京模型 作者摄

注释：

[1] 清朝覆亡以前，皇城南侧本有三个广场。中央是T形的天安门广场，由北面的天安门、南面的大清门（明代大明门）、东西的长安左右门，及千步廊所界定。其两翼

还有两个小广场,东面的由长安左门和东三座门界定,西面的由长安右门和西三座门界定。三个皆为封闭广场,将长安街分为互不相通的东西两段。详见图1。

[2] 北京规划建设:49.

[3] Marshall Berman. All That Is Solid Melts into Air: the Experience of Modernity. New York: Simons and Schuster, 1982.

[4] Madeleine Yue Dong. Republican Beijing. Berkeley, Los Angeles, London: University of California Press, 2003: 304.

[5] 由梁思成和陈占祥两位先生所提出的方案时常被人提及,"梁陈方案"也已成为中国城市规划中的专有名词。相比之下,由朱兆雪和赵冬日两先生所提的方案则未被学术界上升到如此地位。这一方面是因为梁先生在中国建筑界的崇高声望;另一方面,则可能因朱赵方案与官方的城市策略过于接近,从而失去了在学术论叙(Discourse)中的独立性。

[6] 王世仁,张复合. 北京近代建筑概说//中国近代建筑总览:北京篇. 北京:中国建筑工业出版社,1993:7-8.

[7] 侯仁之,邓辉. 北京城的起源与变迁. 北京:北京燕山出版社,2001:162. 王玉石. 天安门. 北京:中国书店,2001:36.

[8] 张敬淦. 北京规划建设纵横谈. 北京:北京燕山出版社,1997:161-162. 金受申. "北京的东西长安街",北京的回忆. 香港:文化生活出版社:109.

[9] Jonathan D Spence. The Search for Modern China. New York and London: W. W. Norton & Company, 1991: 275-88. 另见: Joseph W. Esherick ed. Remaking the Chinese City: Modernity and National Identity, 1900-1950. Honolulu: University of Hawai'i, 2000: 133.

[10] 北京建设史书编辑委员会编辑部. 建国以来的北京城市建设资料第一卷:城市规划.

[11] 梁思成. 致聂荣臻同志信. 梁思成文集四,1949:366-368.

[12] 梁思成,陈占祥. 关于中央人民政府行政中心区位置的建议. 清华大学建筑学院资料室,1950.

[13] 朱兆雪,赵冬日. 对首都建设计划的意见. 清华大学建筑学院资料室,1950.

[14] 王军. 城记. 北京:生活·读书·新知三联书店,2003:86.

[15] 同[12]:1-3.

[16] 同[12]:15-16.

[17] 同[12]:9.

[18] 同[12]:8.

[19] 同[12]:27.

[20] 林洙. 建筑师梁思成. 天津:天津科学技术出版社,1996:23.

[21] 梁思成. 古建筑论丛.

[22] 同[12]:21-22.

[23] David Lowenthal. The Past Is a Foreign Country. New York: Cambridge University

Press, 1985: 4-7.

[24] 同[4]: 304.

[25] 同[14]: 175.

[26] 朱启钤, 梁启雄, 刘敦桢, 杨永生. 哲匠录. 北京: 中国建筑工业出版社, 2005: 292-293.

[27] Richard T. LeGates, Frederic Scout, eds. The City Reader. London and New York: Soutledge, 2000: 311.

[28] 王玉石. 天安门. 北京: 中国书店, 2001: 6-7.

[29] 为行文的简洁, 本文将称此楼为"中央大楼"。

[30] 刘叙杰. 中国古代建筑史（第一卷）: 原始社会、夏, 商, 周, 秦, 汉建筑. 北京: 中国建筑工业出版社, 2003: 239-240.

[31] 关于这种儒法结合的权力关系的空间体现, 详见: Zhu Jian fei. Chinese Spatial Strategies: Imperial Beijing 1420-1911. London and New York: Routledge Curzon, Taylor & Francis Group, 2004.

[32] 潘谷西. 中国古代建筑史（第四卷）: 元明建筑. 北京: 中国建筑工业出版社, 2001: 108-109. 孙大章, 中国古代建筑史（第五卷）. 北京: 中国建筑工业出版社, 2002: 清代建筑: 37-52.

[33] 同[13]: 3-5.

[34] 同[14]: 234-235.

[35] 具体规划详见: 建国以来的北京城市建设资料第一卷: 城市规划: 1-53.

[36] 乐嘉藻. 中国建筑史. 北京: 团结出版社, 2005: 152.

[37] 梁思成. 梁思成全集: 第一卷. 北京: 中国建筑工业出版社, 2001: 135.

[38] 陈干. 京华待思录//陈干文集: 23-33.

[39] 同[13]: 1.

[40] 同[12]: 4-11.

[41] 北京都市计划设计资料集. 第一集, 1947: 39-52, 60-61.

[42] 北京都市计划设计资料集. 第一集, 1947: ii-2.

[43] 同[14]: 82.

[44] 毛泽东. 在延安文艺座谈会上的讲话//毛泽东. 毛泽东选集: 第三卷. 北京: 人民出版社, 1996, 1970: 825-826.

[45] 同[4]: 304.

从布杂的知识结构看"新"而"中"的建筑实践[1]
A 'New' and 'Chinese' Architecture in Relation to the Beaux-Arts Tradition as a System of Knowledge

李华

Li Hua

1914年,美国建筑师亨利·墨菲来到中国,从长沙,开始了他21年"适应性中国建筑"(adaptive chinese architecture)的实践。他为教会学校设计的校舍,如南京金陵女子学院、北京燕京大学等,被史学家称为这一时期"中国风"的典范。一年前,第一代中国建筑师吕彦直赴美国,在康奈尔大学接受职业训练。1925年,他为南京国民政府设计的中山陵被誉为"中国固有式"的开山之作。1959年,由张镈设计的民族文化宫在北京落成,成为"社会主义内容,民族形式"的重要作品之一。张镈,1930年代求学于东北大学和中央大学,师从吕彦直的同辈人梁思成、杨廷宝等。1980年代中,以商业为目的,"仿古街"在北京、天津、承德、西安、南京等地大规模兴建。1996年,由北京市建筑设计研究院设计的北京西客站投入使用,为当年"夺回古都风貌"的代表作。从1910年代到1990年代,在将近一个世纪的进程中,这样的事例不胜枚举。经由不同建筑师、在不同地方和不同力量驱动下,追求"新"而"中"或者说有"中国特色"的建筑实践绵延不绝。不可避免的,探究其背后的成因成为了学术界关注的话题。

自1980年代以来,许多深具洞察力的研究,特别是近代史部分,从不同角度揭示了这一实践背后"布杂"的影响。总体来看,这些研究主要集中在三个方面:①中国建筑师,尤其是第一代中国建筑师,所接受的美国"布杂"的训练;②建筑外形上的"(新)古典主义",如赖德霖对杨廷宝的立面设计的分析;[2]③政治与意识形态的影响,如傅朝卿对其中所包含的民族意识的阐述,赵辰对梁思成建筑思想中民族主义的解析。[3]然而,它们似乎仍不足以解释,在100年的政权、意识形态和经济结构的变化中,这种形式何以具有相当的稳定性;在更大的范围内,"布杂"何以跨越国界,支持不同的象征意义的表达。具体地说,对于不了解中国营造传统的墨菲和吕彦直,他们如何把握和设计"中国特色"?如果美国的新古典主义建筑、前苏联的民族形式和中国的"新"而"中"均以"布杂"为基础,其中的连贯性在哪里?如果由国家意识形态决定的建筑形式,同样可以服务于没有这种意识形态隐喻的商业目的,其原因是什么?它们可能导向一个更现实且尖锐的问题,在设计方法上,1990年代在中国出现的"欧陆风"与1950年代的"民族风格"相去多远?为回答这些问题,本文试图从"布杂"知识结构的现代性，更准确地说从"组合"体系的构成方式出发，对"新"而"中"的实践进行重新解读，并希望从这个角度，可以更好地理解过去60年里中国建筑体系的知识状况。

在进入讨论之前，我想首先说明，本文所说的"布杂"体系不是一种形式，而是一种现代的知识结构的组织方式。我们说"布杂"是现代的，就如同福柯所说的19世纪的现代医学。在此之前，当然有医生、药物和治疗方法。然而，在福柯看来，诊所的出现及与新知识体系结合的诊疗方法是现代临床医学的开始。与现代医学相似，建筑学作为一种专业知识体系本身也是一种现代的建构，即一种现代性的话语实践（discursive practice of modernity）。而巴黎美术学院和"图房"制度的建立，[4] 以及围绕它们所形成的知识体系与建筑实践，正是在以下几个方面与现代性的要求相符合：第一，建筑师作为一种职业身份在现代社会出现，承担着中介和协调的角色：处理设计项目、客户、规划和使用者之间的不同需求；协调设计构思、工程技术和建造规范之间的关系。第二，职业教育在空间、管理和经济上独立于实践，在学校或类学校体系中进行，而不是在实践中以学徒制的方式传授。[5] 第三，这个体系为应对设计问题、分析场地、处理材料和形式，以及组织空间等，提供有一套普适性的方式。这套方式为在不同建筑事务所工作和设计不同风格的建筑师所共同使用。第四，这个体系具有衍生发展的能力，能够随着城市的发展，衍生出新的建筑类型以适应新的功能要求，如19世纪出现的银行、火车站、办公楼等。第五，建筑的职业训练和实践在现代金融体制下运行，而不是依靠单一团体或个人的资助。

由此，我们可以看出，虽然"布杂"体系是折中主义或新古典主义产生的基础，它本身却不是一种风格。并且，如同现代临床医学不完全等同于19世纪的诊所一样，"布杂"体系也不仅仅局限于它的发生地巴黎美术学院。从19世纪到20世纪，它在不同国家和地区的传播并不是对"图房"工作制度的简单复制，而是其知识结构的组织方式在不同条件下的应用、调校和修改。因此，美国"布杂"并不是法国"布杂"的镜像，而中国"布杂"也与美国的存在差异。在这一点上说，"布杂"体系或许可以被看成是第一个"国际化"的建筑知识实践。虽然它与"现代主义"分属两种完全不同的知识范畴（category），但它们都是以现代性为基础的构筑。

1 梁思成的两张想象图

1954年，在访问莫斯科一年后，梁思成在《祖国的建筑》一书中发表了两张图，题为"想象中的建筑图"，意欲说明中国建筑中"民族形式"的获取方式（图1、图2）。这两张图均为外观透视，技法娴熟、比例精当。书中既没有提供相关的平面图，也没有提供任何有关具体功能和场地的说明。也就是说，这两张图表明的是一种形式规则执行的结果。这种规则既有独立于特定环境、空间和功能的抽象性，也具有适用于具体项目的可操作性。对于这种操作，我们并不陌生。从历史的角度看，这两张图所描绘的"中国形式"并不独特。在《中国现代建筑史》中，邹德侬曾这样评论：

图1 梁思成,"想象中的建筑图"——三十五层高层,1954年
图片取自:梁思成. 梁思成全集:第五卷. 北京:中国建筑工业出版社,2001:233.

图2 梁思成,"想象中的建筑图"——十字路口小广场,1954年
图片取自:梁思成. 梁思成全集:第五卷. 北京:中国建筑工业出版社,2001:233.

"这两张草图是一个相当准确的建筑预言,不论是1950年代的民族形式建筑,还是1990年代追求中国传统和中国气派的建筑,可以说都没有脱出这一范式。不过,这种形式并不完全是梁思成的独创,看一看1930年代的'中国固有之形式',就可以找到它的根源,梁思成的新贡献在于提出了建筑的语言学问题。"[6]

的确,正是由于这种非独特性,我们对这两张图和其相关文本的分析才具有了知识结构上的普遍意义。不过,在我看来,梁思成的贡献不在于提出了建筑和语言之间的类比关系,而是完成了这一范式的系统化。关于这一点,我们将在后文的论述中加以说明。

从形式上看,这两张图所表现的"民族形式"是折中的。以高层建筑那张图为例。建筑的主体、类型和建造技术是"现代"且"普遍"的。它们不具有所谓的"中国特色",可以出现在世界上任何一个地方。而中国意义的象征主要得自一些"传统"元素的使用,如檐口、屋顶等。显然,这座建筑不是传统的中国建筑。它既没有保持传统建筑形式上的连贯性,也不可能采用传统的营建方式。事实上,对梁思成来说,"民族形式"根本不是对"过去"的重复,而应该是"新"的创造:

"我们的新建筑在艺术造型上,无论远看、里看、外看,都明确而肯定地,而不是似是而非和若有若无地'是我们这个民族的,带有我们民族的特性'……但是这些建筑绝对不是一座座已经造成的坛、庙、宫殿的翻版,而是从它们传统的艺术造型的基础上发展而来的。"[7]

因此,问题的关键是这里所说的"传统"是什么。

在梁思成看来,创造有民族特色的新建筑不是偶或的行为。它需要遵循一套系统化的规则:

"在这两张图中,我只企图说明两个问题:第一,无论房屋大小,层数高低,都可以用我们传统的形式和'文法'处理;第二,民族形式的取得首先在建筑群

和建筑物的总轮廓,其次在墙面和门窗等部分的比例和韵律,花纹装饰只是其中次要的因素。"[8]

值得注意的是,梁思成这里使用的字汇——轮廓、比例、韵律等,并没有出现在中国传统的营建里;"文法"和形式控制的方式也同样没有。相反,它们却是"布杂"体系中的重要概念和原则。也就是说,梁思成是以"布杂"体系为框架,阐释中国的建筑传统,并使之转化到"新"而"中"的实践中。因此,"传统"在此是一种"现代"的、有意识的重构。而"文法"实际上是中国版的"布杂"的"组合"概念,并不是在现代条件下,中国建造传统自发的发展(图3)。

2 "布杂"的"组合"

"组合"(composition),中文也翻译成构图或构成,是"布杂"体系最基本的工具(essential technique)和结构知识的方式。[9]我们通常所说的形式美或构图原则,即是其中的一部分。

如果说以"旧"创"新"是"布杂"建筑的信条的话,那么"组合"就是将其付诸实践的手段。"布杂"体系的建筑理论家加代(Julien Guadet)曾宣称,"**组合就是使用已知之物**"(*Composer,c'est faire l'emploi de ce qu*)。[10]这里,我们需要区分"布杂"体系中对历史的两种不同观念。在学术和理论的层面上,历史是一个复杂、充满争议和相互矛盾的议题;但在实践层面上,它却相对清晰。"布杂"体系的建筑师从来没有试图模仿过去,无论是古希腊、古罗马还是哥特式建筑。对他们来说,"过去"与其说是需要亦步亦趋遵循的规范,倒不如说是为满足当前需求的"新"创作提供的参照。曾受训于巴黎美术学院的英国建筑师罗伯逊(H. Robertson)将这一点表述得相当清晰:

"工程科学和从现代问题中产生的新颖的平面形式为设计提供了线索。这个设计也许在构图上与任何一座罗马浴场一样令人愉悦,但在性格和表现上却是全新的。"[11]

因此,"布杂"的设计方法完全是"非历史的"和"先验的"。"在设计中,建筑师的操作完全是自主的,过去无非是一个包含着各种惯例的仓库而已"。[12]不过,这个"仓库"不是一间杂芜的储藏室,而是有着系统化分类的"图书馆"。而"组合"是一种行之有效的手段。无论建筑师选择古罗马浴场还是其他式样作参照,它都可以将其想法转化为具体的建筑形态,即如桑顿(D. V. Zentan)所说,"组合处理的是如何呈现建筑的想法,而不是产生这些想法本身"。[13]

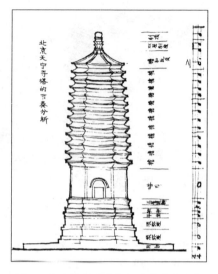

图3 梁思成在"建筑与建筑的艺术"(1954年)一文中,以北京天宁寺塔为例分析中国古建筑的节奏
图片取自:梁思成. 梁思成全集:第五卷. 北京:中国建筑工业出版社,2001:368.

"组合"作为一种设计活动,其核心是将各种元素放在一起组成一个整体,即"统一化"(act of unification)。这一行动需要通过一系列的操作实现:对已给出的问题选择一个最好的解决方案(parti);选择在形式上和功能上适当的元素;遵循一定的原则或针对某种特定的目标,对这些元素进行调整,并将它们结合在一起。完成这些操作需要依靠两个基础的建设:"选择"需要依靠一个系统化的资源,包括资料的收集和总结,建筑物类型的划分,建筑元素和构件的分类等;而"结合"则需要依靠指导性的原则和规范,我们通常说的统一、均衡、韵律等就是其中控制形式生成的原理。就像读者进入图书馆一样,在这套体系里,建筑师的选择是自由的和个人的,但这些选择所仰赖的基础却是理性的和普适性的(图4、图5)。[14]

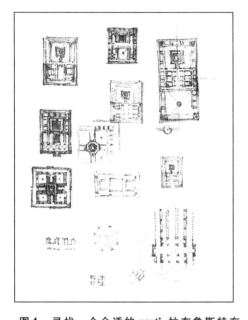

图4 寻找一个合适的 parti,拉布鲁斯特在1824年参加"罗马大奖"竞赛时的平面草图。Collection, Académie d'Architecture, Paris

图片取自:MIDDLETON R (ed.). The Beaux Arts and Nineteenth Century French Architecture. London: Thames and Hudson, 1982: 95.

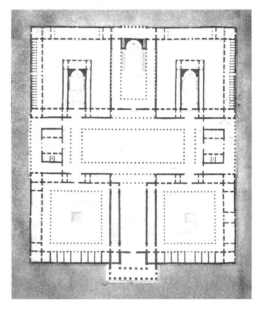

图5 拉布鲁斯特在1824年参加"罗马大奖"竞赛时最终的平面渲染图。Collection, Beaux-Arts, Paris

图片取自:MIDDLETON R (ed.). The Beaux Arts and Nineteenth Century French Architecture. London: Thames and Hudson, 1982: 66.

从19世纪到20世纪上半叶,尤其在世纪之交,很多论著都对"组合"体系的完善有所贡献。"组合"最初形成于19世纪初的法国。它有两个主要源头,一个是巴黎美术学院的图房,另一个是迪朗(J. N. L. Durand)的《建筑学教程纲要》。[15]迪朗本人并不在巴黎美术学院任教,但其思想被巴黎美术学院吸收,并在19世纪下半叶被广泛接受。在20世纪最初的30年里,随着"布杂"体系在法国之外的传播,欧洲和美国出版了不少关于"组合"的著作,如1904年加代的《建筑要素与原理》;[16] 1908年罗宾逊

(J. B. Robinson)的《建筑构图》;[17] 1923年科第斯(N. C. Curtis)的《建筑组合》;[18] 1924年罗伯逊的《建筑构图原理》;[19] 1926年由阿特金森(R. Atkinson)和伯格纳(H. Bagenal)合著的《建筑理论与元素》;[20] 以及1927年哈伯逊(J. F. Harbeson)的《学习建筑设计》等。[21] 整个系列的最后一个回音,恐怕是1952年由哥伦比亚大学组织编著的《二十世纪建筑的形式与功能》。[22] 跨越了如此漫长的时间和地理距离,这些著作不可能与巴黎美术学院或19世纪的法国建筑保持完全一致,而必然是在不同条件下,对这个体系的修改和补充。《二十世纪建筑的形式与功能》的主编哈姆林(T. Hamlin)在前言中的表述印证了这一点:

> 加代的《建筑要素与原理》是一部伟大的著作。事实上,它今天依然蕴涵着颇有价值的信息,因为建筑组合的基础没有改变,并像过去一样在现在依然有效。然而,本世纪下半叶发生了诸多的改变,而加代在50、60年前为欧洲建筑师写的这本书,令人遗憾地感到不足,因为20世纪的设计师必须应对新的方法和新的问题,必须创造以前不曾存在过的建筑类型。[23]

的确,上文提到的每本书都有自己的目的、方式和关注点,想要从中概括出某些共同的观点几乎不可能。然而,如果抛开具体的内容,将它们视为形成知识体系的一部分,我们仍然可以勾勒出一幅整体的图画。首先,这些书中所有的规则和资料是从不同的材料中提取和概括出来的,它们并不具体地针对某一种风格、某一个国家或某一个地区,尽管这些材料中的大部分来自欧洲建筑。第二,这些书中阐述的规则更多的是操作性和资料性的,而不是理论性和批判性的,这就使得设计活动具有独立于任何一种特定的意识形态的自主性。第三,这些书中选择的案例大多数来自古典和历史建筑,以证明这些规则的永恒性。第四,这些书中也包含了一些同时代的建筑物和建筑类型,以显示这个体系本身的开放和对现代条件的适应能力。第五,这些书的作者都是建筑教育家,其目的主要是针对学生和初学者进行的专业基础训练。综上所述,"组合"作为一种知识结构本身,具有超越地域、时间、文化和意识形态的普适性和工具性。而正是这种普适性和工具性使"布杂"体系得以在不同条件下生存,并应对新的功能、风格和象征意义的需求。在这一点上说,"组合"也许对19世纪折中主义风格的产生负有责任,但其本身不是一种风格,而是一种手段,"一种能够建立起所有风格所通用的设计规则的手段"。[24]

3 梁思成的"文法"

如同上文提到的那些著作一样,梁思成的"文法"实际上是在中国条件下对"布杂""组合"的运用和重释。不过,梁思成并没有直接讨论过"组合"的问题。尽管从他在宾大接受的训练,他的老师克瑞特(P. P. Cret)以及他对科第斯理论的引用中,我们可以推断他一定对此非常熟悉。究其原因,"组合"对于他来说,应该是一种基本的范式和技艺。他的兴趣不在于讨论其体系的合理性与正当性,而在于如何将中国传统的营建"翻译"成与欧洲和世界其他地区的建筑相等同的知识体系,并找到"传统"与

"现代"之间的契合点,从而可以创造出具有中国特色的新建筑。"文法"正是他找到的一种方式,在理论上也在实践上,使中国建筑的"传统"驻扎于现在。

像"布杂"体系的建筑师和建筑理论家一样,梁思成相信建筑形式在本质上由两部分组成:"元素"或"词汇",例如门、窗、柱、梁、斗栱等;和将这些元素或词汇组织在一起的"秩序"或"语法"(图6、图7)。因此,无论各个国家的建筑如何不同,它们的"本质"是共同的,即拥有相似的分类方式和结构框架。它们之间的不同只在于每种分类里各种元素和构件的具体形式或式样。他以语言作类比论述道:

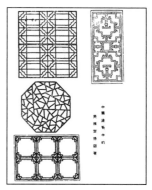

图6 (左)梁思成,建筑"字汇"的类别——清式栏杆柱头,1954年
图片取自:梁思成. 梁思成全集:第五卷. 北京:中国建筑工业出版社,2001:230.

图7 (右)梁思成,建筑"字汇"的类别——窗格图案,1954年
图片取自:梁思成. 梁思成全集:第五卷. 北京:中国建筑工业出版社,2001:231.

"我觉得一个民族的建筑同一个民族的语言文字同样地有一套全民族共同遵守的形式与规则。在建筑方面,他们创造了一套对于每一种材料、构件加工和交接的方法或法式,从而产生了他们特有的建筑形式。……欧洲建筑有它的'五种范式',从希腊、罗马时代一直沿用到今天。……中国的建筑也有我们的'型范',宋朝叫做'法式',清朝叫做'做法'。"[25]

"在各民族的语言里都有许多意义相当的词,例如,英语里有'Column'一词相当于我们的'柱'字的意思。在各国的建筑上也有许多构件具有同样的作用与意义,但是样子却不一样。有许多不同的建筑上的构件,有如各国语言中的字那样不同。把它们组织起来的方法也都不同,有如各国言语的文法不同。瓦坡、墙面、柱子、廊子、窗子和门洞组成了许多不同的建筑物,也很像由字写成不同的文章。但因为文法的不同,希腊的就和意大利的不同,意大利的又和我们的不同。"[26]

这种关于建筑"文法"的演绎使梁思成相信,不同国家的建筑形式具有"可译性"。1953年在中国建筑学会成立的一次演讲中,他曾以圣彼得大教堂为例示范了其"翻译"的过程。40年后,他的学生张镈依然对此印象深刻:

"他（梁思成）草画了个圣彼得大教堂的轮廓图，先把中间圆顶（DOME）改成祈年殿的三重檐。第二步把四角小圆改成方形、重檐、攒尖亭子。第三步，把入口山墙（DOME）朝前的西洋传统做法彻底铲除，因为中国传统建筑从来不用硬山、悬山或歇山作为正门。把它改成重檐歇山横摆，使小山花朝向两侧。第四步，把上主门廊的高台上的西式女儿墙的酒瓶子栏杆，改成汉白玉栏板，上有望柱，下有须弥座。甚至把上平台的大台阶，也按两侧走人，中留御路的形式。第五步，把环抱前庭广场的回廊和端亭也按颐和园长廊式改装，端头用重檐方亭加以结束。最后梁师认为用中国话，说中国式的建筑词汇，用中国传统的艺术手法和形象风格，加以改头换面，就是高大到超尺度的圣彼得大教堂上去运用，同样可以把意大利文艺复兴时期的杰作，改成适合中华民族的艺术爱好的作品。"[27]

然而，将语言作为"可译性"的类比是一个含混且容易引起误解的比喻。它似乎提出不同历史阶段、不同国家的建筑师或建筑可以建立一种与语言——首先是"翻译"——相对等的系统关系。不同建筑之间的区别可以被简化为两个层面——词汇（或元素）和连接各种词汇的"语法"（或"秩序"）。但是，这种方式却无法描述语言的特点。一方面，一种语言中的"词"是通过意义与其他语言中的"词"建立对应关系的。通常，它们的意义是相互交叉而不是完全重合。例如，中文中的"近代"一词就没有直接相对应的英文单词，因为英文中的 modern 并不能反映出中文语境下对于"近代"和"现代"的区分。反之，亦然。也就是说，没有一本放之四海而皆准的字典，它既包含了词语共同的意义，又涵盖了这些意义在不同语言里界域的划分。另一方面，在语言学上，"语法"的意思相当于支配语言使用的规则。一种语言的规则不仅与其他语言不同，而且不具有直接的可比性，因为并不存在一个通用的使用标准。

梁思成的问题似乎正出现在这里。当转向建筑学时，他所说的"可译性"基于的是这样一种假设：建筑中有一种通用的"规则"，它不仅使不同建筑的直接比对成为可能，而且相对简单。也就是说，虽然古希腊和古罗马的"柱式"明显地与中国建筑不同，但它们有一种根本的"秩序"在结构上是共通的。正因如此，圣彼得大教堂的穹顶可以变成祈年殿的三重檐，山墙入口可以改成重檐歇山横摆，酒瓶子栏杆变成汉白玉栏板等。因此，在逻辑上，"民族形式"产生的基础是这种共通的分类结构，而这个结构的框架来自于"布杂"的"组合"体系。

如果"布杂"体系曾使19世纪的"所有风格"成为可能，那么它也为20世纪各种各样的象征主义和"民族风格"提供了工具。在此，让我们来看两个与梁思成的高层方案相比较的案例。一个来自于1920年代的美国，正当"布杂"在此盛行之时。位于林肯市的内布拉斯加州议会大厦（1922 - 1932 年），由美国建筑师古究（B. G. Goodhue）设计，被称为是美国"第一座真正乡土的州议会大厦"。[28] 其塔楼向上收缩，被看成是指向天空的日晷，和具有历史感的生活的象征。建筑的柱头以农业产品——如玉米、小麦和向日葵——为主题作装饰，塔楼的顶部是一座"播种者"的雕塑，象征着内布拉斯加州人最初的农业生产者的身份（图8、图9）。[29]

图8 内布拉斯加州议会大厦，美国，1922 – 1932 年
图片取自：HOAK E W, CHURCH W H (ed.). Masterpieces of Architecture in the United States. New York：Charles Scribner's Sons, 1930：116.

图9 内布拉斯加州议会大厦细部，美国，1922 – 1932 年
图片取自：HOAK E W, CHURCH W H (ed.). Masterpieces of Architecture in the United States. New York：Charles Scribner's Sons, 1930：125.

图10 苏维埃宫方案，苏联，1934 年　　图片取自 © MUAR

另一个案例来自于1930年代的苏联，位于莫斯科的苏维埃宫的设计方案。1934年当约凡（B. Iofan）的方案被最终确认时，正是构成主义在苏联被压制，而"社会主义内容，民族形式"兴起的时候。为了象征"共产主义的第一个胜利"，它被设计成当时世界上最高的建筑（415m 高），柱头采用斧头和镰刀的装饰式样，顶部站立着100m高的列宁雕像（图10）。显然，这三个作品使用了不同的元素，有着不同的外观、功能（梁思成的除外）和象征意义。但它们采用了同样的方法——"组合"——来完成其象征意义的表达，即以同样的方式处理象征性的元素，将建筑的和象征性的元素组合在一起，并从整体到细部控制主题的统一。因此，只要这些形式象征的产生基于同一个体系，从根本上，它们就不具备其象征意义所要表达的同源同构的独特性。正因为如此，所谓"新"而"中"的建筑实践并不是中国传统建筑在现代条件下的发展，相反，它是以现代知识结构为基础，对传统建筑从形式、建造技术到文化象征意义上的完整性和连贯性的分解与重构。

让我们回来看梁思成的两张想象图和他提出的建筑"文法"的意义。的确，在梁思成的时代，欧洲和美国的建筑师没有对建筑和语言的类比进行过系统化的理论阐述，然而，这种类比本身并不少见。1933年，梁思成的同代人、美国建筑师纽科姆（R. Newcomb, 1886-1968年）曾做过相似的比对：

> "多年以来，关于建筑设计和组合的诸多书籍已经展示了建筑的各种'元素'——法式、窗、墙、柱、楼梯、山墙等等，仿佛这些元素是基本的单位而设计是对这些元素的组合，这种方式就和我们在语言表达中将词语放在一起形成句子一样。这种方式在一个有着固定的分类系统的世界里也许是非常好的，在那里大多数的建筑'词汇'和'语法'已经被我们的前辈建造得非常完美，而我们能做的最好的工作是对这些'元素'的重新组合以适应今天的要求。"[30]

就目前我所接触的资料里，并不能证明梁思成的"文法"参照过纽科姆的观点，而这并不重要。重要的是，他们观点的相似恰恰证明了"布杂"的知识结构在不同国家和不同文化中的渗透。正是由于这种结构上的普适性，来自不同文化背景的"布杂"体系的建筑师，可以在不同的境遇里，以相似的方式工作，处理不同的"建筑特色"或象征意义的表达。

不过，建筑"文法"的提出却标志了一个历史的节点，即"布杂"体系在中国本土化过程的完成。[31]以"新"而"中"的实践而论，在此之前，它基本处于经验性的实践阶段，不仅缺少规范化的理论指导，而且与中国建筑史的研究处于平行发展的状态。因此，尽管两者都是以"布杂"体系为基础，真正达到系统上的结合却是在1950年代，当中国建筑史形成了完整的学科体系之后。[32]以梁思成为例，直到1944年，当他完成《中国建筑史》的写作时，可以说才完成了对整个历史阐述和研究框架的搭建。与他在1930年代以介绍和评述为主的文章相比，"祖国的建筑"及这一时期的相关文章均显示出系统上的成熟和连贯性：从历史到当下，从理论阐述到实践原则的建立。也就是说，经过将近半个世纪的探索，"布杂"体系被转译成为了一套以中国传统建筑为参照的范式。这套范式不仅对1950年代以后"新"而"中"形式的稳定性具有直接影响，而且，更重要的是，这套范式固化了一种认知、推演的模式，使任何以"旧"创"新"的操作变得有章可循。值得注意的是，就组织结构来说，这套范式本身既不具有意识形态上的倾向，其参照也不必然是中国古代的宫殿建筑。如此，我们不难理解，遵循同样的范式也可以产生"欧陆风"这样的形式。尽管它们背后的驱动力、建筑的外观和使用的元素可能完全不同，在参照物的引用方式和设计方法上，1990年代的"欧陆风"与1950年代的"民族形式"及某些地域式建筑并没有本质的区别。

最后，我想强调三点。①本文虽然是以梁思成的图与论述为基础，却不是关于他个人的研究。梁思成对整个知识体系的贡献有目共睹，但不可否认，其思想本身也是这个体系的投射。②"布杂"不是一种风格，也不仅仅局限于巴黎美术学院。它是一种由现代性决定，并符合现代性条件的知识体系，这种条件既可能是民族—国家的合法化建制，也可能是市场经济下的商业化。③"新"而"中"的实践不是一个形式问题，也并非源自中国建筑在自身的发展中，遭遇了传统与现代的对抗。相反，这个问题的提出本身就是现代的，其核心是为适应当下的需求，以现代建筑知识体系吸纳和重构过去。

也许由此出发，我们才可以摆脱形式－意义、风格－象征的评判，重新检讨"布杂"体系在中国条件下的成就与缺失，并对当前提出的"本土化"和"中国性"问题有更清醒的甄别和更深入的认识。

注释：

［1］本文是笔者博士论文的第二章"'布杂'的知识实践与中国建筑知识体系的构筑"中的第一节。需要说明的是，本文所说的"布杂"体系并不特指巴黎的 Ecole des Beaux-Arts，而是一种建筑知识的组织方式。为区别起见，凡是特指 Ecole des Beaux-Arts 的地方，一律称巴黎美术学院。

［2］赖德霖. 折中背后的理念——杨廷宝建筑的比例问题研究 // 赵辰，伍江. 中国近代建筑学术思想研究. 北京：中国建筑工业出版社，2003：38－43. 我个人并不完全信服数理或数学式的论证方法，但认同文章的论点和以立面为基础的分析。

［3］傅朝卿. 中国古典式样新建筑——二十世纪中国新建筑管制化的历史研究. 台北：南天书局，1993：69－78. 赵辰. "民族主义"与"古典主义"——梁思成建筑理论体系的矛盾性与悲剧性之分析 // 张复和主编. 中国近代建筑研究与保护（2000年中国近代建筑史国际研讨会论文集）. 北京：清华大学出版社，2001：77－86.

［4］Atelier 是巴黎美术学院特有的设计教学制度。巴黎美术学院的职业训练以"学院"和"图房"两种机构为基础。这两个机构之间既相对独立、争议，也相互关联。学院通过演讲和课程，提供有关历史、理论和技术方面的基础教育。它本身不直接介入设计教学，而是通过每月一次和年度的设计竞赛来影响设计的走向。在日常的设计教学中，"图房"拥有完全的自主性。中文文献里对图房制度的介绍见：童寯. 建筑教育（1944）// 童寯. 童寯文集：第1卷. 北京：中国建筑工业出版社，2000：112－117. 顾大庆. 图房、工作坊和设计实验室. 建筑师，2001(4)：20－36.

［5］"图房"虽然以指导教师的名字命名，并采取"师徒制"的传授方式，却是由学生组织的，教师由学生聘请，与教师自己的工作室在空间和经济上是分离的。

［6］邹德侬. 中国现代建筑史. 天津：天津科学技术出版社，2001：155.

［7］梁思成. 祖国的建筑（1954）// 梁思成. 梁思成全集：第五卷. 北京：中国建筑工业出版社，2001：228.

［8］同［7］：233－234.

［9］在本文中，"构图"特指对建筑形式的处理。

［10］加代（Julien Guadet, 1834－1908年），"布杂"体系中的代表人物，著名的理论家、教育家和建筑师。其一生的职业生涯都与巴黎美术学院密切相关：他是另一位"布杂"大家拉布鲁斯特（Henri Labrouster）的学生；1864年罗马大奖的获得者；从1871年起，指导该院3个官方图房中的一个；自1894年起，担任该院建筑理论的教授。此教授一职为终身制，从1819－1914年，只有6人担任过此职。

［11］ROBERTSON H. Principles of Architectural Composition. London：The Architectural

Press, 1924: 147.

[12] RYKWERT J. The Ecole des Beaux-Arts and the Classical Tradition // MIDDLETON R. The Beaux-Arts and Nineteenth Century French Architecture. London: Thames and Hudson, 1984: 16.

[13] ZANTEN D V. Architectural Composition at the Ecole des Beaux Arts from Charles Percier to Charles Garnier // DREXLER A. Architecture of the Ecole des Beaux Arts. London: Secker and Warburg, 1977: 115.

[14] 赖德霖对南京国立中央博物院的分析——立意、参照物和各种造型要素的选择等——可以看成是理解"组合"体系的一个例证，虽然这可能不是赖德霖文章的本意。赖德霖. 设计一座理想的中国风格的现代建筑——梁思成中国建筑史叙述与南京国立中央博物院辽宋风格设计再思 // 张复合主编. 中国近代建筑史研究. 北京：清华大学出版社，2007：331-362.

[15] 迪朗（J. N. L. Durand）的《建筑学教程纲要》原为法文，出版于1802年。英译书名为Précis of the Lectures on Architecture。

[16] 原书名：Éléments et Théories de l'Architecture，共4卷，意为教科书。

[17] 原书名：Architectural Composition。ROBINSON B J. Architectural Composition. New York: The Trow Press, 1908.

[18] 原书名：Architectural Composition。CURTIS N C. Architectural Composition. Cleveland: Jansen, 1923. 就英文而言，科第斯和罗宾逊的书同名。但就内容来说，罗宾逊的书主要论述的是关于建筑形式的构图原理，而科第斯的似乎更注重建筑元素的分类和组合关系。据此，本文将它们翻译成了不同的中文名字。

[19] 原书名：The Principles of Architectural Composition。ROBERTSON H. Principles of Architectural Composition. London: The Architectural Press, 1924.

[20] 原书名：Theory and Elements of Architecture。ATKINSON R. Theory and Elements of Architecture: volume 1. London: Ernest Benn, 1926.

[21] 原书名：The Study of Architectural Design—with Special Reference to the Program of the Beaux-Arts Institute of Design。HARBESON J F. The study of Architectural Design. New York: Pencil Point, 1926.

[22] 原书名：Forms and Functions of Twentieth-century Architecture。HAMLIN T F (ed.). Forms and Functions of Twentieth-century Architecture. New York: Columbia University Press, 1952. 这套书总共4卷，邹德侬曾将其中第2卷有关形式控制的部分翻译成中文，单独成书，名为《建筑形式美的原则》，1982年由中国建筑工业出版社出版。

[23] HAMLIN T F (ed.). Forms and Functions of Twentieth-Century ArchiTecture: xi. 塔博特·哈姆林（1889-1956年）曾在墨菲的事务所工作过。

[24] COLQUHOUN A. Composition Versus the Project // Modernity and the Classical Tradition. Cambridge: The MIT Press, 1991: 39.

[25] 同[7]：191-192. 本文为梁思成在中国建筑学会第一次代表大会上的专题发

言摘要。

[26] 梁思成. 建筑艺术中社会主义现实主义和民族遗产的学习与运用的问题（1954）//梁思成. 梁思成全集：第五卷. 北京：中国建筑工业出版社，2001：204.

[27] 张镈. 我的建筑创作道路. 北京：中国建筑工业出版社，1994：70-71.

[28] 位于林肯市的内布拉斯加州议会大厦建于1922年到1932年。梁思成的老师保罗·克瑞特曾参加此建筑的设计竞赛，获第4名。本文选择这座建筑作为比较的原因有三个：①在科第斯的《建筑组合》中，这座建筑被作为其原则运用的范例。②这座建筑在当年被选为"美国的建筑杰作"之一，被认为是具有代表性的美国建筑。因此，在某种程度上，这座建筑反映了当时美国建筑的一种氛围。③这座建筑的建设时期正是第一代中国建筑师赴美学习期间。

[29] HOAK E W, CHURCH W H（ed.）. Masterpieces of Architecture in the United States. New York：Charles Scribner's Sons, 1930：115-125.

[30] 原文出自Rexford Newcomb于1933年为Ernest Pickering的《Architectural Design》一书写的前言。本文转引自PAI H. Portfolio and the Diagram：Architecture, Discourse, and Modernity in America. Cambridge：The MIT Press, 2002：103.

[31] 朱剑飞和顾大庆都曾对此有过不同的论述，参见：ZHU J. Beyond Revolution：Notes on Contemporary Chinese Architecture. AA Files, 1995 (35)：3-14. 顾大庆. 图房、工作坊和设计实验室. 建筑师, 2001 (4)：20-36.

[32] 1928年墨菲曾发表过一篇文章，题为"An Architectural Renaissance in China：The Utilisation in Modern Public Buildings of the Great Styles of the Past"。文中对中国古代建筑的特色进行了总结，并以自己的实践论证了其对现代使用的适应性。在我看来，虽然他的总结与其后林徽因、梁思成的有一些相似之处，但不是真正意义上的历史研究。MURPHY H K. An Architectural Renaissance in China：the Utilisation in Modern Public Buildings of the Great Styles of the Past. Asia, 1928：468-475.

国家，空间，革命：北京，1949－1959
A Spatial Revolution：Beijing 1949－1959

朱剑飞

Zhu Jianfei

  中华人民共和国在1949年10月1日的成立，需要各种象征符号，以表现这个新兴的国家。曾在"旧中国"执业又在海外学习特别是那些1920年代左右在美国接受巴黎美院体系教育的建筑师们，现在受到召唤，要求服务于新的共和国。通过国有化，他们现在受聘于国家各大学院系和各设计院。他们需要学习毛泽东著作和苏联的经验，改造自己的"资产阶级"思想，接受"无产阶级"世界观；他们更需要做的是建立一种新的建筑设计思路以服务于社会主义新中国。他们的回答，是重新启用巴黎美院的设计方法，融合美国与苏联的影响，在1950年代创造出一个中国的"民族风格"。国旗、国徽和人民英雄纪念碑在这十年之初设计定型。比较明确的设计理论体系，伴随着重要建筑的设计建造，出现在1954年和1958－1959年两个时刻。其中第一时刻，梁思成勾画了一个中国版本的表现"社会主义现实主义的民族形式"，反映在当时有中国传统特征尤其是曲线屋顶的一批建筑中。在第二个时刻，在党领导下的更多集体参与的理论体系，要求建设"中国的社会主义的新风格"，反映在当时多种形式中，尤其是1959年完成的北京的十大建筑。至于首都规划，基本概念在党的直接领导下，又在斯大林1935年莫斯科规划的参照下于1953－1954年定型。首都规划要求将行政中心设置在旧城之内，要求北京成为国家政治中心和工业基地，要求北京具备多种功能，包括提高"劳动人民劳动生产效率和工作效率"。

  我们需要就以下一些问题发问：北京城市问题，形态问题，以及这种政治环境下作为职业人员的梁思成和建筑师的角色问题。关于北京这座城市，人们会问：这个古老的帝国都城及其传统结构在此发生了什么变化？从历史的角度看，以1911年前的古都为基础，以20世纪初几十年的变化和1990年代至今的更加剧烈的拆迁、改造和建设为背景，1950年代的北京建设包含了什么样的重大甚至结构性的改变？

  关于形式的议题，有另外一些问题需要提出：一个中国"民族风格"的概念是如何被构造出来的？它的渊源和视觉形态的基础是什么？传统和"中国建筑"是如何被构想和发明的？这个传统中的哪些元素被优先强调？它们又是如何被组合在一起构成现代的"民族风格"？如果1930年代南京国民党政府已经作了相似的尝试，那么这两个时期即1950年代北京和1930年代南京之间，呈现什么样的关系？在全球背景下，苏联和美国的影响是怎样在此刻的北京被一起采用的？如果苏美模式都在后文艺复兴的欧洲享有同样的渊源，那么中国在此吸收了何种形式和视觉的观念？是否有一个

"笛卡儿式（Cartesian）"的观察和赋形的方法在此被内化到中国？

关于建筑师的角色问题，这里关注的是，相对于党和国家权威，个人和职业人员处在何种位置上。一个权力关系是怎么实施的，它又是如何允许职业人员以自己的技能和知识提供服务，使"西方"和"资产阶级"的形式内化到社会主义中国的？权力和知识的关系在此如何展开？

作为当时业界最突出人物的梁思成，是一个我们必须首先研究的基本案例。梁（1901－1972年）在1924－1927年间就学于美国的宾夕法尼亚大学。1928年在沈阳建立了中国最早的大学建筑系之一之后，他参加了"中国营造学社"，与妻子和同事一起，从1931年到1940年代中，开始了有史以来第一次全国范围对古建筑"科学的"测绘、记录和研究。其间他还设计了几个建筑，并为国民党政府管辖下的南京中央博物院的设计作了顾问。在1946年到达北京后（也在1947年代表中国参加联合国总部大楼设计访问美国后），梁在1949年开始积极投入与中国共产党的交往。他此后的轨迹是一个我们必须观察研究的历史故事，以探讨回答关于个人与职业人士的角色问题。

目前对梁的学术研究主要关注1949年前的几十年。然而只有在1950年代，当梁五十多岁时，他才最积极地投入到为民族国家的设计思考中，也最深地卷入国家权威和政治意识形态之中。当对梁的研究涉及1950年代时，研究一般趋向关注梁在强大国家之下的"良好"意图和悲剧般的"失败"的种种道德和人物传记式的问题。这些研究是重要的，但是如果我们采用"知识考古学"方法来观察形式和思想产生的社会过程，那么事情或许会变得更加清晰。[1] 本文研究梁思成的轨迹，视其为社会实践的路径而非人物传记的叙述，将其置于知识分子和中国共产党的关系的社会网络中，考察作为话语、作为形式语言、作为完成的建筑和城市环境的民族形式的生产建造。本研究尤其关心，在形式和视觉知识被用来为政治服务的过程中，权力与知识，以及政治与认识（世界方法）之间的纠葛关系。这里具体关心的是通过宾夕法尼亚传入中国的巴黎美术学院体系。本文关心的，不仅是把美国与苏联、南京与北京、1930年代与1950年代联系起来在时空流转中发展的设计模式的问题，还有一个在1930年代为"科学"研究古建筑所采用的"观察"和表现的方法，并由此产生的1950年代对现代建筑的构想等问题。

从梁的轨迹出发，沿着设计、形式、思想和建筑物生产的发展路径，我们可以定下五个关键的时刻。如果前三个时刻（1950年、1952年和1953年）见证了国徽、纪念碑和首都规划的定案，那么后两个时刻（1954年和1959年）则目睹了这十年来设计理论和建筑施工都出现的两个"高潮"。本文研究这五个时刻的有关事件和史料，以回答关于北京、形式和建筑师的问题。

1　国徽，1950年

梁思成作为北京清华大学营建系主任和建筑学领域全国范围的领头人物，被邀请参加北京1949年以来的各种委员会，其中包括中国人民政治协商会议筹委会和其中的"国旗国徽初选委员会"。9月下旬召开的政协第一届全体会议选出了包括毛泽东作为主席和周恩来作为总理的中央人民政府。会议还作出了关于国歌、国旗、国都，并在天安门广场上建造人民英雄纪念碑的决定。9月25日，毛泽东、周恩来和包括梁思成在内的十六位顾问从200多首入围歌曲和1500件竞赛方案中选取了国歌和国旗。1935年聂耳谱曲、田汉作词的《义勇军进行曲》被选为国歌；曾联松设计的"五星红旗"被选为国旗。[2] 为了1949年10月1日的"开国大典"，梁在9月25日夜间赶绘一个改进了的国旗设计的尺规图。由于没有令人满意的方案，国徽的设计被推迟了。[3] 中央美术学院的张仃和清华大学建筑系的林徽因，即梁的妻子，被分别邀请提交由他们各自学校设计组设计的方案。张的方案是写实多彩的，包括一个侧面透视的天安门城楼。林的方案是抽象的，只有三种颜色（金色、红色和玉白）。经过几番的修改讨论，梁在周恩来的邀请下参加了设计，并且和林一起领导清华的六人设计组。考虑到其独特的象征意义，作为1919年"五四运动"和1949年10月1日"开国大典"中心位置的天安门城楼，被要求放置于设计中。经过几轮新方案的重新递交，周恩来和委员会在1950年6月20日最后选择了梁和林的方案。毛泽东在1950年6月23日肯定了这个选择，并于同年9月20日宣布了这个决定。

这个设计含有五颗五角星；五星位于正立面的天安门城楼之上的天空中；整个图样被底部用绸带连接的齿轮和麦穗环绕着。所有这些元素都呈金色，而背景或者说广阔的天空则呈红色，象征着一面巨大的无边无际的国旗。它从视觉上描绘了这个新的民族国家，一个以"工人"、"农民"、"小资产阶级"和"民族资产阶级"（四颗小五角星）联盟为基础的，以无产阶级及其先锋队共产党（大五角星）为领导的"人民民主专政"。政治的内容，在两种颜色的精心选择中，获得了具有中国特色的表达。在设计过程中，梁和林一直坚持使用抽象、象征的图像，表现"中国的艺术传统"，保持"中国新旧文化的连续性"（而其他的设计则是具象的、多彩的、写实的）。这个设计很好地体现了国徽设计的基本要求：具有"中国特色"、"政府特征"，并且"庄严富丽"（图1）。

图1 国徽，安置在天安门城楼上的国徽
图片取自：路秉杰．天安门．上海：同济大学出版社，1999：79．

2 纪念碑，1952年

关于建造纪念碑的决定，于1949年9月下旬作出，以纪念"为了民族的独立解放而献出生命"的人民英雄。毛泽东为此写下了碑文。在"开国大典"前一天，9月31日下午六点，毛泽东带领了包括梁思成在内的576名政协全体会员，在天安门前一个中心位置举行了纪念碑奠基仪式,并庄严宣读了纪念碑碑文。然而,纪念碑的设计却是复杂的。关于它应该采取什么形式的讨论,从1949年一直持续到1952年。在一次设计竞赛后,三种类型的方案浮现出来:横卧在地面上的纪念体、人群雕像和竖向或碑式的纪念体。在一次针对这些方案的讨论中,梁说毛泽东写的"碑文"将要刻在这个纪念体上,该纪念体采用中国的碑,比埃及的方尖碑或罗马纪念柱更加合适。[4]在有周恩来参加的讨论中,大家同意:采用碑体类型,但由于中国传统的碑体"矮小"而"郁沉",缺乏"英雄气概",所以需要改造和革命化。周恩来再次邀请梁和林来主持这个设计。1952年5月,一个由梁负责建筑设计,由雕塑家刘开渠负责浮雕,由历史学家范文澜负责历史叙述的小组被组织了起来。周恩来参与了这个过程中的很多决定,包括放置纪念碑的具体位置和纪念碑"正面"的朝向。[5]

1958年5月,位于天安门广场中心和南北轴线上的纪念碑建造完成。它高37.94米,顶部采用中国盝顶样式的建筑屋顶,遵循碑的传统,北面和南面处理成平坦的表面(图2、图3)。在北面和南面,纪念碑的"正面"和"背面",分别刻有毛泽东的书法"人民英雄永垂不朽"和周恩来手抄的毛泽东撰写的碑文。纪念碑拥有双层的以中国装饰为母题的底座和台阶。较低的底座有十个根据历史顺序排列的浮雕,描绘了毛泽东所理论化的中国革命史。那些在东面和西面的浮雕描绘了"旧民主主义革命"(1840–1918年)和"新民主主义革命"(1919–1949年);而南面和北面的浮雕分别描绘了以1919年划分的这两个时期的和1949年代表着第二个阶段结束的关键事件。阅读这个叙述需要从北面中心第一个浮雕开始;它描绘了最近的1949年的革命;而它恰好面对毛泽东于1949年10月1日在天安门上宣布中华人民共和国成立的方向。[6]这些浮雕采用了以19世纪欧洲传统为基础的社会现实主义手法,同时又采用了中国式的强调线条流动和面的表现方法。[7]事实上,就整个纪念碑而言,它的类型和某

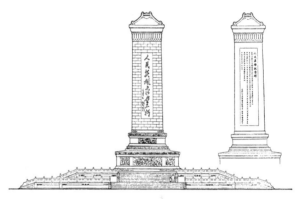

图2 人民英雄纪念碑,北立面和南立面
图片取自:《建筑学报》,1978(2):7.

图3 从西南方向看天安门广场上的人民纪念碑
作者摄于2007年

些细节是中国式的，而它所具有的如巨大广场上的方尖碑或纪念柱的英雄主义尺度，却是欧洲的或"西方的"。从4~5米高的中国传统碑体到38米高的人民英雄纪念碑的变化，出现在新开启的东西长500米、南北长880米的前所未有的大型广场之中，确实是一次空间布局上的飞跃和"革命"。这种革命出现在旧城的中心地带，而该地带如同整个旧城在此前所具有的空间逻辑以密集围合的院落为基本质地，因此并不具有开阔性、纪念性和大体量性。我们将在文章的后半部再涉及这个问题。

3 北京规划，1953年

虽然梁思成在设计这些国家象征符号的过程中扮演了重要角色，但他对于北京规划的影响却是有限的。他对古都北京的崇敬和将新行政中心设在城西的主张与共产党的设想相违背。周恩来在开国大典结束时，在天安门城楼上眺望南方，说这个世界上最大的广场应该也是最美的广场，它应该是这个民族和国家的中心，应该在中、东、西部建有纪念碑、历史博物馆和国家大剧院。[8] 在1949年11月，北京规划的各种方案得到了讨论。梁思成和陈占祥认为新中心应该设在旧城外，而苏联专家（在巴兰尼克夫领导下）[9] 的方案和规划委员会其他人员（华南圭、朱兆雪和赵冬日）的方案建议把政治中心设在旧城的核心区域。[10] 尽管梁和陈质疑了苏联专家的方案，北京市政府领导还是清楚表达了对后者的兴趣。1950年2月，梁和陈提出了"关于中央人民政府行政中心区位置的建议"。[11] 这个著名的"梁陈方案"，主张将新中心设在西郊，强调分散布局、明确分区、发展与保护相平衡，以及对古都南北中轴线的保护。朱和赵在4月制定了与其相反的一些规划方案。然而，北京中心区的建设，实际正在积极进行中，其所遵照的是苏联专家的方案，而该方案，根据现在的信息，是毛泽东通过北京市党委书记彭真传达给苏联专家的。[12]

在1952-1953年间，以新中心设在北京城内的想法，华揽洪和陈占祥在梁的指导下又设计了两个方案。但这两个方案再次因为缺少"进步"的思想而被搁置一旁。[13] 为有一个理想的方案，市政府在党内了组织了另一个设计组。这个小组在一个叫畅观楼的建筑里（北京西边动物园中）工作，并且在1953年11月提供了一个决定性文件"北京改造扩建草案"。[14] 虽然在1954年、1957年、1958年和1980年代在首都规划上增加了新的内容，这个被称为"畅观楼方案"的规划却是最具原则性的（图4）。它融合了毛泽东的想法和俄罗斯专家的提案，确定了北京此后

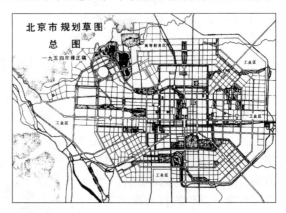

图4 北京平面，1953-1954年
图片取自：董光器. 北京规划战略思考. 北京：中国建筑工业出版社，1998：325.

几十年发展的基本原则。它借鉴莫斯科1935年规划，优先工业和生产的发展。它规定北京是国家政治、经济和文化中心，同时还是国家的工业基地。它特别强调首都要为生产、为中央政府、为劳动人民服务，首都应该力争"提高劳动人民的工作和生产效率"。它设定了人口增长和城市扩张的规模（在二十年内达到五百万人和六百平方公里），并且划分了政府、工业和教育用地范围。为了加强各个方向的交通，它要求将现有的网格道路"拓宽、打通、拉直"，并且增加围绕中心的城市环路和向外发散的道路。主要的网格大道的宽度为100米，而环路和放射状道路分别为60～90米和40米宽。关于古城保护，它建议北京应该在历史旧城基础上发展，保护良好部分，拆除有碍发展的旧有布局；关于古迹建筑的保护，应该根据具体情况分别处理。

除少数例子外（如绕着北海团城以南的弯曲道路在1953年被成功保留下来），梁的很多建议都被忽视了。[15]这十年见证了将旧建筑、道路、牌楼、城门和城墙持续拆除，以建设宽直的大道路和一栋栋新建筑；梁在这十年的推进中逐步退却。他的"保守"态度，与党的革命性观念，与破旧立新地建设新城市和新国家的观念，与建立以工业为主导的强调"效率"和"生产"的现代化观念相矛盾。

4 "民族形式"，1954年

尽管梁思成在北京规划方面影响日趋减少，但在接近1950年代中期，在建筑设计思想方面，影响却是重大的。梁的写作和影响，与建筑活动兴盛，重要建筑上使用中国屋顶的风潮，和民族自信心的上升基本同步。这几年里，中国在国内外事务中取得了一些成功，尽管从1950年开始联合国对中国实行禁运（在中国加入朝鲜战争以后）。[16]随着斯大林1953年初的去世，中国迅速积极地在1953年后期结束了朝鲜战争。中国在与印度建立"和平共处"五项原则，积极推行印度支那缓和，在日内瓦与美国开启对话，在印度尼西亚万隆1953和1954年亚非会议的召开等事务中，都起了积极的推动作用。在国内，几个包括"土地改革"和"镇压反革命分子"的运动在1949－1953年间为新政府确立了秩序，赢得了声誉。经过一次温和的"思想改造"后，知识分子、专业人士和艺术家被纳入国有的机构中。到1953年，私人建筑事务所先被组合成集体公司，然后成为国有设计院。一个建立"新民主"或"人民民主专政"，以此向社会主义过渡的"总路线"，在1953年被确定下来。总路线指出，中国目前的任务是"国家的工业化和（对农业、手工业和资本主义工商业实行）社会主义改造"。第一个五年计划（1953－1957年）制定了下来，它包括694个大、中型工业项目，其中一些得到苏联的援助；它是中国当时最宏伟的工业化计划。人民代表大会、宪法和拥有三十五个部委机构的国务院在1953－1954年间建立起来。以1952年一个机构为基础，建筑工程部于1954年成立。刘秀峰（1908－1971年）任部长，万里、周荣鑫和宋裕和为副部长，他们都是共产党员。[17]

这些年出现了一个设计思考理论化和施工建设的高潮，而梁在其中扮演了重要角色。1953年2月到5月，梁访问了莫斯科和苏联的其他城市。他与当时苏联建筑科学院院长莫尔德维诺夫进行了对话。此次访问后，梁关于"社会主义现实主义"的写作思路变得清晰起来。中国建筑学会在1953年10月成立，梁被任命为副理事长，而作为副部长和共产党员的周荣鑫（1917－1976年）被任命为理事长：一个垂直的关系出现在大多数的组织中，因为"旧知识分子"必须接受监督和改造。[18]梁还被任命为学会所属《建筑学报》的主编。在他的组织下，学报最初的两期在1954年6月和12月出版。

在建设活动频繁和中国屋顶使用流行的同时，梁产出了一系列重要的写作，并在那年编辑了学报。1954年学报刊出的内容覆盖了三个议题：意识形态、历史研究、建筑设计。精确地说，刊出内容涵盖了三个领域和各自有关的议题：①一个提倡社会主义现实主义，要求采用民族形式的意识形态论说；②一个以过去营造学社历史研究积累为基础的，关于中国传统建筑形式的探讨；③一个提倡使用这些形式的折中主义的设计方法，并在设计实践中迅速得到使用。这里第一领域的文章，是翻译自苏联、东德和匈牙利的理论文献（作者是米涅尔义、阿·库滋涅佐夫、瓦尔特·乌布利希、柯尔脱·马葛立芝、阿·弗拉索夫、约·里瓦伊）[19]；第二领域的文章是来自作为建筑历史学家的梁思成、林徽因和莫宗江；而第三领域的文章出自建筑师张镈、张开济和陈登鳌，包括正在实施的建筑方案的说明、施工图和有关照片。这两期1954年出版的《建筑学报》于是又显示出另外两个维度：一个是中国与苏联和东欧组成的地缘政治联盟，共同倡导民族形式；一个是对思想观念在1954－1955年北京的设计和建造施工中迅速的运用和物化。刊登在1954年学报的重要项目，位于北京的，包括西郊宾馆（后来成为友谊宾馆）、三里河办公楼、北海办公楼和地安门宿舍，分别由张镈、张开济和陈登鳌（最后两项）设计。

梁自己在此前的几年里，进行了大量的写作，是他一生中关于设计思想论述最高产的时期。1950年以来他的写作关心的是"意识形态"领域里的问题。然而在1954年，他的写作扩充到在新的社会主义和毛泽东思想框架下的"历史"和"设计"的问题。①在1950－1954年间，梁有八篇涉及第一领域的文章，而其中最后一篇，即1953年的一个讲话于1954年发表，是最清晰而有影响的。②在第二个即"历史"的领域，梁有三个出版论述：新近刊出的1944年完成的《中国建筑史》一书和在学报第一、二期发表的两篇文章。其中第一期登载的文章，"中国建筑的特征"，最关心如何在设计中使用历史形式，为社会主义中国服务。③在第三或"设计"的领域，梁的小册子《祖国的建筑》总结和融合了上述两个领域（意识形态和历史）的两篇代表性文章。考虑到1954年发表的这几篇文字的清晰性，以及梁思成所具有的制度化的突出地位，这三篇文件（讲话，"特征"，小册子）可以分别看作当时三个领域的讨论话语中最有权威或代表性的。其中第三篇文字，因为它融合了意识形态立场和历史研究，可以说是中国在1950年代中期，界定建筑设计思想最有影响的论述（图5）。

第一篇文字是他在1953年中国建筑学会成立上的讲话，题目是"建筑艺术中社会主义现实主义和民族遗产的学习与运用的问题"。这个演讲随后在《新建设》上发表（1954年第二期）。[20]梁运用毛泽东、列宁和斯大林的思想，以及苏联的先例如莫斯科地铁站的建筑设计,来论证一个中国的具有民族风格的社会主义现实主义。他的论点是,在如中国这样的国家,对资产阶级资本主义的批判还涉及一个民族主义的、反殖民、反帝的因素,它要求这样的国家的文化艺术形式采取"民族风格",而非来自资本主义、殖民主义和帝国主义西方的"国际式"风格。

第二篇是"中国建筑的特征"(《建筑学报》,1954年第一期)。[21]梁列出了中国建筑传统中的九个特征,并在论述上突出强调了屋顶和相关元素的重要性。梁说这些特征构成了一个"语法"。他然后指出这些形式可以"越过材料的限制",它们具有"可译性",可以与不同的材料、结构和类型一起使用。

第三个文件是1954年出版的题为《祖国的建筑》的小册子。[22]梁提出如何采纳传统形式而又不是简单模仿的问题。梁引用了毛泽东关于"选择性继承",即"去除封建主义糟粕,吸收民主主义精华"的想法。梁随后提出了两项原则和两张草图,来阐明他对这个想法在设计中的运用。[23]其中一幅描绘了在一个街角上的3~5层的建筑群,另一幅是一建筑群,簇拥着一个35层高的塔楼(图6)。这两个例子都使用中国式屋顶、一些装饰和一个新古典式的体量处理。第一个原则指出,无论具体设计的建筑的大小体形,传统形式及其相关的语法都可以使用,它就是"可译性"原则。关于第二原则,梁提出,民族形式的取得首先是"总轮廓",其次是"比例和韵律",再次才是"花纹装饰"。[24]

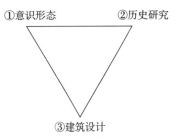

①"建筑艺术中社会主义现实主义和民族遗产的学习与运用的问题"(1953年演讲,《新建设》1954年第2期上的文章)+ 1950 - 1953年间的7篇文章。
②"中国建筑的特征"(《建筑学报》1954年第1期)+《中国建筑史》(1954年)+ 另一篇文章(《建筑学报》1954年第2期)
③《祖国的建筑》(包含两幅草图的小册子,1954年)

图5 梁的论述在1954年达到顶点时所包含的一个三角结构 作者绘制

图6 梁思成的小册子《祖国的建筑》中两幅关于"想象的建筑"的草图,1954年

图片取自:梁思成. 梁思成全集:第五卷. 北京:中国建筑工业出版社,2001:233.

梁并不一定是1954 – 1955年间采用中国屋顶设计的指导教师。考虑到他的官方地位和他的文字写作的产出，他实际应该是这次运动的理论家。从这个意义上讲，他的思考和他的地理与历史的活动轨迹，对我们研究1950年代中期涌现的这些设计和背后的认识论上的基础有重大价值。这些设计思想背后的渊源在哪里？斯大林时期的1932 – 1954年间的古典主义建筑，反映在艾欧凡（Boris Iofan）设计的苏维埃宫和建成的作品如莫斯科地铁站（从1932年起持续建设）和"高大建筑"（1947 – 1954年间完成）上。考虑到梁于1953年对莫斯科的访问，[25]这些建筑一定产生了很重要的影响。"高大建筑"的尺度，它们表现俄罗斯传统的巨大的"轮廓"，一定激发了当时到访的梁的想象和关于设计的新的可能性的思考。中国建筑师与苏联专家（穆欣、阿谢普可夫、安得烈也夫等）在1953 – 1954年间的互动交流，也会强化苏联影响在梁身上的作用。[26]为政治服务而采用艺术与建筑中的现实主义这样的思想，当然也在这些互动中得到肯定，尽管这种思想在中国美术界已经讨论过，并在1942年毛泽东发表的《在延安文艺座谈会上的讲话》得到明确的理论阐述，当然毛当时也引用了列宁1905年的文章——"党的组织和党的文学"。[27]

这里也有"西方的"联系；虽然这些关联在1950年代较少被提到，但事实上它在中国有更久远的影响。梁稍后在1958年和1959年的自我批评中交代了这个"黑暗"事实。梁说，1954年的想法和1930年代南京国民党政府的"宫殿式"建筑的思路是相似的，而它们都以19世纪巴黎的美院体系的折中主义设计哲学为基础。[28]梁还承认，他在1930年代和1940年代早期进行的历史研究，是以1920年代他在宾夕法尼亚大学学习的弗莱彻（Banister Fletcher）的《建筑史》为基础的。[29]众所周知，1920年代和之后尤其从美国归来的中国留学生，接受的主要是巴黎美院式（布杂）的建筑教育。19世纪法国和欧洲的折中主义，通过美国和其他途径输入中国，由此促成中国的民族风格，它实验于1930年代的南京，发展于1950年代的北京。当然，其间发生的尤其是从1930年代到1950年代的变化，应当受到关注。文章稍后将回到这个问题上。

更神秘而引人发问的，是一个从弗莱彻到梁思成，从历史研究到设计方法的，输入中国的关于空间和形态的深层观念。如果我们逆时向上追溯一个轨迹，就能够将它揭示出来。梁在1954年提出的三元理论构架中，其中一元是一个"历史"的领域，其重要文字表述除他关于"特征"的文章外，还有他1954年刊行流通的《中国建筑史》一书。该书手稿包括其中的单线图和渲染图，实际在1944年完成（图7、图8）。[30]这些绘图和文字是在他从1931年到1940年代初测绘记录研究的基础上完成的。这个中国第一次对古建筑进行系统而"科学"的研究，是以梁思成1920年代在宾夕法尼亚大学学到的弗莱彻的方法为基础的，其中包括单线图的制作。如果弗莱彻在1901年开始为他的"世界建筑"绘制系统的单线图图版，那么有学者已经指出他的先驱是杜兰德（J. -N. -L. Durand）。杜兰德在1801 – 1819年间，为纵横比较各种（世界）建筑，第一次系统制作了大规模的单线图（图9）。[31]既然梁和他的合作者使用了线性透视图、水墨渲染、铅笔草图、阴影技法、为横跨时空进行普适比较的单线图版，和在平立剖面上的正投影方法，那么这里的渊源就应该不难找到；渊源不仅可以追溯到1901年和1801 – 1819年间，更应该追溯到线性透视成型和文艺复兴之后的一整个再现世界的现实的、理性的传统。[32]

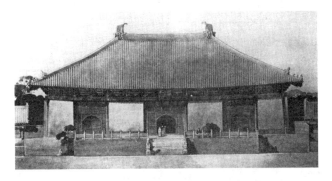

(a) 山西大同善化寺主殿，1060 年

(b) 应县佛宫寺木塔，1056 年

图 7　墨染图由梁和助手绘制于 1934 年，发表于梁的《中国建筑史》，1954 年
图片取自：梁思成. 梁思成全集：第四卷. 北京：中国建筑工业出版社，2001：117，119.

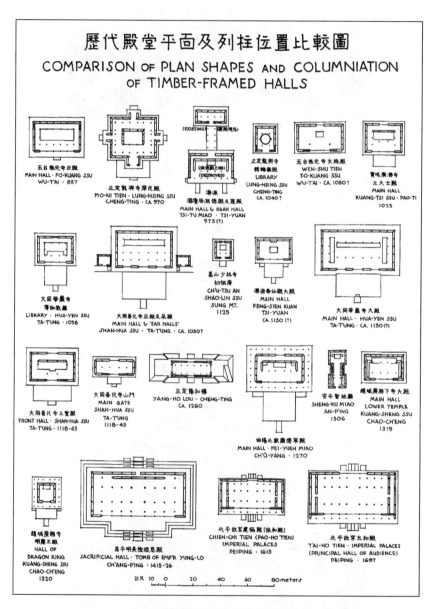

(a) 历代殿堂平面及列柱位置比较图

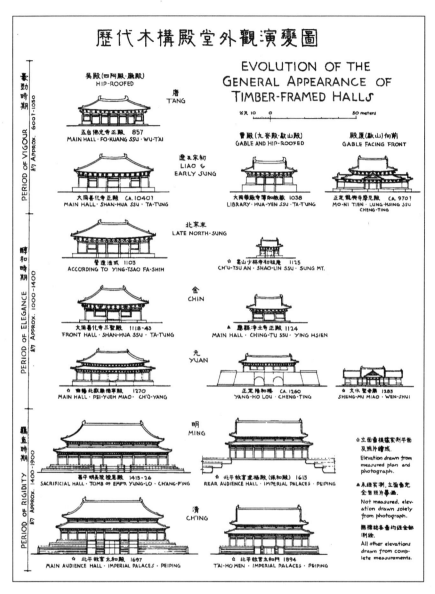

(b) 历代木构殿堂外观演变图

图 8 对"中国建筑"进行比较研究的两个图版,由梁和助手绘制于 1943 – 1944 年,发表于梁的《中国建筑史》,1954 年

图片取自:梁思成. 梁思成全集:第四卷. 北京:中国建筑工业出版社,2001:219,220.

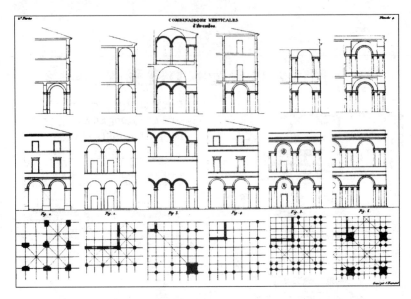

图9　柱廊的设计，Jean-Nicolas-Louis Durand, *Precis des leçons d'architecture*, **Vol. 2，1819**

图片取自：Kruft, Hanno-Walter. *A History of Architectural Theory*. London：Zwemmer，1994：154 号图版.

　　这里重要的问题是，在"现代"西方观察世界方法输入中国（从 1729－1735 年间的年希尧开始）的各个途径中，我们发现了这个观察或凝视的一个特定具体的时刻：在 1931－1945 年间，它的视线，通过梁思成，直接投向了中国古建筑。1944 年完成的单线图和渲染图，实际上不是"中立的"对中国古建筑的表现，而是对这些建筑一个"象征的"方法的观察（让我们在此借用潘诺夫斯基 Erwin Panofsky 的名词）；这种观察把柔性的、融合的、通透的建构体系，转变成刚性的、独立的、英雄的建筑物体。[33] 在梁的视线下，中国古建筑在现代西方"透视"的新的关照中，重新出场。当这些工作于 1954 年出版后，梁的两张渲染草图中关于设计的想象，就有了有力的依托。已经完成的对中国古建筑的现代的观察和表现，为现代中国建筑的想象提供了一个基础。这种观察和想象又迅速转化成具体的设计实践，见证在 1950 年代中期完成的大型建筑物上。

　　一个基本的认识世界的视野，一个主客对立的笛卡儿二元论，一个在开放、无限、数理宇宙中对物质客体的笛卡儿式的凝视，看来在这里一个中国的政治文化的生产过程中，得到吸收和内化。[34] 在此过程中，一个现代的主体，作为凝视物质客体世界的理性的人，被建立起来。在往复循环的生产中，这种观察方法影响到形式的建造，强调它的物的客体性，然后又在建成的物质客体之中，反映、象征、（再）建构了一个现代的主体。如果这些客体采用了一个民族风格，那它就反映、象征、表现、（再）建构了一个民族的、集体的、现代的主体，而这个主体，当然就是新中国的人民和共和国。

　　所以在此有三条发展线索进入 1954 年的中国政治文化环境中：1953 年的苏联的影响；从宾夕法尼亚经 1930 年代南京到达北京的美国巴黎美院传统的设计方法；运用于 1931－

1944年间古建筑历史研究,而后又在1954年为设计创作思考而重新浮现的欧美视觉表现方法。这些线索在梁身上"交汇",并在他的理论话语中融合,这些话语以三个领域的三篇文件为代表,而其中又以有两张草图的第三篇文字,特别是有中国屋顶的35层塔楼的图像为最集中代表。在此历史瞬间,三条迄今为止分别独立"生长"的线索,交织在一起。在中国自身环境中,由苏联影响带来的新眼界和1944-1954年已经完成的历史研究的图像表现,所以在1950年代中期北京的包括梁在内的建筑师的视野,是与1930年代南京不一样的,它更加开放而全面。从垂直形态、实际尺度以及形态设计的灵活自由等各方面看,1954年的草图和当时完成的建筑,都是在1930年代无法想象的(图10、图11)。

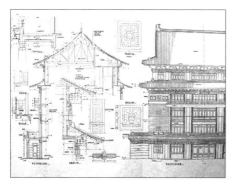 

图10 张镈设计的西郊友谊宾馆的施工图
图片取自:《建筑学报》,1954(1):46.

图11 民族文化宫,北京,1959年,建筑师张镈
作者摄于1996年

5 间奏

赫鲁晓夫在1954年后期、1955年末和1956年初,先就古典主义建筑后针对领导方式对斯大林提出批评,对一些国家产生了巨大的冲击。[35]它在1956-1957年间打开了波兰和匈牙利反斯大林运动的一个空间,同时也鼓励了中国共产党,在1956年和1957年早期,推行"百花"运动,接受批评。它还为毛泽东和中国共产党在多个问题上摆脱斯大林和赫鲁晓夫影响提供了机会。毛泽东提出了一个与斯大林不同的工业化模式(《论十大关系》,1956)。毛泽东也表示了对反斯大林的批评的理解同情(《关于正确处理人民内部矛盾的问题》,1957)。在接下来的年月里,中国与苏联在其他许多问题上意见不一致。在建筑行业,有一个对赫鲁晓夫立场的立刻追随和随后对苏联影响的逐渐远离,以探讨新的思路。在苏联对斯大林的批评之后,梁在1955年受到了很多批评。《人民日报》的一篇社论批评了浪费和"复古主义"。[36]《建筑学报》被迫停刊(直到1955年8月)。1955年共产党有关干部和梁思成都作了自我批评。尽管如此,在接下的一年里,不同的观点可以公开提出进行讨论。当时到访的波兰建筑师代表团,称赞了现代主义,提出斯大林的古典主义和赫鲁晓夫的工业化都是走"极端";波兰代表团的看法全文刊

登在 1956 年《建筑学报》的第一二期。[37]这一年的晚些时候，在从 8 月到 12 月的期刊里（第五至第九期），中国建筑师讨论了怎样从苏联经验留下的困境中走出去，因为（西方资本主义的）现代主义和（斯大林的古典主义或社会主义现实主义的）民族风格都是"错误的"。董大酉和张开济提出要反对教条和极端。但是杨廷宝在 12 月第九期的声音，最为清晰而勇敢，尤其是关于梁思成的处境等问题上。杨说"民族形式"是必要的，甚至"大屋顶"也是可以用的，如果周围建筑都是这样的风格的话；关键问题是要发展一种"社会主义的"和"现实主义的"设计思想；中国建筑师应该努力创造"新的民族形式"。[38]这些讨论背后应该还有共产党内部甚至包括某些建筑师的讨论（比如党的艺术理论家周扬在 1950 年代中期为"民族形式"进行过辩护）。[39]不管怎样，在 1957 年初，共产党最后明确了其官方立场："我们反对复古主义，但从来没有反对过民族形式……（我们要）创造出新的民族形式，而这个新的民族形式又一定不能割断历史……"（周荣鑫二月的演讲，发表在学报三月刊）。[40]

6 "中国的社会主义的新风格"：十大建筑和天安门广场，1959 年

在不同因素综合影响下，包括中国社会内部的批评，以及国际上中美因台湾问题而不断升级的紧张状态（尽管中国从 1954 年开始进行了建设性的努力），一个激进的反击就此开始。[41]在国内，毛泽东于 1957 年 6 月发起了针对批评者的反右斗争。在国际事务中，中苏在许多问题上意见不一致，使两国进一步分歧，导致最后苏联专家和援助项目的撤走。中美关系也在恶化，中国在 1958 年 8 月炮击了台湾所属的金门岛，美国在台湾海峡军事部署迅速升级，赫鲁晓夫对毛也是更加的不满。中国和印度也在 1958 年 8 月开始为边界问题而发生冲突。在中国内部，1956 年向"社会主义过渡"的迅速实现，1957 年底第一个五年计划的胜利完成，以及中国国际影响的迅速提升，及当时紧张的国际局势，都促使毛泽东在 1950 年代最后几年变得愈加自信和雄心勃勃。在这样的一个背景下，毛泽东在 1958 年发起了旨在使中国快速进步的"大跃进"和"人民公社"运动。

建筑行业再次受到强大政治压力。学报在 1957 年和 1958 年各有三期专辑投入反右的批评运动中。陈占祥和华揽洪被指为"右派分子"，各自在 1957 年第 11 期写了自我批评。虽然这次没有涉及梁，但他和刘敦桢还是在 1958 年第 11 期中作了自我批评。此后，这场风暴却以一种更加"建筑"的方式向前滚动。在 1950 年代的最后几年里，理论话语和施工建设再次兴起。然而，梁思成已经不在他 1954 年所有的中心位置上了。这几年，在设计思想的话语构建中，党的有关领导人进入了核心，而梁却被逐步边缘化了。党在设计思想上的直接主导，与当时一个历史状况直接相关，即设计理论化与 1958–1959 年建造十大建筑的国家政治工程同时而且直接关联。

北京市副市长万里，在 1958 年 9 月 8 日召开的建筑业各界人士参加的动员大会上宣布，为庆祝 1959 年共和国成立十周年，要建造"国庆工程"，来检验社会主义中国已经达到的生产力水平，并且用行动和事实，回答那些不相信我们能够建设现代化国

家的人。[42]万里说，这些设计可以大胆些；"大屋顶"也可以用；其他形式也需要考虑研究；这些建筑不应该局限于一种风格。1958年11月，在为天安门广场两侧最大建筑所用的西洋古典构图解释辩护时，周恩来说，作为"无产阶级的国际主义者"，我们的心胸应该是开阔的，我们应该"古今中外，一切精华，含包并蓄，皆为我用"。[43]

天安门广场是国庆工程的一部分，也是自成一体的共和国独特的纪念场所；为此，自1949年来它一直受到毛泽东和周恩来的密切关注。两人都在开国大典那天，站在天安门城楼上，阐述了向南延伸的巨大广场上应设置什么的意见。[44]1958年末最终确定的设计方案，紧密遵守了毛泽东和周恩来的指示。毛泽东指出，天安门广场，要能代表历史悠久、地大物博和人口众多的国家，要能容纳一百万人，而且应该是世界上最大的广场。[45]毛进一步提出，广场的东西边缘从天安门前开敞庭院的两端（间距500米）开始，一直向下延伸到（跨越880米的距离）南面的正阳门。[46]周恩来的想法进一步明确了广场的布局：以位于中心的人民英雄纪念碑为基点，广场的东西两侧，应分别设置革命历史博物馆和人民大会堂。[47]

在1959年，设计思想的话语讨论继续进行。当广场和十大建筑设计定案而施工开始紧锣密鼓地进行时，一个"住宅建设标准和建筑艺术座谈会"，于1959年5月18日到6月4日在上海召开；当时有影响的建筑师和有关共产党干部都出席了这个会议。会议对形式和设计的问题进行了广泛的讨论；作为建设部部长的刘秀峰，作了最后发言，勾画了一个党关于建筑和设计的理论。在当年学报的6、7、8月刊里，梁的讲话首先被发表，其后是九位突出建筑师的讲话（以刊物中出现的先后为序：刘敦桢、哈雄文、陈植、赵深、吴良镛、汪坦、戴复东、金瓯卜和陈伯齐）。在9～10月合刊中，当十大建筑已经完成，而它们的图纸、照片和相关文字都在此发表时，刘长达十页的论文刊登与此。梁的发言是简短的，而刘的论文则是展开的。如果说梁重复了当时被接受的观点的话，那么刘阐述的则是党关于设计和建筑的理论，它于1957年浮现，现在被肯定下来，并在建成的十大建筑中得到体现。该文的标题是"创造中国的社会主义的建筑新风格"，它包括建国十年的历史回顾、有六部分组成的设计理论，以及对建筑师的几点希望。[48]关于设计，文章说我们应该研究、学习、批判、继承、革新民族遗产；结果应该是从中国传统发展蜕化而来，又采用现代物质技术，也汲取古今中外一切精华；它应该是"中国的又是社会主义的新风格、新形式"。[49]

1958年后期开始的设计和建造清楚印证了这些想法。在京的约三十四家设计单位和全国三十多位建筑师和有关技术专家被召集起来为十大建筑提供方案。[50]十大建筑的名单作了一些调整，一些方案被推迟而另外一些被纳入。在综合400多个方案的基础上，十大建筑的设计于1958年10月定案，10月下旬迅速开工。共有673000平方米的这些建筑，于1959年8～9月之间陆续全部竣工，及时为10月1日的盛大国庆投入了使用。毛泽东、刘少奇和周恩来主持了国庆仪式；赫鲁晓夫和来自八十七个国家的社会党和共产党的领导人也出席了庆典；参加盛大庆祝的还有广场上的十一万群众和通过长安街的七十万人组成的浩大游行队伍。[51]

（1）这些建筑都反映的一个基本设计思想，是"古今中外，一切精华，含包并蓄，皆为我用"。十大建筑中，四个建筑在屋顶局部采用了中国式屋顶，两个建筑采用了西洋古典的组合和长柱廊，一个建筑使用了俄式的尖顶，另外三个建筑则采用了平顶和简洁的面的组合。虽然我们可以在最后的三个建筑中发现简洁而"现代"的元素，但我们同样可以在它们以及其他建筑的细部发现中国传统的纹样装饰。两个采用西洋古典组合的建筑，即位于广场两侧的人民大会堂和革命历史博物馆，也采用了中国的元素（中轴开间较大、长檐口上的黄琉璃瓦和其他的装饰细部）。[52]这些建筑反映了1956－1957年以来形成的新理论：它们不再拘泥于严格的"复古主义"；"民族形式"的使用更加灵活而复合；其他传统的"精华"也"含包并蓄"，所以这些建筑不都是纯粹"中国式"的，有些建筑还有局部的"现代"的倾向。但是，这些建筑没有一个是"现代主义"的；1950年代初对现代主义和资产阶级资本主义有关理论的批判仍然在起着作用。张镈，作为梁的学生、民族文化宫的设计者，以及与赵冬日合作设计人民大会堂的建筑师，认为这些建筑还是"折中主义的"，实际上还是建立在梁于1954年提出的"可译性"理论基础上的。[53]梁的关于政治意识形态、历史形式和折中主义设计的三元理论，事实上继续在刘秀峰、万里和周恩来的话语的下意识中存在。所谓"一切精华"，实际上是折中主义视野下的历史风格；而历史形式与当今设计的关系，依然与梁思成的和在中国已经本土化几十年的巴黎美院的设计哲学相同。

（2）另一个在理论论述上有所暗示，而在实际建筑上自觉而充分表达的设计思想，是这些建筑的"宏大"尺度和它们与城市维度的关联。1959年的突破实际就在于此。最佳代表是人民大会堂、革命历史博物馆和两者之间的天安门广场。以84个平面和189个立面为基础，人民大会堂的设计方案在1958年10月14日由周恩来最后确定。[54]实施方案以赵冬日的设计为基础的；而他的设计，在功能需要和基地实际尺度的仔细考量后，把面积增加到原任务书的三倍。大会堂设计定下后，天安门广场的许多具体尺寸就可以界定下来，而这些定下后，位于对面或东侧的革命历史博物馆的设计，作为与大会堂的对称平衡，也就可以进行了。建成的人民大会堂，共171800平方米，里面包括一座可容一万座席以上的万人大会堂和一个可容五千人的大宴会厅。大会堂东西长174米，南北长336米；它有一个40米高的长平屋顶，在东边面向广场的一侧有20米高的一排列柱（图12）。在对面，相似而尺度较小的博物馆，和它形成了完美的平衡（图13）。中间是东西500米、南北880米的广场；它的东西两侧由博物馆和大会堂界定，北侧和南侧分别由天安门城楼和正阳门界定，而中心则是38米高的人民英雄纪念碑。[55]它的北面是宽80米（道牙间距）或120米（墙间距）的东西走向的长安街；它的南端通过一条南北轴线的道路与其他区域相联系。虽然广场可容纳五十万人，只有毛泽东要求的一半，但赵的设计还是遵循了毛泽东和周恩来的想法。

用赵冬日的话说，天安门广场"雄伟"、"壮丽"、"开阔"，有"广阔无限的天空"和"宽敞平整的场地"；它反映了中国人民的"革命斗争精神"；它以前所未有的设计，挑战了"封建格局"、"资产阶级的建筑理论"和现有广场的尺度。[56]从1910年代起，新开的马路已经逐渐打入渗透北京的这个区域。对这个区域旧建筑、旧肌理的清除发生

图12　人民大会堂，北京，1959年。建筑师赵冬日、张镈等
图片取自:《建筑学报》1959年，九十期合刊，封二

图13　中国革命历史博物馆，北京，1959年。建筑师张开济等
图片取自:《建筑学报》1959年，九十期合刊，封二

在1949年、1955年和1958年。到了1959年，周围大多数城墙和城门都已经被拆毁，尤其是东西三座门和相邻的牌楼，千步廊的围墙及其南端的大清门。1958－1959年间的最后清理，是这些激进"革命"的一个最高潮。一个以开敞性和物体的纪念性为基本逻辑的新的空间到来，并且插入到一个以胡同、庭院和墙的围合为空间逻辑的古都的城市结构中（图14）。1959年出现的这个广场，标志着一个激进的转折，它从一种空间走向另一种空间，从过去走向一个未完成的未来。因为这个空间革命并不完全彻底，就是说，旧的城市肌理在北面的皇城宫城的里外和周围老城纹理

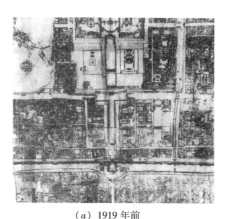

（a）1919年前

图片取自：董光器. 北京规划战略思考. 北京：中国建筑工业出版社，1998：345.

国家，空间，革命：北京，1949－1959　　063

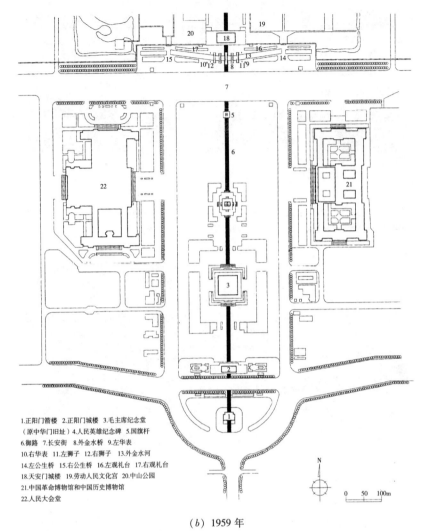

1.正阳门箭楼 2.正阳门城楼 3.毛主席纪念堂
（原中华门旧址）4.人民英雄纪念碑 5.国旗杆
6.御路 7.长安街 8.外金水桥 9.左华表
10.右华表 11.左狮子 12.右狮子 13.外金水河
14.左公生桥 15.右公生桥 16.左观礼台 17.右观礼台
18.天安门城楼 19.劳动人民文化宫 20.中山公园
21.中国革命博物馆和中国历史博物馆
22.人民大会堂

（b）1959年

3号建筑加建于1977年。图片取自：路秉杰．天安门．上海：同济大学出版社，1999：161．

图14　北京中心区域

的海洋之中依然存在，所以这个历史的革命带来的是空间的断裂和不连续性。1959年的这个未完成状态，开启了此后几十年的有时是激烈的争辩和冲突，而冲突实际上在这两个不同空间类型，它们不同的魅力、逻辑和道德可能性之间发生。

（3）尽管1959年广场的建设暴露了这种对立冲突，但是广场与它北面的作为旧城肌理一部分的宫城，却有一种连贯性（图15）。一种中国的大尺度感和水平延展性，保留了下来，并且向南延伸，跨越整个广场。张镈在思考广场东西剖面的1∶12.5（40米∶500米）的高宽比时，注意到故宫内也有这样一个水平的构图，那里广阔的天空和延展的水平线条是很重要的；这种构图和气质显然在天安门广场上得到了再现。[57] 赵冬日在描写广场在东、西、南三面的无穷延伸时，也说北面几百年经营的故宫和大园林，为广场提供了"优越的形势"，而广场也按"中国传统"拓展了"南北向的纵深"，获得"开阔而又深远"的意向。[58]

图15　从南面看天安门广场，北京，1959年
图片取自：《建筑学报》1959年，九十期合刊，封二

7　国家的空间，1949–1959年：成就，问题，可能性

在共和国成立的第十年，一个新兴国家的象征形式的综合景观，被构建了起来。它不仅包括标志性的象征物如国徽和纪念碑，还包括建筑的形式语言如"民族形式"和"新风格"，还有城市规划、市政建设和房屋建造，和最后围绕天安门广场的北京城市中心的建设。我们可以从历史的角度，就这一景观的成就、影响和问题，作出政治和形式两个方面的观察。

（1）从政治角度看，我们可以提出两个问题。首先，这里建成的当然是在象征和实际社会空间层面上的民族国家的空间。因为这个国家是"人民的共和国"，所以这里充分表现了国家的"人民"的纳入（在集体设计过程中，在游行集会中，在空间的尺度中），以构建一个空间上的社会主义的公众，反映在城市设计、象征表达和实际的社会实践中。但是，这个空间和社会能否容纳新的实践？如果公众或人民开始运用这个空间，以达以前不曾安排或出现过的新的目的或意图时，将发生什么？此后尤其在更自由而不确定的1980年代发生的种种事情，生动地暴露了这个问题。它们表明，在社会整体和广场两个层面上，对公共大众和公共空间的界定还是未完成的，不确定的。

其次，作为民族国家的一个象征性景观，它是一个物质客体的空间，同时，也因此，它又是一个建构而成的"主体"和主体身份的领域。这就是民族的、集体的主体身份，是共和国和民族国家的"人民"。它包括在无产阶级及其先锋队中国共产党领导下的，五颗"星"所代表的各阶级或社会团体组成的人民。但是，这个空间和社会能否容纳人民的新的主体身份？如果人民的组成发展了、重合了、变化了，如果出现了更多的市民和职业人员，更多的"城市小资产阶级"、"资本家"和其他新的社会团体或身份，将发生什么？如果这些团体演绎或分化成"个人"，又将发生什么？这些新的主体身份，将如何在这个人民共和国的空间里寻找自己？1976年以来的后毛泽东时代的历史，已经见证了这些发展，也看到了相应的政治社会的曲折。也就是说，在社会整体和广场两个层次上，如何重新安排和定义空间和社会，以容纳新的主体身份，是一个尚未解决的问题。

（2）从形式角度来看，也有两个议题需要提出。首先，在这个国家的象征空间里建立的是一个"民族的形式"。这个形式或形态，一方面是综合和国际化的，另一方面又含有一个以物质客体为主的基本空间概念。就这个后一方面而言，它开启了一个以英雄的物体为主的景观场域，它具有开放性和纪念性的，而与密集围合的中国传统的城市肌理相违背。因为如此，这个局面引发了两种空间的矛盾，它在当时没有解决，而在1990年代和今天的情景下冲突更加激烈。

其次，在1959年北京中心区域出现和界定的，不是一般的物体的景观，而是一个具体的、具有水平延展性的景观形态。后来的发展，保持了这个相对低矮（约45米高）而水平的天际线，以保持与天安门广场、最终是位于中心的故宫的一致。从这个意义上讲，1959年的广场界定了一个水平的物体城市，成为现代北京的一个特征，并在2008年的北京，在二环内外新的地标加入以后，表现得更加明确（图16）。

图16　2002年长安街上的北京中心区域　作者摄

8　北京、形式和建筑师

有了这些观察在心中，我们可以回答本文最初提出的关于北京城市、形式生产和个体建筑师的问题。关于北京城市，从一个古都于1911年结束了它的皇权统治又在20世纪经历改造这样一个历史背景下观察，1950年代尤其是1959年，是决定性的时刻，从此一个旧城发生了质的变化，一个新的空间形态，一个水平的物的空间，一个"欧洲"物质体量的"中国"构图，在此建立起来。现代北京的基本模式于1959年确立，并在此后的几十年，在1990年代和21世纪之初，表现得更加明确。这样，我们就可以跟踪一个北京的城市空间变化的轨迹，从1911年，途经1959年，到达2008年。

关于民族形式或民族风格的生产，这里既有中国也有西方和苏联的来源。各种源于中国的元素得到了运用：精选的颜色，纹样装饰的母题，特定的型制如石碑，古建筑显要的特征如曲线屋顶，古建筑的比例和轮廓，以及更加隐含的尺度感和水平延展性等。这些元素在一个主观的、创造性的实践中，被认识、提取、重组。尤其需要提及的是，这些元素的核心部分，一个"中国建筑"的语法，以屋顶为中心的九项特征，是以梁1931-1944年的历史研究为基础，在1954年被提取启用的。一个"中国建筑"的传统被创造出来，其过程不仅有历史研究和图像表现中一个新的"观察"方法的使用

(1931—1944年),还有一个为政治服务的民族风格的确立(1954年)。经过这个认识世界的方法与政治要求互为纠缠的演化,历史资源被转化成"民族"的形式,为当时正在加紧建设的中国的现代的"民族国家"而服务。

苏联和美国影响的分别进入,及它们在1950年代北京的结合,具有几个层面上的意义。梁在1953—1954年间的访问、写作和草图,构成了苏美影响相结合的唯一的历史时刻。具体而言,一个后文艺复兴的古典"现代"的观察和表现、构想形态和物体的方法,通过共产主义和资本主义国家在设计和历史研究方面的多重影响,在1953—1954年被带到了中国,表现在建筑和城市设计上。所以,1954年的草图和1950年代中期和后期的设计,比1930年代的南京,要开放和大气得多。1950年代延续了1930年代,但同时又加入了以前不可企及的新的视野。

最后,我们必须考察在这样的社会环境下,建筑师的角色及其与权力和权威的关系。我们的讨论必须放在当时中国努力前行的一个狭窄的历史走廊中。考虑到中国王朝制度的全面崩溃、1930年代资产阶级政权的脆弱和它面对强大日本入侵而转变成的法西斯式独裁,以及此后几十年全球资本主义、共产主义两个阵营加剧的对抗,1949年前共产党领导的革命和其后持续的坚定的姿态看来是不可避免的。在此背景下,一个共产党领导的"无产阶级专政"看来也是必然的。在此环境下,这里没有建筑师以个人和职业的独立自主的姿态进行思考的空间。为保护旧城而把政府中心放在城西(如梁陈方案)、发展现代主义以求一个对中国传统文化更抽象的表达(如华揽洪设计的儿童医院,北京,1952年)、探索一个对抗社会流行风格的抽象、批判、独立的设计立场(如1990年代开始一些年轻中国建筑师努力做的),从历史角度上讲这些在当时都是不可能的。尽管如此,建筑师为表现新兴共和国的政治任务而提供了他们的技术和知识。他们找到了一个独特的领地,那里"旧"的知识技术可以被重新启用。他们运用了现代建筑在古典或19世纪阶段的"西方的"知识体系,为中国的现代的民族国家提供了所需要的民族形式。现代主义和批判的实验建筑在1950年代是不可能的,但是一个古典阶段的中国现代建筑,以今天的历史回顾来看,已经在1959年的北京达到了最宏大的实现,而它的背景是一个当时占主导的顽强的权力与知识的契约。

原文出版于 Jianfei Zhu. Architecture of Modern China. London:Routledge,2009:75—104. 中文由吴名(墨尔本大学建筑学博士研究生)译出。

注释:

[1] FOUCAULT M. The Archaeology of Knowledge. trans. A. M. Sheridan Smith. London:Routledge,1972:25—30. 也请参考 HIRST P. Foucault and Architecture. AA Files 26,Autumn 1993:52—60. 一个将外部事物、事件和实践当作话语的研究体现了福柯(M. Foucault)所提议的方法。我发现在中国目前的讨论中,这样的方法是有益于超越对梁思成的个人和道德的解读的。当然,关于道德和政治的问题,又需要重新带回研究

中，这一点在本文最后会提及。

［2］参考网站，HTTP：< http：//en. wikipedia. org/wiki/March_ of_ the_ Volunteers >，< http：//en. wikipedia. org/wiki/Flag_ of_ the_ People's_ Republic_ of_ China >，< http：//news. xinhuanet. com/ziliao/2003 -01/18/content_ 695296. htm >（2007 年 9 月 25 日浏览）。

［3］这里的描述以朱畅中和秦佑国的叙述为基础。参考朱畅中．梁先生与国徽设计∥编辑委员会．梁思成先生诞辰八十五周年纪念文集．北京：清华大学出版社，1986：119 -132. 也请参考秦佑国．梁思成，林徽因与国徽设计∥清华大学建筑学院编．梁思成先生百岁诞辰文集．北京：清华大学出版社，2001：111 -119。

［4］这里的描述基于梁思成．人民英雄纪念碑设计的经过∥梁思成．梁思成全集：第五卷．北京：中国建筑工业出版社，2001：462 -464。

［5］也请参考吴良镛．人民英雄纪念碑的创作成就．建筑学报，1978（2）：4 -7。

［6］WU H. Tiananmen Square：a Political History of Monuments. Representations 35, Summer 1991：84 -117。

［7］邹跃进．新中国美术史 1949 -2000. 长沙：湖南美术出版社，2002：105 -107。

［8］王军．城记．北京：生活·读书·新知三联书店，2003：38。

［9］这位专家的名称以及其他在这篇文章中提到的来自苏联的名称的英文拼写，是由北京清华大学的吕富珣教授提供的，在此对吕教授的帮助表示感谢。

［10］编辑委员会编．建国以来的北京城市建设资料：第一卷，城市规划．北京：北京建设市属编辑委员会编辑部，1987：5 -14. 也请参考董光器．北京规划战略思考．北京：中国建筑工业出版社，1998：313 -318。

［11］梁思成．关于中央人民政府行政中心区位置的建议∥梁思成．梁思成全集：第五卷．北京：中国建筑工业出版社，2001：60 -81. 特别是 69 -73。

［12］编者编，建国，14；董光器，北京规划战略思考，318；王军，城记，85、101。

［13］编者编，建国，16；董光器，北京规划战略思考，318。

［14］关于"畅观楼方案"的信息，源于编者编，建国，19 -21 和董光器，北京规划战略思考，321 -3。

［15］同［8］：175。

［16］关于中国国内外事务的信息，源于泰韦斯（Frederick C. Teiwes）和中岛岭雄（Mineo Nakajima）的论述。参照泰韦斯（Teiwes），第二章：新政权的建立和巩固，和中岛（Nakajima），第六章：外交关系：从朝鲜战争到万隆路线，出自麦克法夸尔（Roderick MacFarquhar）和费正清（John K. Fairbank）编．剑桥中华人民共和国史：革命的中国的兴起 1949 -1965. 谢亮生等译．北京：中国社会科学出版社，1990：55 -149，273 -306。

［17］王健英编．中国共产党组织史资料汇编：领导机构沿革和成员名录．北京：中共中央党校出版社，1995：963。

［18］邹德侬．中国现代建筑史．天津：天津科学技术出版社，2001：704 -706。

[19] 为了确定德文名"Walter Ulbricht"和"Kurt Magritz",我从墨尔本大学的马里奥·古特雅尔(Mario Gutjahr)教授那里获得了不可或缺的帮助。俄文名称是由清华大学的吕富珣教授确认的。对此,我非常感谢吕教授和古特雅尔教授。

[20] 梁思成. 建筑艺术中社会主义现实主义和民族遗产的学习与运用的问题//梁思成. 梁思成全集:第五卷. 北京:中国建筑工业出版社,2001:185-196.

[21] 梁思成. 中国建筑的特征. 建筑学报,1954(1):36-9.

[22] 梁思成. 祖国的建筑//梁思成. 梁思成全集:第五卷. 北京:中国建筑工业出版社,2001:197-234.

[23] 同[22]:233.

[24] 同[22]:233-234.

[25] 这在梁1953年2-5月对莫斯科和其他城市的访问之后的文章中得到了印证。梁在他的写作里参考了他与苏联建筑科学院院长莫尔德维诺夫(Arkady Mordvinov)的对话。梁还讨论了1935年的莫斯科规划和莫斯科的著名建筑作品,包括各地铁站、"高大建筑"、高尔基大街(Gorky Ulitsa)和列宁格勒大街(Leningraskii Prospect),以及从克里姆林宫(Kremlin)经设想的苏维埃宫殿到列宁山(Lenin Hills)的轴线和莫斯科国立大学(Moscow State University)。参考梁思成. 我对苏联建筑艺术的一点认识//梁思成. 梁思成全集:第五卷. 北京:中国建筑工业出版社,2001:175-178.

[26] 参考陈登鳌. 在民族形式高层建筑设计过程中的体会. 建筑学报,1954(2):104-107.

[27] 毛泽东. 在延安文艺座谈会上的讲话//毛泽东. 毛泽东选集:第三卷. 北京:人民出版社,1966,1970:804-835.

[28] 梁思成. 从"适用、经济、在可能条件下注意美观"谈到传统与革新. 建筑学报,1959(6):1-4.

[29] 梁思成. 梁思成的发言. 建筑学报,1958(11):6-7. 梁和他的助手以弗莱彻(Fletcher)的《建筑史》为图像表现的样板模式,也可以在如下记录中证实:林洙. 叩开鲁班的大门:中国营造学社史略. 北京:中国建筑工业出版社,1995:32-33.

[30] 到1944年,梁思成事实上已经完成了两份这样的书稿。用英文写作的另外一份在1984年由麻省理工学院出版社(MIT Press)出版。参考LIANG Ssu-cheng. A Pictorial History of Chinese Architecture. ed. by Wilma Fairbank. Cambridge, Mass.:MIT Press,1984. 这两份书稿使用了相同的单线图、渲染图和有关图版,图上注解使用中文和英文两种文字。

[31] 关于杜兰德(Durand)、弗莱彻和在这个道路上的发展,参考David WATKIN. The Rise of Architectural History. London:The Architectural Press, 1980:23-24, 85-86. 关于杜兰德的理性主义(rationalism)和普适主义(universalism),参考Alberto PEREZ-GOMEZ. Architecture and the Crisis of Modern Science. Cambridge, Mass.:MIT Press, 1983:298-314. 和Hanno-Walter KRUFT. A History of Architectural Theory:from Vitruvius to the Present. trans. Ronald Taylor. Elsie Callander & Antony Wood, London:Zwem-

mer，1994：273 - 274.

[32] 关于这些图纸参考梁思成．梁思成全集：第四卷和第八卷．北京：中国建筑工业出版社，2001. 和梁，A Pictorial History。

[33] Erwin PANOFSKY. Perspective as Symbolic form. trans. Christopher S. Wood. New York：Zone Books，1997. 和 Martin JAY. Scopic Regimes of Modernity // Hal FOSTER（ed.）. Vision and Visuality. Seattle：Bay Press，1988：3 - 23.

[34] 关于"笛卡儿透视主义"（Cartesian perspectivalism）的观点，参考 JAY，Scopic Regimes，4 - 10。

[35] 以下关于中国国内外情况的资料源于：泰韦斯（Teiwes），新政权，和中岛（Nakajima），外交关系，出自麦克法夸尔（MacFarquhar）和费正清（Fairbank）编，剑桥，55 - 149，273 - 306。

[36] 编者社论．反对建筑中的浪费现象．人民日报，1955 - 3 - 28：第一版．再版于：建筑学报，1955（1）：32 - 34.

[37] 波兰建筑师访华代表团．对中国城市规划、建筑艺术和建筑教育的一些意见，对中国建筑师同志们所提问题的答复．建筑学报，1956（1）：102 - 111. 和 1956（2）：87 - 98.

[38] 杨廷宝．解放后在建筑设计中存在的几个问题．建筑学报，1956（9）：51 - 53.

[39] 同［8］：155 - 156.

[40] 周荣鑫．周荣鑫理事长的大会总结．建筑学报，1957（3）：14 - 15.

[41] 关于中国这些年国内外事务的信息，基于戈德曼（Merle Goldman）和惠廷（Allen S. Whiting）的论述．参考戈德曼，第五章：党与知识分子，和惠廷，第十一章：中苏分裂，出自麦克法夸尔（MacFarquhar）和费正清（Fairbank）编，剑桥，228 - 272，508 - 570。

[42] 同［8］：265.

[43] 张镈．我的建筑创作道路．北京：中国建筑工业出版社，1994：156 - 157. 也请参考：王军，城记，280 - 281。

[44] 同［8］：38 - 40.

[45] 天安门地区管理委员会．天安门（DVD）．北京：中国录音录像出版社，1999.

[46] 同［8］：170.

[47] 天安门地区管理委员会，天安门（DVD）；王军，城记，38。

[48] 刘秀峰．创造中国的社会主义的建筑新风格．建筑学报，1959（9 - 10）：3 - 12。

[49] 同［48］：9 - 10.

[50] 赵冬日．建筑事业上集体创作的范例．建筑学报，1959（9 - 10）：17. 也请参考邹德侬，中国现代建筑史，232.

[51] 人民日报，1959 - 10 - 2：第1、3、5、8版．

［52］有中国式屋顶的四个建筑是：民族文化宫、农业展览厅、北京火车站和钓鱼台国宾馆。有俄式尖顶的是军事博物馆；三个"现代建筑"是：北京工人体育场、民族饭店和华侨大厦。参考建筑学报，1959（9－10）和邹德侬，中国现代建筑史，230－240.

［53］张镈，我的建筑创作道路，150－151，156－157。

［54］人民大会堂设计和最后尺寸基于：人民大会堂设计组．人民大会堂．建筑学报，1959（9－10）：23－30. 其他关于周恩来选择赵作为主设计师和建筑尺寸扩大等问题源于：张镈，我的建筑创作道路，142－152。也请参考王军，城记，265－285。

［55］赵冬日．天安门广场．建筑学报，1959（9－10）：18－22. 也请参考路秉杰．天安门．上海：同济大学出版社，1999：74－75.

［56］赵冬日，天安门广场，18、20、21 。

［57］张镈，我的建筑创作道路，154、177。

［58］赵冬日，天安门广场，21。

作为意识形态的建筑风格
Styles as Ideologies

在国家和意识形态确立的最初阶段,建筑如何成为党和国家组织的集体行为,成为政治思想的直接表达?这里的研讨聚焦对建筑形式的组织批判和苏联影响下的有关建筑设计思想。

1955 年，"大屋顶"形式语言的组织批评
1955：A State Criticism of a Formal Language of 'the Big Roof'

王军
Wang Jun

1

在建筑语言中，屋顶有平顶和坡顶之分，并无"大屋顶"之说，但自从1955年展开了"对以梁思成为首的复古主义建筑理论的批判"[1]之后，这个对中国传统式建筑屋顶带有贬义的称谓，就可以写进教科书了。

新中国成立之后，曾对现代主义建筑极力推崇的梁思成，"突然"成为中国民族风格新建筑的坚定倡导者。这是许多熟悉他过去建筑思想的人难以理解的。

1924－1927年，梁思成留学美国宾夕法尼亚大学建筑系，受教于著名的学院派大师保罗·菲利普·克雷，受到严格的古典主义学院派建筑训练。但是1920年代正是西方现代建筑运动开始蓬勃发展的时期，格罗皮乌斯的"包豪斯"学派已经建立，1923年柯布西耶发表了《走向新建筑》，1919－1924年期间，密斯·凡·德·罗提出了玻璃和钢的高层建筑示意图。这个形势引起了梁思成的关注。

1928年梁思成创建的东北大学建筑系仍沿用了宾夕法尼亚大学的教学模式，但他已开始思考现代主义建筑的合理性。他的这种思索在1930年他与张锐提出的《天津特别市物质建设方案》中显现端倪："加强中国旧有建筑以适合现代环境，必有不相符之处"，"所有近代便利，一经发明，即供全世界之享用。又因运输便利，所有建筑材料方法各国所用均大略相同。故专家称现代为洋灰铁筋时代，在这种情况之下，建筑式样，已无国家地方分别，但因各建筑物功用之不同而异其形式。日本东京复兴以来，有鉴于此。所有各项公共建筑，均本此意计划。简单壮丽，摒除一切无谓的雕饰，而用心于各部分权衡proportion[2]及结构之适当。今日之中国已渐趋工业化，生活状态日与他国相接近。此种新派实用建筑亦极适用于中国。"[3]

1935年，他在《建筑设计参考图集序》中，又提出"欧洲大战以后，艺潮汹涌，一变从前盲目的以抄袭古典为能事的态度，承认机械及新材料在我们生活中已占据了主要的地位。这个时代的艺术，如果故意地避免机械和新科学材料的应用，便是作伪，不真实，失却反映时代的艺术的真正价值。所谓'国际式'建筑，名目虽然笼统，其精神观念，却是极诚实的；在这种观念上努力尝试诚朴合理的科学结构，其结果便产生了近年风行欧美的'国际式'新建筑。其最显著的特征，便是由科学结构形成其合理的外表。"

在这篇文章中，他还对在华外国建筑师采用中国传统建筑屋顶式样设计的北平协和

医院（图1）、燕京大学（图2）、济南齐鲁大学、南京金陵大学、四川华西大学等予以批评，指出："它们的通病则全在对于中国建筑权衡结构缺乏基本的认识的一点上。他们均注重外形的模仿，而不顾中外结构之异同处，所采用的四角翘起的中国式屋顶，勉强生硬地加在一座洋楼上；其上下结构划然不同旨趣，除却琉璃瓦本身显然代表中国艺术的特征外，其他可以说是仍为西洋建筑。"[4]

图1　北京协和医院　作者摄于2002年10月

图2　燕京大学校舍　作者摄于2002年10月

梁思成还将他的这种想法投入了实践。1934年和1935年，他与林徽因以现代主义建筑手法设计了北京大学地质馆和女生宿舍楼，这被誉为"是由中国建筑师设计的体现现代主义建筑风格的早期作品之一（图3）。它已从集仿主义（包括对西方'巴洛克'风格或中国自身民族建筑形式的仿写）中摆脱出来，甚至已无新艺术运动影响的痕迹。它所注重的是功能和合理，建筑形式已成为内部功能的自然反映。它所体现的是20世纪20年代刚刚得以充分发展的现代主义建筑的基本原则，这在当时的中国建筑中是不多见的。"[5]

1944年，梁思成在《为什么研究中国建筑》一文中，对协和医院一类的"宫殿式"建筑又予以批评："'宫殿式'的结构已不合于近代科学及艺术的理想……它是东西制度勉强的凑合，这两制度又大都属于过去的时代。它最像欧美所曾盛行的'仿古'建筑（Period Architecture）。因为靡费侈大，它不常用于中国一般经济情形，所以也不能普遍。"[6]

图3　林徽因、梁思成1935年设计的北京大学女生宿舍楼
图片取自：清华大学建筑学院资料室

1945年3月9日，梁思成致信清华大学校长梅贻琦，建议添设建筑系，主张在课程方面，参照格罗皮乌斯所创之包豪斯方法，并认为"国内数大学现在所用教学方法（即英美曾沿用数十年之法国Ecole des Beaux-Arts式教学法）颇嫌陈旧"，格罗皮乌斯执教的哈佛大学建筑学院课程，由包豪斯方法改编，"为现代美国建筑学教育之最前进者，良足供我借鉴。"[7]

1946-1947年，梁思成赴美考察讲学，接触了柯布西耶、格罗皮乌斯、赖特、尼迈耶、沙里宁等现代主义建筑大师，多方交流切磋，使他对现代主义建筑有了更深的理解。

2

在对现代主义建筑倍加称赞之时，梁思成也在思索如何创造中国的新建筑。在1930年《天津特别市物质建设方案》中，他与张锐在提倡现代主义建筑的同时，又真诚地希望"今日中国之建筑……势必有一种最满意之样式，一方面可以保持中国固有之建筑美而同时又可以适当于现代生活环境者。"他们在天津市行政中心楼的方案设计中，仍然采用了中国式屋顶的手法（图4），可见在梁思成的眼里，最重要的建筑是应该体现民族风格的，而其他一般性建筑，则应"尽量采取新倾向之形式及布置。"

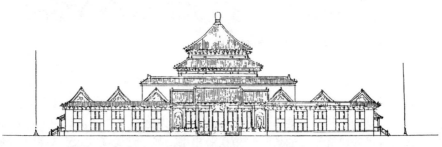

图4　1930年梁思成、张锐设计的天津特别市行政中心楼方案
图片取自：梁思成学术思想研究论文集，1996.

这种看似矛盾的心理，在他于1935年和1944年著写的《建筑设计参考图集序》、《为什么研究中国建筑》中，体现得更为真切。在前一篇文章中，他在批评协和医院等半中半洋的建筑之后，又指出现代主义建筑与中国传统建筑有许多共通之处，主要体现在它们的构架方法，"所用材料虽不同，基本原则却一样——都是先立骨架，次加墙壁的"，中国古代建筑的"每个部分莫不是内部结构坦率的表现，正合乎今日建筑设计人所崇尚的途径"，因此，"这正该是中国建筑因新科学、材料、结构，而又强旺更生的时期，值得许多建筑家注意的"，"我希望他们认清目标，共同努力地为中国创造新建筑"。[8]

而在《为什么研究中国建筑》一文中，梁思成在尖锐批评"宫殿式"建筑的同时，又肯定它们"是中国精神的抬头，实有无穷意义"，认为"无疑的将来中国将大量采用西洋现代建筑材料与技术……如何接受新科学的材料方法而仍能表现中国建筑特有的作风及意义，老树上发出新枝，则真是问题了。"

梁思成提醒中国建筑师应该"提炼旧建筑中所包含的中国质素"，参考"我们自己艺术藏库中的遗宝"并"加以聪明的应用"，"不必削足适履，将生活来将就欧美的部署，或张冠李戴，颠倒欧美建筑的作用。我们要创造适合于自己的建筑"。他还特别指出，现代主义建筑虽然在世界各国推行，"但每个国家民族仍有不同的表现。英、美、苏、法、荷、比、北欧或日本都曾造成他们本国特殊作风，适宜于他们个别的环境及意趣。以我国艺术背景的丰富，当然有更多可以发展的方面。新中国建筑及城市设计不但可能产生，且当有惊人的成绩。"[9]

其实，在这两篇文章之前，梁思成在他的第一篇古建筑调查论文——写于1932年的《蓟县独乐寺观音阁山门考》中，已经对中国传统建筑作出了这样的评价："我国建筑……其法以木为构架，辅以墙壁，如人身之有骨节，而附皮肉。其全部结构，遂成一种有机的结合。"

可见，梁思成对中国传统建筑的考察，正是从现代建筑理论着眼的；他对现代主义建筑的理解，又不是简单地设计一个方盒子式的建筑，而是希望它们也能够体现自己国家的风格，特别是中国古建筑与现代主义建筑同样采用框架法，都是"内部结构坦率的表现"，因此，是能够创造出具有中国风格的现代主义建筑的。

3

新中国成立后，梁思成学习《新民主主义论》，对"民族的、科学的、大众的文化"的论述产生强烈共鸣。1950年4月5日，他在致朱德总司令的信中说："我们很高兴共同纲领为我们指出了今后工作的正确方向：今后中国的建筑必须是'民族的、科学的、大众的'建筑"，"20余年来，我在参加中国营造学社的研究工作中，同若干位建筑师曾经在国内作过普遍的调查。在很困难情形下，在日本帝国主义侵略以前的华北、东南，及抗战期间的西南，走了15省、200余县，测量，摄影，分析，研究过的汉、唐以来建筑文物及观察各处城乡民居和传统的都市计划2000余单位，其目的就在寻求实现一种'民族的、科学的、'大众的'建筑。"[10]

1950年2月,"梁陈方案"仍沿承了梁思成过去的观点,明确提出"中国建筑的特征,在结构方面是先立构架,然后砌墙安装门窗的;屋顶曲坡也是梁架结构所产生。这种结构方法给予设计人以极大的自由……这是中国结构法的最大优点。近代有了钢骨水泥和钢架结构,欧美才开始用构架方法。现在我们只须将木材改用新的材料与技术,应用于我们的传统结构方法,便可取得技术上更大的自由,再加上我们艺术传统的处理建筑物各部分的方法,适应现代工作和生活之需要,适应我们民族传统美感的要求,我们就可以创造我们的新的、时代的、民族的形式,而不是盲目地做'宫殿式'或'外国式'的形式主义的建筑。"[11]

1951年,梁思成又在《敦煌壁画中所见的中国古代建筑》一文中指出:"我们建筑的两个主要特征,骨架结构法,和以若干个别建筑物联合组成的庭院部署,都是可以作任何巧妙的配合而能接受灵活处理的。"在《伟大祖国建筑传统与遗产》一文中,他也这样提出:"这骨架结构的方法实为中国将来采用钢架或钢筋混凝土的建筑提供了适当的基础和有利条件。"

在"抗美援朝"的大背景下,20世纪50年代初期,国内各界爱国主义情绪高涨,建筑界在苏联专家穆欣的提议下,1952年以"反对结构主义"的名义,批判了"毫无民族特色的"现代主义建筑,并认为这是"资产阶级世界主义和无产阶级国际主义的斗争在建筑理论、建筑思想领域里的反映"。[12]而在此前,1949年9月,苏联专家在北京与梁思成第一次见面时,就提出建筑要做"民族形式",并说,"要像西直门那样",还画了箭楼的样子给梁思成看。[13]

尽管如此,梁思成与陈占祥在4个月之后提出的"梁陈方案"里,仍是以现代建筑的形式,设计了他们所理想的位于旧城以西的行政中心区。[14]这表明,梁思成虽然追求中国建筑传统与现代主义建筑的结合,但他的态度是谨慎的;在这种结合尚不成熟之前,他仍选择现代建筑形式;而对于北京旧城之外新建筑的风格,梁思成的思想是开放的。

但在苏联专家穆欣、巴拉金、阿谢普可夫等来到北京,一致强调"民族形式"之后,在当时特殊的环境之下,梁思成认为"方向明确了",[15]就大胆地将酝酿已久的"创造中国新建筑"的设想,投入了实践。

4

苏联专家推崇民族形式,与斯大林的建筑理论有关。

1935年,在斯大林的领导下,苏联公布了《改建莫斯科市总计划的决议》,指出莫斯科必须在"历史形成的基础"上发展,"应用建筑艺术上古典的和新的优秀手法",以"民族的形式"表达"社会主义的内容"。此后,苏联的党和政府设置了苏联建筑科学院,培养掌握马克思列宁主义和古代建筑传统的技术干部,并对现代主义建筑流派进行了"歼灭性打击"。现代主义大师柯布西耶设计的苏联轻工业部大楼,被批判为"莫斯科的疮疤"。

这场建筑理论的批判被上升到阶级斗争的高度，现代主义建筑流派被认为是资产阶级利用割断历史的形式主义的艺术来模糊阶级斗争意识和民族意识；在建筑领域中，"形式主义"、"结构主义"也同样被看成是为资产阶级服务的。因此，所谓建筑形式的"斗争"就成了激烈的阶级斗争。

在这样的背景下，苏联专家来到北京指导建筑设计，必然要清算"结构主义"，必然要把"民族形式"放在突出位置。苏联专家维拉索夫甚至说，看见上海就愤怒。[16] 意为上海的西洋式建筑太多了。而在清华大学建筑系指导教学的苏联专家阿谢普可夫，更是要求学生在民族形式建筑设计方面打下坚实基础，要像爱女朋友那样爱民族形式。[17] 事实上，北京许多建筑上的"大屋顶"都是负责审查图纸的苏联专家硬加上去的。

不能否认的是，苏联对现代主义建筑理论的批判，也包含了有价值的学术观点。1953年2月至5月，梁思成随中国科学院访苏代表团访问苏联，苏联建筑科学院院长莫尔德维诺夫院长对他说："假使全世界到处都是玻璃方匣子，我们将生活得枯燥而乏味，生活得非常痛苦"，"每个民族的文化都有它自己的民族形式"，"民族的形式是根据每个民族的特点——它的语言、它的历史等等所形成的文化的形式"，"建筑师必须以艺术家的身份在他的作品中反映社会主义时代建设之伟大，而在解决社会主义时代的美的问题的时候，就应当利用各民族遗留下来的建筑遗产"。[18]

这些观点，均引起梁思成的共鸣。后来，现代主义建筑也正是反思了这些问题，才向尊重区域性文化特征的后现代主义进行了发展。

必须提出的是，苏联专家推行民族形式，当时在相当程度上得到了一些高层领导的认可。

1950年5月，在一次关于北京都市计划的会议上，中共北京市委书记彭真说，将中国旧东西一概否定，"五四"时须那样，现在不可。如戏剧文艺，仍有旧的要求，现在改良，暂时四不像，将来就像了。中西医也如此，建筑也如此。民族化要从民众的要求出发，要基本上是民族化的。北京市副市长吴晗说，苏联专家提到中国民族形式，应有自己建筑及都市的形式，符合中国人民性格、生活习惯、生活趣味，值得考虑。市政府秘书长薛子正还介绍道，苏联专家认为上海是不进步的。[19]

1952年，教育部部长钱俊瑞到清华大学作"教学改革"的动员报告，他遵循刘少奇的指示，提出：我们还没有经验，开头不妨先"教条主义"一下，把苏联模式整套搬过来再说。次年，梁思成访问苏联，对苏联建筑教育的体会是："我在苏联许多建筑学院所见，除年限比美国长一或二年，由学校安排一些生产实习和设有教研组这一教学组织形式外，从教学大纲、课程设置到教学内容、教学方法，可以说和资本主义国家的建筑院校完全一样。所不同者，在建筑形式方面，资本主义国家在30年代已在搞'现代建筑'，而苏联在50年代初则搞'民族形式'而已。"[20]

在民族情绪高涨及高层支持的情况下，苏联专家很自然地对中国的建筑界施加了巨大影响。在清华大学营建系教师的一次座谈会上，甚至有人提出，"大礼堂[21]将来必拆。"[22]

5

对于"学习苏联",梁思成一开始怀有很大的抵触情绪。当时他认为"学习苏联同样是'洋奴'的一套,不过换了一个'俄国主子'罢了。"[23]但由于在民族形式的问题上,苏联专家的态度与梁思成一致,梁思成在这方面也就逐渐心平气和了。

1952年12月22日,梁思成写了一篇文章登在《人民日报》上,题为《苏联专家帮助我们端正了建筑设计的思想》,有语云:

> 我在两个不同的工作岗位上接触过若干位苏联专家,其中两位曾给我以深刻的影响。一位是都市计划专家穆欣同志,他曾经随同苏联都市计划权威、建筑科学院舒舍夫院士共同工作过多年,有丰富的知识和经验。另一位是清华大学建筑系的阿谢普可夫教授——苏联建筑科学院通讯院士。他们来到中国的时间虽然不久,但对中国的城市建设和建筑已有了很大的贡献。
>
> 他们给我们在思想上的帮助可以概括为五个要点。首先而最重要的是建筑的任务要服务于伟大的斯大林同志所指出的"对人的关怀"的思想;其次是肯定建筑是一种艺术;因此,第三就要明确认识建筑和都市计划的思想性;其中包括第四,一个城市(乃至整个区域、整个国家)的建筑的整体性;和最后,同时也是极重要的,建筑的民族性。

这段时期,梁思成一直在思考如何尽快实现中国传统与现代主义的嫁接,这是他多年的理想。他提出了建筑语言学和建筑可译论,将中国建筑构图元素与西方文艺复兴时的建筑词汇进行对比,探索构图规律。这确为独到的见解。在西方,直到20世纪七八十年代才把建筑学与符号学、语言学联系起来。[24]

这一理论探索,梁思成最初是在1952年9月26日北京市召开的建筑设计会议上提出的。在这次会议上,梁思成听取了苏联专家穆欣关于建筑民族形式问题的演讲,产生强烈共鸣,并作了发言,认为过去的那种"洋房中国帽"式的建筑,"问题在底下的洋房而不在瓦顶",建筑创作要"掌握规律然后能获得自由",而要"由感性认识提高到理性认识",就必须研究"文法","要知道它的结构及制造过程",就必须研究"词汇"。[25]

1953年访苏回国之后,梁思成在10月召开的中国建筑学会成立大会上,作《建筑艺术中社会主义现实主义和民族遗产的学习与运用的问题》专题报告,将建筑的民族形式上升到"阶级性"和"党性"的高度,并将建筑语言学和建筑可译论作了进一步发挥。

梁思成说:"每一个民族的建筑同一个民族的语言文学同样地有一套全民族共同沿用共同遵守的形式与规则,在语言文字方面,每个民族创造了自己民族的词汇和文法,在建筑方面,他们创造了一整套对于每种材料、构件加工和交接的方法或法式,从而产生了他们特有的建筑形式。""如同用同一文法,把词汇组织起来,可以写出极不相同的文章一样,在建筑上,每个民族可以用自己特有的法式,可以灵活地运用建筑的材料、构件,为了不同的需要,构成极不相同的体形,创造出极不相同的类型,解决极不相同的问题,表达极不相同的情感。"

梁思成得出这样的结论："凡是别的民族可以用他们的民族形式建造的，另一个民族没有不能用他们自己的形式建造的。"他还反思了自己过去对宫殿式建筑的指责，认为"我们过去曾把一种中国式新建筑的尝试称作'宫殿式'，忽视了我国建筑的高度艺术成就，在民间建筑中的和在宫殿建筑中的，是同样有发展的可能性的。"[26]

他的这种理论探索是坚定的。1954年在《祖国的建筑》一书中，他强调："只有在我们被侵略、被当做半殖民地的时代，我们的城市中才会有各式各样的硬搬进来的'洋式'建筑，如上海或天津那样。"[27]

6

很难把20世纪50年代初期席卷国内各地的所谓"大屋顶"式的建筑潮流，完全"归咎"于梁思成一人，除非完全无视苏联专家的影响及其当年"一边倒"的政治压力。

对这个问题，张开济在1957年5月的整风运动中曾这样评论道：

> 在解放后有一段相当长的时期，凡是有人对于某些苏联经验表示怀疑，或者认为某些资本主义国家的学术也不无可取，那么"立场观点有问题"、"思想落后"甚至于"思想反动"等等一堆大帽子都会扣到他头上去的。于是有些人明知有问题也不敢说，有些人只好将错就错，建筑界也不例外。拿我个人为例来说罢，我从来是并不赞成采用大屋顶的，但在解放后，就曾设计了不少有大屋顶的建筑，并曾为此作过检讨，我倒并未因此而感觉委屈，不过我深为遗憾的就是我若能得到一定的支持的话，这些大屋顶也许就可以避免的。因为所有这些大屋顶在最初草图上都是没有的，而是后来受了外界的压力与影响所加上去的。[28]

梁思成为什么遭遇这场批判？学术界已作出各种各样的评价与分析，但是，大家都忽略了一个事实，这就是在"梁陈方案"被否定之后，梁思成"退而求其次"了。

"退而求其次"这个提法，见于1954年12月北京建筑事务管理局地用组组长王栋岑写给北京市委的一份材料，其中说：

> 梁思成先生的观点在几年来是有些改变的：例如把旧城当成博物馆或把行政中心放到西郊建立新城的方案，他已经放弃了，对于建筑层数，也不再坚持只建两三层了，自己也还亲自动手画了一张他对高层建筑的理想大屋顶。对于文物，过去是"烂杏三筐，一个不舍"，只要是古建筑，土地庙也好，都算文物，要原封不动。现在是承认必须拆去一些了（如东、西交民巷牌楼），并且同意有的可以搬动原属"老祖宗"的位置，如大高殿前的音乐亭等。但是，这些改变，基本上是在现实面前不得不承认的，像行政中心，像层数，像某些严重妨碍交通的古建筑，都迫使他自己修改他的一些观点。但是，实质上他的思想是否改变了呢？没有。只是"退而求其次"罢了！如像行政中心在天安门附近，可以，但是房子不能高过天安门，要和天安门调和，要有大屋顶等。建筑层数不得不提高，于是他亲自动手，把各式各样的中国屋顶加在这个理想的高楼上……[29]

梁思成的"退而求其次"经历了两个阶段。他先是提出控制旧城区的建筑高度，这遭到了否定；之后，他转而提出保持"中国建筑的轮廓"。

高度之争，最早见于1949年底聂荣臻主持的北京城市规划会议。这次会议上，苏联专家巴兰尼克夫提出了改造北京的设想，苏联专家团接着进一步阐述道：新的房屋要合乎现代的要求及技术发展的条件，在新市区建筑一至三层的房屋是不经济的，房屋层数越少，要求下水道、自来水、道路等建设的费用及管理的费用越多。第一个改建莫斯科的总计划内，建筑的房屋，最少是六至七层。[30]

在笔者已找到的档案中，未记载梁思成直接对此事发表的具体意见，但在苏联市政专家组组长阿布拉莫夫的讲话中，我们还是看到了梁思成在这个问题上与他们发生了冲突，并了解到梁思成的一个态度——他是"建筑二三层房屋的拥护者"。

阿布拉莫夫是这样说的：

> 我所了解的，梁教授是建筑二三层房屋的拥护者。我们苏联的经验和所作的统计证明：五层房屋是最合算的房屋（如果包括建设生活必需的设备在内），每平方公尺面积的造价是最便宜的。其次是八、九层的房屋。我看不出在天安门广场要建筑二三层的房屋而不建设五层楼房的理由。在莫斯科克里姆林宫附近开始建筑三十二层的房屋，但克里姆林宫并不因与这所房屋毗邻而减色，为什么北京不建筑五、六座十五到二十层的房屋。现在城内没有黑夜的影像，只有北海的白塔和景山是最突出的，为什么城市一定要是平面的，谁说这样很美丽？
>
> 中国旧技术只能在人工筑成的假山或山上造起比城还高的房屋，我相信人民中国的新的技术能建筑很高的房屋，这些房屋的建筑将永久证明人民民主国家的成就。
>
> 斯大林同志说过：历史教导我们，住的最经济的方式，是节省自来水、下水道、电灯、暖气等的城市。[31]

阿布拉莫夫称"中国旧技术只能在人工筑成的假山或山上造起比城还高的房屋"，这是对中国古代建筑极大的误解。

高楼在中国自古有之。现在还留存着的河北定州北宋料敌塔就有84m高。梁思成于1933年9月发现的山西应县辽代佛宫寺释迦塔，高69.31m，其精湛的构造技术，使其历经一次次大地震，屹立近千年而不倒，为世界现存最高的木构建筑。

建造高楼，确实需要高超的技术，但是评价一个城市的发展水平，又不能简单地以高楼的多少作为标准。

高层建筑虽有节约土地的经济性一面，但其内部拥挤、上下困难、设施费用大、阻碍邻里交往、难以消防救灾和预防犯罪等，都不利于生活。它的致命弱点还在于对人的健康不利。据日本医学专家调查，住在高楼内的儿童的身体和智力发育水平低于住在平房和低层房屋内的儿童，住在高楼内的老年人身体状况也相对较差。在"救救孩子，救救老人，少建高楼"的口号下，现在欧洲许多城市，已开始有计划地拆除高楼。

高层建筑在中国未有大的发展，有其深刻的文化原因。汉代对发展高楼就有过一场大辩论，结果以"远天地之和也，故人弗为"而作罢。[32]

7

梁思成成为"建筑二三层房屋的拥护者",缘于他对北京城市的整体认识。

北京旧城是个水平城市,在大片低矮的四合院民居中间有节奏地矗立着故宫、景山、钟鼓楼、妙应寺白塔、北海白塔、天坛以及各个城门楼等标志性建筑,城市空间平缓开阔,天际轮廓错落有致,这是北京特有的景观。

梁思成的本意是完整保护北京旧城,新建筑放到旧城之外发展。但是,这些新建筑非要挤入风格完整的旧城区,欲与故宫等古建筑争高,他只能提出控制新建筑的高度。

在结束与苏联人的辩论后,梁思成在与陈占祥起草的"梁陈方案"中,就有这样一段论述:

> 建筑物在一个城市之中是不能"独善其身"的,它必须与环境配合调和。我们的新建筑,因为根本上生活需要和材料技术与古代不同,其形体必然与古文物建筑极不同。它们在城中沿街或围绕着天安门广场建造起来,北京就立刻失去了原有的风格,而成为欧洲现在正在避免和力求纠正的街型。无论它们单独本身如何壮美,必因与环境中的文物建筑不调和而成为掺杂凌乱的局面,损害了文物建筑原有的整肃。
>
> ……我们在北京城里绝不应以数以百计的,体形不同的,需要占地六至十平方公里的新建筑形体来损害这优美的北京城。[33]

而在旧城之外他们规划的中央人民政府行政中心区,两位学者则认为建筑高度可以放开一些:

> 根据时代精神及民族的传统特征的建筑形体在西郊很方便地可以自成系统,不受牵制。如果将来增建四五层的建筑物亦无妨碍。[34]

但是,"梁陈方案"被否定了,新式建筑不可避免地要涌入旧城。梁思成只能成为一个强硬的"低层派"了。

当时,北京旧城内最高的建筑是中法银行于1917年建造的7层高的法式建筑——北京饭店(今饭店中楼)。梁思成说,这个饭店放在法国海滨还可值三分,可放在东长安街,简直是一个耻辱。[35]

他提出天安门广场四周的建筑物高度不应该超过天安门的第二重檐口,不能超过故宫。他在1951年11月召开的北京市各界人民代表会议上提出,北京的房屋大部分应是两三层的。

在这个问题上,林徽因与他的态度完全一致。1951年9月19日,在都市计划委员会的会议上,林徽因提出,建筑高度必须"为皇宫所限"。[36]

但是,他们的主张并没有得到理解。在是否占用东交民巷操场建设政府办公楼的问题上,他们失败了;而在这些建筑的高度的问题上,他们同样也失败了。这些房屋最高的盖到了六层。

为迎接亚太和平会议在北京召开,1952年,建筑师杨廷宝在王府井金鱼胡同设计了和平宾馆,高达八层,在旧城区颇为显眼。杨廷宝与梁思成私交甚笃,他是梁思成在清华的学长,也是梁思成在美国宾夕法尼亚大学建筑系的学长,梁思成对他是极为敬重的。

但这幢建筑引起了梁思成的强烈不安。

在都市计划委员会审定图纸时,梁思成也不得不冒犯这位兄长了。他表示坚决反对和平宾馆的高度,并说建了高层"人家要骂我梁思成的。"[37]

和平宾馆还是照样盖出来了(图5)。

图5　和平宾馆透视图。可见其与周围四合院民群的反差
图片取自:杨廷宝建筑设计作品选,2001.

8

在节节败退之中,梁思成也进行了思考。

1953年2月至5月,他随中国科学院访苏代表团访问苏联,看到莫斯科也有限度地盖了几幢高楼,但由于是有计划地建造,形成了轮廓优美的高点,这正与西方城市那种无秩序的"攀高"形成反差。

他又退了一步:既然已经控制不住建筑的高度,与其混乱下去,还不如把一些地方的高度放宽一些,强调其计划性。

回国后,他在1953年8月召开的北京市各界人民代表大会上,作了题为《关于首都建设计划的初步意见》的发言,汇报了华揽洪、陈占祥分别完成的甲、乙两个总体规划方案。其中关于建筑的高度问题,他是这样表述的:

> 将来北京的房屋一般的以高两三层为原则,另一些建筑可以高到四五层,六七层;而在各地区中,还要有计划、有重点地、个别地建立为数不多的,挺拔屹立的十几到二十几层高楼。莫斯科就是有计划地规定出八座位置适当,轮廓优美的高点,而不是无秩序地让高楼随处突出。因为人口密度的减低,房屋层数的加高,北京就可以得到更多的园林绿地。又因高楼是有计划、有限度地建造,高的建筑物便不至如纽约那样使市中心街道成为看不见阳光、喘不过气来的深谷,而两岸摩天楼高低零乱,毫无节制。[38]

但是,甲、乙方案均未得到通过,梁思成在高度问题上作出的妥协,也未得到认可。

1953年11月,中共北京市委"畅观楼小组"提出了《改建与扩建北京市规划草案的要点》,认为天安门广场和主要街道两侧的建筑高度应在七八层以上或者更高,"为了节约城市用地和市政设施投资,北京今后主要应盖近代化楼房。在目前时期其高度一般应不低于四五层","在城市边缘的住宅区可降低至三层及三层以下,在休养区内可建筑平房或独院住宅。"[39]

这之后，提高建筑的高度，成为北京城市建设的一个努力方向。

1954年，北京市建筑事务管理局局长佟铮在华北城市建设座谈会上说：

> 层数高低有过争论：有人主张建低层，认为不能超过三层，也有人主张建高层，不低于三层。近两年来，主张建高层的多了，认为在首都，应该建高一点。1954年的方针是：除工厂、医院、托儿所以外，新建一般应建四五层，少数可建三层。若把任务集中，变多数业主为少数业主，统一设计，统一改造，统一分配；并提前会计年度，头一年就把次年建筑的地点和设计都准备好，工作能较主动，层数也一定可以提高。[40]

眼看一幢幢高楼在旧城内拔地而起，梁思成只好再度"退而其求次"，寄望于通过实现"中国建筑的轮廓"来保全旧城。

在1955年批判"复古主义"的运动中，清华大学建筑系教师座谈会上的一份材料，披露了梁思成与林徽因推行所谓"大屋顶"的心态：

> 以什么建筑式样来批准图纸？梁先生的理论希望人家尽量保持旧的样子，林徽因先生说"照旧样子可以保险，不会破坏了过去已有的体形，新的弄不好就难免了。"建盖大屋顶可以和旧的建筑联系一起，否则好就会不伦不类（原文如此——笔者注）……[41]

梁思成的这种心态，还表现在1951年8月15日他致周恩来总理的信中。这时，梁思成已知无法阻挡各部委进入旧城占用东交民巷操场建设办公大楼了，只好请求周恩来关注这些建筑的民族风格问题：

> 这一次各部设计最初大体很简单，虽都保持中国建筑的轮廓，但因不谙传统手法，整体上还不易得到中国气味，这种细节本是可以改善的。但5月中旬我曾扶病去参加一次座谈会，提出一些技术上的意见，并表示希望各部建筑师互相配合，设法商洽修正进行。出乎意料之外，一个多月以后，各部因买不到中国筒瓦，改变了样式，其结果完全成为形形色色的自由创造，各行其是的中西合璧！本身同北京环境绝不调和，相互之间毫无关系。有上部做中国瓦坡而用洋式红瓦的，有平顶的，有做洋式女儿墙上镶一点中国瓦边的，有完全不折不扣的洋楼前贴上略带中国风味的门廊的，大多都用青砖而有一座坚持要用红砖的，全部错杂零乱地罗列在首都最主要的大街上。其中纺织部又因与地下水道的抵触，地皮有3/4不能用。贸易部建筑面积大大地超过了同空地应有的比例。在此情形之下，他们就要动工了！[42]

在1957年5月清华大学建筑系举办的整风座谈会上，梁思成为自己辩解道：

> 我对建筑形式上有一个主导思想，即反对在北京盖"玻璃方匣子"。我认为北京的建筑应有整体性和一致性。因为建筑从艺术的角度来说，有人把它比拟为凝固的音乐，所以需要先定一个音，然后使诸音和它取得和谐。北京是从旧城发展起来的，在城市里搞些"玻璃匣子"不合适。可是北京当时这种方匣子太多，很流行，我想用"矫枉必须过正"的办法扭转一下，大力提倡民族形式。[43]

1969年1月10日，已被打成"资产阶级反动学术权威"的梁思成被迫向"文革"工作组"交代""大屋顶问题"，其中对自己当年的心迹表现得更为充分：

　　我窃据了都委会要职不久，就伙同右派分子陈占祥抛出那个以反对改建北京旧城为目的的《关于中央人民政府行政中心位置的建议》，妄图在复兴门、阜成门外建设中央人民政府的行政中心，把旧北京城区当做博物馆那样保存下来。它刚刚出笼就被革命群众彻底粉碎了。于是，我就退一步把住审图这一关，蛮横专断地要送审单位在新建筑上加盖大屋顶。同时，我还抓住一切机会写文章，作报告，讲"中国建筑"，顽固地鼓吹：①建筑是艺术；②新中国的建筑必须有"民族形式"；③古代留下来的"文物建筑"必须尽可能照原样保存下来。1953年、1954年两年间，在我的宣扬推销下，"大屋顶"的妖雾已弥漫全国各地，周总理在人大一届一次会议上对各地的豪华建筑提出严厉批评。这时候，伟大领袖毛主席已指示对大屋顶进行批判了。[44]

梁思成1954年在《祖国的建筑》一书中画的两张想象中的建筑图，是他搞"大屋顶"的"铁证"（图6、图7）。所绘建筑，包括35层的高楼，顶部都有中国式建筑屋顶造型。梁思成在说明中写道："第一，无论房屋大小，都可以用我们传统的形式和'文法'处理；第二，民族形式的取得首先在建筑群和建筑物的总轮廓，其次在墙面和门窗等部分的比例和韵律，花纹装饰只是其中次要的因素。"[45]

图6 梁思成"想象中的建筑图"之"35层高楼"
图片取自：梁思成文集（第四卷），1986。

图7 梁思成"想象中的建筑图"之"十字路口小广场"
图片取自：梁思成文集（第四卷），1986。

王栋岑的汇报材料讲述了这两张图提出的经过：

　　照梁思成看，建筑物不论什么地点，也不论什么性质，都必须用大屋顶：东单的几个部，在审查建筑图样时，他建议各部加大屋顶，公安部、燃料部、纺织部没同意，贸易部迁就了，搞了个不伦不类的东西。他曾说过：东西长安街都应有大屋顶。他自己也做过两个高层建筑的图样，表示东西单两个广场周围都应该是这样的大屋顶，他对那个草图，自鸣得意，并把它制成了幻灯片，但送到市府之后（给薛秘书长看过）并无人重视，他为此抱怨说：为什么市府对它这么不重视，而清华就那么重视它？在他看，天安门广场周围，就更要大屋顶了，理由是不然与周围环境不调和。公安局的大屋顶，就是他强制加上的，据公安局说他们因此少建了40多间房，而且搞的样子很难看，就连梁思成自己也承认只值两分……他曾固执地对我说："虽然只值两分，但设计的方向是正确的。"[46]

9

对"大屋顶"的批判，是由毛泽东发起的。

"毛主席讲了'大屋顶有什么好，道士的帽子与龟壳子。'把批判梁思成的任务交给了彭真。"汪季琦回忆说。[47]

于光远回忆道："1955年在我参加的一次中宣部部长办公会议上，陆定一部长传达中央政治局会议精神，决定要对梁思成建筑思想进行批判。陆定一说，因为梁思成的许多事情发生在北京市，他建议这件事由彭真同志负责。"[48]

由于"大屋顶"确与苏联专家的提倡及斯大林的建筑理论有关，所以这场批判直到1953年斯大林去世，赫鲁晓夫1954年11月在苏联第二次全苏建筑工作者会议上，作了《论在建筑中广泛采用工业化方法，改善质量和降低造价》的报告，在苏联建筑界掀起批判复古主义浪潮之后，才真正开始。

全苏建筑工作者会议刚一结束，北京市委就召集中央设计院、北京市设计院、清华大学建筑系等单位从事建筑工作和教学工作的共产党员，给予了"系统的指示"，"对建筑方面的反人民的、反动的形式主义、复古主义即资产阶级思想，作了严厉的批评。接着又学习了赫鲁晓夫同志在全苏建筑工作者会议上的讲话和我国建筑工程部设计与施工工作会议的有关文件"，建筑师们"思想上才醒悟过来，深深感到错误的严重。"[49]

而在此前，陈干与高汉[50]已打响了第一炮。

1954年8月30日出版的《文艺报》刊出他们合写的《〈建筑艺术中社会主义现实主义和民族遗产的学习与运用的问题〉的商榷》一文，对梁思成有关民族形式的论述予以批判，这篇长文认为梁思成的理论是"只看见语言与建筑相同之点而忽略其相异之点；只看见'法式'对于材料的约束性而看不见材料对于'法式'的决定性，因而把'法式'强调到约制一切的高度。这可说是本末倒置的'唯法式论'观点"，"梁先生对于建筑艺术阶级性的问题的理解，是比较抽象而混乱的。原因首先在于梁先生没有从正确的立场出发，以一定观点和方法来批判自己过去的认识"，"我们果真以社会主义、现实主义的观点来处理天安门广场，将毫不犹豫地主张拆除东西三座门，而绝不能主张将伟大的内容束缚于这已经失却效用和妨碍生活的形式之内。因为生活是主要的、首先的，是艺术形式的决定因素；艺术形式只能处于为它服务的地位"，"四合院虽好，却有一个根本的缺点，这就是建筑的主要立面都朝向院子，而在街道上只有墙，甚至连窗子也难得开一个。而今天要求把建筑的主要立面朝向街道，朝向城市，朝向人民"，"模糊观念之所以产生，可能是由于梁先生对自己的建筑思想尚缺乏严格的、历史的、系统的批判"。[51]

"严格的、历史的、系统的批判"，在1955年2月，经过一系列组织、筹划之后，正式开始了。

2月4日至24日，建筑工程部召开设计及施工工作会议，批判"资产阶级形式主义和复古主义思想"，认为这种倾向，"已造成很大的浪费"，必须"按照适用、经济和在可能条件下讲求美观的原则进行设计"。[52]

2月18日，在北京市人民委员会的会议上，彭真说："关于建筑形式问题，我们在三年前就已经明白交代过，市政府主管部门不要强迫人家盖大屋顶的房子，同时，建筑物只要不妨碍都市总规划，就不要去管；现在，主管建筑部门的有些人，到处滥用职权，对建筑形式任意干涉，强迫人家盖大屋顶，或强迫人家'这样''那样'，而市政府是没有给他们这种权利的。主管建筑的首长要对那些强迫人家盖大屋顶或其他滥用职权的事情进行严肃的检查和处理。"[53]

紧接着，《人民日报》于3月28日刊登社论《反对建筑中的浪费现象》，指出"建筑中浪费的一个来源是我们某些建筑师中间的形式主义和复古主义的建筑思想……他们往往在反对'结构主义'和'继承古典建筑遗产'的借口下，发展了'复古主义'、'唯美主义'的倾向。他们拿封建时代的'宫殿'、'庙宇'、'牌坊'、'佛塔'当蓝本，在建筑中大量采用成本昂贵的亭台楼阁、雕梁画栋、沥粉贴金、大屋顶、石狮子的形式，用大量人工描绘各种古老的彩画，制作各种虚夸的装饰。有的建筑装饰的造价竟占总造价的30%。这些建筑不但耗费了大量的金钱，而且大都有碍实用；又因大量采用手工作业，无法采用工业化建筑方法，也就推迟了建筑的进度。"[54]

同日，《人民日报》开辟《厉行节约、反对基本建设中的浪费》专栏，在长达半年的时间里，对地安门宿舍大楼、中央民族学院、"四部一会"、重庆大礼堂、西郊招待所等民族形式建筑进行批判，建筑师张镈、张开济、陈登鳌及北京市设计院副院长沈勃、建筑工程部北京工业建筑设计院副院长汪季琦等纷纷登报检讨（图8～图11）。

图8　北京日报1955年3月28日刊登讥讽"大屋顶"漫画，并附文："慈禧太后：你真是花钱的能手，我当年盖颐和园都没有想到用琉璃瓦修饰御膳房！"

图9　地安门机关宿舍大楼正面立视图
图片取自：清华大学建筑学院资料室

图10　重庆大礼堂
作者摄于 2000 年 10 月

图11　原为前苏联专家提供服务的北京西郊招待所（今北京友谊宾馆）
作者摄于 2002 年 10 月

而在另一条"战线"上，在中宣部的协助下，北京市在颐和园畅观堂集中了几十人写批判文章。彭真强调，批判必须是充分说理的，不要随便上纲上线，要认真地学习，认真地研究，不要讲外行话。梁思成认为共产党不懂建筑，要让他知道我们可以学懂。[55]

10

数十篇批判文章很快完成并打出了清样，中宣部副部长周扬参加了北京市委的一次会议，对此发表了意见："马列主义最薄弱的环节是美学部分，中国对马列主义美学的研究更少，你们写了这些文章，连我这个外行都说不服，怎么能说服这样一个专家呢？关于民族形式，原来有的东西就有民族形式的问题，原来没有的就没有民族形式的问题。建筑在我们国家发展了几千年，当然有民族形式的问题，比如我们原来没有汽车，所以就没有民族形式的问题，可是一把刀子就有民族形式的问题，拿出一把刀就可以看出是日本的腰刀还是缅甸的刀；又如话剧，我们国家没有，按理说应该没有民族性的问题，由田汉等人从日本带回的话剧，开始有点学西洋，比如表示惊诧一耸肩，而这就不是中国人的习惯，中国人看了就笑，就不能接受。建筑肯定是有民族形式的问题，批判的文章我的意见还是不要发表，我们只能批判浪费，从理论上我们还没有依据，这方面的理论我们要派人去研究。"[56]

不过，还是有一篇文章在1955年10月2日出版的《学习》杂志上登出来了，这就是因提出"自然科学有没有阶级性"而得到中宣部理论处副处长于光远关注，并被其招至门下的清华大学毕业生何祚庥[57]所写的《论梁思成对建筑问题的若干错误见解》。

这篇文章共分5个部分，标题分别为："梁思成颠倒了建筑学中'适用、经济和在可能条件下讲求美观'的原则"、"梁思成所提倡的'民族形式'实际上就是复古主义的主张"、"所谓建筑上的'文法'、'词汇'论乃是一种形式主义的理论"、"梁思成的建筑理论是直接违反总路线的错误理论"、"梁思成的错误思想根源——资产阶级唯心主义"。

何祚庥批判梁思成在对待古代建筑的问题上，"采取了一种无原则、无批判的态度……旧北京城的都市建设亦何至于连一点缺点也没有呢？譬如说，北京市的城墙就相当地阻碍了北京市城郊和城内的交通，以致我们不得不在城墙上打通许许多多的缺口；又如北京市当中放上一个大故宫，以致行人都要绕道而行，交通十分不便。"

他还对"梁陈方案"进行了批判，指出"梁思成对于古代建筑物的这些错误观点，是不能不反映到他的实际主张上的。众所周知，梁思成曾提出要把北京城整个当做一个大博物院来加以保存，还提出城市建设的方针，应该是'古今兼顾，新旧两利'。他并曾一再顽固地反对拆除天安门前三座门，反对拆除西四、东四的牌楼。可是，梁思成的这些错误主张，却是一再在实践中破产，遭到广大人民的反对。"

建筑界的火力更为猛烈。《建筑学报》接连三期刊登批判梁思成的文章，其中有陈干、高汉写的第二篇批判文章《论梁思成关于祖国建筑的基本认识》，明确提出，"报纸所揭露出来的形式主义建筑所产生的严重浪费，正是实践效果对于梁先生的理论及其创作路线所作的最准确的检验。因此，就其实质而论，梁先生所创导的建筑理论及其创作路线不能不是反动的。"

文章试图证明"梁思成先生所鼓吹的，关于我国旧建筑的特点及其发展规律的理论，是一种不易理解的形式主义者的说教"，"他是割断了建筑与社会基础及其上层建筑的关系来理解旧建筑的；同时，他是割断新建筑与我国在过渡时期的经济条件和社会生活状况的关系来理解新建筑的"，"梁先生所谓的'祖国的建筑'（除赵州桥而外）基本上只不过是直接或间接地为封建统治阶级服务的建筑；对作为祖国建筑的根基，那千百年来直接地、普遍地为劳动人民自己服务的民间建筑，竟装聋作哑毫无论述"。

他们认为，"复古主义"和"复古主义建筑"表现着"已经死亡了的社会意识"；"旧基础上建造起来表现着旧意识的建筑"，虽然"包含着劳动人民的无限智慧"，"但这一点不能构成为一切旧建筑必须完整保留、不许改造和不许拆除的理由"；建筑界"如不在研究旧建筑和创造新建筑的工作中宣传辩证唯物主义思想和反对资产阶级唯心主义思想，就会走投无路。这正是我国建筑界长期艰巨的历史任务，也是当前重大的政治任务"。[58]

对梁思成刺激最大的批判文章，当属曾与他在中国营造学社并肩作战11年的著名古建筑学家刘敦桢所写的《批判梁思成先生的唯心主义建筑思想》。刘敦桢指出，梁思成"片面强调艺术忽视适用和经济的错误偏向"，在思想本质上是"资产阶级唯心主义思想的具体表现"，"关于保存古代建筑纪念物方面，梁先生提出所谓'古今兼顾，新旧两利'的方针，而在实际工作中几乎为保存古物而保存古物，不顾今天人民的需要与利益，反对改变原来城市的面貌，严重地妨碍国家建设事业的发展。"[59]

在清华大学建筑系，批判梁思成的座谈会连续召开，周卜颐甚至批判"梁陈方案"是"破坏遗产"："梁先生要在西郊建设北京，计划保留旧城，结果是让旧城逐渐死亡，这不是爱护遗产，而是破坏遗产，违反城市发展规律，与唯物主义的城市建设毫无共同之处。"[60]

11

在这场批判发动之前，梁思成就病倒了，1955年1月2日住进了同仁医院。紧接着，病危的林徽因也住进了他隔壁的病房。

在这之前，林徽因为梁思成作了最后的辩护，见王栋岑写给薛子正的信：

薛秘书长：

12月3日梁先生病了，我和陈占祥到清华去看他，林徽因谈到：

1. 有人说梁思成是复古主义，我觉得梁先生真冤枉。
2. 有人说专家和他（指梁）相同的意见，他就引证，不同的意见他就不说了。

3. 民族学院和海司[61]何尝是梁思成给他们搞的？而且民族学院的大屋顶也增加不了那么多造价，汇报不真实，不知是谁汇报的。

此外，她还提到什么大学生两层卧铺等。我觉得很可疑，为什么那天晚上在市委所谈的她多知道了？梁先生当时也说：

1. 建筑形式一头是西洋的，一头是中国的，有人的设计是偏于西洋的，有人的设计是偏于中国的，他用手比画着说："我认为正确的设计应该在这里"，他用手势摆在两头的正中间。

2. 他觉得很奇怪为什么屋顶一定要这样⌐⌐？而这样（有点曲线）⌒⌒就不成！

最后林徽因说：梁思成爱护文物不同于张奚若等，张是单纯出于爱好，而梁思成并不是这样……我们在学习上很努力，比如对这次《红楼梦》的研究，我们都很认真，哪一个文件都没有放过。

林徽因谈话时态度仿佛很镇定，不像每次那样激动……[62]

在医院里，这一对病弱的夫妻相依为命。同济大学建筑系教授吴景祥回忆道：

在一次批判会之后，我曾一齐陪梁先生到北京同仁医院去看望林徽音[63]夫人。那时林夫人重病在身已是气息奄奄，见到梁先生，谁都说不出来，二人只是相对无言，默默相望。我看了也不觉凄然泪下。徽音夫人不久也就逝世了。[64]

4月1日，林徽因与世长辞。

梁思成以悲痛的心情设计林徽因之墓，墓碑下方，安放着一块汉白玉花圈浮雕，它是林徽因生前为人民英雄纪念碑设计的一个样品。

陈占祥赴同仁医院看望苦痛不堪的梁思成——

他在病床上还向我再三强调说，他唯一的愿望是为了继承和发扬民族的文化遗产，所以，他是不会放弃自己的学术思想的。他还以此鼓励我。[65]

5月，彭真把梁思成从医院接到家里谈了一个下午，关于"大屋顶"问题，两人发生了争论。

最后彭真给梁思成看了一些统计数字，以表明因为采用"大屋顶"给经济带来了"惊人的浪费"。彭真说：我们的国家还很穷，应当精打细算，处处节约。[66]彭真还拿当时报纸上赫鲁晓夫批评苏联建筑复古主义的报道给梁思成看，说"赫鲁晓夫同志都这样说，你该服气了吧。"[67]梁思成表示愿意公开检讨。

在梁思成1955年5月零星的笔记中，可以看到彭真在这次谈话中的观点：

最大人民利益是真理标准，最大人民利益是历史发展的必然趋势。群众观点。

……

适用 = 人民利益。

离开经济，讲建筑美是主观唯心。

经济基础是普遍真理……

听其人观其行看实践。

过去建筑师为统治阶级服务，可不考虑经济。心中无群众。对旧的，是批判的，是发展的。民族形式——物质上、精神上有用的，都要。

> 各民族都要，按今天的需要。
> 对人民负责，对国家负责。
> 小心建筑沙文主义。
> 取之尽锱铢，用之如泥沙。
> 是生产中不可少的工具。
> 艺术是从属的。
> ……
> 穆欣谈国民经济听不见，只听见艺术。
> ……[68]

5月27日，梁思成抱病写出《大屋顶检讨》，称自己对建筑界的"浪费"现象负有责任：

> 解放以来六年多的期间，我并没有做过任何一座房屋的具体设计，但在清华大学的教学工作和首都的都市规划工作中，以及通过写文章（包括主编《建筑学报》）、在各处讲演、作报告等社会活动方式，我却在一贯地传播着一套建筑"理论"。这"理论"严重地影响了许多建筑师的设计思想，引导他们走上错误的方向，造成了令人痛心的浪费。
> ……
> 最近两年来，陆续出现了如西郊招待所那样的建筑，虽然它们有很多严重缺点，如造价贵，平面有毛病，结构不合理等，但是，我总是"原谅"那些缺点，认为"总的方向"是对的，缺点只是"小问题"。我还嫌那样的建筑太少，嫌它还"不够好"。我明知党对于我的"理论"是不同意的，但我还是长期地、顽固地坚持我的主张，自认为是在"坚持真理"，自认为是"光荣的孤立"！
> ……
> 我认为党对革命是内行，对建筑是外行。我竟然认为这个领导六亿人民翻了身的党不能领导建筑……我像一个对学校没有信心的母亲一样，"不放心"把自己的"宠儿""建筑"交给党……[69]

12

11月，梁思成病愈。建筑工程部就"复古主义"、"形式主义"问题，召开若干次约二三十人的批判会。当时已收到各方面批判梁思成的文章近百篇。

12月，《新建设》杂志刊出高汉与陈干合写的第三篇批判文章《论"法式"的本质和梁思成对"法式"的错误认识》，矛头直指梁思成倾尽毕生精力从事的《营造法式》研究。

在1954年发表第一篇批梁文章后，陈干与高汉从市委听到一条意见，大意是，不解决"法式"问题，就不能把问题彻底解决。他们即下决心"从头研究'法式'问题"，"历时一年终于搞清了产生'法式'的历史和社会背景"。[70]

他们努力论证宋朝编修《营造法式》与王安石变法之间的关系，在《营造法式》

中发现了阶级斗争。

他们希望"画出'营造法式'或'法式'原有的面貌。这样的工作可能有助于探求在时髦的外衣下掩盖着混乱的、糊涂的、错误的建筑思想的梁思成先生（以及被他所代表的复古主义者），究竟是在什么地方失足的"。

他们称梁思成"歪曲了'法式'的本意，阉割了'法式'的精髓"，"他在斯大林和毛泽东同志，以及一些苏联专家的著作中寻找论据，以他们的词句来装点自己。就这样他以各种巧妙的方法和堂皇的形式，不断地宣传他的观点和方法，终于形成了一股片面强调'民族形式'的逆风。实质上这正如某些同志说过的，他已经把'适用、经济和可能条件下的美观'的党的原则，按照他自己的意志改造成为'美观和可能条件下的适用和经济'。这就是梁思成先生隐藏在写着'民族形式'和'法式'这几个大字的布幕后面的实质。"[71]

1955年底，梁思成又写出一篇检讨稿，被印成小样分送批判会讨论。

1956年2月3日，梁思成在全国政协二届二次会议上，宣读了这篇检讨稿，称自己过去20余年中写的许多关于中国建筑的调查报告、整理古籍、中国建筑历史、都市规划和创作理论的文章和专著，是主观唯心主义、形而上学的，他所提出的创作理论是形式主义、复古主义的。"7年以来，我对于党的一切政治、经济、文化的政策莫不衷心拥护，对于祖国在社会主义改造和建设上的每一伟大成就莫不为之三呼万岁。但在都市规划和建筑设计上，我却一贯地与党对抗，积极传播我的错误理论，并把它贯彻到北京市的都市规划、建筑审查和教学中去，由首都影响到全国，使得建筑界中刮起了一阵乌烟瘴气的形式主义、复古主义的歪风，浪费了大量工人、农民以血汗积累起来的建设资金，阻碍了祖国的社会主义建设，同时还毒害了数以百计的青年——新中国的建筑师队伍的后备军"，"我以为自己是正确的，党是不懂建筑的，因而脱离了党，脱离了群众，走上错误的道路"，"党领导六亿人民解放了自己，又领导着我们在社会主义改造、经济和文化建设的战线上赢得了一个接着一个的胜利。没有党的领导，这一切光辉成就是不可思议的。'党领导政治、专家领导技术'的思想是完全错误的。党对技术的领导是丝毫毋庸置疑的"。

他还称"梁陈方案"的提出，是"由于我的思想感情中存留着浓厚的对封建统治阶级的'雅趣'和'思古幽情'，想把人民的首都建设成一件崭新的'假古董'，想强迫广大工人、农民群众接受这种'趣味'，让他们住在一个保持着北京原有的'城市风格'的城市里。"[72]

对这场突如其来的政治批判，梁思成还是有些想不通。

多年后，他回忆道：批判开始时，他"还不知道问题的严重程度，也不意识到自己就是这问题的罪魁祸首，还认为那是苏联专家极力主张的，是建设单位这样要求的，设计人员也是自己找上门来的，我只是把我所知无保留地'帮助'他们而已。"后来，才知道，"那是建筑界一场严峻的阶级斗争的开始。"[73]

梁思成的好友金岳霖对他说："你学的是工程技术，批判了艺术的一半，还留下工程的一半，至少还留下一半'本钱'。我却是连根拔掉，一切从新（原文如此——笔者注）学起。要讲痛苦，我比你痛得多，苦得多。但为了人民，这又算什么呢？"[74]

但是，梁思成还是心有不甘。

14年后，他仍这样追忆道："我既无股票，又无房产，怎么会是资产阶级？"[75]

注释：

[1] 建筑学报，1955（1）。

[2] 中译为"比例"。

[3] 梁思成，张锐．天津特别市物质建设方案．天津：北洋美术印刷所，1930.

[4] 梁思成．建筑设计参考图集序//梁思成．梁思成文集（二）．北京：中国建筑工业出版社，1984.

[5] 中国近代建筑总览·北京篇．北京：中国建筑工业出版社，1993.

[6] 梁思成．为什么研究中国建筑．中国营造学社汇刊，1944年10月，七卷一期．

[7] 梁思成．致梅贻琦信，1945-03-09//梁思成．梁思成全集：第五卷．北京：中国建筑工业出版社，2001.

[8] 梁思成．建筑设计参考图集序//梁思成：梁思成文集（二）．北京：中国建筑工业出版社，1984.

[9] 同[6]。

[10] 梁思成．致朱总司令信——关于中南海新建宿舍问题，1950-04-05//梁思成．梁思成文集（四）．北京：中国建筑工业出版社，1986.

[11] 梁思成，陈占祥．关于中央人民政府行政中心区位置的建议//梁思成．梁思成文集（四）．北京：中国建筑工业出版社，1986.

[12] 汪季琦．回忆上海建筑艺术座谈会．建筑学报，1980（4）．

[13] 梁思成，"文革交代材料"，1967年12月3日，林洙提供。

[14] 同上注。

[15] 同上注。

[16] 梁思成工作笔记，1953年7月3日，林洙提供。

[17] 梁思成工作笔记，1953年12月，林洙提供。

[18] 梁思成，《访苏代表团建筑土木门的传达报告》，1953年，未刊稿，林洙提供。

[19] 梁思成工作笔记，1950年5月，林洙提供。

[20] 同[13]。

[21] 清华大学大礼堂1913年由美国建筑师墨菲设计，为美国古典主义建筑——笔者注。

[22] 梁思成工作笔记，1951年12月18日，林洙提供。

[23] 梁思成,"文革交代材料",1969年1月30日,林洙提供。

[24] 吴良镛.《梁思成全集》前言//清华大学建筑学院编. 梁思成先生百岁诞辰纪念文集. 北京：清华大学出版社,2001.

[25] 梁思成工作笔记,1952年9月29日,林洙提供。

[26] 梁思成. 建筑艺术中社会主义现实主义和民族遗产的学习与运用的问题. 新建设,1954.

[27] 梁思成. 祖国的建筑//梁思成. 梁思成文集（四）. 北京：中国建筑工业出版社,1986.

[28] 北京城市建设工作有哪些问题　市设计院建筑师在市委座谈会上各抒己见. 北京日报,1957-05-20.

[29] 王栋岑手稿,1954年12月,未刊稿,清华大学建筑学院资料室提供。

[30] 建筑城市问题的摘要.//北京建设史书编辑委员会编辑部编. 建国以来的北京城市建设资料：第一卷,城市规划. 第2版. 1995.

[31] 苏联市政专家组组长阿布拉莫夫在讨论会上的讲词（摘录）//北京建设史书编辑委员会编辑部编. 建国以来的北京城市建设资料：第一卷,城市规划. 第2版. 1995.

[32] 罗哲文. 罗哲文古建筑文集. 北京：文物出版社,1998.

[33] 同［11］。

[34] 同［11］。

[35] 同［29］。

[36] 梁思成工作笔记,1951年9月19日,林洙提供。

[37] 同［29］。

[38] 梁思成,《关于首都建设计划的初步意见》,1953年,未刊稿,林洙提供。

[39] 改建与扩建北京市规划草案的要点//北京建设史书编辑委员会编辑部编. 建国以来的北京城市建设资料：第一卷,城市规划. 第2版. 1995.

[40] 1954年前后的北京建筑管理工作//北京市城市规划管理局,北京市城市规划设计研究院党史征集办公室编. 党史大事条目. 1995.

[41]《清华大学建筑系思想学习自由发言》,1955年3月17日,未刊稿,清华大学建筑学院资料室提供。

[42] 梁思成. 致周总理信——关于长安街规划问题//梁思成. 梁思成文集（四）. 北京：中国建筑工业出版社,1986.

[43] 对过去进行的建筑思想批判和建筑界存在问题　清华建筑系教师各抒己见. 北京日报,1957-05-30：第2版.

[44] 梁思成,"文革交代材料",1969年1月10日,林洙提供。

[45] 同［27］。

[46] 同［29］。

[47] 夏路、沈阳，《访问汪季琦》，1983年2月7日，未刊稿，清华大学建筑学院资料室提供。

[48] 于光远. 忆彭真二三事. 百年潮，1997（5）.

[49] 沈勃. 关于北京市设计院在建筑设计中的形式主义和复古主义错误的检讨. 人民日报，1955-05-05：第2版.

[50] 陈干，时为中共北京市委办公厅城市规划小组成员；高汉，陈干之弟，时任中央新闻纪录电影制片厂会计科长——笔者注。

[51] 陈干，高汉，《建筑艺术中社会主义现实主义和民族遗产的学习与运用的问题》的商榷. 文艺报，1954-08-30：第16版.

[52] 建筑工程部召开设计及施工工作会议，揭发浪费和质量低劣现象. 人民日报，1955-03-03：第1版.

[53] 北京市人民委员会举行首次会议. 人民日报，1955-02-22：第1版.

[54] 反对建筑中的浪费现象. 人民日报，1955-03-28：第1版.

[55] 同[48]。

[56] 同[47]。

[57] 傅宁军. 何祚庥：一个忠实于科学的科学家. 传记文学，1999（5）.

[58] 陈干，高汉. 论梁思成关于祖国建筑的基本认识. 建筑学报，1955（1）.

[59] 刘敦桢. 批判梁思成先生的唯心主义建筑思想. 建筑学报，1955（1）.

[60] 周卜颐，《批判以梁思成先生为首的错误建筑思想》，1955年3月24日，未刊稿。

[61] 即海军司令部——笔者注。

[62] 王栋岑致薛子正信，1954年12月，未刊稿，清华大学建筑学院资料室提供。

[63] 林徽因原名林徽音，1935年3月，她与梁思成在《中国营造学社汇刊》合作发表"晋汾古建筑预查纪略"，首次以"林徽因"署名，从此不再用原名，以免与当时另一位作家"林微音"相混淆——笔者注。

[64] 吴景祥. 怀念梁思成先生//梁思成先生诞辰八十五周年纪念文集. 北京：清华大学出版社，1986.

[65] 陈占祥. 忆梁思成教授//梁思成先生诞辰八十五周年纪念文集. 北京：清华大学出版社，1986.

[66] 同[48]。

[67] 同[13]。

[68] 梁思成笔记，1955年5月，林洙提供。

[69] 梁思成，《大屋顶检讨》，未刊稿，林洙提供。

[70] 高汉. 云淡碧天如洗——回忆长兄陈干的若干片段//北京市城市规划设计研究院编. 陈干文集——京华待思录，1996.

[71] 高汉，陈干. 论"法式"的本质和梁思成对"法式"的错误认识. 新建设，

1955（12月号）.

[72] 梁思成的发言. 人民日报，1956-02-04：第6版.

[73] 同[13]。

[74] 梁思成. 一个知识分子的十年. 中国青年，1959（19）.

[75] 同[44]。

20世纪50年代苏联社会主义现实主义建筑理论的输入和对中国建筑的影响

The Incursion of Soviet Socialist Realism and its Influence on Chinese Architecture in the 1950s

吉国华

Ji Guohua

自鸦片战争开始，中国历史进入了近现代的发展阶段，中国的经济、政治、文化各方面，包括建筑在内，步入了西化的历程。20世纪30年代，西方现代建筑的潮流也开始影响到中国的建筑发展，特别是到了抗日战争后的40年代以及中华人民共和国成立之初，现代建筑已发展成为中国建筑的主流。然而，1953年，中国现代建筑的发展戛然而止，它在理论与实践上的重新确立要等到近30年之后。1953年的这一变故的主要原因是苏联社会主义现实主义建筑理论的影响，要探讨中国现代建筑的发展历程，必须了解这一影响的发生和发展过程。

1 背景："一边倒"与苏联专家来华

在中华人民共和国成立之初，"一边倒"的外交政策是最基本的国策之一。这项政策是毛泽东在1949年6月发表的"论人民民主专政"中提出的，它明确宣布了中国共产党领导下的新中国将联合苏联，加入到社会主义阵营。1950年2月，随着《中苏友好同盟互助条约》等文件的签署，中国和苏联正式结盟，苏联对中国的经济援助也正式开始。

当时，中国共产党领导的政府严重缺乏政治可靠的管理城市和进行经济建设的人才，聘请苏联专家来华工作是一条重要而快捷的解决途径，而派遣大批工业技术和军事训练专家以及国家行政管理顾问来华工作就成了20世纪50年代苏联对中国提供的直接帮助之一。[1] 1949年6月至8月，刘少奇秘密访问苏联，他与斯大林会谈的重要内容之一就是聘请苏联专家来华。8月14日刘少奇回国时就带回了200余名制定经济恢复计划的专家，到中华人民共和国成立前夕，在华苏联专家已有600余人，而1949－1960年间苏联向中国派遣的专家估计超过两万人。[2] 苏联专家给中国带来了生产、管理方面的技术与经验，同时也将当时苏联的意识形态输入到了中国。

1949年9月，莫斯科市苏维埃副主席阿布拉莫夫率一个苏联专家组来北京协助研究北京的城市规划和建设。[3] 根据梁思成"文革"交代材料，阿布拉莫夫在与梁思成第一次见面时就提出建筑要做民族形式，这大概是中国建筑师第一次接触到苏联的建筑理论。[4]1952年，穆欣和阿谢普可夫两位苏联专家先后来到北京，前者在中央财经委员会总建筑处[5]工作，后者在清华大学讲授工业建筑和苏联建筑史课程。他们开始将当时苏联的建筑理论比较系统地介绍到了中国。苏联建筑理论的要点以概括性的口号提炼出来，就是"社会主义现实主义"、"民族形式，社会主义内容"、"反对结构主义，反对形式主义"、"对人的关怀"等。

2 "社会主义现实主义"与"民族形式，社会主义内容"

社会主义现实主义是苏联在20世纪30年代确立的文学艺术的创作方法，作为官方确立的原则，它在苏联统治了文艺创作近60年。[6]1928年至1932年，苏联开展了第一个五年计划，同时经历了政治、经济和意识形态的中央集权化的过程。斯大林获得了至高无上的权力后，开始加强对文艺的控制。1932年4月，苏联中央通过了"关于改组文学艺术团体"的决议，将所有独立的文艺团体都视为非法，命令文艺工作者加入到党领导下的协会组织。[7]在同一年，社会主义现实主义成为了苏联文学创作方法的基础。1934年，苏联第一次作家代表大会通过的章程中对"社会主义现实主义"作了如下表述："社会主义现实主义，作为苏联文学与苏联文学批评的基本方法，要求艺术家真实地、历史具体地描写革命发展的现实；同时，艺术描写的真实性和历史必须与社会主义精神从思想上改造和教育劳动人民的任务结合起来"。[8]它要求苏联文学具有"党性"，即站在社会主义的立场上描写社会，更重要的是要对人民进行思想上的教育和改造。

社会主义现实主义很快也成了苏联其他艺术（如绘画、雕塑、电影等）的基本方法。1932年，苏维埃建筑师协会（Union of Soviet Architects）第一次大会通过的"苏维埃建筑师协会章程"对建筑领域的社会主义现实主义给出了如下定义："在建筑领域，社会主义现实主义意味着将思想动力和艺术形象的真实性与最完整地回应技术、文化和功能等方面的要求的建筑物相结合，应用最经济的手段和最先进的技术方法。"[9]社会主义现实主义的文艺作品通常以领袖或经"艺术升华"的普通劳动者为主题，描述和赞美他们的生活和工作，目的在于以共产主义的目标和意义来教育人民。对于建筑而言，这是一个相当困难和迷惑的任务。明确的是，社会主义现实主义建筑的实质和核心来源于对社会主义生活方式的分析，来源于对人与人、人与社会之间关系的分析以及对社会结构本身的分析。[10]用新的建筑形象表达社会主义社会的思想和概念需要一定的方法，这是20世纪30年代中期苏联建筑界主要讨论的问题。

随着探讨的逐步开展，借用过去的历史遗产逐渐被认为是社会主义现实主义建筑表现手段的源泉。1933年10月，苏联最高的建筑学术研究机构——苏联建筑科学院成立，它对世界各国的古典建筑进行了大量的研究。在1937年6月召开的苏联建筑师大会上，许多发言的主题都是关于古典遗产的继承和在新建筑中的应用，古典形式被认为是现代建筑的一种本质的要素。30年代后期开始，历史主义成为苏联建筑的主流，并在二战之后达到了高峰。

"民族形式，社会主义内容"是社会主义现实主义的一个重要特征，或者说是对社会主义现实主义方法的一种更具体的表述。"社会主义内容"所指的与社会主义现实主义的定义并没有什么不同，即苏联第一次作家代表大会通过的章程中所说的"革命发展的现实"，是人民的要求、斗争、结果和梦想。"社会主义内容"在建筑方面就是"对劳动人民的关怀"。对人的关怀，意味着建筑不仅要像其他艺术那样满足人们在思想方面的要求，同时还要满足人们的物质要求。它要求建筑具有完善的功能、合理的经济性和高度的思想性，"反映社会主义时代的伟大和美丽。"[11] 苏联的社会主义建设中出现的新型建筑类型，如工人住宅、文化宫、休息大厦、苏维埃农庄等，那些服务于大众的建筑，如图书馆、学校、影剧院等，以及这些建筑的宏伟和美丽，都体现了"对人的关怀"的社会主义内容。

"民族形式，社会主义内容"实际上更强调"民族形式"，它体现了苏联的文化政策，这是苏联本土化政策的一个方面，目的在于促进其加盟共和国的其他民族融入苏维埃联盟。二战后，苏联在东欧社会主义国家也大力宣传和推行这一政策，同样也包括20世纪50年代的中国。"民族形式，社会主义内容"的提法来自于斯大林1925年的演讲"东方大学的政治任务"。在此讲话中，他指出"无产阶级文化"与民族文化并无矛盾，无产阶级文化并不废除民族文化，它给予后者内容，而民族文化也不废除无产阶级文化，它给予后者形式，不同民族应该基于不同的语言和生活方式，在社会主义建设中采用不同的形式和方式表达社会主义的内容。[12]

在建筑中追求民族形式的代表人物是亚美尼亚建筑师塔玛年（A. Tamanian），他在1923–1936年间设计了一批具有亚美尼亚传统民族形式的新建筑。他的作品被认为是"开辟了苏维埃建筑的社会主义内容和民族形式的道路"。[13] 1939年莫斯科全苏农业展览会是"民族形式"建筑的集中展示，阿塞拜疆、亚美尼亚、格鲁吉亚等加盟共和国的展馆体现了各民族的传统建筑特色。

3 "结构主义"与"形式主义"

社会主义现实主义的创作方法在苏联的确立终止了苏联在十月革命前后直至20世纪30年代的各种前卫艺术活动。在那个时代，苏联的前卫艺术活动非常活跃，聚集了一大批从立体主义到抽象艺术不同派别的人才，并产生了以马列维奇（K. Malevich）为主导的"至上主义"和以塔特林（V. Tatlin）为主导的"构成主义"。这两大流派的影响也深入到建筑之中。

"结构主义"是1950年代苏联建筑理论输入中国时对"构成主义"的中文翻译。建筑的构成主义现在一般泛指20世纪20–30年代苏联的前卫建筑，实际上，当时的苏联前卫建筑中有很多流派，以"构成主义者"自居的是其中的一个派别，它是构成主义艺术运动在建筑中的发展。

构成主义运动是第一次世界大战以前俄罗斯未来主义以及塔特林1915年展出的作品"corner-counter reliefs"在十月革命之后的继续发展。"构成主义"一词是雕塑家佩夫斯纳（A. Pevsner）和加波（N. Gabo）在1920年发表的"现实主义宣言"中最早使用的，这个词比较准确地描述了这两位雕塑家的作品。[14] 1920 年成立的莫斯科高等艺术与技术学校（Higher Art and Technical Studios，VKhUTEMAS）的教师中集中了一批与构成主义运动有关的人物，包括塔特林、加波等人，使这所学校成了构成主义的大本营。1920－1922 年间，莫斯科艺术文化研究所（Institute of Artistic Culture，INKhUK，成立于 1919 年）的艺术家和理论家对构成主义也进行了一系列探讨，其中由 A. 维斯宁（Vesnin）等人成立于 1921 年的"构成主义者第一小组"提出了他们对构成主义的定义，即物体的特定材料属性（faktura）与其空间状态（tektonika）的结合。[15] 构成主义雕塑作品致力于将动态要素与立体主义图像进行结合，生成一种完全抽象的"非客观"的"构成"。

最著名的构成主义作品当属塔特林 1919 年设计的第三国际纪念碑，这是一个机器美学和动态功能的结合。引起各方面关注的同时，这个作品也引发了构成主义者关于纯艺术与塔特林主张艺术与实用相结合的"生产主义"之间的争论，并导致了构成主义阵营的分裂。塔特林的主张在 1922 年之后成为构成主义运动的主流，它与建筑的结合产生了构成主义建筑，其早期的例子是维斯宁兄弟在 1923 年设计的劳动宫方案。

1923－1924 年，莫斯科艺术文化研究所成立了以 A. 维斯宁为核心的建筑小组，这个小组不断壮大，并在 1925 年成立了"现代建筑师协会"（Association of Contemporary Architects，OSA），A. 维斯宁担任主席和创作领袖，曾在莫斯科高等艺术与技术学校任教的金兹伯格（M. Ginzburg）担任副主席和主要理论家。[16] 现代建筑师协会是构成主义建筑师的组织，它是苏联 20 世纪 20－30 年代前卫建筑师中最大的也是最具影响力的一个社团。金兹伯格定义现代建筑师协会任务为"新建筑形式的发明，塑造社会主义的生活"；现代建筑师协会认为建筑的主要问题是新生活的组织问题，技术和结构为这种组织提供手段，并认为建筑的概念应该由内而外地发展，建筑设计应从生活组织的功能方面的形式出发，而建筑物正是这些形式的外壳。[17] 就此看来，现代建筑师协会的构成主义建筑主张与西欧现代主义运动中的功能主义并没有很大的差别。

当时苏联前卫建筑运动中还有一个非常活跃也颇具影响力的组织，"新建筑师协会"（Association of New Architects，ASNOVA）。它由莫斯科高等艺术与技术学校的教师同时也是艺术文化学院研究所成员的拉多夫斯基（N. Ladovsky）创立于 1923 年。[18] 这个社团受马列维奇的至上主义影响很大，拉多夫斯基认为"心理力量"是建筑形式生成的主要评判标准。新建筑师协会成员称自己为"理性主义者"，他们将建筑感知的组织的理性化视为主要任务，认为建筑的主要问题是空间的组织；虽然他们也认为有关新结构和新材料的美学问题非常重要，但只将这个问题置于从属地位。[19] 新建筑师协会中比较著名的人物包括李西茨基（El. Lissitzky）等，苏联 20 世纪最负盛名的前卫建筑师梅尔尼柯夫（K. Melnikov）也曾经是其中一员。

虽然现代建筑师协会和新建筑师协会的主张各有不同，后来的评论一般仍将他们，包括当时其他的前卫建筑派别，都归入到构成主义建筑一类。构成主义（包括各种流派，下同）在 20 世纪 20－30 年代成为苏联建筑的主流。其影响之大，连苏联的古典主义建筑大师舒舍夫（A. Shchusev）、福明（I. Fomin）在 20 年代后期都曾采用或借用这种新形式。另一方面，现代建筑师协会与新建筑师协会之间以及他们与主张历史主义的社团之间对建筑理论的争论非常激烈，其中现代建筑师协会的力量最为强大，它在其第一届大会上就给新建筑师协会的理性主义贴上了"形式主义"的标签，也将各种复古建筑运动描述为"折中主义"。[20]

20世纪50年代传入中国的苏联建筑口号中的"反对结构主义，反对形式主义"分别针对的就是现代建筑师协会和新建筑师协会这两大前卫建筑团体倡导和实践的建筑，总的来说，这个口号是对20世纪20-30年代苏联前卫建筑运动的全面否定。

苏联建筑的这一转变发生在20世纪30年代初。在上一节中已经提到，1928-1932年，苏联的第一个五年计划导致了政治、经济和意识形态的中央集权化，随后形成了社会主义现实主义这一官方确立的统一的文学艺术创作方法。快速的工业化导致了城市人口的结构改变，大量的农村人口进入城镇，他们的审美情趣对当时的艺术和建筑产生了必然影响。构成主义建筑的混杂的冷酷形象与这些新城市居民的审美是格格不入的，并且这些建筑采用的廉价材料和粗糙的构造使构成主义的信条遭到了怀疑。[21]意识形态的集权化和民众审美的改变最终导致了构成主义建筑在苏联的淡出。1931-1934年进行了4轮的苏维埃宫设计竞赛宣告了现代建筑在苏联不再受到欢迎，在此之后，苏联建筑一步步走向了历史主义，构成主义最终被贴上了"资产阶级艺术"的标签，而梅尔尼柯夫的作品被当成了"形式主义"的样板遭到了批判。

4 苏联建筑理论的传入途径

苏联专家的介绍和解释是中国建筑师接触苏联建筑理论最早的途径。1952年，在总建筑处位于北京灯市口的某大楼内，穆欣向北京的中国建筑师介绍了苏联建筑的理论，并展示了当时苏联的历史主义的建筑。[22]比较系统地介绍苏联建筑的是阿谢普可夫在清华教授的"苏维埃建筑史"课程（他的讲义由建筑工程出版社于1955年出版），在授课中，阿谢普可夫以当时苏联正统的观点，比较详细地介绍了苏联建筑由20世纪10年代到二战之后的发展历程，对"社会主义现实主义"、"民族的形式，社会主义的内容"、"结构主义"、"形式主义"等都有所阐述。随后来到中国的苏联专家，例如接任穆欣的巴拉金、克拉夫秋克等人，都曾向中国建筑师介绍过苏联的建筑理论。

苏联理论的引进的另一个途径是翻译当时苏联以及东欧社会主义国家的一些文章和书籍，例如，1954年第一、第二期《建筑学报》就刊载了数篇这样的译文，包括米涅尔文的"列宁的反映论与苏联建筑理论问题"、阿·库滋涅佐夫的"恢复俄罗斯苏维埃联邦社会主义共和国城市的创作总结"、瓦尔特·乌布利希的"国家建设事业与德国建筑界的任务"、柯·马葛立芝的"西德建筑的悲剧"等，以及建筑工程出版社（中国建筑工业出版社前身）1955年翻译出版的查宾科所著的《论苏联建筑艺术的现实主义基础》等。

苏联建筑理论也通过前往苏联和东欧国家参观或参加会议的中国建筑师介绍到了中国，例如梁思成在1953年2-5月随中国科学院访苏代表团访问苏联，接触了苏联建科学院院长莫尔德维诺夫等人，回国之后，他在《新观察》1953年第14期发表了"民族的形式，社会主义的内容"一文，介绍了他在苏联参观的感受以及同莫尔德维诺夫的谈话。

由于苏联本身对"社会主义现实主义"的定义是相当模糊的，特别是对什么是社会主义现实主义建筑更没有一个明白的阐述，因而他们的解释和说教根本无法让当时对苏联建筑几乎一无所知的中国建筑师对苏联理论产生清晰明了的认识和理解。但是从他们展示的图片，从对苏联建筑实物的参观中，中国建筑师获得了一个明确的历史主义建筑印象，而苏联当时援建中国的一些项目，则以实物展示了这一点。苏联设计、在中国建造的北京苏联展览馆是这些项目中最具代表性的，它由苏联建筑师安德列也夫设计，在造型上为典型的俄罗斯建筑形式。虽然在设计中采用的是俄罗斯手法，苏联专家同时也很重视吸收中国的传统要素，例如莫斯科餐厅的四根圆柱的装饰、展览馆的檐口和瓦头、中央正门的四根刻花柱子等处都采用了一些中国传统的建筑细部处理。[23]对于中国建筑师来说，苏联展览馆等工程在当时成为学习和了解苏联建筑理论的基地。参加苏联展览馆设计的戴念慈还在安德列也夫的建议之下在他的北京饭店西楼的设计中进行了"民族形式"的尝试。

实际上，对于中国文艺界，特别是1949年以前的延安文艺界人士，"社会主义现实主义"并不是一个陌生的名词。早在1933年11月，周扬就已经在《现代》4卷1期上发表了"关于社会主义的现实主义与革命的浪漫主义"的文章，将当时还处在讨论之中的苏联社会主义现实主义的文学创作方法介绍到了中国。1942年毛泽东在延安文艺座谈会上的讲话中，明确提到"我们是主张社会主义现实主义的"。[24]默尔·戈德曼认为毛泽东讲话中关于文艺的观点是苏联的社会主义现实主义的理论与瞿秋白强调的民族形式的结合。[25]毛泽东1940年发表的《新民主主义论》中，将新民主主义文化定义为民族的、科学的、大众的文化，在关于民族文化的阐述中，明确提出"民族形式，新民主主义的内容——这就是我们今天的新文化"。这段话显然是斯大林在"东方大学的政治任务"中关于无产阶级文化的定义的翻版。《新民主主义论》关于文化的定义被引用到了中华人民共和国建国后的临时宪法《共同纲领》中，成为梁思成探索民族形式建筑的理论根据（见下一节）。在1953年中国建筑学会成立大会上，时任宣传部副部长和文化部党组书记的周扬等一些文艺界人士被请来讨论社会主义现实主义的建筑问题。

5 梁思成对"民族形式"的宣传与推动[26]

无疑，20世纪50年代在中国推广和诠释苏联建筑理论，特别是在宣传与推动民族形式方面，梁思成扮演了最为积极的角色。在建筑界享有崇高声望并被中国共产党人赏识的梁思成，在中华人民共和国成立之初就开始学习《共同纲领》所制定的各项政策，并试图将文化政策落实到中国的建筑设计中。1950年1月，梁思成在营建学研究会的讲话中，根据新民主主义文化的定义，将新中国的建筑定义为"新民主主义的，即民族的、科学的、大众的建筑"。[27]虽然这次讲话并没有提出如何去设计"民族的"建筑，但它指出了中国传统建筑的两个特征：院落平面和木结构的"构架法"，同时也批评了

20 世纪 20－30 年代的中国复兴式建筑是"皮毛的",但仍有一些"差强人意"的作品。在随后的一些文章和讲话中,梁思成多次重复了这些观点。

梁思成也是最早学习和介绍苏联建筑理论的人。1952 年 12 月,他在《人民日报》发表了"苏联专家帮助我们端正了建筑设计的思想"。在这篇文章中,梁思成将穆欣和阿谢普可夫对苏联建筑的介绍总结为五个方面,即"对人的关怀"、建筑是一门艺术、建筑和都市计划的思想性、一个城市的建筑的整体性和建筑的民族性。[28] 1952 年访问苏联后,他在《新观察》发表了"民族的形式,社会主义的内容",用他在苏联的所见所闻,解释了这一口号。

梁思成在 1950－1954 年间发表了一系列讲话和文章,目的在于总结中国传统建筑的特征,以指导中国"民族形式"建筑的设计,其中最全面的是在 1954 年《建筑学报》创刊号上发表的"中国建筑的特征",该文将中国建筑的特征概括为九点,即单体建筑的三段构成,以院落组织的对称的建筑平面,木结构体系,斗栱,举折,屋顶,色彩和细部装饰,梁柱交接的露头和雕刻处理,以及琉璃砖瓦、木雕、石雕、砖雕等特殊构件。在这篇文章里梁思成还提出了"可译性",指出可以通过将西方古典建筑的构成和构件替换成中国传统建筑的构成和构件,将它们"翻译"为中国式的建筑。在这篇文章和之前发表了一些文章、讲话中,梁思成将其总结出的中国传统建筑的特征比作语言中的"文法",以强调其重要性,提出"建筑和语言文字一样,一个民族总创造出他们所沿用的惯例成了法则……只要它们是中国的建筑,它们就必是遵守着一定的中国建筑文法的",以及"我们若想用我们自己建筑上优良传统来建造适合今天我们新中国的建筑,我们就必须首先熟悉自己建筑上的'文法'和'词汇',否则我们是不可能写出一篇中国'文章'的"。[29] 同时,他还把宋代《营造法式》和清代《工部工程做法则例》介绍给建筑师作为设计中国民族形式建筑的参考。

梁思成在 20 世纪 50 年代倡导中国民族形式的这些理论并不是他在这一时期发明的,他诸多观点都可以追溯到 30 年代,从他进入营造学社研究中国传统建筑开始。他的思想基本是前后一贯的,特别是他对在新建筑中延续和发扬中国建筑传统的愿望。在 1945 年发表于《营造学社汇刊》7 卷 1 期的"为什么研究中国建筑"中,梁思成写道:"无疑将来中国将大量采用西洋现代建筑材料与技术。如何发扬光大我民族建筑技艺之特点,在以往都是无名匠师不自觉的贡献,今后却要成为近代建筑师的责任了。如何接受新科学的材料方法而仍能表现中国特有的作风及意义,老树上发出新枝,则真是问题了。"[30] 虽然在这篇文章里,梁思成认为 20 和 30 年代的"宫殿式"建筑的结构已不符合近代科学与艺术的理想,但他仍将它比作复兴中国精神的"火炬"之一。[31]

梁思成总结中国建筑特征以指导中国式建筑的设计一直都是其研究中国传统建筑的目的之一。早在 1932 年 3 月,大约梁思成夫妇加入营造学社半年左右,林徽因就在《营造学社汇刊》3 卷 4 期发表了"论中国建筑之几个特征",类似的总结也见于她 1932 年为梁思成所著的《清式营造则例》一书所写的绪论之中。而梁思成著于 1942－1944 年间的《中国建筑史》的第一章第一节的题目就是"中国建筑之特征"。另外,梁思成关于"文法"的提法和对《营造法式》和《工部工程做法则例》的重视都可以追溯到他在《营造学社汇刊》7卷2期发表的"中国建筑之两部'文法课本'"。

梁思成在20世纪50年代发生的重大转变是对现代建筑的态度,这显然是受到"一边倒"政策和苏联"反对结构主义"的影响,是他在当时的意识形态之下的必然选择。从前述的几篇发表于1949年以前的文章中可以看到,虽然梁思成十分重视中国建筑的传统,但他仍认为应用新材料和新技术是中国新建筑的必然选择,希望在这样的新建筑上仍能表现"中国的作风和意义"。在30年代现代式建筑开始为中国建筑师所引进和接受的时候,梁思成和林徽因设计了北京大学的地质馆和女生宿舍这两幢现代式建筑。在抗日战争胜利后受聘创建清华大学建筑系时,他向当时的校长梅贻琦建议采用包豪斯教学模式替代巴黎美术学院的教学模式,并在1947年访美回国后在清华大学建筑系的课程中增加了许多社会学、经济学等内容,并在"建筑初步"课中用抽象构图代替了柱式训练。[32]总的来说,1949年以前,梁思成对现代建筑的态度是肯定的,但在1949年以后,他的态度转向了否定。在1951年10月出版的《城市计划大纲》的序言中,梁思成、林徽因根据阶级斗争理论,认为"国际式"建筑是资产阶级的、反动的,是与新民主主义的文化政策不相容的。[33]在"苏联卫国战争被毁地区之重建译者的体会"一文中,他们认为中国年长一辈建筑师学习古希腊、古罗马和文艺复兴,年轻一辈建筑师学习"功能主义"和"国际式",都中了帝国主义资本主义的毒,成了他们文化侵略的"帮凶"。[34]1953年后,随着苏联理论的输入,梁思成开始引用苏联专家和东欧社会主义国家的一些谈话及文章,抨击现代建筑。[35]

梁思成不仅在理论上大力宣传推广苏联建筑理论和他对"民族形式"的诠释,虽然这种诠释在当时的中国建筑界并非共识,在设计实践中(例如中南海宿舍),他也极力贯彻其思想并希望得到政府高层的肯定。[36]另外,作为北京都市计划委员会副主任,他还规定北京长安街上建设的各机关建筑必须"按照民族形式设计",[37]正如汪季琦回忆的那样:"梁思成同志当时主持北京都市计划委员会审批图纸的工作,设计符不符合'三段'特色,难免有时就成为批不批准的原因。"[38]在梁思成的极力推动下,以及当时全面学习苏联的政治要求下,以"大屋顶"为特色的中国民族形式建筑在1953-1954年间在全国盛行了起来。

6 苏联社会主义现实主义对中国建筑的影响

1953年,中国模仿苏联开始了第一个五年计划,为保证这个计划的顺利实施,政府加强了意识形态控制,把全面学习苏联的要求上升到政治高度。10月,人民日报发表了题为"为确立正确的设计思想而斗争"的社论,将设计的指导思想区分为资本主义的设计思想和社会主义的设计思想,要求设计人员向苏联专家和苏联提供的设计文件学习社会主义的设计思想。在这样的形势下,苏联社会主义现实主义建筑理论就成了当时中国建筑设计中不可置疑的指导原则。

首先,开始于20世纪30年代并延续至中华人民共和国建国之初的现代建筑遭到了批判。杨廷宝设计的北京和平宾馆,这座曾被赞誉为"表现出了中国人民对于保卫世和平的坚定信念和中国劳动人民伟大的积极性和创造性"的首都最高的"现代化的九层大厦"[39]，被明确地指出是结构主义的建筑；广州华南土特产交流大会的展馆被刊登在《建筑学报》的一篇读者来信辛辣地批评为"美国式香港式的'方匣子'、'鸽棚'"；[40]上海曹杨新村被指为"资本主义国家的'花园城市'"[41]。虽然对当时中国现代建筑的批评并没有最终发展成为一场运动，但是，它使中国现代建筑的发展立即停顿了下来。

第二，苏联的建筑理论导致了1953－1954年间"大屋顶"建筑的盛行。在苏联的那些口号中，"民族形式，社会主义的内容"相对比较容易理解，"民族形式"成为了中国建筑师探求的目标。对现代建筑的批判使当时的一些中国建筑师感到"苦闷"，一些参加1953年建筑学会成立大会的建筑师甚至是为了能"带一套民族形式的规格公式回去"。[42] 1953年和1954年，从北京到全国各地，兴建了一大批"民族形式"建筑，其中以"大屋顶"建筑居多。由于事先缺乏实践性的探索，中国建筑师重新拾起了他们在20世纪20－30年代民族复兴式建筑中采用的手法，以应对"民族形式"的需要。

第三，苏联斯大林和后斯大林时期的变化给中国建筑的发展带来了极大的困惑。1954年11月，苏联建筑工作者大会批判了苏联建筑中严重的唯美倾向，引发了中国1955年初开始的"反浪费运动"。"大屋顶"建筑由于造价昂贵而受到了严厉批评，极力推动"民族形式"建筑的梁思成也遭到了批判。中国在后斯大林时期没有跟随赫鲁晓夫否定斯大林，同样也没有否定早先引入的苏联的建筑理论。反浪费运动没有把现代建筑从禁锢中解放出来，使中国建筑师陷入了既不能设计现代建筑又不能设计"大屋顶"建筑的困境之中。对苏联建筑理论的重新诠释便成了中国建筑界无法摆脱的任务，从1955年后，关于建筑的"内容"和"形式"，关于传统的"继承"与"创新"一直是中国建筑界讨论的中心议题。

苏联建筑理论最严重的影响在于，社会主义现实主义将建筑与意识形态联系了一起，建筑作为艺术，在苏联文艺理论的框架下就有了阶级性的问题。建筑不再仅是好和坏的问题，更有了立场的问题，有了对与错的问题，这样就给建筑套上了意识形态的枷锁。一方面，资本主义国家的建筑从意识形态上被完全否定，使现代建筑的探索在中国长期处于"禁区"。反浪费运动之后，虽然建筑上的装饰被一再简化，但依然小心翼翼地区别于西方的现代建筑。另一方面，为避免"错误"，中国建筑师的创新精神受到了压抑，拷贝和模仿成了中国建筑设计中的一种非常普遍的现象。虽然1958年周恩来提出的"古今中外，一切精华，皆为我用"从某种程度上解除了意识形态的束缚，但把中国建筑从政治之下解脱出来还要等到20世纪80年代的改革开放之后。

原文刊载于《时代建筑》（双月刊）2007年第5期66－71页。

注释：

[1] 沈志华. 对在华苏联专家问题的历史考察：基本状况及政策变化［EB/OL］. （2005－07－29）http：//www.shenzhihua.net/zsgx/000088.htm.

［2］参见同［1］。

［3］该专家组于12月由巴兰尼克夫提出规划建议，梁思成不同意苏联专家的意见，于1950年2月与陈占祥提出《关于中央人民政府行政中心区位置的建议》，成为现在许多人津津乐道的"梁陈方案"与"专家方案"之争。

［4］参见王军．城记．北京：生活·读书·新知三联书店，2003：138．林洙．建筑师梁思成．天津：天津科学技术出版社，1996：128.

［5］建筑工程部的前身，1952年8月中央政府决定以总建筑处为基础成立建筑工程部，掌管全国的建筑工程。

［6］Socialist realism［EB/OL］．（2007-07-10）．http：//www.wikipedia.org/wiki/socialist_ realism.

［7］Tarkhanov A，Kavtaradze S. Stalinist Architecture. London：Laurence King，1992：44.

［8］余岱宗．审美趣味与文学观念的重新建构——论建国初期意识形态与文艺的关系．集美大学学报，2004（1）：95-102.

［9］Ikonnikov A. Russian Architecture of the Soviet Period. Moscow：Raduga Publishers Cop.，1988：178.

［10］同［9］：179.

［11］阿谢甫可夫·耶·安．苏维埃建筑史．北京：建筑工程出版社，1955：99.

［12］斯大林．The Political Tasks of the University of The Peoples Of The East. Stalin J. V.. Works，Vol. 7. Moscow：Foreign Languages Publishing House，1954：135-154.

［13］同［11］：45.

［14］1917年马列维奇在评价另一位至上主义艺术家的作品时使用了"Construction Art"一词，另外，佩夫斯纳和加波作品中的几何抽象是受到马列维奇的至上主义影响的。参见，Constructivism（art）［EB/OL］．（2007-07-10）．http：//en.wikipedia.org/wiki/Constructivism_（art）.

［15］同［14］。

［16］吕富珣译．苏维埃建筑．北京：中国建筑工业出版社，1990：23.

［17］同［9］：100.

［18］ASNOVA［EB/OL］．（2007-06-03）http：//en.wikipedia.org/wiki/ASNOVA.

［19］同［9］：99.

［20］同［7］：21，18.

［21］同［7］：21.

［22］详见张镈．我的建筑创作道路．北京：中国建筑工业出版社，1994：71.

［23］杨永生，顾孟潮．20世纪中国建筑．天津：天津科学技术出版社，1999：217.

［24］这是毛泽东在谈文艺界在抗日战争形势下的统一战线问题时提到的，说的是"我们赞成"但有些人不赞成。但是至少明确指出了中国共产党是主张社会主义现实主义的。

［25］麦克法夸尔，费正清．剑桥中华人民共和国史——革命的中国的兴起 1949 - 1965．北京：中国社会科学出版社，1990：240.

［26］需要指出的是：梁思成与林徽因的工作是无法区分开的．

［27］梁思成．梁思成全集：第五卷．北京：中国建筑工业出版社，2001：58.

［28］同［27］：150.

［29］同［27］：158.

［30］梁思成．梁思成全集：第三卷．北京：中国建筑工业出版社，2001：378.

［31］同［30］：379.

［32］参见 林洙．建筑师梁思成．天津：天津科学技术出版社，1996：98.

［33］同［27］：117.

［34］同［27］：120.

［35］详见同［27］：169，200

［36］参见梁思成致朱德信，同［27］：82 - 83.

［37］同［27］：123.

［38］汪季琦．回忆上海建筑艺术座谈会．建筑学报，1980（4）：1 - 4.

［39］符家钦．和平宾馆的诞生．新观察，1952（17）：18 - 19.

［40］林凡．人民要求建筑师展开批评和自我批评．建筑学报，1954（2）：122 - 124.

［41］邹德侬．中国现代建筑史．天津：天津科学技术出版社，2001：152

［42］同［38］．

地缘政治版图的变迁
Geo-political Mapping

中国最近的六十年，也是政治、意识和建筑实践版图变迁的六十年。1949年后，在历史事件更替之间，在大陆内外，建筑实践和思想意识如何变化？地理的分布如何在历史演进中展现它独特的空间机缘？这里的研究聚焦台湾和香港，讨论冷战中后期，各自历史中与大民族情结的关系。

台湾战后建筑中的主体意识：
一个话语历史的浅析

Subjectivity in Architecture of Taiwan after 1949：
Preliminary Analysis of a Discourse History

林家晖
Lin Chia-hui

1 引言：社会变迁、主体建构与建筑话语

基于地理位置上的独特性格，台湾的社会发展形态一直深受海洋文化的影响，四个世纪的台湾文明发展史，交融了来自荷西、中国大陆、日本甚至美国的文化熏陶。在这样的环境脉络之下，受到影响的当然不仅止于政治及社会层面的改变。台湾的建筑发展，在某个程度上，也不可避免地反映出这样的特性。本文将由建筑话语（architectural discourse）的角度来检视台湾在1949年后的建筑发展历程。此外文章将会针对建筑专业主体性的建构以及建筑专业及大众对社会变迁的认知与反应作相应的观察。

回首台湾的历史痕迹，举凡荷治时期、日治时期与数代来自中国大陆的政权交会，外部文化与政治力量的影响总是相当明显。经由这样一个多元复杂的历史演变，台湾在主体性上的认知，产生了数次不同的轮替；也因为如此，在今天的台湾社会上，文化认同的相关讨论仍然是一个既复杂且具争议性的话题。再者，战后的台湾社会在某个程度上跟随了经济自由化的脚步，台湾的社会文化发展加上全球化的冲击变得越发多元与模糊；这个现象，在短期的未来势必仍会左右台湾的文化发展进程。

不过，主体意识在其建构过程当中，似乎迈向的是一个相对明确的方向。所谓明确，指的并不是字面上所看到的单一与确定，而是相对于社会与文化的多元发展与复杂背景。战后台湾的主体性建构是一个由"个体"不在场到在场的发展过程。个体在此包括了相对于社会集体的个人主体，也包括相对于大中华民族的地方主体意识。这个发展过程，从大中华民族意识脉络中"个位主体"（individualized subject）的缺席，走向地域主体意识的苏醒，同时又包括了建筑师个人主体意识的兴起。这个过程是渐进的，不是突然浮现的。从战后早期的戒严统治，到1980年代的商业主义风潮，这个主体性转化的过程，目前停留在台湾民主化后初期的摸索与尝试阶段。

福柯（Michel Foucault）对于话语的构成有过一些深入的分析，他认为写作并不是为了证明"写作"这个行为，也不是用语言来定位一个主体，而是，创造一个空间来形塑不断消失的创作主体[1]。换句话说，福柯认为话语是一个确切反应主体的客体；另外，他又认为，话语本质上来讲就是一个互为主体性（inter-subjectivity）的具体的、社

会的、历史的创作行为。透过这样的理论框架，本文运用几项台湾建筑界具代表性的刊物与相关专业性出版物作为台湾建筑话语分析的主要来源；再者，文中针对这一系列论述所反映出的形塑的、社会的主体性，与当时的社会、政治环境变迁作相关的比较与分析。本研究接下来的重点将会关注于台湾的社会、政治脉络与建筑话语间的关联，并且，当代台湾建筑中的主体性建构及其与社会实践的互动也将会被论及。

2 台湾的建筑话语

台湾的建筑相关话语在1940年代到1970年代其实是处在一个相当不稳定的发表环境，这个时期的刊物、文本多半无法持续发行。事实上，在1940年代的台湾已有相当程度的专业刊物在市面上发行；不过就一个必须反映社会生活条件的建筑专业性论述而言，因为当时社会情况的动荡不安，导致这个时期鲜有代表性的建筑论述产生。因此严格来说，台湾具影响性的建筑论述，是由1950年代开始存在的；而从1950年代到1990年代初期，又因为台湾对于出版刊物的限制、专业人才的缺乏，以及当时台湾戒严时期的社会环境，代表性的建筑相关论述并不像1990年代后期的论述那样的多元与具有自主性。

《建筑双月刊》是1962年由汉宝德先生所发行的，这本杂志可以说是台湾战后第一本持续发行的建筑相关刊物。在这本杂志当中，每一期都会固定地刊载与记录台湾当时社会中所发生的社会现象；此外，偶尔还会有针对专有议题的批判性文章刊载，例如对于台湾的传统建筑议题以及战后早期台湾的建筑教育等。不过，这些批判论述的主要内容，还是针对西方的建筑理论而极少提及与台湾当时社会相对应的建筑相关议题。《建筑双月刊》在1968年停止发行，不过汉先生在第二年从普林斯顿大学（Princeton University）取得建筑硕士学位返台后，接着创办了《建筑与计画》，以接续《建筑双月刊》的停载。相较于《建筑双月刊》，《建筑与计画》这本刊物增加了对于建筑发展相关的新闻以及特定主题的报导。举例来说，在当时对于台湾违章建筑与建筑教育制度改革的相关调查，《建筑与计画》提供了相当详细的分析与记录。此外，对于几项当时颇具代表性的建筑竞图案，这本刊物也提出了相应的报导与批判。

汉宝德在1971年离开《建筑与计画》编辑的职位，转任东海大学的建筑系主任。他在东海的这段时期，又创立发行了《境与象》这本刊物。《境与象》这本刊物是比较理论化的一本建筑刊物，其中对于建筑理论、传统建筑、建筑教育、都市设计与建筑方法论都颇有着墨。不过，《境与象》仍然没有对于当时台湾的建筑作品有太多的关心，反而是对于台湾整体环境的关注相对来说有比较多的贡献。总的来说，1970年代以前的台湾建筑论述，主要停留在对于环境的调查而非对批判性思考与对创造性作品的反思。

当时间由1970年代晚期迈入1980年代，随着戒严时期的终止与报禁的解除，台湾的建筑发表论述开始进入蓬勃发展期，《建筑师》就是在这个时期开始发行的。该刊物由台湾的建筑师公会于1975年发行至今，已成为台湾建筑相关论述的主流之一。与其说《建筑师》是一本建筑杂志，不如说它是一本融学术批判与建筑实践于一体的论述性刊物；因为自《建筑师》发行以来，它一直就是许多台湾建筑研究者发表理论与研究文章的平台。它同时具有公会的报导性质,这些研究报告,多半与当时的建筑实践与作品在一定程度上相关联。

3 1980年代前发展脉络下的殖民及初期民族主义情结

台湾从1950年代到1960年代,因为处于戒严统治的社会环境,其民主制度还未被发展与建立。不过就因为如此,台湾当时的社会环境相对于今天的社会环境单纯许多。国民党在1945年代表同盟国从日本手中接收台湾并于台湾成立台湾行政长官署;1949年为了快速掌控台湾社会情况与镇压本省人[2]的反抗并去除日本殖民时期所遗留下来的文化影响,国民政府开始于台湾实施戒严法并大力推行中华文化运动。将近30年的戒严统治,对于台湾其实是一个迈向民主化与现代化的过渡时期。在这个时期,值得一提的是台湾同时也接受了来自美国的经济与技术援助;也因为如此,这个时期的台湾社会,弥漫着一股兼有民族主义复古风潮与经济殖民现代化的矛盾情结。也就是说,在这样一个双向的角力发展脉络之下,此时的台湾社会发展出了一个独特的现代化与初期民族主义意识形态。

在此独特的氛围下,早期台湾的建筑相关论述也嗅出了这样的矛盾情结,并对于台湾的建筑认同产生了认知上的焦虑。这种焦虑在一系列的文章中都可以发现,相关的话题包括战后台湾建筑的文化脉络、形式、传统以及构筑技术都被广泛地讨论及批判。有趣的是,这样的焦虑,在一开始是由一个来自岛外的声音所观察并发表于台湾社会的。西泽文隆是当时来自日本的一位建筑师,在1963年与1964年两度造访台湾后,在《建筑双月刊》上发表了他对于台湾当时建筑发展的看法。西泽对于台湾战后早期的建筑发展持乐观态度,并对几位代表性的第一代战后台湾建筑师如陈其宽[3]与王大闳[4]及其在台作品给予肯定的评价。不过对于当时台湾的建筑发展环境,他认为唯一缺乏的是一个属于台湾的、地域性的、具有独特传统及其构筑特征的建筑语言。也就是说,虽然战后的台湾可以看到各式各样的建筑形式,但是它们全都是外来的。[5]这样的一段评论,也显示出早期台湾的战后建筑发展,仍然沉浸于一个外来的殖民氛围当中。从一个旁观者的角度出发,台湾战后早期的建筑发展环境,其实主要是个接受早期现代化西方建筑教育训练的建筑师的练习场;再加上当时的社会、政治脉络氛围,台湾似乎成为了一个现代建筑理论与东方文化传统交会的实验场。

另一方面,早期大中华民族主义情结的影响可以说是这个时期最具代表性的现象。华昌宜在1962年于《建筑双月刊》刊载了他对于仿古式建筑及其在台湾的案例的相关评论,这也是这个现象首度在文字中被正式提及:

> 传统木构架的时代已经过去了,……中国传统的构筑方式与材料已经完全被颠覆,然而,所留下来的却是建筑的形式。这样一个现象,在公众建筑中尤其明显,因为形式可以满足在纪念性意义上的需要,……[6]

更重要的是,华昌宜在文中也提及了对于追求形式所付出的代价,包括金钱的花费和与现代技术互相矛盾等问题:

> 为了追求这样的建筑形式,仿古式建筑必须花费更多的金钱去达成,但可惜的

是，这样的形式并无法真正地被现代构筑技术所运用。[7]

即便如此，这样的一个崇尚记忆的现象仍然在当时的台湾社会中被热烈地推行，华昌宜也分析了其中可能的原因：

> 首先，旅游业的蓬勃发展可能促使了这个现象的形成，……不幸的是，台湾今天并没有真正的传统中国特色，台湾人不留辫子也不穿长袍马褂，……因此，宫殿式建筑就形成一个最令观光客兴奋的特征了，……此外，这个现象也反映了现在这个世代从中国大陆迁居到此的人对于中国传统文化的极度思念。[8]

这个现象显示了早期战后台湾建筑师在现代主义与大中华民族主义之间矛盾的挣扎，最终在建筑表现中所形成的一个妥协，即是一个立场不明确的建筑综合体；更明确地说，在建筑行为上所呈现的，无论是以民族主义抑或是现代主义为概念的设计，都以形式主义为其最终的表现模式。

4 1980年代与1990年代在建筑上寻找自我的焦虑

这样一个立场不明确的发展环境在建筑论述中所表现出来的，是对于建筑实践方向的模糊不清与学术批判的停滞不前。前一段的初期民族主义与殖民情结并没有延烧到1980年代；从1970年代晚期台湾的建筑论述开始，焦点已移至文化上的主体性建构与建筑的自我认同上。什么是台湾的传统文化？台湾在未来应该走怎样的路？类似这样的问题反复不停地困扰着在台湾的建筑从业人员。

杨逸咏与黄世孟在1976年的研究报告"研究台湾的几个线索"[9]中提出了几点对于研究战后台湾建筑的几个可能困境：

> ……我们所说的台湾建筑在这里是比较广泛的，它不仅只于那些关键的传统台湾建筑，更包含了那些经历台湾政治、经济与生活变迁的建筑作品。……虽然它们与传统的台湾建筑没有强烈的关系，在数量上也远远比不上那些传统建筑，但是无可避免地，当我们要研究台湾建筑时一定会提及这些案例，因为它们的构筑行为发生在这个岛上。……今天，台湾学术界只对现代建筑或是传统建筑的发展感兴趣，所以对于台湾建筑的认知就仅只于那些特定的案子了，像林安泰古厝就是其中的一个例子……[10]

换句话说，这个时期的台湾建筑发展环境，仍然是缺乏方向的；而在学术批判的角度，在某个程度上，它还仅停留于传统建筑的保存议题上。也就是说，当时的话语鲜少有对于建筑的自我批判与反思。1979年，《建筑师》举办了一个学术研讨会名叫"展望：从本土出发"。会中对于台湾建筑本土性认同的焦虑受到广泛的讨论。与会学者在研讨会的文稿中提出，台湾在1970年代在民间社会与多个学术专业间有过一系列的本土化运动，不过却独缺了建筑专业的参与，这个原因被推测为，建筑相较于文学或是美术，是一个必须反映社会变迁的复杂性专业，所以这个时期建筑发展在本土化议题上的反思，还只能停留于传统建筑与环境的调查与保护。至于建筑实践，这个时期存在于台湾的是一股盲目追求商业化利益的风潮，本土化的议题没有受到重视。[11]

在这个研讨会上，与会的学者也对多个当时台湾的代表性建筑师进行访谈，其中从高而潘与吴明修的访谈稿上可以看出一些对于建筑与文化上自我认同的焦虑：

高而潘：贝聿铭与王大闳是两个关键的人物，因为他们把在哈佛（Harvard University）时葛罗必斯（Walter Gropius）教他们的观念带回了台湾。首先，简单的建筑材料也可以做出好建筑。再者，需要建筑师设计的细节，是可以影响建筑的整体的……最后，美国的建筑事务所对于台湾建筑实践的影响也相当关键。举例来说，威尔森事务所（Adrain Willson）在1958年于台湾设立事务所承揽美援建设时，把新的施工图方法带入台湾并取代了日本时期留下的粗糙的旧施工图法……我觉得，现代主义对台湾其实是一个隐忧，现在是台湾建筑发展的危险时期……[12]

吴明修：由经济的角度来看，台湾建筑可以被划分为公众建筑与私有建筑……美援是这个时期公众建筑的主要发展力量……贝聿铭与他的作品东海大学对我来说是一个对于现代建筑与传统中国思想的结合。[13]

1981年，贺陈词在"建筑上的传统与现代问题"一文里，对于传统与现代的议题作了评论。他认为，在战后早期的台湾社会，人们被西化的氛围所迷惑；到了1970年代，这个岛上的人们开始了本土化问题的思考。贺陈词进一步指出，如果台湾建筑师去仔细思考中国建筑应该真正被保存下来什么这个问题，那在未来的建筑当中，宫殿式的大屋顶应该没有任何理由会继续存在于任何他们的作品中。[14]

从另一个观点出发，郭肇立由检视台湾的现代建筑抄袭案例来考虑台湾建筑的认同议题。他认为，多数的台湾建筑师觉得抄袭著名的建筑作品比重新学习一个建筑理论来得容易；并且主张，公众的品位并不等同于正确的发展路线，如此时的台湾，建筑作品中充满了对西方与复古的崇拜，但是西化与复古已成为台湾建筑发展演进的绊脚石。更精确地说，郭肇立认为台湾建筑真正需要复兴的，不是建筑式样，而是文化。[15]这个问题也在两年后的《建筑师》中以社论的形式被讨论；社论指出，这样的现象是一个对应于台湾经济成就的成长，不过却是建筑文化的失落。这样的现象，具体地说，其所引发的形式主义风潮已经凌越一切考量，并将台湾的建筑实践带入一个发展的困境。[16]

形式主义风潮一直到1990年代前后的台湾社会还相当流行。对此，郭肇立针对品位的议题，对当代台湾建筑的危机提出批判。他提出，第一点危机是台湾建筑界中的商业主义挂帅，因而使公众误解流行就是现实。举例来说，当欧式风格建筑在国际上领导风潮时，多数的台湾民众就认为这种形式的建筑风格代表了现代社会中的高尚品位。这个误解，即便是今天的台湾社会依然在某种程度上存在。郭肇立还指出，另一个危机是对于传统议题的情感，1971年台湾退出联合国的事件激发了岛内对于传统的情怀，但是，这样的情怀在建筑上并没有对文化认同的思考有更深入的启发，反而只是把对西方文化的崇拜转移至中国传统的装饰上罢了。[17]这也再次显示，台湾建筑的独立性主体在这个时期仍然是缺席的。同样，王明蘅思考了现代化对于台湾建筑发展的影响。对他来说，现代性很容易让公众把历史误解为一个不重要且可以遗忘的议题；他认为，公众所追求的现代性，只是西方文明的历史产物。[18]

叶树源是台湾战后第一代建筑师的杰出代表之一。他在一个访谈稿中，提出了关于什么是现代中国建筑与对于寻找台湾建筑认同的见解：

> 我不知道什么是现代台湾建筑，如果我跟你说我知道，那我就是在说谎。建筑反映的是当下的文化……新的建筑会在一个稳定的社会环境中被创造出来……而现代中国建筑也理当如此，它不应该是抄袭传统的中国宫殿或是民居……台湾的社会现在仍然是动荡不安……除了日本的影响之外，我们也受到西方国家的影响……这不是一个负面的态度，但这告诉我们应该要深入了解我们在台湾的新生活……我们应该从传统中国建筑中保留的，绝对不会是它的外在形式。[19]

虽然对于台湾建筑中自我定位的焦虑一直到1990年代初期还普遍存在着，但是值得一提的是，在台湾建筑发展中的独立主体，已经逐渐苏醒过来，相较于戒严时期的民族意识形态氛围，这个时期的公众在逐渐民主化的台湾社会当中，已经渐渐开始思考自我的文化定位而不再盲目地跟随口号与流行。在这个阶段，一方面有国际化与商业化对台湾社会造成的影响；另一方面，在台湾战后建筑论述发展的大方向上，由一个从大中华脉络的边缘地位的抽象议题，转向一个以自身地域为中心的初期的本土意识的苏醒。

5　1990年代后对主体性建构的尝试

关于文化认同在台湾建筑发展上的焦虑，在近十年里于台湾的建筑业中尤其广泛地发酵。施植明在2005年4月于《建筑师》上发表的文章"台湾建筑的瓶颈——迷失主体性的建筑"中指出，近年来台湾所举办各项国际性及标榜参与式设计的大型竞图案，由于缺乏总体的规划构想，只能沦为一场纯粹的政治宣传活动，其实现的机会也多因此而难产。尽管如此，在对近十年来建筑话语的观察中，仍然可以看出相对于战后初期及1980、1990年代的重大转折。2001年，陈迈在其对于台湾战后50年的回顾文章中指出，强调地方色彩、自主性、历史意涵与全民参与的社区营造活动，及强调多元民主、国际参与的全球化风潮，已成为当前台湾建筑发展中的代表。[20]

社区发展运动于1994年前后在台湾建筑领域中开始被热烈地讨论。社区议题在当代台湾建筑发展历程中可以说是极具代表性的话题之一。陈亮全在1993年底的《建筑师》中指出，今天已经不再是专业唱独角戏的年代，社区意识与民众参与是现今空间事务的关键议题。他以此论点提出对未来台湾建筑发展的建议：

> 首先，在大环境的变迁下，社区居民之参与式环境改善或营建是必然的趋势……
>
> 其次，社区发展作为一普遍性、全民性与综合性的课题。相较于某些社会运动具有特殊议题，发生常限于某些特定地区或针对某一特定对象或目标，社区的课题与其发展仍具有相当的普遍性与综合性……第三，参与性的环境规划设计或改善营建与居民的自觉、社区共识的建立必须相辅相成，互相结合……最后，空间规划专业自我的觉醒，以及积极认知扮演的角色是非常必要的。[21]

刘可强在其1996年的文章"新台湾社区建筑意识——社区参与的社区价值与专业

意义"中指出,台湾在文化差异存在、海洋文化社会特征与社会经济环境快速变迁的条件下,民众参与意识是改变当前台湾空间环境的必要过程。[22]同年,一场针对"社区建筑师"制度的研讨会,也同样强调了民众参与及专业自主的重要性。[23]同样,黄瑞茂在1998年从近代建筑发展的角度对于台湾建筑师的社会责任与专业展望提出见解:

> 对于近代专业建构历史回顾,更让我们看到一项事实,就是"建筑师"与"建筑设计"是社会所建构的,而非建筑师一种自然天生的技艺。因此,其所拥有的价值观与知识及技术是具有社会意涵的。所以,民众对于环境的认同与居住意识的提升,才能看到"建筑"存在的可能性……[24]

淡江大学与文化建设委员会在2004-2006年间,针对台湾的建筑与文化发展举办了四场论坛,并邀请相关学者及大众参与,进行深入讨论。在第三场的"城市意象"论坛,前任"文化建设委员会主任委员"陈其南指出,社区其实就是共同体,而共同体的成员就是公民,公民的意识可以在社区中呈现出来。也就是说,政府所提倡的社区营造,其实是想要培养大众对于公私空间领域的认知与意识,不论是由美学抑或是社区营造运动的角度,居民的价值观与居民意识都是台湾当前空间发展的重要议题。论坛的主持人郑晃二也提出,相较于早期台湾建筑专业对于建筑发展的"形式美学"追求,当代台湾建筑的认知应该扩大到"知识"与"价值"的问题上来,而形式只不过是这些知识与价值观转化之后的具体呈现罢了。[25]他更在下一场的"双城故事"论坛中将空间议题抽离建筑专业的藩篱,他指出,空间的议题对于治理者来说,也许是个抽象的远大布局,但对于市民来说,却是生活中每天要面对的具体事务。[26]而这也为近年来台湾建筑专业关于主体性建构的转化以及建筑发展的方向,提出了一个尝试性的总结。

然而,近年来的台湾建筑话语,并不仅只于对本土认同、价值转变与专业自主的讨论,在"文化建设委员会"与淡江大学所举办的论坛中,有一场即以"台湾东西向"为主题,探讨全球化对台湾当代空间环境的影响。郑晃二在这场论坛中,对于"多元化"议题在台湾的现状作出批判:

> 从1981年到2004年,经过了二十多年,台湾当前的建筑论述资讯仍是十分的微弱,而且是危机四伏的。所谓的"多元论述"也许只是少数人透过媒体消息所建立起来的、彼此没有交集的虚拟世界,是没有主体的镜子、或是没有镜子的主体:镜子照出来的影像并不存在于真实世界,而真实的存在却在镜子中看不到。于是,批判的论述与批判的对象,在两个平行的轨道上错身而过。[27]

郑晃二的分析,是一个对于台湾建筑主体建构的反思。因为,全球化与多元思考的状态,已经成为海岛台湾无可避免的发展趋势。这一状态,也反映在台湾与中国大陆在建筑话语的互动上。从1980年代开始,在迈入多元批判和思考的同时,两岸的交流成为一个重要的线索。傅朝卿于1988年起逐年在《建筑师》发表对于中国大陆建筑发展概况的论述,是早期两岸建筑消息广泛沟通的第一步。而此现象由1990年代末期开始,由于两岸建筑交流活动的兴盛而成为台湾建筑论述中的主题之一。从2000年开始,可看到许多建筑师与学者如谭四强、林惠文、庄国材、金磊、王明贤、支文军(后两位为大陆著名建筑评论家)等对于中国大陆建筑业的蓬勃发展进行密集的报导与分析。它见证了台湾建筑话语的逐步开放与多元化，并体现了主体形式建构在台湾建筑环境的转化，也体现了建筑话语中主体建设的多向度和不定性：它既有地方化的趋势又有整合化的方向。

6 结语：徘徊中前进的现当代台湾建筑

总体而言，战后台湾建筑话语所勾勒出的台湾建筑发展历程，有一个从大中华意识为主导到以本土为核心的主体形式建设的转化过程。它是一个徘徊中前进的过程。其中有三个现象可以对战后至今的台湾建筑作一初步的总结。

现象一：寻找自我定位的焦虑及资源的重新分配。战后初期台湾的建筑话语多集中于中国建筑如何在台湾再生，涉及的范围是一个抽象的大文化议题，而其中台湾自身的地理位置是边缘的；而近年来议题的核心逐步转向台湾自身建筑的传统和发展，其概念中台湾本土成为中心。这是主体建构的一个转移。当然与大陆的交流和整合的大方向又同时存在着。在台湾地理空间内部，又有另一个转变：战后初期台湾建筑发展的重心可以说只集中于台北市区域，对于台湾各地的空间环境发展并不关心。到了近年，由于大众逐渐对其居住环境的地方特色有所关心，而各地方的治理者也因此积极向台湾最高行政部门争取发展的机会，所以就形成了一个由集中化行政资源到地域化资源重新分配的扩散过程。

现象二：专业自主性与公众参与的兴起。近年来台湾建筑发展的特色为专业自主的抬头与公众的参与。换句话说，这里有一个主体独立化、具体化、个体化的过程，建筑从业人员可以表达其对空间设计的专业考量，业主也可以充分表示各方面的需求。对于空间发展的声音也变得多元与复杂。就主体形式的转化而言，这是一个由集体的、大民族意识到具体的、地方的、自主意识的变化，是一个主体意识形态认同发展的历程。

现象三：当代台湾建筑界的独特发展脉络与反思。由台湾总体的时间与空间角度来观察，台湾的建筑处于一个相当特殊的发展脉络；也因为如此，这个发展环境所激发出的对于建筑发展的反思也将当前台湾的建筑环境带入另一个特殊的现况。由于复杂的历史背景，台湾的空间环境存留了各种不同的历史记忆，这些记忆在建筑空间的表现上与地方特色、日常生活机能互相结合，形成了一个新旧交融的特殊景象。这是一个对于历史记忆保存的尝试性发展，也可以说是由泛至精的专业化进程。反观创新建筑的设计现象，许多逆向思考的作品如传统中国住宅形式语言被运用于高层办公大楼以及尺度的放大等，使得台湾的新旧空间环境变得十分奇特与怪异。另外，从形式语言的变化来讲，早期区分明显的复古式样、现代主义与后现代主义式样，在近年来台湾建筑作品中也已成为融合国际、地域特色的多元样式。

由于历史和地缘政治背景的复杂，台湾建筑话语中主体建构的方向可能是多向度的。但是主体建构和知识体系的形塑这个问题，将是研讨建筑实践活动的一个必不可少的重要环节。

注释：

[1] FOUCAULT M. "What Is an Author" // P. Rabinow ed. The Foucault Reader. New

York: Pantheon Books, 1986: 101 – 20.

［2］本省人为台湾目前四大主要的族群之首，其数量占台湾人口总数的三分之二强。在台湾，本省人的划分主要是指在1945年之前迁居至台湾并与台湾原住民族通婚形成的族群。台湾其余的三个主要族群为外省人（泛指1945年后由中国大陆迁居来台的人口总称）、客家人与台湾原住民族（经历史学家考证，台湾原住民族为南岛民族的一个分支）。

［3］陈其宽与贝聿铭同为Walter Gropius在Harvard University的学生，并共同规划设计了台湾东海大学校园与建筑，东海大学为台湾美援时期的代表性案例。

［4］王大闳与陈其宽、贝聿铭皆为Walter Gropius在Harvard University的学生，他们可以说是战后台湾第一代的现代建筑师代表。

［5］西泽文隆. 台湾现代建筑观后杂感. 建筑双月刊, 1964（15）: 25 – 8.

［6］华昌宜. 仿古式建筑及其在台湾（上）. 建筑双月刊, 1962（4）: 10.

［7］同上: 14.

［8］华昌宜. 仿古式建筑及其在台湾（下）. 建筑双月刊, 1962（5）: 38 – 39.

［9］杨逸咏, 黄世孟. 研究台湾的几个线索. 建筑师, 1976（1）: 20 – 30.

［10］同上: 20.

［11］建筑师杂志. 展望: 从本土出发. 光复以来台湾建筑的回顾, 1979（2）: 127.

［12］黄模春. 访高而潘. 光复以来台湾建筑的回顾, 1979（2）: 88 – 94.

［13］王力甫. 访吴明修. 光复以来台湾建筑的回顾, 1979（2）: 95 – 103.

［14］贺陈词. 建筑上的传统与现代问题. 建筑师, 1981（9）: 30 – 32.

［15］郭肇立. 试论建筑形象的模仿与超越——由桃园县政府办公大楼谈起. 建筑师, 1981（7）: 32 – 38.

［16］建筑师杂志. 社论: 仿欧式的建筑. 建筑师, 1983（6）: 18.

［17］郭肇立. 管窥大象——流行建筑的品味. 建筑师, 1984（4）: 27 – 29.

［18］王明蘅. 现代化的谬误及并发症. 建筑师, 1986（3）: 41 – 46.

［19］阎亚宁. 访叶树源. 建筑师, 1984（7）: 40 – 43.

［20］陈迈. 台湾光复五十年建筑发展的回顾与展望. Dialogue, 2001（45）: 36 – 43.

［21］陈亮全. 不再是专业唱独角戏的时代——社区意识与民众参与的空间观. 建筑师, 1993（12）: 109 – 113.

［22］刘可强. 新台湾社区建筑意识——社区参与的社会价值与专业意义. 建筑师, 1996（10）: 94 – 95.

［23］吴欣隆编. "社区建筑师"座谈会. 建筑师, 1996（10）: 115 – 120.

［24］黄瑞茂. "社区总体营造"之后——从近代建筑史的发展看建筑师的社会责任与专业展望. 建筑师, 1998（2）: 110 – 112.

［25］郑晃二编. 城市意象. 台北: 田园城市, 2007.

［26］郑晃二编. 双城故事. 台北: 田园城市, 2007.

［27］郑晃二编. 台湾东西向. 台北: 田园城市, 2004.

1949 年后移居香港的华人建筑师
Chinese Architects in Hong Kong after 1949

王浩娱

Wang Haoyu

1 引子

从 1840 年起，现代意义的"建筑师"，区别于传统工匠，开始在中国各开埠城市出现，成为"建筑"这门新专业被引入中国的重要标志之一。20 世纪初，华人建筑师的涌现，特别是大批建筑工程留学生的归国，更促成建筑专业在中国的确立。这些华人建筑师开设私人事务所，建成大量作品，扩大华人在业界的影响，当时最富声誉的华人事务所"基泰工程司"（1920 年）业务遍及北京、天津、上海、南京、重庆、广州等主要城市。他们组建民间专业团体，通过杂志、展览、竞赛等提升国人对建筑的认识，第一个团体是由范文照等人在上海成立的"中国建筑师学会"（1927 年）。他们投身建筑教育，向国人传授专业知识，兴办了包括中国最早的苏州工业专科学校建筑科（1923 年）和首个传播现代主义建筑理论的上海圣约翰大学建筑系（1942 年）。他们开展学术研究，由梁思成等人主持的"中国营造学社"（1929 年），考察传统建筑，书写并光大本国建筑历史。他们也探索中国建筑的复兴之路，设计"中国式"建筑，[1]回应五四之后日益高涨的"民族 - 国家"理想，其中陆谦受设计了上海外滩沿江唯一的"中国式"建筑——中国银行大厦（1935 年，与 Palmer & Turner 合作）。因着他们的重要贡献，华人建筑师一直被书写为中国近代建筑历史的主角。

1949 年之后，中国大陆与苏联结盟进入了有别于前期的社会主义体制，华人建筑师的执业状况也面临重大改变。社会主义改造运动使私人事务所、民间团体被国有设计院、官方学会取代（1952 - 1953 年）。[2]学习苏联建筑政策使建筑形式与政治意识形态相联系，现代建筑被当做资本主义形式受到批判（1952 年），而"中国式"建筑先被推崇为"民族形式、社会主义内容"（1952 年），却很快在反浪费运动中因造价高昂遭到批评（1955 年）。[3]囿于集体创作和政治意识形态等束缚，华人建筑师在业界和学界各方面活动受挫。相比之下，目前对于华人建筑师的书写更偏重他们在 1949 年前的活跃期。

然而，如果把研究视野从中国大陆扩展开去包括香港和台湾地区，1949 年之后的中国建筑之路将呈现别样的风景，对于华人建筑师的书写也将拓展全新的空间。根据笔者的研究，[4]1949 年前后至少有 67 位华人建筑师从中国内地移居香港，其中就包括上文提到的"基泰工程司"主持人朱彬、"中国建筑师学会"第一任会长范文照、设计中国银行大厦的陆谦受，以及上海圣约翰大学建筑系的多名教师和毕业生。当时的香港作为英国殖民地,仍实行资本主义制度,而且正从日本占领(1942–1945年)的破坏中恢复,城市建设百废待兴,急需人才。从内地来的华人移居建筑师通过登记为授权建筑师(Authorized Architects)参与到香港建筑发展的方方面面,不但为私人业主设计工场、银行、商品住宅、别墅、商场、办公楼、电影院及综合功能大厦,也与香港政府及教会等福利机构合作,为低收入阶层设计公屋、学校、教堂、医院、游乐场等福利设施,在业界具有相当的影响力。可以说,一方面,华人移居建筑师的到来给香港建筑界注入新的活力;另一方面,战后香港的城市建设也给他们提供了继续发展的可能。

那么,拥有内地背景的华人移居建筑师为香港的城市建筑作出了怎样的特殊贡献?不同于内地的香港又为他们的建筑生涯提供了怎样的发展机遇?本文试通过"内地背景"和"香港特色"两个部分对上述问题分别作答。

2 内地背景:华人移居建筑师立足战后香港

本部分将从移居、专业化、业务三个方面考察华人移居建筑师的活动,重点关注他们的内地背景如何影响他们选择移居目的地、立足香港建筑界,及开拓在港业务。

2.1 华人建筑师与1949年移居潮

1949年前后为什么有多达67位华人建筑师从内地移居香港?

这和20世纪40年代末的国际国内政治局势有关。1945年第二次世界大战亚洲战场的中日战争(1937–1945年)刚刚结束,中国国民党、共产党之间的全面内战又开始了。1949年共产党赢得内战,在大陆建立新政权,并加入美苏冷战的苏联阵营,于1950年底介入朝鲜战争。致使以美国马首是瞻的联合国对大陆实行禁运,美国和东南亚地区更对中国大陆移民禁闭门户,"中国人可以自由进入的地方只有香港和台湾"。[5]连年战争和政权更替致使百万华人离开中国大陆,其中就包括这67位建筑师。下面将以"基泰工程司"的主持人为例,具体分析此时代背景之下华人建筑师的移居抉择。

"基泰工程司"原有三位主持人:关颂声(Kwan Sungsing)、朱彬(Chu Pin)、杨廷宝(Yang Tingpao)。三人都留学美国,朱、杨还曾是美国宾大(U. Penn)的同学。作为事务所的主要合伙人,关主管对外业务,朱负责内部运作,杨主持设计,将基泰发展成国内最富声誉的华人事务所。可是面对20世纪40年代末的动荡政局,三人却分道扬镳:关赴台湾设立基泰总部;朱成为香港分部的主持者;杨却留在大陆。

事实上,基泰的成功,除了归功于三位主持人的绝佳搭配,还因为事务所得到了国民党政府的支持。其创始人关颂声"在美留学时,曾与宋子文、宋美龄等同学,交往甚密","与国民党的党、政、金融机关的头面人物都很熟"。[6]借此,基泰成功承接了大量政府项目。为了维持与政府的密切关系,基泰虽然在大陆各地有分所,但总部一直紧跟国民党的权力中心。1928年南京政府成立,基泰的总部由天津迁往南京;1937年南京政府迁都重庆躲避战火,基泰总部又迁往重庆。不难想象,1949年后国民党政府退守台湾,关也会跟随。

朱彬是关颂声的妹夫,他没有去台湾而是转道香港的主要原因有三。其一,当时内战虽然结束,台湾海峡的局势仍非常紧张,香港作为英国的殖民地对国共双方采取中立的态度。基泰分设香港、台湾，可减少风险，进退互补。事实证明，关颂声人虽在台湾，却从 1949 年起连续在香港登记为授权建筑师。其二，相比于讲国语的台湾，关、朱对粤语背景的香港更有认同。关出生在香港，朱籍贯广东，他们在大陆生活工作的近 30 年间，"亲友见面时都用粤语，不忘乡音"。[6]特别值得一提的是关、朱都在香港逝世安葬。[7]关选择香港而不是台湾安排后事，有力地证明了他对香港的归属感。其三，早在 1949 年前基泰已经通过关颂声在香港的堂弟关永康（Kwan Wing-hong）建筑师承接香港项目，1948 年建成的九龙弥敦道香港电话有限公司大楼就是他们的合作作品（图1）。基泰香港分部的设立无疑可以充分利用本港已有的家族业务网络。

杨廷宝"拒绝关、朱的一再邀请，留宁主持善后工作"，[6]最后留在内地。虽然杨和朱是宾大校友，但他祖籍河南南阳，没有关、朱的粤地背景及联姻关系。更重要的是三人对政局的看法不同，关与国民党政界关系密切，而杨的二弟、小弟当时都已加入共产党，"每次来家，谈的都是救国救民的大道理"，[8]也影响了杨的决定。

另据笔者统计：67 位华人移居建筑师中共有 26 人（39%）籍贯广东，15 人（22%）出生于香港，26 人（39%）曾在香港有业务背景。可见，面对 1940 年代末动荡的政局，香港自由进入、政治中立、粤地背景、家族业务关系等优势吸引了朱彬等 67 位华人移居建筑师来港。

2.2 华人移居建筑师与香港建筑师专业化

1949 年前后多达 67 位华人建筑师自内地涌入香港，这会给香港建筑界带来什么变化？

香港建筑界自 20 世纪 40 年代起曾数次尝试建立建筑师团体，均告失败。直至 1956 年"香港建筑师学会"终于成立，第一届主席就是华人移居建筑师徐敬直（图2）。笔者认为成功的关键是：华人移居建筑师的到来使香港建筑界的各方力量得以平衡。这首先是外国人和华人势力的平衡。1949 年前香港"授权建筑师"的绝大多数是外国人，[9]本港建筑杂志

图1 建成之九龙弥敦道香港电话有限公司大楼（基泰工程司，关永康，1948 年）

图片取自：Hong Kong and Far East Builder, 8（1）.

图2 香港建筑师学会第一届理事会成员合影（1956 年），左三：徐敬直，右一：郭敦礼

图片取自：Hong Kong and Far East Builder, 12（2）.

Hong Kong and Far East Builder（《香港及远东建设者》，笔者译）也主要报道外国建筑师事务所的作品。直到1949年前后大量华人移居建筑师抵港才改变了外国人主导的局面。至1956年学会成立之前，70%的"授权建筑师"已是华人（图3），[10]徐敬直已有22个作品被 *Hong Kong and Far East Builder* 报道，数量列在港华人建筑师之首。由于移居建筑师的加入，使香港华人建筑师的地位得以提高，由外国人和华人共同参加的学会也得以诞生。

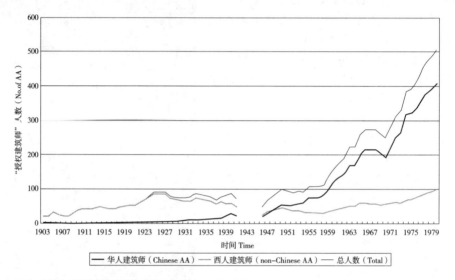

图3　香港"授权建筑师"统计（1903－1979年）

其次是建筑师与其他建筑专业人士之间的平衡。香港早期的城市建设是由军事工程师、测量师完成的，因此1903年"授权建筑师"登记立法也赋予这些专业人士以"授权建筑师"地位。20世纪20年代测量师建立自己的团体，1947年工程师也成立学会，可是建筑师的团体却迟迟不得成立。1950年香港大学建筑系创办，1955年其毕业生与香港大学工程系毕业生申请登记"授权建筑师"时遭不同待遇，终于在学界、业界，乃至整个社会引发了一场关于"建筑师"和"工程师"专业区分的大辩论。[11]最终人们承认这两个专业本有区别，但也意识到在香港两者的区分有特殊性。其实不止香港，在内地也存在此特殊性，原因在于"建筑师"和"工程师"都是近代自外输入的专业，既区别于本土的工匠体系，两者的分工也区别于输出地，如欧洲的情况。民国时内地和香港一样，学工程出身的也可登记为建筑"技师"。虽然1927年"中国建筑师学会"成立时，旨在与普通工程师、营造厂、传统工匠相分别，[12]但不可避免的是学会成员也有不少工程出身。[13]

事实上，这批华人移居建筑师中兼有建筑、工程出身者，[14]1949年前他们曾登记为民国建筑"技师"尽建筑师之职，有的还曾参与创立和组织"中国建筑师学会"。他们建筑工程的双重背景和内地的专业经验，顺应了此时香港"建筑师"和"工程师"专业区分的特殊要求。徐敬直凭他在美国密歇根大学建筑硕士的教育背景，与在港外国建筑师达成"与工程师区别"的共识，[15]也凭他的华人身份和关系，得到本港及华人移居建筑师的支持，从而成为香港建筑师学会的创立者。在徐敬直之后，华人移居建筑师中还有多位先后当选学会主席，其中建筑出身者的郭敦礼（1967年）曾建议改进"授权建筑师"登记，最终在立法上实现"建筑师"和"工程师"专业区分。[16]而其中司徒惠（1960年）、欧阳照（1970年）作为学会中相当数量的工程出身者的代表，致力于"建筑"和"工程"专业的沟通，使学会发展出重视工程的特点。

可以说，华人移居建筑师以其教育背景和内地经验，联合香港建筑界"外国人"、"华人"、"建筑师"、"工程师"等各方力量，促成香港"建筑师"的专业化。

2.3 华人移居建筑师在港业务开拓

上文提到，刚刚抵达香港之后，华人移居建筑师已经开始承接大量的工程，并且引起本港建筑杂志的关注，予以报道。他们如何在这么短的时间内开拓在港业务？

事实上，他们在港业务的开拓与1949年前后来港的百万大陆移居者有密切关系。首先，移居潮里有相当数量的大陆工商业家。联合国1950年的禁运法案迫使香港原来的经济支柱转口贸易式微，大陆工商业家带来的资金、设备、技术却为香港经济的工业转型提供了可能。黄绍伦（2003年）研究1949年后移居香港的上海工业家，统计在港上海同乡会、联谊会成员的职业构成发现：纺织工业、银行业、商业、地产业、电影业等是成员的重要职业领域。而本研究也相应发现：纺织工厂、银行、商业办公楼、商品住宅和电影院是华人移居建筑师参与的主要私人发展项目。此种关联显示：来到香港之后，华人移居建筑师很可能与过去的业主——内地工商业家们——合作。

笔者对华人移居建筑师或其后人的采访有力地支持了上述假设。例如，在由陆谦受后人[17]提供的陆香港事务所业主名单中，车炳荣是其中重要的一位。车原是上海近代五大营造厂商之一陶桂林的女婿，1935年当陶桂记（馥记）承建陆谦受主持设计的上海外滩中国银行大厦时，车是项目经理，与陆相熟。20世纪40年代车脱离陶桂记创立保华建筑公司，1949年迁来香港的保华（Paul Y. Construction Co.）逐渐发展成香港战后营造厂之首，曾承建多位华人移居建筑师的香港作品。[18]车炳荣还请陆谦受设计他自己投资兴建的物业潜水湾大厦（1963年）（图4）。又如：范文照之子范政先生[19]也证实：香港纱厂的创始人王统元是范文照在上海的老业主，来港后也请他设计长沙湾道占地三四个街区的新厂房，包括：工厂、工人宿舍、餐厅和游乐设施。老业主先施公司的马家也请范文照设计了中环27层的先施大厦（1963年）（图4）。另据报道，因为范文照"享有在北中国设计12座电影院的盛誉"，被邀设计铜锣湾的豪华大戏院（1953年）（图4）。[20]

其次，移居潮里除了有上层的工商业家，也有底层的上百万的内地难民。虽然难民们不是华人移居建筑师的直接业主，但是他们的到来对住房、教育及各种社会服务造成了巨大压力，推动了相关类型建筑的大量建造，从而间接为华人移居建筑师提供业务机会。住房方面，1949年香港200万人口中有30万住在临时搭建的寮屋内。1954年石硖尾寮屋区大火促使港府正视内地难民的居住问题，开始实施大规模的公屋计划。当负责

图 4　华人移居建筑师在港业务开拓
表中每张建筑图片下所列信息为：建筑名，建筑师名，年代及出处。The Builder 是 Hong Kong and Far East Builder 的简写。

政府项目的工务司署（Public Works Department）超负荷运作时，就邀请私人"授权建筑师"参与设计。最早的公屋北角村（1954年）和苏屋村（1957年）（图4）就有华人移居建筑师参与。北角村由甘洺（Eric Cumine）[21]事务所设计，华人移居建筑师林威理以甘洺主要助手身份担任项目负责人。苏屋村也由甘洺主持，并与本港利安、周李事务所，及华人移居建筑师陆谦受、司徒惠，五方合作而成。

除了与政府合作，华人移居建筑师也与教会等福利机构合作。教育方面，他们协助从内地迁来的教会大学及学者，为内地难民中的青少年开办使用中文教学的高等教育，包括最早的新亚书院（1949年）和崇基学院（1951年）（图4）。例如：徐敬直设计了新亚书院农圃道的新校舍（1956年）和崇基学院在圣保罗男女中学内所建校舍（1954年）。钱乃仁、基泰工程司、范文照先后参与了20世纪50年代崇基学院现址新校舍的规划和设计。1963年内地背景的新亚、崇基、联合三书院终获港府承认，合并成香港中文大学，整个大学校园的规划和设计由司徒惠主持。其他社会福利机构方面，李扬安、范文照和范政为基督教卫理公会设计北角卫理堂（1953-1960年），服务来自内地16个省的3000多会友（图13）。陆谦受为天主教福利会及玛利诺女修会设计以服务难民为主旨的圣母医院（1958年）（图4）。关永康和徐敬直为儿童游乐场协会设计战后最早的湾仔修顿游乐场（1950年）和旺角麦花臣游乐场（1952年）（图4）等。

上述实例都证明：拥有内地背景和移居身份的华人建筑师，能更好地服务内地移居群体，借此在抵达香港的几年内获得大量业务而立足，同时为战后香港的建筑发展作出了重要而独特的贡献。

3 香港特色：华人移居建筑师设计理念的转变

本部分将采用比较的方法，对8位华人移居建筑师进行个案研究，重点关注香港战后的政治、经济、地理、气候、城市环境如何影响他们的设计思想。

3.1 徐敬直（Su Gindjih）与张肇康（Chang Chaokang）："民族—国家"还是"全球—地方"？

徐敬直和张肇康都在香港以英文著书表达中国建筑复兴理想，但具有不同的视野。

前文提到20世纪初，受"民族—国家"意识形态的影响，很多华人建筑师将设计"中国式"建筑作为中国建筑复兴的主要途径。徐敬直就是其中之一（图2）。1935年徐主持的兴业建筑师事务所在南京国立中央博物院设计竞赛中获首奖，并与顾问梁思成合作，共同创作出采用辽宋建筑样式的"中国式"代表作。1964年徐以英文著书 Chinese Architecture: Past and Contemporary（《中国建筑之古今》，笔者译）继续表达该理想。此书的古代部分记述中国传统建筑历史；当代部分着重写自近代起"中国式"建筑的实践，高度评价民国时期华人建筑师的"中国式"建筑创作，肯定1949年后台湾国民党政府为重申正统对"中国式"的提倡，同时批判大陆共产党政府针对"中国式"的政治运动。可是，徐在书中却只字不提香港，也不提他主持的兴业在香港的大量工程，只提到兴业在内地的三个作品，包括中央博物院，都是"中国式"建筑，或用他自己的话,是"中国复兴"建筑作品(Chinese Renaissance architectural work)。

香港在书中的缺失,一方面是被动的,1949后的香港仍是英国殖民地,为了在中英、苏美、国共各方势力执拗的夹缝中生存,不得不在政治上采取中立,不鼓励涉及政治意识形态的表达,包括表达"民族—国家"的"中国式"建筑。因此不难理解为什么徐敬直不以设计而以著述表达自己一贯的建筑理想。另一方面也是主动的,虽同处中国地理边缘,台湾在徐"民族—国家"视野里具有重要政治文化中心地位,[22]而香港则退居幕后,为徐的批判性评论提供可能。

张肇康(图5)比徐敬直小十多岁,是华人移居建筑师里的年轻一辈。他虽然没有前辈在大陆的专业实践,却亲历日军攻占上海,"国家观念较重,对民族有一份深厚的感情"。[23]1946年张毕业于上海圣约翰大学建筑系,入上海基泰实习,师从杨廷宝,得以较深入地了解"中国式"建筑理想。[24]20世纪50年代张赴美深造,师从现代建筑大师格罗皮乌斯(Walter Gropius),并在他的协和建筑事务所工作。后加盟贝聿铭的事务所,参与设计台中东海大学校园,学习取用当地传统建材。20世纪60年代,张回港入甘洛事务所,协助郭敦礼设计中环太平行、九龙又一村学校等,体会沿海热带地区气候对建筑的影响。

20世纪70年代末内地再次对外开放之际,在香港大学教书的张肇康先后70多次带学生赴大陆考察各地的乡土建筑,并和布拉泽(Werner Blaser)[25]合著 China:Tao in Architecture(1987年,《中国:建筑之道》,笔者译)记录考察成果。他在此书后记中呼吁"这是我最热切的盼望:就是中国建筑的现代化能产生一种现代建筑,说的是中国的语言……以表达社会身份、文化延续和场所精神。"对他而言,"中国建筑复兴"理想不再局限于有形的外观,不再受制于政治意识形态,而是对民间的、地方的、个体的多样性的尊重(图6)。[26]多年在美国、台湾、香港等地的学习工作经历,赋予张国际的视野及地方的感知力。改革开放后香港与内地恢复紧密联系,又为张在第一时间进入内地并开展研究提供机遇。这一切都促成张跨越前辈"民族—国家"理想的政治与时代的限制,进而展开"国际—地方"中国建筑理想的追求。

图5 张肇康与格罗皮乌斯合影
图片取自:CHANG W. M. Chang Chaokang 1922–1992.

图6 秋瑾宅细部照片
图片取自:CHANG C. K., BLASER W. China:Tao in Architecture.

3.2 朱彬（Chu Pin）与陆谦受（Luke Himsau）："中国式"之外

朱彬和陆谦受在大陆和香港都留下"中国式"建筑的代表作，但在"中国式"之外还发展出适应香港的设计理念。

朱彬（图7）参与主持的大陆基泰工程司曾享有设计"中国式"建筑的盛誉，[24] 他设计的大新公司（1935年，现上海第一百货大楼）是代表作之一。大新公司结构先进，钢筋混凝土高层（10层）；功能复杂，由低向高分层布置百货、办公、餐厅、剧场、屋顶花园等；设备新颖，首次在上海使用自动扶梯，解决百货部分的大量人流疏散问题；沿街立面对称庄重，强调竖向构图。"中国式"设计集中在顶层外立面，以连续多个内凹阳台，结合传统的栏杆扶手、檐口挂落，形成一组组单元，不但增强了外观的整体性，也利用光影突出装饰效果。

图7　朱彬像
图片取自：赖德霖主编. 近代哲匠录.

图8　万宜大厦透视（香港基泰工程司，1953年）
图片取自：Hong Kong and Far East Builder, 13 (1).

移来香港后，过去的经验和声誉不但使朱彬承接设计"中国式"的龙圃别墅，也可应对像万宜大厦（1953年）这样的高层商业建筑项目。相比大新，万宜也采用钢筋混凝土结构，最高的北楼有14层，底层百货上层办公，立面虽没有"中国式"特征，却保留了对称、竖向的构图（图8）。但万宜特有的挑战是：位于地形复杂、用地紧张的港岛中环。朱的设计充分利用万宜狭长的坡地地基，采用最经济的直线"购物廊"（Shopping Arcade）布局，并在香港首次使用自动扶梯。室内购物廊遮烈日避风雨的优势及扶梯的快速，吸引大量行人穿行，为购物廊两边的商铺带来更多的顾客，成功适应香港商业至上、高密度的都市环境。万宜购物廊布局也得以在中环其他商业办公楼中流行，进而发展成今天室内"商业街"系统。

陆谦受（图9）作为中国银行建筑课课长主持设计的上海中国银行大厦（1935年，与Palmer & Turner 合作）是外滩沿江唯一的"中国式"建筑，主楼四坡顶的弧线在万国博览会式的沿江立面中格外受人瞩目。移来香港后，陆亦被邀设计香港战后少数的"中国式"建筑，如华南总修院的小教堂（1955年）（图10）。然而，对他而言，"中国式"的设计是应业主的要求，"具体问题具体分析"才是他的设计思想的关键。1936年陆在"中国银行建筑课"作品专集中选登了七种不同性质的作品，[27]并作介绍：这些"并不是我们认为最满意的代表作，不过它们每个引出各种问题"，如场地、地质、结构、技术等。

陆谦受关注的香港"具体问题"主要是气候的地区特性，其事务所档案中有多张手绘香港地区日照、气象分析图，并有一篇关于湿热气候下日照、朝向、通风等建筑设计的研究专文。1955年陆为华仁书院设计了一座"在最热的天气里的凉爽教堂"。[28]该教堂的主入口为宽阔高深的三开间矩形柱廊，可遮挡烈日。入口柱廊与室内大厅之间隔一圈外廊，此外廊的外墙为通透的十字形与圆形图案混凝土花格漏窗，内墙设可开启的木质及玻璃的百叶门窗，保证通风、阻隔热气、过滤强光，形成特殊的风、光、影的通道，也提供宜人有趣的交往空间。此外，室内大厅屋顶布置3排27个天窗，进一步加强通风，并取得宗教性的采光效果。可以说，华仁书院圣依纳爵小堂的设计具体体现了陆对香港气候问题的应对（图11）。

3.3 范文照（Robert Fan）与范政（Robert Fan Jr.）：从"中国式"到"国际式"

范文照和范政是父子，经历相似的建筑教育，传承共有的设计理念。

父亲范文照是早期华人建筑师中的"先行"人物。他早于20世纪20年代初就获得上海圣约翰大学土木工程系（1917年）和美国宾夕法尼亚大学（U. Penn）建筑系（1921年）工程、建筑双学位，是中国建筑师学会首届会长（1927年），亦是最早批判"中国式"并提倡"国际式"[29]的华人

图9　陆谦受像
图片取自：陆谦受家人

图10　华南总修院的小教堂室内（陆谦受，1955年）
图片取自：笔者摄

图11　华仁书院圣依纳爵小堂室内外（陆谦受，1955年）
图片取自：笔者摄

建筑师之一。虽然他曾在孙中山纪念建筑竞赛中设计过"中国式"的方案,[30]但1934年在《中国的建筑》一文中自我反省,对"拿西方格式做屋体,拿中国格式做屋顶"的做法表示"尤深恶痛绝之",呼吁"大家来纠正这种错误",并提出"一座房屋应该从内部做到外部来,切不可从外部做到内部去"的现代设计思想。

范文照变革式的设计思想首先来自1933年加入他事务所的一位美国建筑师林朋（Carl Lindbohm）。据林朋自称,他曾跟随柯布、赖特等现代主义大师学习建筑,他来上海之后公开批判"崇尚古典"、提倡"国际式"。[31]另外,范文照1935年代表民国政府赴英国出席第14届国际市区房屋建筑联合会议时考察欧洲20多个城市,亲身体验现代建筑在不同国家、地区的表现,撰文表示尤其赞赏"实用取材,同能兼顾研究澈者"的德国（1936年）。范文照设计思想的转变也表现在他的作品中,林朋加盟事务所的第二年,他就设计了"国际式"的协发公寓及住宅。林朋离开之后,[32]他在1941年又设计了"装饰艺术"的代表作美琪大戏院。第二次世界大战后的香港,"国际式"作为一种安全经济的建筑形式广为流行,为范文照继续实践提供了宽松的空间,他20世纪50年代初的作品——松坡别墅（1950年）和崇基书院新校舍（1956年）（图4）,表现出就地取材、融合山地自然环境的新特征。

20世纪40年代末范文照移居香港之时,长子范政入父亲的母校上海圣约翰大学,就读创办不久的中国第一个教授现代主义建筑理论的上海圣约翰大学建筑系。1952年范政又跟从父亲的留学足迹赴美,在格罗皮乌斯之继任西班牙建筑师塞特（Josep Lluis Sert）领导下的哈佛大学设计研究生院攻读硕士学位,继续接受现代主义建筑教育。[33]毕业并实习两年后,范政于1958年回香港入父亲的事务所。父子建筑师在共有的"国际式"设计理念的基础上合作：范文照拥有成熟的业主网络及丰富的实践经验,经常在具体操作上给范政以指点；范政则为事务所带来新的现代建筑设计方法,如工作模型的使用等。

1960年北角卫理堂的设计是范文照、范政父子合作的代表作（图12）。教堂方面负责项目的安德森博士是范文照在上海的好友,[34]范政作为父亲的助手和项目建筑师（project architect）参与了从概念设计到施工的整个过程。此项目最大的困难是：基地为不规则扇形的斜坡地,而且其宽大的南端比临街窄小的北端高25m,至今范政仍记得父亲坐在基地斜坡上思考解决办法的身影。[35]建成的新堂巧妙地利用了地基,将主入口和前院提高9m,并在其前设四跑楼梯连接街道的水平。这样不但使土方开挖量降到最低,也为教堂创造出一个从嘈杂到安静的过渡空间。石砌的楼梯在结构上既起到挡土墙的作用,在外观上又成为粗拙立面效果的重要元素（图13）。大厅室内的柱、主梁、次梁都露明,三角形平面布置的次梁具有强烈的装饰效果,具有结构表现的新趋势（图14）。

3.4 郭敦礼（Stanley Kwok）与欧阳照（Leslie Ouyang）："建筑师"、"工程师"还是"开发商"？

郭敦礼与欧阳照是毕业于上海圣约翰大学建筑系的同班同学,移居香港后走向不同的发展道路。

图 12 北角卫理堂工地合影，左二：范政，左四：安德森博士，左五：范文照
图片取自：卫理堂林崇智牧师

图 13 卫理堂主立面
图片取自：卫理堂林崇智牧师

图 14 卫理堂室内
图片取自：笔者摄

1948 年刚从上海圣约翰大学建筑系毕业的郭敦礼由教授鲍立克（Richard Paulick）推荐，入初成立的甘洺（Eric Cumine）[21]香港事务所（图 15）。该所逐渐发展成为香港战后最著名的建筑事务所之一，而郭也因此获得了长足的发展空间。1952 年他赴英国伦敦建筑学会建筑专门学校（AA School）深造，1955 年学成仍回甘洺事务所。至 1967 年郭移民加拿大前，[36]他已经成为该所四位主要合伙人之一，拥有 1/4 的客户，并主持设计了 24 个重要项目，包括中环蚬壳大厦（1957 年）、铜锣湾豪园（1965 年）和尖沙咀香港酒店（1967 年）等。同时他也活跃于香港业界，

图 15 甘洺（Eric Cumine）香港事务所合影（1957 年），左五：林威理，左六：甘洺，上方插入头像为合影缺席者，左一：郭敦礼，左三：欧阳照
图片取自：Hong Kong and Far East Builder, 12 (5).

1956 年参与创立香港建筑师学会，当选第一届理事会成员，1966 年当选学会会长。

移民加拿大之后，郭敦礼的建筑生涯步入新的发展阶段，从服务管理其他的地产公司（1968 - 1970 年），到合伙拥有自己的地产公司（1970 - 1984 年），到主持政府世界博览会用地开发机构（1984 - 1987 年），最后成为香港李嘉诚在温哥华的得力助手（1987 - 1993）。[37]温哥华当地的报纸用"Man in the Middle"（"中间人"，笔者译）[38]和"Master Planner/Builder/Mind"（"总规划/建造/策划师"，笔者译）[39]来形容他，说他具有同时驾驭设计和市场的能力，也有宽大的胸襟，可以将不同的人聚集起来，一起完成规模庞大、关系复杂的项目。接受笔者采访时，郭回忆当初在香港，甘洺是个很好的老板，忙的时候把项目分给年轻人，完全让他们负责。郭所主持的都是私人开发项目，他和业主积极交流，甚至帮助他们制订计划书。例如在香港酒店的项目中，郭根据当时市场需要说服业主为从澳洲或英国来的单身女性提供安全舒适且价格适中的短期住处，并

在设计中提出灵活的套型方案，配置超市、餐厅、娱乐等功能，联系尖沙咀周边服务设施（图16）。可以说，香港建筑业高度的市场化造就了兼任"建筑师"和"发展商"的郭敦礼。

与郭敦礼相比，欧阳照也毕业于上海圣约翰大学建筑系，但此前他曾就读上海雷士德工学院中学部，[40]初具工程基础。1949年欧阳照同样入甘洺香港事务所，[41]1957年也赴英国伦敦深造，可他去了弗雷德瑞司诺工程师事务所（Sir Frederick Snow & Partners）工作，并通过英国结构工程师专业考试。返港后，欧阳照没有回甘洺香港事务所，却加入伍振民、王泽生的事务所，负责结构设计。1964年正式成为合伙人，1972年重组"王欧阳建筑及结构事务所"，渐发展成香港当代四大建筑师事务所之一。[42]1970年欧阳照也当选香港建筑师学会会长，但他还曾在1972年当选结构工程师学会主席。作为香港建筑师学会中的工程师代表，他致力于建筑与工程、业界与政府之间的沟通，担任政府工务司署及消防处的联络专员，协助制定香港结构法规和防火规范。

图16　尖沙咀香港酒店透视（郭敦礼，1967年）
图片取自：郭敦礼

图17　九龙海景假日酒店透视（欧阳照，1981年）
图片取自：建筑业导报，1981（3）.

例如：在中环华人行（1978年）的幕墙结构设计中，欧阳照赴日本考察学习最新的幕墙技术，不但完成该项目，还向工务司署提交相关建议，日后成为香港的幕墙条例。另外，在九龙海景假日酒店（1981年）的结构设计中，为了满足业主"可否快一点"的要求，他首创"从上而下"施工法，就是地上十多层向上建，地下五至六层向下建，同时进行，不但加快进度、节省成本，也比传统方法安全（图17）。在稍后的远东贸易中心（1983 年）项目中，他又使用此法，连地下共 50 层的大厦，一年建成，创香港新纪录，"从上而下"施工法被业界广泛使用。[43]前文提到香港早期的城市建设是由军事工程师、测量师完成的，"建筑师"、"工程师"的分工延后。香港战后为了解决人口众多与用地紧张的矛盾，大量发展高层，倚重工程。这些都为兼任"建筑师"和"工程师"的欧阳照发挥能力提供了绝佳的环境。

4 总结

面对 20 世纪 40 年代末的国际国内政治局势，至少 67 位华人建筑师从内地移居香港。一方面，内地专业背景使他们能成功地应对香港"建筑师"、"工程师"分工的特殊需要，促成香港"建筑师"的专业化；也使他们能更好地服务内地移居群体，通过私人项目支持香港经济的转型，通过公共项目参与社会福利的改进。另一方面，香港战后环境，如政治中立、商业至上、高层高密度、国际性都市、地方性地形气候等特色，都成为华人移居建筑师设计思想多元化发展的契机。笔者认为：研究 1949 年后移居香港的华人建筑师，将为中国近现代建筑历史的书写提供联系、更新并拓展的视野。

注释：

［1］"中国式"用现代钢和混凝土的新材料、新结构模仿中国古典建筑的外形，目的是"融合东西方建筑学之特长，以发扬吾国建筑固有之色彩"（赵深. 发刊词. 中国建筑，1932：2.）

［2］建筑界的社会主义改造的完成时间，参见：ZHU J. F. Architecture of Modern China: a Historical Critique. London, New York: Routledge, 2009: 75 – 105.（第四章"A Spatial Revolution, Beijing 1949 – 1959"）

［3］关于前苏联建筑政策的影响，见：吉国华. 20 世纪 50 年代苏联社会主义现实主义建筑理论的输入和对中国建筑的影响. 时代建筑，2007（97）（"中国建筑的现代之路，1950 – 1980 年代"专辑）：66 – 71.

［4］本文在笔者博士论文的基础上完成（WANG H Y. Mainland Architects in Hong Kong after 1949: a Bifurcated History of Modern Chinese Architecture. Unpublished Ph D Thesis. Hong Kong: The University of Hong Kong, 2008.）。特此感谢笔者博士导师许焯权教授和贾倍思教授。

［5］从 1945 年 9 月至 1949 年 12 月，约有 1285000 难民抵达香港，见：黄绍伦. 移民企业家：香港的上海工业家. 张秀莉译. 上海：上海古籍出版社，2003：18. 同期也有上百万抵达台湾，出处同前：22 – 23.

［6］参见：张镈. 我的建筑创作道路. 北京：中国建筑工业出版社，1994. 张镈也是基泰的成员，1949 – 1951 年随基泰赴港，后返回内地。此书是他的自传。本文各处引自该书 12、16、18、21、53、56、59 页。

［7］Hong Kong Public Record Office：HKRS 96 – 1 – 9592，HKRS96 – 5 – 1935.

[8] 刘向东,吴友松. 广厦魂:建筑学家杨廷宝传. 南京:江苏科学技术出版社,1986:112.

[9] 根据笔者对历年香港"授权建筑师"名单的统计,1903 – 1923 年,总共只有 2 位华人授权建筑师,而外国人却有上百位。从 1924 年到日占前,华人授权建筑师人数最多的一年(1940 年)为 29 人(33%),仍然是少数。

[10] 1949 年华人授权建筑师的人数(46 人)第一次超过外国人(43 人),占总人数的 52%。之后此比例保持快速上升的趋势,在 1955 年达到 70%(74 人)。

[11] 详见 South China Morning Post,1955 – 12 – 1 至 1955 – 12 – 6 的报道。

[12] 见学会第一任会长范文照. 中国建筑师学会缘起. 中国建筑,1932(11):3. 范文照本人兼有工程师、建筑师双重学历。

[13] 根据笔者对 1927 – 1940 年 82 位学会会员的教育背景的统计,有 16 人(20%)工程出身。

[14] 根据笔者对 67 位华人移居建筑师的教育背景的统计,有 33 人(49%)工程出身、23 人(34%)建筑出身,6 人(9%)兼有工程师、建筑师双重学历。

[15] 根据笔者对华人移居建筑师郭敦礼的采访。郭敦礼是 1956 年香港建筑师学会第一届理事会成员(first council member),1967 年移民加拿大。笔者感谢郭敦礼先生接受笔者多次电话采访及访港期间所赐的面谈机会。

[16] 郭敦礼在 1956 年学会第一届理事会上建议政府以"授权人士"(Authorized Persons,AP)代替"授权建筑师"(Authorized Architects,AA)。第二年政府开始在"授权建筑师"头衔之下分列"建筑师"和"工程师"两份名单。1974 年正式改用"授权人士"称谓。

[17] 笔者感谢陆谦受次子陆承泽先生和孙女陆曼莊女士提供的宝贵材料,详见笔者专文记录对陆谦受后人两次重要采访(王浩娱. 陆谦受后人香港访谈录:中国近代建筑师个案研究. 第四届中国建筑史学国际讨论会论文集. 上海:同济大学出版社,2007.)。

[18] 包括朱彬设计的万宜大厦(1957 年)、郭敦礼的蚬壳大厦(1957 年)、李为光的怡园(1963 年)、司徒惠的广东银行大厦(1968 年)等。

[19] 范政本人也在华人移居建筑师之列,现居美国。笔者感谢范政先生的多封信件、电邮及访港期间所赐的面谈机会。

[20] Hong Kong and Far East Builder,1953,10(2):23 – 24.

[21] 甘洺(Eric Cumine)也有与 67 位华人移居建筑师相似的经历,但因其欧亚混血(Eurasian)背景,本文暂不对其讨论。甘洺父亲是苏格兰人,建筑师,母亲是上海人,他在上海长大,赴英国学建筑(A. A. Dip.),并回上海开业,曾任上海圣约翰大学建筑系的客座教授,1948 年移居香港重开事务所,与多位华人移居建筑师保持密切业务联系。

[22] 徐沿用国民党政府到台后对台湾的称呼,称台湾是"Free China"(SU D G. Chinese Architecture:Past and Contemporary. Hong Kong:Sin Poh Amalgamated(H. K.)

Limited, 1964：140, 146, 149.），他认为许多华人建筑师将中国建筑复兴的热望带到台湾，可以像 19 世纪 20、30 年代在南京、上海那样自由设计，建造民族形式。

［23］林原．包浩斯，建筑与我：专访张肇康先生．联合文学，1993，9（3）：222-228．

［24］基泰工程司享有设计"中国式"建筑的盛誉，主要原因有：①基泰通过关颂声的关系承接大量政府工程，多要求使用"中国式"；②主持设计的杨廷宝是"中国式"建筑设计的代表人物．详见赖德霖．中国近代建筑史研究．北京：清华大学出版社，2007：289-312．（"折中背后的理念：杨廷宝建筑的比例问题研究"）．

［25］Blaser, W. 是瑞士建筑理论家，主要研究密斯，并因此对日本、中国的古建筑非常感兴趣。1983 年曾和张肇康一起考察中国乡土建筑。相关著述有：Courtyard House in China：Tradition and Present. Ind ed. Basel：Birkhäuser, c1995（2nd ed.）; West Meets East：Mies van der Rohe（in Collaboration with Johannes Malms）. Basel, Boston：Birkhauser, c1996.

［26］详见笔者专文［王浩娱，许焯权．从中国近代建筑师 1949 年后在港工作经历看"中国建筑的现代化"∥张复合编．中国近代建筑研究与保护（五）．北京：清华大学出版社，2006．］，比较张肇康与梁思成对中国传统建筑研究的差异。

［27］中国建筑师学会创办的《中国建筑》杂志从 1935 年 3 卷 2 期起刊登学会会员及其事务所的作品，其中就有陆谦受中国银行建筑课专辑（陆谦受，吴景奇．说明；我们的主张．中国建筑，1936：26.）。该专辑并未选登"中国式"的中国银行大厦设计，只在封底刊其模型照片。

［28］根据陆谦受孙女陆曼莊女士对华仁书院现任 Naylor 神父的采访。

［29］"国际式"（international style）一词最早由 Hitchcock & Johnson 于 1932 年提出，总结欧洲 20 世纪 20 年代的"现代主义"建筑运动。（HITCHCOCK H. R., JOHNSON P. The International Style. New York；London：W. W. Norton, 1995.）

［30］范文照于 1925 年 9 月获南京中山陵图案竞赛第二奖，1926 年广州中山纪念堂设计竞赛第三奖，1930 年 11 月获南京中山纪念塔图案竞赛第二奖（与赵深合作），都是"中国式"作品。

［31］详见：沈潼．林朋建筑师与"国际式"建筑新法：沪名建筑师范文照之新伴，来沪倡行"国际式"建筑艺术．时事新报，1933-02-15．转引自：赖德霖．中国近代建筑史研究，2007.

［32］根据范政先生给笔者的来信（2004 年 10 月），林朋约于二战前（1938-1939 年）离开事务所。

［33］根据范政先生给笔者的来信（2005 年 4 月），当年教过他的哈佛大学教授包括：Paul Rudolph, Hideo Sasaki, Sigfried Giedion, Ernesto Rogers, Serge Chermayeff 和 Louis Kahn 等。

［34］根据卫理堂林崇智牧师，安德森博士（Dr. S. R. Anderson）1914 年以宣教士身份来到中国，1921 年到上海担任慕尔堂的协理牧师，说一口流利的上海话，并主持慕尔堂新堂的建设。1949 年后移居香港。

[35] 根据笔者与范政先生的面谈（2006年11月）。

[36] 1967年香港受到中国内地文化大革命影响发生"六七"暴动，部分1949年由内地来港的华人建筑师再次出走，如陆谦受、范政、张肇康等去美国，郭敦礼等赴加拿大。关于"六七"暴动详见 TSANG S. A Modern History of Hong Kong. Hong Kong：Hong Kong University Press, 2004.

[37] 根据郭敦礼先生提供的履历，他1968-1970年任 Grosvenor International Property 副总裁；1970-1979年任 Canadian Freehold Properties 副总裁；1980-1984年任 Pendboro Development Company Ltd. 总裁；1984-1987年任 British Columbia Place Ltd. 主席及总裁；1987-1993年任 Concord Pacific Developments Ltd. 副主席。

[38] MITCHELL D. Man in the Middle. BC Business, 1987.1.1.

[39] SHAW G. It's Back to the Drawing Board for Stanley Kwok："Master Planner" Had Ability to Bring People Together；WIGOD R. The Master Builder：Stanley Kwok Has His Critics, but He Was Deemed Uniquely Fitted to Mastermind a False Creek Megaproject. The Vancouver Sun, 1993-9-18；1996-9-7.

[40] 该校是遵英国土木工程建筑师 Henry Lester 的遗嘱于1934年创办的，1943年停办。详见郑朝强. 上海雷士德工学院简史. 雷友通讯，1986（2）：9-11. 转引自：赖德霖. 中国近代建筑史研究. 2007.

[41] 根据笔者对郭敦礼先生的采访，郭敦礼曾介绍多位上海圣约翰大学建筑系同学加入 Cumine 事务所，其中就有欧阳照，还有张肇康（46届）、韦耐勤（女）周文正夫妇、徐志湘（49届）及郭丽荣（郭敦礼妹妹，52届）。

[42] "王欧阳"完成的大量作品见该事务所的官方网站 http：//www.wongouyang.com/.

[43] 详见香港建筑师学会对包括欧阳照在内的15位资深建筑师的采访（香港建筑师学会. 热恋建筑：与十五香港资深建筑师的对话. 香港：香港建筑师学会，2006.）。

社会主义的现代主义：
政治空间与形式语言
Socialist Modernism:
Political Space and Formal Language

　　1949年到1978年的现代中国建筑，有两条基本脉络：一是装饰的历史主义，以民族风格为突出代表；一是朴素理性的现代主义，以广大的日常建筑为基础，以1970年代的某些主要建筑为代表。这里的研究关注这种现代主义的三个问题："单位"组织的社会空间，1980年代显现的美学化和地方化，和一个跨年代的美学的实验的潜流。

从单位到小区：治理的空间化
From *Danwei* to *Xiaoqu*: the Spatialization of Government

薄大伟
David Bray

1 绪论：治理的空间化[1]

亨利·列斐伏尔（Henri Lefebvre）是最早将空间作为核心因素对都市社会进行分析的都市地理学家之一。[2]他摒弃了迄今被视为正统马克思主义的空间观，即把空间形式简单定义为潜在经济关系在上层建筑中的反映，而强调空间是资本主义生产、再生产和持续转变的核心因素之一。同时，他发现了空间固有的多重形式和多种可能性，并试图发展出一种多重理论分析方法以对应这一复杂性。因此，列斐伏尔考虑的不仅是地理和政治地理空间，也包括日常生活中的建筑和公共机构空间。除了资本主义的建成空间，他也试图将构思和规划空间时的创造和理论过程涵盖在内。对于列斐伏尔来讲，空间是资本主义不可或缺的一个组成部分。这不仅仅是由于空间映射或加固了表现为区域不平等的阶级不平等，还因为资本主义空间具有的多重性构筑了日常生活各个方面所固有的实践性和可能性。列斐伏尔主张空间的政治概念应该被延伸，不仅包括约定俗成的宏观地理空间，如国家、地域、城市、市镇、乡村等；还应包括日常生活中的微观空间，如家庭、学校、工作场所、街道等。正是由于空间思维这一革新的影响，福柯等开始在他们的日常公共机构体系中引入空间这一维度。而建立在这一趋势之上的方法论则正是我对中国城市的关键社会空间——单位和小区——分析的出发点。

在列斐伏尔的理论中，实际的空间产物被他称之为"社会空间"（social space）和"抽象空间"（abstract space）之间的辩证竞争关系所驱动。社会空间描述的是在几个世纪的"自然"的社会活动中产生的，一层接一层出现的，空间实践的复杂排列。[3]然而随着资本主义的出现，资本对生产经济关系的追求给社会空间带来了各种干预。为形成一系列技术、理论和智力的进程，让空间成为一种被操纵、规划和重构的对象，以达到使资本运作更为有效和多产的目的，这些干预随之产生。由此可见，列斐伏尔认为干预是"抽象"的。因而，抽象空间是管理者、技术专家、都市规划师和建筑师的空间。

尽管列斐伏尔的研究在许多方面具有洞察力，却过度偏向于以政府为中心的分析。他认为所有对空间产物的规划和计划的尝试都服务于资本主义政府的利益。这个论点对我而言过于笼统和简单化。笼统是由于它将规划干预的所有形式和策略都归附于一个单一综合的范畴，[4]而简单是由于它忽略了空间干预的发展和执行过程中所包含的各种复杂利益。如果我们抛弃马克思主义立场的固有假定而通过运用福柯在对"治理术"（governmentality）的研究中形成的框架，致力于揭露操作原则或理性治理，复杂性的真实程度就会向我们显现。[5]通过这种方式，我认为空间的规划应该被认为是一种治理实践，它一方面来源于治理实践的独特理性，另一方面来自于社会关系的特殊脉络。它并不是上述因素的简单结果，相反，它是通过长时期实验、理论辩论和实际经验而逐渐发展形成的一系列实践。分析这一空间实践的独特体系，需要考虑使之成型的逻辑和理性，它试图实现的特殊空间形式，以及这些干预所施加的历史社会环境。只有通过考虑这些相互关联的因素，我们才能开始全面理解空间和权力之间的关系。空间是权力问题的关键，这不仅仅因为治理发生在空间之内，更因为空间构造影响着治理的可能性。换言之，权力不在空间之前；相反，权力和空间相互建立，建成环境的设计对于权力得以行使的方式有着绝对关键的关联作用。

2 单位

在他里程碑式的著作《空间的生产》（The Production of Space）的最后几页，列斐伏尔比较了苏联和中国的空间处理模式。他认为苏联模式是资本主义模式的增强版，它所导致的是资源向少数几个生产"集中点"的汇聚以及边缘地区的停滞和进一步滞后。相反，中国的处理模式"真正关注的是将人和空间完整地投入到建立一个不同社会的过程"。[6]它的形成是通过聚焦于众多小尺度的工业、农业生产单元而非少数几个特权中心，并"在财富生产和经济增长之外同时关注发展和丰富社会关系"。列斐伏尔指出"通往社会主义的中国道路"（chinese road to socialism）显然更具突破性，因为它所寻求的是消除空间发展的不平等，它"不会导致政府、某个政治组织或政党的地位高于社会"。[7]

类似于20世纪60、70年代的许多实事评论家，列斐伏尔在某种程度上高估了"通往社会主义的中国道路"的成就和可能性。然而，在强调苏联和中国空间实践的差异上他是绝对正确的。尽管两个社会主义国家关系紧密，苏联还给予中国建筑和都市设计领域中大量技术支持，但是显然早在两国于1960年分裂时，中国就将重心放在基层的生产单元上，开始构筑一个截然不同的社会主义空间。在20世纪20年代的激进苏联建筑师的影响下，中国建筑师和规划师开始意识到社会主义建设提供了通过干预空间模式对社会生活进行重新构筑的一个机会。当他们的苏联先驱不得不屈服于斯大林关于社会主义的决定论和民族主义的狭隘定义时，毛泽东更激进、反官僚和乌托邦的倾向却给予中国建筑师和规划师们更多空间，以实现他们关于革新空间的方案。其中，1953－1956年间的社会主义转化期，以及从集体化到1956－1958年间的大跃进时期，是中国推动空间社会主义化的高潮期。

20世纪50年代受社会主义建设驱动而出现的主要都市空间模式就是单位大院，它们无一例外地表现为被高墙所界定的封闭空间。这一封闭模式首先让人联想到的就是构成中国传统基本空间模式的以墙围合的住宅庭院。尽管传统住宅和单位明显处于截然不同的社会等级，然而大院围墙作为社会空间的界定同样存在于两种建筑形式中。在古老的中国，围墙定义了儒家家庭的范围，在此空间范围内，家长行使着最高统治权。在社会主义中国，围墙标志着集体"生产单元"的领域，在此空间范围内，单位行使着主宰权。由此，在社会主义中国占主导地位的围墙空间并非如某些研究者所主张的，象征着某种文化的封闭或排外。[8]相反，它表明的是将传统建筑技术重新运用于现代社会形式的一种方式。作为生产和支撑社会关系的集体模式的积极技术，围墙因此具有广泛的适用性。从这一角度出发，被围墙限定的空间而非围墙本身才是首要的分析重点所在。

社会主义单位大院从传统住宅庭院中借用的不仅仅是封闭围墙。我将要说明单位空间（在它的原型模式）和儒家家庭空间一样，依据高度象征性的秩序进行组织。正如儒家空间被转化为对作为儒家伦理秩序基础的明确定义等级的社会关系的表征和再生产，单位空间被设计以表达代表社会主义理想的集体劳动力集中和人人平等的社会关系。

传统空间实践给单位空间赋予了一定的形式特点，而该新空间秩序的其余特点则来源于在欧洲发展而成的乌托邦社会主义传统。中国社会主义建筑师和规划师在很大程度上借鉴了这一激进的欧洲传统，尤其是当他们尝试着将一个技术/功能和象征性的综合体带入单位空间时。也就是说，在设计社会主义空间时，他们的意图在于构筑一个以环境推动生产力（通过对现代技术的运用），并巩固无产阶级社会关系的特有模式。

单位空间在表面上根据严格的功能和生产逻辑划分等级：车间（或行政部门等）、集体宿舍、礼堂、食堂、幼儿园和运动场，都被便利地布置在一个简洁的对称空间之内，以方便地满足现代工作社区的一切日常需求。所有这些都看似如此的直接和不言而喻，然而深藏在现代单位大院背后的却是这一传统中关键却未经探求的元素，可以称之为现代空间实践的特殊基本原则。单位的空间布局毫无自然、明显和常识可言，它来源于西方传统的革新空间实践，其目的在于创造和管理能够促进社会根本重构的空间模式。这一传统主要通过在社会主义发展早期扮演着重要角色的苏联专家（建筑师和都市规划师）传到中国的。

空间模式可以而且应该被标准化的概念并不新颖。早在 19 世纪初，被称为"乌托邦社会主义者"的欧文（Owen）和傅立叶（Fourier）就提出了作为他们理想社区基础的标准空间模式。然而却是在进入 20 世纪时，建筑技术和工业化生产方式的飞速发展为建筑师提供了有效的手段，使标准化得以在设计和构筑生活空间时成为可能。[9]尽管斯大林主义在苏联的兴起使现代的国际式（modernist international style）受到否定，而新古典民族主义形式（neo-classical nationalist style）受到青睐，然而在设计和构造中对标准化原则的运用却得以保留。这一倾向在二战后出现的大规模都市重构中表现得尤为明显。当时，苏联官方下令所有的都市建筑必须遵照被批准的设计实施。而为了方便这一法令的实行，苏联建筑学会（Soviet Academy of Architecture）被委托设计了一系列标准平面，用于全国范围内的住宅和公共建筑的建造中。[10]

1953 年当中国共产党着手开始自己的社会主义建设时，现成的苏联专家带来了他们在设计标准化方面实践了许多年后的成果。被派往中国的苏联专家带来了成套新近完成的设计标准和规范，内容涵盖了都市建筑的方方面面，从工业厂房、电站的设计到住宅单元、工人俱乐部和展示厅的标准平面。[11]这些苏联蓝图及其背后包含的设计原则为中国设计实践的发展奠定了基础。

设计过程的集中化和标准化备受青睐是由于它们为技术资源的协调及有效利用提供了可能性。集中化意味着设计专家的意见可以被集中，设计任务能够被协调，从而使最终的设计成果尽可能高效、经济。标准化的优势在于它保证了统一的设计标准能在全国范围内实施。因此，当设计在中央被公式化，它们就能简单地运用于全国各个需要的角落。以这种方式，一个基本设计能被用于无数工厂、办公楼或学校的建设中。比如，第一个五年计划需要在全国关键地点建造31个拖拉机工厂服务当地农业，所有的工厂都可以依据通用设计办公室（General Design Office）提供的同一标准设计，并由第一机械工业部（First Ministry of Machinery）建设。[12]

也许在都市住宅领域，标准化的重要性尤其突出。通常工厂和机构有许多不同类型，每种类型都需要一定程度的专门设计。然而建造在工厂和机构旁的住宅却能适应统一的国家标准而不必经过专门设计。[13]住宅设计的经济性和标准化也是苏联政府反复强调的，同时苏联专家也能为此提供详细的蓝图。当第一个五年计划需要建造46000000平方米的住宅时，标准化设计和体系化建设的潜在利益立刻得到彰显。

苏联发展的都市住宅建设基本原则聚焦于建造过程的经济性、简单化和工业化。这些原则从实践角度反映到设计上就是能被大量、快速重复再制造出简单而标准化的住宅单元。在过去，住宅建设是一个依赖技术缓慢发展的小规模、手工业化的产业。而在社会主义制度下，住宅产业一跃而为构建于科学和技术新发展之上的大规模、高度体系化的工业进程。在中国，第一个五年计划的出现使都市住宅的基本原则和形式都发生了巨变。传统单层住宅大院有机而无序的伸展已不再合宜，相反，接替它们的是大规模的规划发展，3~4层的住宅体块成群成组地被有序组织在飞速出现的为同样飞速增长的都市工人提供工作场所的都市工业区周围。[14]这些工业/住宅区就是新兴社会主义社会的核心部分。

依据苏联关于设计和建设的经验，中国建设当局改编和发展了住宅的两种基本模式以适应大规模生产：第一个是简单的集体宿舍模式，由开向长走道的单元房间组成，共用卫生间、盥洗和烹饪设施；第二个是公寓模式，它按单元设计，每单元由一系列公寓和共用的一个门厅、楼梯间组成，每套公寓由两个以上房间组成独立户型。在任何给定的住宅开发项目中，这些单元可以按需要进行组合并重复。[15]集体宿舍模式可以理想地运用于

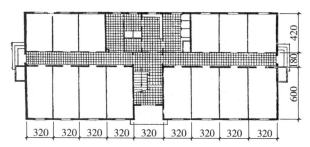

图1　公共宿舍的底层平面

图片取自：城市建设总局规划设计局. 全国标准设计评选会议对选出方案的意见和单元介绍. 建筑学报, 1956（2）: 72.

机构，如学校、学院和部队，以及任何需要雇用大量未婚员工的企业。在这些宿舍建筑中，每个房间通常不止一个人居住，在高校、大学或学院里，时常会容纳8~12个学生。公寓模式则是面向家庭而设计的。

在建筑设计实践的开始阶段苏联的影响具有重要意义，但在20世纪50年代中期，它由于造成资源浪费而开始受到攻击。面对严峻的经济形势，政府当局提出受苏联影响的设计"既不经济也不实用"，尽管它们被"理性地设计"，却无法被"理性地使用"。[16]因此，中国建筑师和设计人员在1955年面临着一个双重问题，即如何在同时满足政府提出的经济限制要求和都市居民生活需求的前提下设计都市住宅单元。一个不完全的解决方法是将人均居住面积的设计标准降低一半以上，苏联顾问建议的9平方米被降至4平方米。[17]这一新的设计标准自然导致了房间尺寸的骤减，同时多房间公寓的数量也开始降低。根据新标准，70%的住户只拥有一个房间，而多房间公寓只占到房间总数的20%。

此外，通过几个公寓共用一套厨卫设施，空间被进一步精减。所采用的标准是2~3户一个厨房，4~5户一个卫生间。[18]最后的一项重大节约措施，也是从建筑角度最显而易见的一项措施——弃绝一切室内外装饰。原本带传统屋檐和山墙的坡屋顶变成了平屋顶，阳台被省略，拱门被淘汰。[19]这些措施的结果是外表毫无装饰的楼房，见证着作为这一时期标志的无情资源转移，从消费转移到生产。这是"先生产，后生活"这一口号的物化表现，从那时开始一直持续了二十多年。

为了发展出一系列反映新标准的节俭蓝图，整个1955年和1956年的上半年伴随着一长串的设计会议、竞赛和研讨会度过。在1956年，那些最适宜的设计方案被收集印刷，并被发送到全国的各个设计、建设办公室。[20]通过这一方式，新的设计标准和大部分建筑类型的现成方案在全国范围内传播。同时，它也被发送到建设部（construction bureaucracy），以确保所有的新建设项目都能符合新标准的苛刻要求。

重新制定建设标准的行动在单位体系的形成中扮演着重要却迄今未被发掘的角色。尽管对建成环境标准化的倡议在整个20世纪50年代早期从未间断，但直到1955年反浪费运动之后，它对政治和经济的重要意义才开始被充分认识。它在政治上的重要性源于建筑的统一性和标准化被认为是意识形态统一性的反映。在政治上，新标准也反映了对社会主义集体化理想的信奉日渐明确。建筑设计评论不仅局限于对材料的浪费使用和不合宜的建筑形式的关注，同时也针对新建筑的使用者所面临的实际问题。在这方面，对节俭的要求密切地吻合于对集体化的政治推动。更小的公寓和更多的共用设施不仅降低了建造成本，还推动了日常生活的集体化。

这些设计实践的趋势带来了基本住宅单元性质的根本转变。最初的单元只是共用一个入口和楼梯间的独立公寓的简单集成，然而在20世纪50年代中期，政治和经济的发展导致了单元成为一种综合的集体化的住宅单元。通过这一进程，中国建筑师脱离了苏联建筑顾问对单纯技术的强调，而将更多明晰的政治设计思潮纳入设计，这更接近20年代苏联设计人员的激进构成主义学派精神。1956-1957年间，设计论坛开始更多地关注于推动日常生活集体化的策略，而建筑师则开始提倡"深入群众"（going down amongst the Masses），

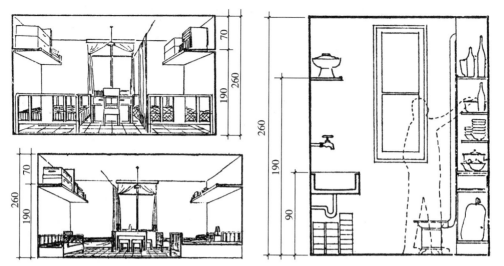

图 2 公寓式住宅楼单元。上面的单元为公用模式。设有两套包括厨房、卫生间和起居室在内的公共设施，每三户共用一套公共设施

图片取自：城市建设总局规划设计局. 全国标准设计评选会议对选出方案的意见和单元介绍. 建筑学报，1956（2）：65，69.

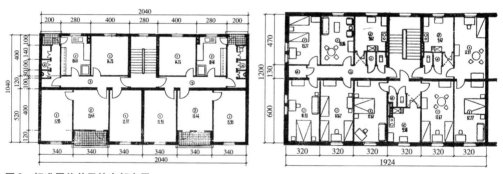

图 3 标准居住单元的内部布局

图片取自：叶祖贵，叶洲独. 关于小面积住宅设计的进一步探讨. 建筑学报，1958（2）：30–31.

以此作为充分了解新建筑的使用和使用者需求的最好方式。[21]在这种影响下，中国建筑师逐渐将自己视为政治实践者，其空间干预必须促进社会向共产主义的转变。

　　对标准化的推动吻合于经济紧缩趋势和加快集体化进程的政治需求绝非偶然。在确保新建成都市空间体现日益增强的集体化特性中，集中体现于都市住宅领域的设计标准化扮演了主要的角色。新兴的社会组织模式——社会主义集体——需要一个全新的都市环境模式。20世纪50年代的中国建筑师逐渐确信物理的空间布局对社会主义的转变能起到一个关键的作用。他们在50年代后半期设计的建筑空间呼应了苏联早期形成"社会容器"（social sondensers）等概念的一些思想。它们有着同样的首要目标，即塑造无产阶级的主体。

　　然而，将单元转变成集体居住空间只是一个更大计划的一个方面，因为住宅单元只

是一个更大的集体化实体——单位——的一个元素。向共产主义的成功转变不仅需要居住空间的集体化，还需要将日常生活和生产劳动力（productive labor）统一在一个集体之中。单位大院为这一激进的新社会组织提供了舞台。

单位最显著的建筑特征无疑是环绕它的一圈高墙。围墙标志着单位的领域，在这片领土中单位的规章制度至高无上。如同中国过往的围墙，单位的围墙通过界定社会空间、限定某种政府和社会交往的特定体制占统治地位的领域而起到积极的作用。单位的围墙明确而清晰地标示着单位脱离周围城市而独立存在，并同时创造一个空间，在其间集体社会生活和社会主义政府的特有模式掌控一切。

和在设计住宅单元时形成的原则一样，标准化的概念也同样运用于建筑单体之间的组合布局。建筑师和都市规划师在设计单位大院内的建筑单体间的空间关系上投入了许多时间和精力。这一时期的设计蓝图和现存的建筑遗存均指向同一个结论：早在第一个五年计划时，大院设计已经达到了相当高的标准化程度。[22] 在规划的初期阶段，出现了单位设计的两种基本模式。第一种模式主要用于大规模单位，第二种模式则稍作调整以适应中小规模的单位。大规模单位倾向于将住宅大院与包括了工厂和管理办公室的大院分离并相邻布置。

和这些大尺度复合体不同，中小规模单位倾向于将工作场所（工厂、办公楼、学校等）、生活场所和服务设施结合在一个单独的大院内。[23] 比如发表于 1956 年的一篇关于高校设计标准的文章，其中包含了下列条款，详细说明了每个校区内所需要的设施，并建议它们组合成四个基本功能分区：

①教学区：包括教室、实验室、校办工厂、研究和实验设施、图书馆、会议室和行政楼。

②运动区：包括体育馆（或风雨操场）和大面积运动场。校区内在教学区及宿舍区均应配置篮球场和排球场。

③学生宿舍区：包括学生宿舍、学生食堂、公共浴室等。一些校区也可以将未婚员工的宿舍放置其中。

④员工宿舍区：包括各种形式的居住和相关服务设施。[24]

根据文章中提供的一个样板校区设计，"相关的服务设施"包括一个门诊所、一个员工俱乐部、一个员工食堂和一个幼儿园。[25] 更小型的单位可以只为员工提供更为初步的服务设施，其最低要求通常包含宿舍、食堂、门诊室和公共浴室。[26] 对一系列不同规模单位的分析显示，每个单位不管规模大小，其目的都是在大院的围墙之内至少满足其成员的最基本需求。单位成员将在这个有限的空间内度过大部分时间，他们的日常生活不仅被单位的惯例和节奏规范，也被他们日常穿梭其间的空间模式塑造。

单位空间的设计有两个核心目标：在缩小的模型中象征和再生产社会主义国家的秩序，在居住成员中推进社会主义集体生活方式。为了解这些目标如何在空间模式中实现，有必要详细考察一个典型单位的设计蓝图。

无论是哪种尺度的单位，建筑单体在大院内的布局均持守一个类似的基本原则。各种平面显示，该原则就是将主要建筑单体沿着一条中心轴线布置，次要的辅助单体则成组布置在主轴线的任何一侧。大尺度单位经常设置一条或两条平行于主轴线的辅助轴线。这种轴线式布局的目的显然富于象征性，部分来源于中国古典建筑的设计原则。中国的传统城市规划、寺庙或皇城设计都基于一组主要建筑和空间元素沿着轴线次第展开。[27] 然而社会主义单位轴线的象征意义与传统布局中的截然不同。传统轴线通过次要建筑向重要建筑的逐步过渡而形成，象征着社会在儒家思想统治下严格的等级秩序。[28] 单位却正相反，它颠倒了这一次序，而将主要建筑完全展现在轴线的最前方，直接面对大院的正入口。通过这种方式，空间秩序立即环绕着这个被建筑支配的中央视觉焦点而建立。

在设计社会主义单位时逆转使用传统轴线原则反映了苏联斯大林时期纪念碑式、凯旋式建筑形式对中国的影响。[29] 这一形式意在使社会主义权力和社会主义国家具化为明确的物质形体。为了达到这一目标，重要建筑坐落的位置被仔细推

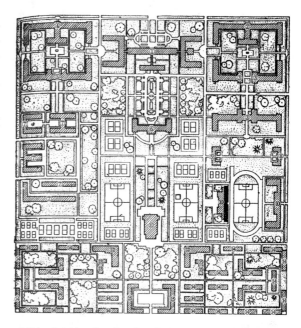

图例：①主楼；②、③、④、⑤不同科系的教学科研楼；⑥图书馆；⑦校办工厂；⑧校医院；⑨贸易工会俱乐部；⑩风雨操场；⑪大会堂；⑫学生食堂；⑬公共浴室；⑭学生和未婚员工宿舍（已婚员工安置在位于相邻居住大院内的公寓楼内）；⑮服务设施

图4 西安交大的总平面。注意设计中使用的强烈轴线。一条中心垂直轴线和边上的两条辅助轴线。通往单位的主入口在顶部正中，直接面对主要的行政主楼

图片取自：杜尔圻. 高等学校建筑群的布局和单体设计. 建筑学报, 1956 (5)：9.

敲，以使其象征性得到最大程度的加强。[30] 在斯大林统治下，城市本身成为一个文本，国家的权力被大书其上。在中国，斯大林式的纪念碑主义（Stalinist-style monumentalism）被运用在绝大多数城市的一些重要节点。位于北京核心地带的天安门广场无疑是最好的实例。巨大的广场被位于西面的人民大会堂和东面的革命历史博物馆，以及位于南面建成于1977年的毛泽东纪念馆环绕。然而，建筑的纪念碑主义最有效的日常影响力却产生在社会主义中国的微型城市——单位大院——之中。

单位中的焦点建筑单体，通常被简称为主楼，时常是单位的主要行政办公楼，包括党支部办公室和其他上层领导办公室。因此，建筑物的位置象征着党的核心地位及其在单位日常生活中的领导地位。传统中国轴线式布局的作用是将权力深深地隐藏在重重高墙之后，深不可测并远离普通的被统治者。相反，单位的建筑语言诉说的是一个更开放、平民化、时而显示人人平等的国家权力。简言之，单位的空间象征着政党和国家在单位生活中的中心地位，它也体现了毛泽东著名的"群众路线"的理想，即领导必须生

活和工作于群众之中。

根据标准设计，单位大院中的其他重要建筑在主楼之后沿着轴线设置。主楼的功能时常和政党、中央政府直接联系，其他建筑则基本和相关单位的日常事务紧密联系。这些建筑包括主要的工作场所或工厂车间、某个管理部门的办公室或报告厅，以及教育机构的教室。和主楼一样，这些建筑的中心位置揭示了一个重要的象征意义：它表明了劳动在单位生活和社会主义国家的中心地位。单位的存在理由在于对劳动的组织，因此在单位大院内日常生活围绕着对生产的需求展开，无论其产品是物质商品、知识或是信息。因此，单位的空间组织反映出和社会主义相一致的生产劳动的特权地位是不足为怪的。

单位大院的象征性因此包含了两个互相关联的思想：第一，它强调了社会主义国家和社会主义政党的首要地位；第二，它强调了劳动对社会主义实践的重要性。第一点代表了为实现社会主义目标需要获取的领导权、指导地位和统一目标。而第二点代表了社会主义社会得以实现的实际手段。劳动的重要性体现在它同为社会主义的物质和精神前提。也就是说，社会主义同时建立在生活物质条件的提高和无产阶级意识的产生之上，前者只能通过生产劳动才能获得，后者则需要通过参与集体劳动获取。[31]单位设计显然试图创造一种空间，它能同时促进劳动的产出和劳动的精神影响。

然而，在分析单位大院的空间结构时，仅着眼于象征性是不够的。归根结底，大院的设计是为了同时在推进生产关系和改造社会关系模式上获取一定的实践结果。如同他们的苏联前辈，中国建筑师和都市规划师相信空间模式在无产阶级意识和生活方式的形成中扮演着中介的角色。从当时的文章中可以清楚发现建筑师和设计人员尤其关注推动单位大院中居民的集体生活方式。[32]比如说，在讨论北京一个居住大院内的建筑单体布局时，一个建筑师用以下的言辞强调集体的重要性：

> 关于日常生活，我们必须尽力满足住户在室外进行娱乐活动和家庭杂务的需求。首先，居住形式将是集体的，大院应该依据公共使用的原则进行布局。因此，除了保证最低的日照需求，大院的尺寸应该按照满足公共使用的需求来计算，并考虑系统配置各种娱乐和家务设施。[33]

为促进这种集体生活方式，该建筑师建议在大尺度的大院中将两到三座建筑单体组合成院落。尽管这意味着部分建筑必须朝西而非朝南，该建筑师依然认为集体的原则理应超越日照的问题。[34]通过在单位大院内由单体建筑的组合形成一系列院落，该方案使社会生活的某些方面在集体的一个更小更实用的层面上得以实现。

从现存的设计资料中显然可见单位的集体生活在一系列不同等级的空间中展开。在集体的最基本等级，三到五个住户在一个单元内共用一套厨卫。在其上的一个等级，两到三个单体建筑共用一系列设施，如洗衣房、自行车棚和开放活动空间等。最终在单位等级，所有的住户共用一系列设施，如食堂、门诊室、公共浴室、会议厅、运动场、幼儿园、小学等。显然，单位内的日常集体生活并不能作为一个单一整体进行考虑，集体交往的特性随着组成单位成员日常生活的不同活动的展开而改变。单位形成集体模式的基本单元，而单位成员在更小规模的集体化团体中展开他们的各种日常活动。

许多集体活动在单位内的小团体层面展开,这一事实和我在本文中阐述的单位集体主义的概念并不相悖。相反,我相信这一现象更加强了集体化的影响力。上述的描述强调出集体主义如何融入单位日常生活的微观层面。为构筑适宜集体主义的空间所进行的细致入微的规划向我们表明,集体主义并不是中国共产党当局推动的一种抽象政治理想。它已成为一种原则,塑造着单位日常实践的方方面面。同样,有充分的证据表明集体化的原则不仅反映在单位大院的象征性形式上,也非常实际地与单位生活展开的日常空间相结合。

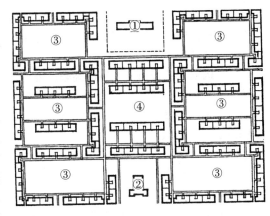

图例:①幼儿园;②公共浴室和洗衣房;③儿童活动场、晒衣场等;④运动场

图 5 居住大院的总平面

图片取自:叶祖贵,叶洲独.关于小面积住宅设计的进一步探讨.建筑学报,1958(2):35.

在随后的年代,尽管集体化的某些更激进方面或许有些回缩,将单位制定为都市生活基本单元的一系列复杂政府策略却大部分维持不变。此外,一直到改革开放年代,生产与日常生活间的决定性空间联系仍然是单位体系的核心所在。一个简短的例子就足以证明这一观点。在 20 世纪 60 年代,游正林研究的一家国有机器制造工厂为它的员工建造了下述设施:一个学校、一个食堂、一个门诊室、一个幼儿园、一个公共浴室、一个热水锅炉、一个冷饮部、一个理发店、一个综合商店、一个实习生宿舍和几幢已婚或未婚员工的公寓式住宅楼。这些设施一直隶属于该企业或单位,具体由各个管理部门如总务科、房管科和生活科负责分管。在"文化大革命"期间,工厂没有新添任何设施,到了 70 年代后半期,工厂新增了一个招待所,扩建了学校和幼儿园并新建了更多员工宿舍。而在改革开放的最初十年(1979 - 1989),工厂新增了更多住宅楼,进一步扩建了学校,并新建了一个商业中心——经营食品、服装、家用电器以及其他日常生活的必需品。到了 80 年代中期,随着单位的服务范围和规模的扩大,工厂成立了一个生活服务公司,专门分管这一领域。在这期间的最后阶段,这些服务业的员工从单位总体员工的 10% 上升到了 20%。[35] 这一上升一直持续到 90 年代。这充分表明了产生于 50 年代的单位体系如何持续 40 年之久支配着中国的都市生活和都市空间,直到经济改革最终获得了足够的动力,以新的社会空间模式取代了单位。

3 小区

在后"毛泽东时代"(post-mao period),从社会主义计划经济向市场经济的渐进转变,给中国城市结构带来了巨大冲击。许多因素造成了这场巨变,但其中最显著的因素包括:对以单位为主的旧国有体制的改革,和向抛去了大部分旧有福利的"现代企业体制"的转化;[36] 多种灵活私有经济的迅速崛起;[37] 对国内人口流动限制的放宽使劳动力从农村向城市转移;[38] 住房商品化和私有化;[39] 以及都市重新更新政策,将大量地块转入私有地产开发商手中。[40]

这些因素,结合前所未有的高幅度经济增长,使中国城市的物理和社会结构以引人注目的方式被重新构筑。单位体系的衰退带来了工作场所和生活空间的分离,以及城市空间功能分区的增加。同时,大面积社会主义及前社会主义城市(socialist and pre-socialist city)被拆除,取而代之的是新的高层公寓楼、多层商业中心和现代办公大楼。国有企业职位的减少、私有企业职位的增加和农村劳动力新注入的灵活性,使都市人口结合成新的社会经济团体,如企业家、私有企业员工和农民工,他们的生活完全摆脱了旧的国有体制。[41]

在近年出现的最显著的新现象之一就是对大量新居住区块的营建。这些区块普遍被称为小区,由专业规划师和建筑师设计成规划街区,在其间,住宅、幼儿园、诊所、饭店、俱乐部、便利店、运动设施和通信设施等公共设施相结合,这些设施由专业物管公司统一管理。[42] 小区通常采用某种形式的隔断与外界隔绝,如墙和围栏,并大部分在入口处设置保安。这些特殊设施充分表明了都市居住空间不仅被转化成一种可供买卖的商品,还被私有"管理"公司控制,它们"减轻"了国家对居住环境的责任,如保障安全、维持治安和提供其他服务。在这部分,我将聚焦于武汉的两个居住区:一个我称为HPG,由私有开发商营建,为普通民众提供"经济适用房"(economic housing);另一个我称为SCG,由一家大型国有企业开发,作为它现有员工和退休员工的半商品半补助住房(partially subsidized housing)。我的分析如以前的单位设计那样,考察这些新小区的设计是如何反映了社会的组织和通过空间形式生产某种社会权力关系的独特思想的。

维持这些居住区治安的最显著方式就是监控和管理小区的入口。两个小区都被高高的铁栏杆围合,进出都被严格限制于两(HPG)到三(SCG)个入口大门。过去的大部分单位和居住大院都被实墙围合,但在近期,以坚固的栏杆取代围墙开始流行。关于这

图6 HPG小区总平面 作者自摄

图7 HPG小区入口大门 作者自摄

一转变我听到了两种解释：一种解释只是因为栏杆比高砖墙美观；另一种解释主要出于安全考虑，认为铁栏杆不同于墙体，它能透视，因此更有利于从里或从外进行监控。入口大门每天24小时有保安值班，他们被相应的物管公司雇用。在通常情况下人们自由进出而不必出示证件，但有时保安也会让那些他们认为的外来者出示证件，尤其当来者像小贩或农民工时。在需要时，如在非典时期，可以简单关闭大门，进行更为严格的身份验证。而当小区内发生案件，设岗的出入口也使嫌疑犯很难轻易逃脱。在入口大门设岗无疑会加强居民的安全感，但同时这也会不断提醒居民，他们生活在被高度监控的居住空间中，他们自身的活动也会不时地受到审查。

居住空间的治安维持也可以通过有条理、有规律地整齐排列小区内的建筑单体、提高小区各个角落的可见性得到。一个典型的小区由散置在整个开放空间中的20到50幢独立的公寓楼组成。通常这些建筑单体成组成团布置，使几个单体共同面向一块共享公共绿地或铺地。这些组团通常由一条宽阔的林荫道连接，这条道路连接几个入口大门，为小区的各个部分提供方便快捷的交通。HPG有四个组团，而SCG则被进一步分为六个内部组团。这样的空间布局使两个小区的开放空间暴露于所有愿意注目的居民。这种设计加强了正式监控的有效性，并将每个居民转化为永久业余保安。这样的空间结构就像一本打开的书，暴露在每个经过小区的居民面前。同时，由于每条道路每时每刻都有人走过，任何不寻常无疑都会在短时间内被任何居民察觉。同样，每个居民也清楚地知道他们自身的行为同样暴露在其他居民面前。这样，和全视监狱（the Panopticon）一样，这种空间设计使居民内省，学会控制自己以遵从公共行为准则。当持续的"坏行为"产生，问题会被很快反映到居委会并采取相应措施。在这种谨慎细微的小区管理者的管理下，HPG实行了"三无"措施：无烟蒂、无纸屑、无瓜壳果皮。为保障这项措施的实现，自愿者被组织起来频繁地检查小区的卫生。在SCG小区，狗及其主人的行为成了小区管理的主要对象。经过几轮磋商后，居委会制定了一系列条款以降低狗对小区的影响，狗的主人只允许在一定时间段和小区的特定区域内遛狗。志愿者结合成小组监控这一条款的实施，并对违规者进行罚款。

通过利用人和科技的监视手段，小区安全被进一步加强。中央监控系统普遍应用于更为高级的小区。HPG就安装了一个全范围中央监控系统网络，并由专门的保安在位于主入口附近的监控室不断监视各个屏幕。几乎所有小区都有专业保安看管大门并定期巡视小区。很多小区，包括HPG和SCG在内，还由小区委员会组织义务巡逻队，它们受被自己指派的"社区警察"管理，并和小区保安紧密联系。作为最后的一项措施，两个小区都按照警察的建议在每个住宅楼的入口安

图8 SCG小区内部　作者自摄

从单位到小区：治理的空间化

装了厚重的金属"防盗"保安门。依据SCG的社区警察的说法（基于2006年1月17日的访谈），采取所有这些保安措施的根本目的就是防止犯罪。然而，由于其他措施早已存在，增加居民义务巡逻队似乎在满足安全的实际需求的同时，也是为了增强小区的凝聚力和居民之间的责任感。

义务参与作为"小区建设"的一个主要组成部分，在两个小区内都被积极采用，并体现在住宅楼设计的某些方面。从20世纪50年代开始，最受欢迎的都市住宅楼形式是长长的多层公寓板楼，底层有一系列的独立入口。[43]每个入口，作为单元入口，通往一个楼梯间，联系每个楼层的两或三个公寓。由于楼梯间之间没有内部通道，因此通常每个公寓只有一个出入口。这种形式的住宅楼在HPG和SCG两个小区都占主导地位，而小区的志愿者网络也根据这一特征建立。原则上，小区从每个单元选取一名志愿者作为小区的"单元负责人"（section leader）。他们每月和小区委员会会面并汇报一次，但也可以在任何需要时联系委员会成员。他们的角色是小区和居民之间的联系人：他们负责单元内的卫生和安全工作，传递信息，汇报任何纠纷，协助家庭计划工作，并帮助动员居民参与各项运动和文化活动。尽管单元模式最早是由于经济而非政治原因被采用，然而它提供了简洁而有效的手段将居民划分成易于管理的治理微观单元。作为早先节俭设计的遗产，这种居住设计的模式依然是当代小区的重要特征，并促进对小区日常生活的治理。

图9 HPG小区内中央监控系统的监控室
作者自摄

图10 SCG小区内的布告栏
作者自摄

小区建筑最显著的标志之一就是它所产生的过量信息。居民需要被通知的信息范围广泛，从委员会自身的结构和成员，最新的政府政策，对节假日的安排，好公民的责任，直到为居民提供的各种服务。在两个被研究的小区里，信息的提供主要依靠使用放置在小区各个重要节点处的布告栏。一些布告栏直接设置在主入口大门之内，另一些沿着小区主要道路放置或位于每个组团的中心开放空间。紧急通知也时常张贴在通往每个单元的入口。因为每个小区的设计将主要人流限制在为数相对较少的主要道路和小路上，所以确保信息通过居民在小区空间的日常流动传递到大多数居民并不非常困难。与此类似，小区的全体居民都能清楚了解社区组织的教育性或文化性活动，仅仅因为这些活动都在形成小区空间不可或缺的高度透明的公共空间中进行。一些活动经过特殊设计，以加强居民及其居住环境之间的联系，如植树和大扫除等。它们的意图在于加强居民对营建集体空间的意识和责任感。

4 结语

当代中国的一个主要悖论是计划经济的消亡伴随着城镇规划师和都市设计人员影响的增强。在某些方面当然是由于市政府显著增加的财富，财政的地方化以及都市用地的商品化为地方政府带来了新的大量财政收入。然而，这也同时表明了政府和专家的结盟，为了特殊的社会和政治目的，他们共同致力于有目的地塑造都市环境。在某种程度上，这是对早期几个阶段的一种延续。在"单位时期"，对于中国政府，新社区不仅仅是都市人口的集体宿舍，而且是在政府的积极引领下，实现以现代性和文明进步的某种愿景为核心的新型社会生活的场所基地。当政府出于政治和社会目的如此精细地关注城市环境的（再）塑造时，政府在深层次上重新构造了治理本身的基本性质。这个过程我在前面称之为"治理的空间化"。[44]当我们观察到以下这一现象时，这个过程就变得明晰：政府的参与和引领，远远超过了对社区的简单监督和管理；政府通过一个深思熟虑、精密复杂的话语将都市规划的宏观技术和社区管理的微观策略明确地结合在一起；以此为基础，政府参与并引领着都市再开发的整个阶段，从构思开始直到完成。

原文英文，由徐佳（澳大利亚墨尔本大学建筑规划学院博士候选人）译成中文。

注释：

［1］文章的部分章节曾经发表过；"单位"部分见 Bray. Social Space and Governance in Urban China: The Danwei System from Origins to Reform. Stanford: Stanford University Press, 2005; "小区"部分见 Bray. Designing to Govern: Space and Power in Two Wuhan Communities. Built Environment, 2008, Vol. 34, no. 4: 392 – 407; "中文小区"部分见薄大伟（David Bray）. 治理型设计：武汉两个社区的空间与权力. 中国研究, 2007 (5 – 6): 166 – 182.

［2］Lefebvre, 1991.
［3］Lefebvre, 1991: 229.
［4］Lefebvre, 1991: 304 – 305.
［5］Foucault, 1991: 100.
［6］Lefebvre, 1991: 421.
［7］Lefebvre, 1991.
［8］Jenner, 1992: 83 – 102.
［9］Rabinow, 1989.

[10] Parkins，1953：60.

[11] 关于苏联顾问在建筑和设计领域所涉及的范围和带来的影响的详细讨论，包括一系列当时的建筑照片，请参见龚德顺，邹德侬，窦以德，1989：41-67.

[12] 龚德顺，邹德侬，窦以德，1989：43-44.

[13] 当然，气候是住宅设计中的相对变量，尽管在大多数情况下寒冷和温暖气候下住宅的唯一差别是中央暖气的提供与否。

[14] 曹洪涛和储传亨，1990：60.

[15] 关于两种住宅模式的标准实例参见城市建设总局规划设计局，1956：57-72.

[16] 对这些缺点的总结参见李邕光，1956：99.

[17] 曹洪涛和储传亨，1990：197.

[18] 李椿龄，1955：95.

[19] 龚德顺，邹德侬，窦以德，1989：69-70，同时参见 Photographs：70-71.

[20] 参见赵冠谦，1988：222-223.

[21] 如涂添凤，1958：34.

[22] 关于大院设计的书面材料我主要倚赖《建筑学报》上发表的作品。

[23] 在这里我主要指都市单位大院，但值得注意的是一些乡村集体生产单元采用了非常类似的空间模式。实例参见燕翊治，1955：86-89.

[24] 杜尔圻，1956：5.

[25] Ibid.：9.

[26] 实例参见庞树滋，徐宏波，1956：28-35；和梁文翰，1957：43-48.

[27] 通过对中国建筑和都市规划史的研究，Boyd 提出设计的基本原则"是很早出现的传统，并被广泛运用，无论是一个小型住宅的平面，一座寺庙、一个皇城或是整个城市的总平"。这些基本原则是："1. 围墙；2. 轴线；3. 南北朝向；4. 院落。"Boyd，1962：49.

[28] 实例参见 Wheatley，1971：425.

[29] 现代时期这一形式的原型主要来自于拿破仑资助下 Haussmann 在巴黎发展的纪念碑式都市主义（Monumental Urbanism）。他设计的中心特征是在城市各个象征性节点上放置纪念碑式的建筑物。这一被国家资助的纪念碑形式不仅在苏联的斯大林时期备受青睐，也在意大利的墨索里尼时期和德国的希特勒时期赢得重要的一席之地。参见 Frampton，1992：210-223.

[30] 见 Tarkhanov and Kavtaradze，1992.

[31] Michael Dutton 关于中国的劳动和无产阶级意识的关系上有类似的观点。Dutton，1992a：276-294.

[32] 在这里我既包含了具有独立居住大院的大型单位模式，也包含了中小型的"多功能"单位模式。

[33] 华揽洪，1957：24.

[34] Ibid.

［35］游正林，2000.

［36］Bray，2005，pp. 157-193

［37］Guthie，1999

［38］Solinger，1999

［39］Davis，2003

［40］Zhu，2004

［41］Friedmann，2005

［42］Lü et al，2001，pp. 230-45. 小区并不是个新词，但它在20世纪80年代后期被用于新的大院模式。

［43］Bray，2005，p. 134

［44］Bray，2005.

葛如亮的习习山庄与20世纪80年代的中国现代乡土建筑

Ge Ruliang's Xixi Scenery Spot Reception and Chinese Modern Vernacular Architecture in the 1980s

彭怒，姚彦彬
Peng Nu, Yao Yanbin

1 为什么研究习习山庄

选择习习山庄作为研究对象并以案例分析作为主要的研究方法，并非偶然。一方面，建筑师葛如亮教授（生于1926年8月10日）自1989年12月8日辞世至今已近20年，难免让后辈学人心生缅怀；另一方面，习习山庄作为葛先生的代表作在建筑界虽然耳熟能详，然而到目前为止，尚未见一篇文章单独、完整地介绍或分析这个作品。即使在这个作品最早见诸文字并由葛先生执笔的《从创作实践谈创作之源》[1]（1986年）文章中，习习山庄也只是作为简要介绍的5个案例之一，来讨论建筑创作与民族、时代的政治经济文化的关系。支文军教授的《葛如亮的新乡土建筑》（1993年）和华霞虹的《"同济风格"——20世纪中后期同济四个建筑作品分析》（2004年）是目前为止涉及习习山庄研究的两份重要文献。支文军教授在文章中较早把葛先生的习习山庄等一系列作品与20世纪80年代中国当代建筑创作中的"新乡土建筑"[2]倾向相联系；同时作为《时代建筑》的编辑，他在同期杂志上整理刊出葛如亮70年代末一篇关于"建筑"与"自然"关系的文章以示纪念，这是学术刊物首次以一个完整栏目的方式关注葛如亮先生的建筑成就。华霞虹的文章从同济建筑风格的"创新"共性讨论了习习山庄等4个同济建筑，值得关注的是作者在现场对细节和空间的敏锐观察；她也指出了这些作品"让新一代建筑师有机会亲历其间"，[3]从而涉及这些中国现代建筑史中的重要作品对年轻建筑师的影响问题。这两份重要研究文献并未选择对习习山庄进行独立的个案研究。

对习习山庄进行案例分析还有以下缘由。①从中国现代建筑史的研究现状来看，邹德侬教授作为这一领域的奠基者，其多年持续的研究和大量论著已经建立了中国现代建筑史的整体历史框架。个案研究在"点"上的深入，将有助于揭示在这个框架中处于边缘位置的"现代"倾向的建筑及观念的源头和具体发展，并丰富和发展这一框架。②葛先生以习习山庄为代表的一系列与自然山水结合的建筑并非孤例，案例分析也有助于揭示这些建筑与20世纪80年代中国"现代乡土建筑"[4]探索的整体关系。而且，80年代的"现代乡土建筑"与50-60年代上海的鲁迅纪念馆（陈植、汪定曾、张志模等，1956年）、同济大学教工俱乐部（李德华、王吉螽，1957年）、广州白云山山庄旅社

(莫伯治、吴威亮，1962年）等从民居中汲取灵感的建筑也处于中国现代建筑发展中的两个重要时段，在这两个时段里，有机遇发展出脱离"民族形式"纠缠的本土意义上的现代建筑。③相对于"岭南现代建筑"在20世纪60－80年代的发展所构成的中国现代建筑史中一条清晰的脉络和完整的谱系，海派建筑或同济建筑在20世纪50－80年代也存在一条大致可辨的脉络，[5]其中，冯纪忠的方塔园和葛如亮的习习山庄是这条脉络在80年代的两个重要地标。④就中国现代建筑史的研究目标而言，是把这段历史纳入第三世界现代建筑的框架以使得它们最终成为能被西方建筑界接受的知识或西方建筑整体知识体系的一部分，还是关注中国现代建筑历史的独特性和复杂性（特别是关注那些可能培育出主体建筑文化的节点），也是值得深思的学术选择问题，对习习山庄的案例分析无疑有助于后一种研究目标的展开。⑤目前，中国第四代建筑师[6]已开始活跃在国际建筑舞台，言语和论著中更多强调了西方建筑思想（特别是海归建筑师）[7]和中国古代传统的影响，基本不涉及中国现代建筑历史的经验。对习习山庄的案例研究将揭示前辈建筑师取得的成果和曾经达到的高度，正在成长的年轻建筑师们或可亲历这些建筑，认识和追寻中国现代建筑自身的历史经验以逐步建立文化上的自信。

2 习习山庄设计背景

葛先生在20世纪70年代末承担了国家建委建筑理论中心课题"建筑与自然"，[8]设计实践的重心也从体育建筑转到与自然山水结合的风景区建筑，80年代先后设计并建成天台山石梁飞瀑茶室（葛如亮、朱谋隆，1980年）、习习山庄（也称灵栖1号，葛如亮、龙永龄、刘双喜，1980－1982年）、瑶圃（也称瑶琳2号，葛如亮、李茂海、龙永龄，1981－1984年）、餐霞楼（也称灵栖2号，葛如亮、龙永龄、韩建新、刘双喜，1981－1983年，部分建成）、翠谷山庄（葛如亮、龙永龄，1982－1984年）、水上旅游旅馆（葛如亮、龙永龄，1982－1985年）、大樟树旅游旅馆（葛如亮、龙永龄，1982年，部分建成，已拆除）、缙云电影院（葛如亮、龙永龄、钱锋，1983年）、新安江体育俱乐部（葛如亮、龙永龄、刘双喜，1982－1984年，已拆除）、新安江电讯大楼（1989年）。主持的规划和建筑方案还包括瑶琳风景区规划（1980－1984年）、桐君山规划（1980－1982年）、瑶琳1号（1980年）、灵栖3号（1981－1984年）、碧东坞风景建筑（1986年）等项目。

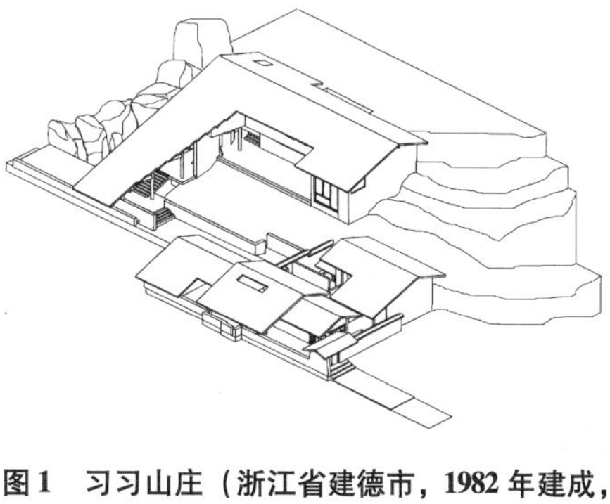

习习山庄是葛先生在富春江—新安江国家重点风景名胜区里设计建成的第一个建筑（图1～图3，图4～图6）。设计开始时，天台山石梁飞瀑茶室已建成，瑶琳1号方案（未

图1 习习山庄（浙江省建德市，1982年建成，葛如亮、龙永龄）三维模型
图片取自：姚彦彬绘制

图2 俯瞰习习山庄长尾巴屋顶
图片取自：葛如亮

图3 习习山庄上层露台回望长尾巴屋顶柱廊　图片取自：吕恒中摄

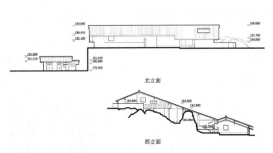

图4 习习山庄立面
图片取自：王炜炜据施工图绘制，姚彦彬据现状修改

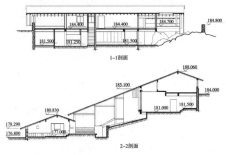

图5 习习山庄剖面
图片取自：王炜炜据施工图绘制，姚彦彬据现状修改

建）已在设计中。石梁飞瀑茶室是葛先生在故乡浙江地区建成的第一个风景建筑，由于"设计做得很匆忙，也很快地建造起来，葛先生看后很开心但也觉一些遗憾，建筑还没有进行细部设计，没能进行精确的推敲"。鉴于石梁飞瀑茶室的经验，习习山庄从设计到现场都进行了精确的控制。

事实上，葛先生在浙江地区设计的最早的一个风景区建筑（未建成）是在"文革"后期，据葛先生长期的设计合作者龙永龄教授回忆，那是"一个两三层楼的招待所，设计了很多院子……江南民居中，院子是很重要的。当时由于运

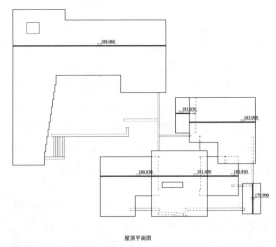

图6 习习山庄屋顶平面
图片取自：王炜炜据施工图绘制，姚彦彬据现状修改

动并没有完全结束,又展开了一次大批判,认为葛先生不好好改造思想,做了很多院子是封建主义的残余……结束之后,他问我,做4个院子就是封建主义,做几个院子才是社会主义?这个设计的缺点是院子还不够"。[9] 查阅葛先生的干部档案后,可确定这个方案是1974年设计的"富春江招待所"(合作者:蔡婉英)。可见,葛先生早在不能正常从事建筑设计的"文革"期间就已尝试把"院落"、"江南民居"等要素运用于旅游建筑。

3 "L"形流线的"转折关系"

习习山庄(图7、图8)位于浙江省建德市石屏乡"灵栖胜景"[10] 清风洞入洞口。清风洞处于山体南坡的半山,出、入洞口上下相距不远,出洞口(上方)为天然形成,入洞口(下方)则为人工开凿。为遮挡入洞口的开凿痕迹,习习山庄紧贴入洞口,因此从山下到习习山庄要经过一段较长的游步道。

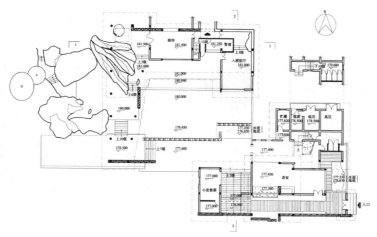

图7 习习山庄一层平面
图片取自:王炜炜据施工图绘制,姚彦彬据现状修改

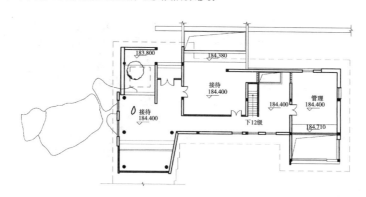

图8 习习山庄二层平面
图片取自:王炜炜据施工图绘制,姚彦彬据现状修改

3.1 山门的"L"形转折与来自天台宗祖庭国清寺的影响

上山游步道在现场确定，它始于一株已有 700 年树龄的枫香古树[11]（图9），并以石头、树木和建筑的具体关系来定位[9]。游步道本可正对朝南的建筑，习习山庄的山门却折而向东，与上山流线形成"L"形转折。当我们穿过浓荫接近建筑时，小径尽头的入口山门（图10）出乎意料地低矮，"谦卑得像是一户山里人家"[3]。习习山庄入口流线的转折和山门尺度与佛教天台宗祖庭国清寺[12]有着非常直接的关系。葛先生设计天台山石梁飞瀑茶室时多次造访了天台山国清寺，早在 1979 年 4 月为研究"建筑与自然"课题也曾在国清寺留住数天，[13]并写下了《天台山国清寺建筑》一文。文中第三节"山门及其内外"写道："有谁见过朝南的寺，朝东的山门？国清寺……具有规正的轴线，严格的布局；但在大门处理上，却陡然转过 90°，面东而立。这里既不是悬崖峭壁、地形所限，也不是南无大路、人流交通所提出的要求。这一变化，却使山门内外，增添了无限生趣"（图 11 ~ 图 13）。[14]从大门尺度上看，国清寺纵向多进、横向四组，房屋 600 多间，占地 7.3 万 m²，山门大小却如普通宅院。习习山庄同样是建筑面南、山门朝东，而且山门尺度极小，与建筑形成对比，深得国清寺之精髓。

图9 游步道起始于古枫香树　图片取自：彭怒摄

图10 习习山庄入口山门　图片取自：吕恒中摄

图11 （左）国清寺山门外照壁

图12 （中）国清寺山门　图片取自：彭怒摄

图13 （右）国清寺山门内景　图片取自：彭怒摄

3.2 建筑内部的"L"形流线转折

建筑内部有入洞和出洞两条流线（图14），入洞流线为主要考虑的对象。从建筑内部的空间组织和入洞人流路线来看，习习山庄可以看成由4个变化的矩形构成。第二个矩形由室外和半室外的平台组成，其他矩形为屋顶覆盖的建筑空间。流线从山庄大门到入洞口经过了7次"L"形转折（图15）。在经过入口敞廊到达第一个转折处，正对坡地上的入洞前室，本可用最短的距离到达前室而进入清风洞。水池矮墙、挡土墙和眺台边矮墙三道水平向（东西向）墙体如同葛先生所分析的国清寺山门两侧的墙体一样，把游人引向眺台完成第二个转折。第三个转折是由台阶、长坡顶、自然山石和一段"灵栖做法"的墙体所引导。在一次次的"L"形转折中，建筑师希望游人酝酿入洞的心情，对未知胜景的一种莫名期待逐渐得以增强。

出洞流线同样也进行了精心的设计。经山路到眺台后，月亮门作为直接对景将游人引入茶室再折向小门、敞廊而出山门。

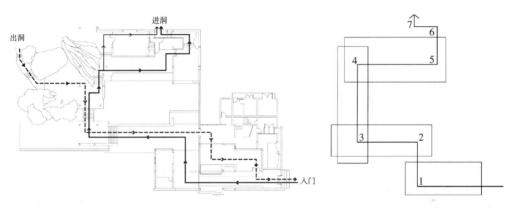

图14　习习山庄出入洞流线分析
图片取自：王炜炜绘制，姚彦彬修改，指导：彭怒

图15　入洞流线的转折关系
图片取自：王炜炜绘制，指导：彭怒

3.3 从"L"形流线到"L"形空间：一种独特的现代空间原型

由于习习山庄建筑体量相对松散，空间界面相对开敞，"L"形流线在室内、室外及半室内外穿插，更多组织起通过式空间；在随后设计的瑶圃中，建筑体量相对集中，空间界面相对完整，"L"形流线的转折关系更多演化为葛先生所总结的"L"形空间（图16、图17）。我们在瑶圃的使用空间、"入口——过渡空间"、交通空间中都可看到这种"L"形转折关系。瑶圃是一个围绕入口庭院和中心天井组织起来的较为集中的建筑，葛先生把这种传统建筑和园林中的"转折关系"转化为功能集中的"L"形空间，不同于通常意义上现代主义的"流动空间"（界面的连续，界质的透明）而发展出一种独特的现代空间原型，可谓深得传统中"转折关系"之精髓，因而"L"形空间"回返悬缺；小丐者遂见大，紧凑中见舒展"。[1]

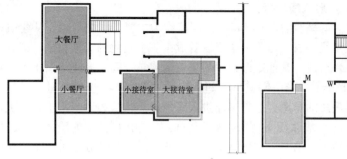

图16 瑶圃的 L 形空间分析
图片取自:王炜炜绘制,指导:彭怒

图17 瑶圃的 L 形空间分析
图片取自:王炜炜绘制,指导:彭怒

4 "廊"的空间艺术:入口敞廊和长尾巴屋顶长廊

习习山庄的空间处理尤为可圈可点。入口敞廊和长尾巴屋顶下的空间最有代表性。

4.1 入口敞廊的空间艺术:宽敞感、空间节奏与光影的作用

进入山门,地面无一丝绿化,与山门外满眼的绿色形成强烈对比,意借蘅芜,让人猛然沉静。入口敞廊的实际宽度并不很大,却显得十分宽敞。这是因为敞廊在剖面上高度较低,而且中间的批檐坡度平缓、出檐深远挑至敞廊外,使得空间显得宽扁并在宽度方向上产生延伸感;地面由卵石和斩假石两种材质划分成 3 段,前后批檐也出檐至卵石铺地位置,把天空划分为两个部分,这种在宽度方向上的多次划分无疑加强了入口敞廊的宽度感。由于前后批檐与中间批檐的出檐不同,敞廊在纵深方向又形成三段,即使在没有阳光的日子,仍然可以感受到敞廊空间"明—暗—明"的节奏的变化(图18、图20)。阳光充足时,空间节奏更加强烈。让人叹服的是,在中间批檐覆盖的"暗"中,茶室的天井光线透过了敞廊内侧墙体的梁下狭长的开口和踢脚之上低矮的花台,带来微弱的"亮",可谓"暗"中有"亮",尤其是花台中一丛迎春(现已不存)在光线的勾勒下探出,增添无限生机和禅意(图19)。

图18 (左)习习山庄入口敞廊及中间批檐下空间　图片取自:吕恒中摄
图19 (中)习习山庄入口敞廊及中间批檐下空间　图片取自:吕恒中摄
图20 (右)习习山庄入口敞廊回望　图片取自:龙永龄摄

值得一提的是，敞廊中间批檐下的外侧矮墙（"灵栖做法"）与连续矮墙断开，有 3.42m 长的矮墙向外推出 300mm 后有 1m 矮墙再向外推出 200mm；在中间的檐柱的位置上矮墙转折 90°，与原来的墙体垂直。矮墙在中间批檐位置的断开和外扩一方面加强了三段节奏里中间部分的力量；另一方面也使连续矮墙自由开敞而富于变化；更重要的是游人可在此凭栏停歇，极目南望优美的风景或看看来路、招呼后面同行的游伴。矮墙的外推得益于冯纪忠先生的建议。在习习山庄方案设计阶段，冯先生偕夫人曾来到现场，提议葛先生在此把矮墙断开，外扩成半圆平台，可增加挑檐在矮墙上阴影的变化以及矮墙在敞廊地面上阴影的变化[9,15]。葛先生采纳了意见，只是把半圆改为两段微有转折的直墙。我们在冯纪忠先生方塔园何陋轩南面临水平台上也可发现低矮的护栏断开，对应着水池边一棵柳树（图 21），而其他地方仅在四角断开而产生空间的流动。习习山庄敞廊矮墙断开的转折直墙使空间流动变化也，精确对应了北侧茶室外墙下的低矮花台的挑出和南面停歇观景的需要。

图 21　方塔园何陋轩南侧临水平台护栏与垂柳的关系

图片取自：彭怒摄

葛先生在研究国清寺时曾感叹"山门内外是国清寺建筑精华所在"，[14] 习习山庄山门外的转折、尺度处理，山门内的敞廊的丰富空间处理同样是这个建筑的精华所在。山门内外应该是葛先生运思的一个重要节点。

4.2　长尾巴屋顶长廊的空间艺术：空间态势关系和透视幻觉

习习山庄给大多数人的印象就是那 22.8m 的"长尾巴屋顶"，葛如亮先生在《从创作实践谈创作之源》文中曾两次提到它"引起纷纷议论"[1] 和"曾被议论纷纷"，[1] 可见他为此承受的压力。习习山庄出现在各种杂志和书籍中，被大量使用的一张图片（图 2）正是从长尾巴屋顶西北方向的山路上拍下来的俯视，巨大的屋顶成为习习山庄的一个符号。在此，可见图像传播的重要作用，事实上，大多数未能亲临现场的建筑师都是从这张图片上获得对这个建筑最基本的印象。

在现场会发现，这个长尾巴屋顶的形式本身并没有想象中那么重要，长尾巴屋顶下的长廊空间（图 22）才是这个建筑的精华所在。长廊（图 23~图 25）连接上下两组不同标高的功能空间，可理解为非功能性的连接空间，却是空间艺术发生的地方。在长廊里，东、西、南、北、上、下 6 个界面都打破了封闭长方体的概念，看似自然变动，却有精确的控制所建立的整体关系。

首先，长廊中最重要的要素就是三组天然、美丽的山石。其中，山石 A 位于长廊西面边沿，上题刻"清风洞"，作为西面的一段边界；山石 B 体量最大，中部有两处凹陷而成3部分,山势整体向东南倾斜而下,山石东南向的两处凹陷和同向的纹理皱褶加强了山体急泻之势(图26);山石C为独立的石笋,引导游人折而向东。建筑师根据这三组山石进行空间的处理。首先地面被分为三段,从178.5m标高的低处平台、180m的中段平台,上到181m标高的地面。两段平台的设置是为了营建观看山石的角度和空间,中段平台也连接了出洞下山之路(原设计中下山路线经过眺台,可见平台主要是为观看山石而设)。采用灵栖做法的石墙2、石墙3一方面作为东、南的空间界面,另一方面恰能阻挡山石B急泻而下的空间态势。

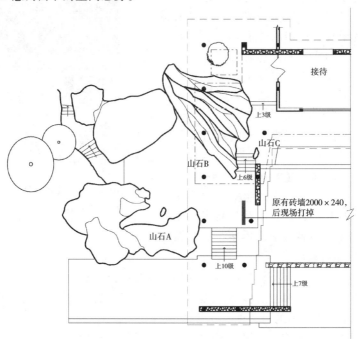

图22　长尾巴下的长廊平面　图片取自:姚彦彬绘制,指导:彭怒

图23　长尾巴下的长廊
图片取自:吕恒中摄

图24　长尾巴屋顶下的长廊
图片取自:吕恒中摄

图25　长尾巴屋顶下的长廊
图片取自:吕恒中摄

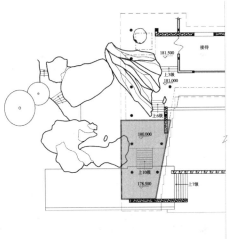

图26 山石 B 东南向的倾泻之势　　图27 长廊平面中的梯形

图片取自：姚彦彬绘制，指导：彭怒

　　进一步分析会发现，长廊在平面上存在一个北边为长边、南部为短边的梯形（图27）；在剖面上也存在一个北面为长边、南面为短边的梯形（图28）。长廊的几何学关系产生的空间效果可以在伯尼尼（Gianlorenzo Bernini）设计的梵蒂冈宫教皇接待厅大楼梯（Scala Regia，1663–1666）（图29、图30）里找到相似之处。作为梵蒂冈宫的主入口，大楼梯的平面也是梯形，这是由于它位于圣彼得教堂和梵蒂冈宫之间一块尴尬的基地并已有楔形墙体的限制，但伯尼尼把这一切化为有利，做了一个顶部为筒拱的柱廊，设计的"原理就是巴洛克舞台的深景（The principle is that of the vistas of the baroque stage）"，[16]通过连续柱子对平面梯形的重复和加强，楼梯在梯形短边方向显得更加深远；从剖面来看，柱子随着踏步的升高越来越短也使得剖面呈现梯形，从而使远处的空间越发深远。在习习山庄的长廊里，平面和剖面的梯形方向与梵蒂冈宫教皇接待厅大楼梯是相反的，这使得长边方向上山石 B 的体量显得更大，向东南急泻而下的势能也增强，扑面而来。其实，这和米开朗琪罗设计的卡比多广场（Capitol in Rome）在梯形的方向性上更为接近，卡比多广场梯形长边上的参议院显得远比实际高大。如果从习习山庄长廊的高处回望或从出洞口下山至第二个平台向下走，那么，南面的绿荫将更为深远。特别值得一提的是采用灵栖做法的石墙3，它位于剖面梯形的短边，并从平台上升起1.1m，使得剖面梯形的短边高度显得更低，进一步加强透视在这个方向的深远，而且如前分析也在空间态势上"阻挡"山石 B 的急泻之力。如同梵蒂冈宫教皇接待厅大楼梯在空间态势上向上方会聚的终端精心布置了一扇装饰丰富的窗户作为巴洛克舞台深景的焦点，石墙3则在空间态势上向下方会聚的终端作为一个对应物而存在。石墙3无论位置还是高度都进行了精心的控制，而且它的水平方向性的引导和垂直方向上对视线的抑制将提示游人走向西面的眺台，在那里才可以将南面风景一览无遗。

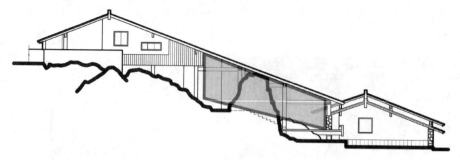

图28 长廊剖面中的梯形
图片取自：姚彦彬绘制，指导：彭怒

图29 梵蒂冈宫教皇接待厅大楼梯
图片取自：Nikolaus Pevsner. An Outline of European Architecture. Harmondsworth：Penguin Books，1963：252.

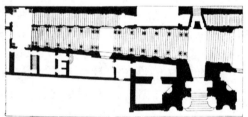

图30 梵蒂冈宫教皇接待厅大楼梯
图片取自：John Templer. The Staircase：History and Theories. MIT Press，1992：25.

梵蒂冈宫教皇接待厅大楼梯的"巴洛克舞台深景"效果主要由两边墙体和密布的柱子在空间上形成相对封闭的界面而获得；在习习山庄长廊，东、西、南、北都是半开敞的，所以透视幻觉的效果并不是最具主导性的，它和山石、风景、流线的相互关系的整体性更耐人寻味。有趣的是，在长廊中段平台地面上可以看到一段2000mm×240mm的墙体痕迹，经查阅图纸得知，原设计中这里是一段从地面砌筑至屋顶的砖墙。这段墙体在施工中砌至一半时被打掉，原因不言而喻，在建成的长廊空间中它是多余的，由此也可见建筑师对现场效果的重视（图23）。

4.3 "廊"的艺术：来自国清寺长廊的影响

入口敞廊和长尾巴屋顶下的"长廊"处理和国清寺的影响密切相关。国清寺长廊贯穿全寺近2000m，有挑檐廊、连檐柱廊、重檐柱廊、双层柱廊、单层柱廊、双层双檐廊等各种中国古代建筑的"廊沿"形式。廊沿互应、禅门重重、高低错落，为国清寺建筑的重要特色。葛如亮对国清寺的深入研究和独特感情，使得长廊特色在习习山庄中得到了充分发挥，事实上，入口敞廊和长尾巴屋顶下的长廊也是习习山庄中空间处理的重点之处。

尤其是国清寺雨华殿两侧的独立柱廊与南北向有梯段的外檐廊相交接时，空间的通透性得到加强，带来无限生机（图31、图32），成为国清寺的另一个精华所在。廊的空间通透性以及有高差变化的柱廊在习习山庄的长尾巴屋顶下的"长廊"中得到了充分体现。在葛先生的"天台山国清寺建筑"文中，还提到了浙江地区另外两个相比邻的著名禅寺"阿育王寺"和"天童寺"。虽然他主要分析这两大禅寺的选址问题，但这两个禅寺也以"柱廊"的出色经营而让人惊异：比如阿育王寺的一条十字交叉的柱廊里，西面和南面都有高差变化（图33）；天童寺里一条独立的长廊同时具有平缓坡道带来的高差关系和方向上的转折关系（图34、图35）。

图31　国清寺长廊
图片取自：彭怒摄

图32　国清寺长廊
图片取自：彭怒摄

图33　阿育王寺长廊
图片取自：彭怒摄

图34　天童寺长廊
图片取自：彭怒摄

图35　天童寺长廊
图片取自：彭怒摄

5 建筑与地形、山石、自然的相互依仗

习习山庄的平面布局顺应了地形。两组主要功能空间与等高线平行，减少对地形的改造；与等高线垂直的长尾巴屋顶下长廊，其平台和梯段都架空在山体上（图36、图37），以最少的接触获得建筑本身的异常轻盈。

图36　长尾巴下长廊的梯段和平台　　图37　长尾巴下长廊的梯段和平台　　图38　天井中的小树
图片取自：彭怒摄

曾被议论纷纷的长尾巴屋顶，屋面坡度为2/11，与自然山坡坡度相同，因而最大程度地强化了与山坡的关系。而且，长尾巴屋顶上大下小，是为了使屋顶从下面看时更为轻盈。[15]屋顶东侧呈锯齿状使屋顶形式也颇具新意。关于这个屋顶，葛先生曾在讨论天台民居时谈到："……信手拈来，左右穿插，造出了多彩多姿的各种坡顶。绝大多数两面坡顶并不死板对称，其中一面会长长地坡落下去，显示了方向主次……顿时使建筑物生动起来"。[17]事实上，习习山庄功能空间在水平向展开，而入洞游览最主要的方向还是在垂直方向上的上升，所以，这个巨大的单坡确实如葛先生所言，在整组建筑中具有显示方向主次的作用。

长坡顶覆盖的山石B成为建筑二层楼板的天然支撑，且其顶部穿过了楼板暴露在二层空间中。最特别的是山石C，原先只露出地表一小块，本打算从场地中剔除，后经过挖掘发现是一块宝塔状的独石，色泽和纹理很美。最终它被保留下来，并调整长廊的位置而重新放线。由于山石C正好在人手的高度，游人经常不自觉地加以抚摸，靠近顶部的石尖已油润光滑，甚至游人会放弃设计好的行进路线，选择从山石C和采用灵栖做法的石墙的夹缝中挤过去，更增添了游玩的乐趣。山石C的存在使得这个建筑获得了灵魂，一如绘画中的"画眼"。事实上，建筑师曾长时间驻留现场，建筑的施工也经历了7次放线，原因就在于现场不断调整建筑与山石、自然的关系。[9]

在与长尾巴坡顶对应的北侧屋面上，我们看到一棵小树从底层山石上穿出天井（图38），带来一片绿意，也显示了建筑师对自然的态度。

当我们查阅习习山庄的施工图时，发现一个非常有意思的地方，这组建筑群没有定正负零零的室内标高来确定不同功能空间之间的相对高差，地（楼）面标高直接用黄海高程来表示。当我们读图时，不得不一直做减法来获得不同标高间的高差。这也从图纸表达的角度说明，建筑师确实是根据场地本身的标高来不断确定建筑的标高的。

葛先生曾希望，建筑为石头而建，以后能发展成石头为建筑而长。这个建筑建成25年后，植被已异常茂密，除非走近否则看不到建筑。建筑与山体、山石已紧密地长在一起。

习习山庄还利用了清风洞内自然风，通过400mm×400mm的地沟把6×10^4kcal/h的习习凉风送到房间，只需打开房间里预留风口即可，建筑也因此得名"习习山庄"。

6　石墙的不同作用

分析习习山庄里的厚石墙，会发现它有两种作用：一是流线的引导作用，二是产生空间向外的推力。

在9段石墙中，有7段是水平向的，多起着流线在水平方向的引导作用。垂直向的石墙中，仅有两段独立石墙以及两段水平石墙很短的一段垂直转折。垂直石墙2不仅有流线方向的引导作用，而且有形成空间界面的作用（如第4节所述）。垂直石墙4与石墙7的垂直段相互对应，实则使入口敞廊与茶室内天井的空间相互流动。水平石墙8的垂直段作用非常微妙，当流线从入口敞廊转折向北面，水池以及入洞前室的体量在一条轴线上，形成建筑的一个视觉中心，石墙8的垂直段则使得这个中心向西面的入洞口偏移（图39）。

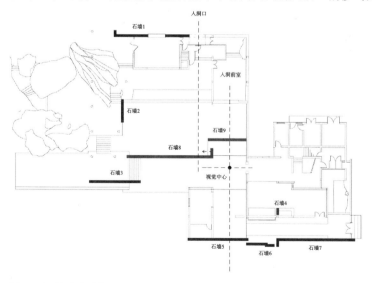

图39　石墙分布分析图
图片取自：姚彦彬绘制，指导：彭怒

葛如亮的习习山庄与20世纪80年代的中国现代乡土建筑　　169

如果分析这些石墙在平面上的方向和分布，会发现它们与密斯（Mies van der Rohe）1923年设计的"乡村砖宅"方案（Brick Country House）的平面关系（图40）非常接近。"乡村砖宅"只有水平和垂直两种片断式的墙体，似乎有一种巨大的离心推力使建筑空间从中心向外扩展。在习习山庄中，水平方向向外的推力明显为主导，使得这个建筑的空间横向延展，加强了与大地和自然的联系。

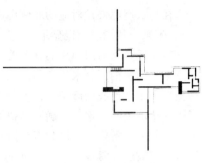

图40　密斯的"乡村砖宅"方案

图片取自：K. Frampton. Studies in Tectonic Culture. The MIT Press, 2001：162.

7　"灵栖做法"

在习习山庄里，采用了两种不同砌筑方式的石墙。一种是这一地区传统的砌筑方式，呈不规则的冰纹状，用于挡土墙石墙8和石墙9。其余7片厚石墙都采用了"灵栖做法"。

"灵栖做法"（图41、图42）为习习山庄所独创。它采用一种当地大量出产的凝灰岩，这种岩石有3种色彩（偏黄、偏蓝、偏红），开采时质地非常柔软，随着时间的推移会越来越坚硬。在施工图上，建筑师对"灵栖做法"有明确的说明："横缝水平（但不在一条水平线上）；直缝有垂直及倾斜；整片墙面不规则地鼓出若干块石头（凸出墙面30～60mm）"。[18]"灵栖做法"的色彩与构图与蒙德里安（Piet Mondrian，1872－1944年）的"红黄蓝"非常相似，这表明现代抽象绘画对葛如亮可能存在的影响。

 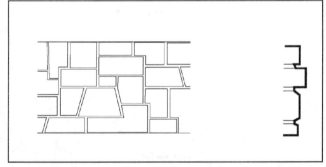

图41　灵栖做法（一）　　图42　灵栖做法（二）　图片取自：王炜炜绘
图片取自：彭怒摄

在施工现场，建筑师亲自砌筑，将做法演示给工人看。这类石墙的砌筑方法，后来成为该地区工匠普遍采用的"灵栖砌法"。只需讲"灵栖砌法"，工人们便心领神会地做出来。葛如亮在后来的瑶圃、建德市新安江体育俱乐部、新安江电讯大楼等建筑中采用了"灵栖做法";当地建筑师20世纪90年代设计的建德化工厂大门、杭州龙井山园等也都采用了"灵栖做法"。

意大利建筑师斯卡帕（Carlo Scarpa）在布里翁墓地（Brion Cemetery，San Vito d'Altivole，Treviso，1969 – 1978年）里，把"阶梯状体量"（Ziggurat）发展为墓地建筑类型的完美细部，成为"有繁衍力的细部"（Fertile Detail）。[19]"当一种细部从个人的建筑语言走出，通过集体的使用，就证明了它的繁衍力"。[19]斯卡帕的"阶梯状体量"母题由于被当地建筑师大量用于墓地建筑，而成为威尼斯墓地建筑的标准细部。这也如塞利奥拉窗（Serliana Window）经过帕拉第奥的使用演变为我们熟知的帕拉第奥窗（Palladian Window）的标准细部。

与帕拉第奥窗和斯卡帕的"阶梯状体量"母题类似，"灵栖做法"在浙江地区传统厚石墙的基础上，发展出一种全新的石墙做法。而且由于建筑师反复使用，创造了一种为当地工匠熟练掌握的地域性建筑做法。如果我们以这种方式去理解"地域性"，就会赋予当代的地域性建筑创作以极大的自由。

8　预制混凝土地面的时间性

在习习山庄中，葛如亮对预制混凝土地面的应用也是独具匠心。建筑中共采用了4种形式的预制混凝土块（图43）铺地和两种方式的拼接：一为密缝，二为留缝（50mm）（图44～图50）。

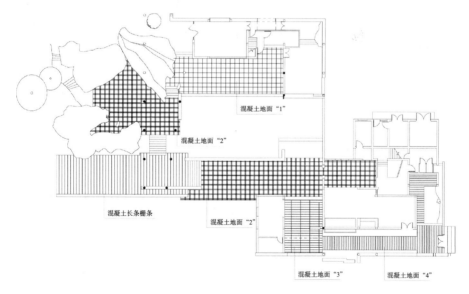

图43　四种形式的预制混凝土块地面　　图片取自：王炜炜绘

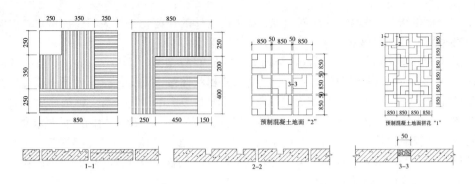

图44~图50　四种形式的预制混凝土块地面
图片取自：王炜炜绘

由于一部分预制混凝土块本身带凹槽或留缝拼接，风吹雨淋和人的活动带来了山泥和草籽；露天眺台的混凝土条在粗糙的表面上也渐渐长出了青苔（图51）。人和自然的共同作用使得冰冷的混凝土焕发出勃勃生机，时间就此为建筑注入了生命。

9　历史经验与反思

9.1　中国营造传统之精髓"转折关系"和"对仗关系"的运用

图51　长青苔的混凝土条
图片取自：彭怒摄

在习习山庄里，中国传统建筑和园林的营造传统最集中地体现在"转折关系"和"对仗关系"的运用中。习习山庄在山门与游步道的关系、建筑内部流线关系上把"转折关系"运用到极致，发展为"L"形流线。在随后的瑶圃中，这种"转折关系"又进一步演变为"L"形空间——一种不同于通常意义上"流动空间"的独特的空间原型，而且满足了功能相对集中的当代要求。在"转折关系"上，国清寺的山门内外对葛如亮有着最直接的影响。

"对仗关系"也充分体现在习习山庄的设计之中。对仗，在古诗文里也称对偶，在中国传统建筑和园林里被广泛运用，用冯纪忠先生的话来说，就是"两两相照，相辅相成，和谐统一"，而且他还指出方塔园的设计手法就是对偶（对仗）的运用。[20]董豫赣着手园林意匠的研究后，也提出对仗是"1，差异而相对的意象前提；2，异相间发生相互仰仗的关系……与建筑学的'自明性'要将评价标准建立在建筑自身上不同……'对仗'标准所要评价的却是建筑与景物间相互'因借'的关系"。[21]

对仗，并不是对比，通过比较而突出一方的主体地位，而是建立"异相"间相互的仰仗。在这一点上，中国的营造学（建筑、园林）并非没有自己的体系和原则，相对西方建筑学的基石——几何学和比例系统所建立的"精确性"，"对仗"则建立了中国营造传统中从"两两"关系到整体关系的"精微性"。"对仗关系"同时发生在 20 世纪 80 年代冯纪忠的方塔园和葛如亮的习习山庄之中，不能不让我们感叹，中国现代建筑曾经达到的高度远未被我们充分认识。

就习习山庄而言，"对仗关系"的运用处处可见。最重要的一点体现在建筑与山石、自然的对仗上：长尾巴屋顶采用与自然山体同样的坡度建立二者的相互关系；长尾巴屋顶下墙体 2、矮墙 3 分别在东面和南面对应山石 B 东南向急泻而下之空间态势，在现场，更能充分感受到建筑与自然山石形成的这一力场的整体关系；独立山石 C 作为"点"在空间布局中的保留为长廊赋予了灵魂，更建立了人体和手与它的关系。建筑与山石、自然的关系不仅仅是一种简单共生，而是通过对仗关系的建立，使双方都得以升华并构造为密不可分的整体。

图 52　出洞流线正对月亮门
图片取自：彭怒摄

建筑要素之间的对仗关系也得到了建立。比如，矮墙 3 与高处的柱子对应，其在透视梯形（平、剖面）的短边阻挡视线所加强的深远效果得到了精微的考虑，同时水平展开的方向又与眺台的功能建立了另一种关系；出洞流线在眺台与月亮门对应（图 52）而被引向茶室。习习山庄看似自然、随意，实则通过"对仗关系"在不同层面对建筑要素之间的关系进行了精微的控制。

9.2　中国营造传统的内与外

习习山庄不仅受到西方建筑几何、透视观念的影响，还借鉴了园林、本地民居和浙江三大禅寺的营造经验。对于民居，葛如亮并没有直接借用图像化的符号和样式，相反，他对民居里不拘一格或打破常规的地方特别关注。长尾巴屋顶是对天台民居灵活处理的屋顶形式和屋顶方向性的一种发展，故而，在当时这一与坡顶的习常形象相左的变革必然承受极大的压力。同时，习习山庄在山门内外、廊的空间艺术等方面都深受国清寺的影响。

葛如亮无疑是深谙传统的，从营造意匠到具体手法。这与他的家学渊源、幼年教育、人生经历以及建筑追求都不无关系。他是在传统之内探索现代建筑，传统于他而言是一种天然的关系。对于我们这代建筑师而言，由于文化的大断裂，传统是一个他者，我们身处其外。因此，传统常常作为图像符号或是"概念操作"体现在建筑中，甚至被一些登上国际舞台的建筑师急迫地展示给西方。在这一点上，董豫赣、童明等建筑师展开的园林意匠的深入研究无疑是在修补传统和我们的关系，也正是在这一点上，葛如亮、冯纪忠等前辈建筑师的实践给我们诸多启示。

9.3 "空间原理"与建筑的空间性

葛如亮在学术上非常敬佩冯纪忠先生,后者倡导的"空间原理"对他影响颇深。冯纪忠从20世纪60年代开始提出了"建筑空间组合设计原理"的教学设想,并进行了相关教学实践。冯先生认为建筑设计是一个组织空间的问题,应该从使用要求组织平面到立体空间。葛如亮和冯先生于同一时期在建筑系工作,也参与"空间原理"课程的讲授。在习习山庄里,入口敞廊和长尾巴坡屋顶长廊的空间处理堪称精妙,它们体现出来的空间性也使得这个建筑在现场体验时更具魅力。

作为石梁飞瀑茶室的合作者,朱谋隆老师曾指出葛如亮非常重视平面布局,而对立面一般放手给合作者处理。"空间原理"强调从平面开始的设计程序,平面的布局会直接影响到建成之后各空间的关系。可见相对于立面,葛如亮更重视平面到空间的过程。

在观察习习山庄时,我们总能感觉到立面的质朴和处理的直接,建筑师从不回避传统材料的传统做法,并且做得坦坦荡荡。这与葛如亮身处传统之内不无关系,传统于他并不是包袱。但这并不能说,立面和形式的探索就不是问题,对于葛如亮而言,从传统内部向现代走去是一个不断历练的过程,习习山庄本来只是一个起点。在屋檐形式上,勾头、滴水的做法削弱了屋顶作为面与墙体的体块关系,随后在习习山庄山下设计建成的餐霞楼在屋檐取消了勾头、滴水的做法,更为洗练。在习习山庄里,反倒是在储藏等辅助房间的材料和立面处理上颇有新意(图53、图54)。

图53 辅助房间的立面处理
图片取自:彭怒摄

图54 辅助房间的立面处理
图片取自:彭怒摄

9.4 习习山庄与 20 世纪 80 年代的中国现代乡土建筑

"乡土"并非指"边远"、"保守"的一极,而是蕴涵着一个深刻的概念——"本乡本土"。在《说文解字》中,对"乡"、"土"的解释分别为:"乡",国离邑。民所封乡也(乡,今作向)。"土",地之吐生万物者也。"乡土"一方面指大地对我们的生养、化育,同时指我们归属这一领域,从而涉及人的存在根基的问题。"乡土"的英文 vernacular 在 17 世纪初由拉丁词语 vernaculus 演变而来,意为家用的、本土的、当地的。词根 verna 指出生在领地房子里的奴隶。在现代社会里,人们身不由己地以各种方式掠夺大地,疏离大地,失去了归属的领域,因此丧失了存在根基;与此同时也不可救药地患上怀乡症——这种怀乡症恰恰说明了遗留在集体记忆中的家园意识。所以,我们以"现代乡土"来讨论 20 世纪 80 年代初期中国建筑中出现的立基于当时、当地、自然、民居传统、本土营造经验的设计倾向,而没有以"地域主义"或"批判的地域主义"(critical regionalism)的视角来加以阐释。尽管弗兰姆普敦(K. Frampton)等西方建筑理论家以"批判"给"地域建筑"赋予一种对内和对外的选择权,然而"地域主义"多少带有西方理论家对西方的非中心地区和第三世界国家建筑的文化投射和身份认定。"现代乡土建筑"主要强调建筑在现代社会里与人的存在根基(大地和领域)的一体性,在这一点上,无论西方东方都是相通的,可以说是普世的。

事实上,葛如亮以习习山庄为代表的一系列现代乡土建筑并非孤立的探索,在 20 世纪 80 年代,有一批中国建筑师进行着类似的实践。王小东设计的新疆吐鲁番宾馆(1979–1980 年)早于习习山庄建成,也堪称 80 年代现代乡土建筑的早期杰作,并引领了新疆建筑师在 80 年代中后期一系列具有地域特色的建筑创作。吐鲁番宾馆以种满葡萄的条形花台连接宾馆的外廊以及长方形的中心庭院,这样葡萄藤自然覆盖了外廊顶部的悬臂梁,以及中心庭院外侧柱廊所支撑的葡萄架。当夏夜来临,当地维吾尔族居民和客人们常常在中心庭院和宾馆外廊下歌舞。这组建筑群设计的重点不在建筑本身,而在于提供一种场所,以最单纯和质朴的方式维系和生发了一种生活场景。相对于习习山庄的空间性和吐鲁番宾馆的场所性,这两个建筑的形式表达都比较质朴和弱化;而 80 年代中后期一批现代乡土建筑就显示出"形态构成"和"民居符号"的明显影响,在建筑的形式表达上普遍着力更多。

我们目前正在对 20 世纪 80 年代江南地区的现代乡土建筑进行谱系和重点个案的研究(图 55)。自 20 世纪 70 年代末及 80 年代初开始,全国出现了风景区建设热,各地的风景区都展开了大规模的建设,为现代乡土建筑的实践提供了契机。建筑界也开始讨论风景区建筑如何和当地民居相协调并向它学习。[22] 结合对民族形式的反思,一部分建筑师开始意识到民居建筑的价值,产生了一批尊重自然环境的现代乡土建筑。除了葛如亮的现代乡土建筑之外,还有齐康等东南大学教师在福建武夷山的实践;汪国瑜等清华大学教师在安徽黄山风景区的实践;唐葆亨等杭州一些建筑师在浙江各地风景区的实践;同济大学的教师的实践则主要在浙江和安徽九华山等地。黄仁的安徽九华山东崖宾馆(1980–1986 年)及其后更为成熟的湖南张家界青岩山庄(1986–1989

年),齐康的浙江天台山济公院(1987-1988年)、南京梅园新村周恩来纪念馆(1989-1991年),汪国瑜的黄山云谷山庄(1987年),戴复东的山东荣成北斗山庄(1990年),"正阳卿(钟训正、孙钟阳、王文卿)"设计小组的无锡太湖饭店新楼(1984-1986年),卢济威的无锡新疆职工太湖疗养院(1985年)等,都是这一时期的代表性建筑。这些作品不仅融于自然山水,借鉴民居、园林,有的还出现了对"空间性"、"身体性"、"场所性"等现代建筑理念的探索,力图发展出脱离"民族形式"纠缠的本土意义上的现代建筑。

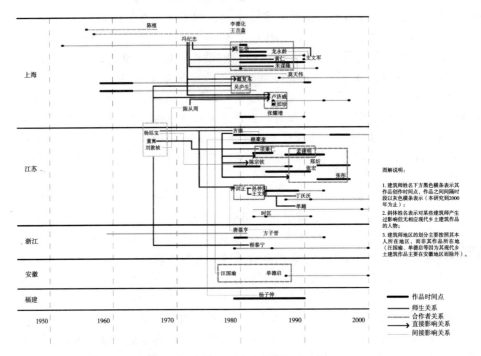

图55 20世纪80年代江南地区现代乡土建筑代表建筑师谱系图
图片取自:姚彦彬绘制,彭怒指导

（本文第一稿曾以"中国现代建筑的一个经典读本——习习山庄解析"为题目发表于《时代建筑》2007年第5期,本稿有改动及内容的增添。感谢支文军教授、葛如亮夫人贾方老师提供了大量图纸、照片及幻灯片;感谢龙永龄、贾方、朱谋隆老师等接受访谈;感谢建德旅游局乐祖康、叶同宽、朱红霞接待和陪同考察;感谢同济大学档案馆周雪梅老师在查阅档案时提供的帮助;感谢摄影师吕恒中的辛苦工作,没有她图片的支持,本文将不完整。)

注释：

[1] 葛如亮. 从创作实践谈创作之源. 建筑学报, 1986 (4): 17-22.

[2] 支文军. 葛如亮的新乡土建筑. 时代建筑, 1993 (1): 42.

[3] 华霞虹. "同济风格"——20世纪中后期同济四个建筑作品分析. 时代建筑, 2004 (6): 52, 55.

[4] "现代乡土"这一概念最早由朱剑飞博士提出。它是指在20世纪80年代和90年代，中国建筑师（主要指1978年以前上大学的老中年建筑师）创作出了一些背离民族形式的含有现代主义、地方主义或者两者结合的新作品。朱剑飞在1997-2002年间经常提到这一概念，先是把这种明确的风格称之为"晚现代-新乡土"（Late Modern-New Vernacular），后觉得不太精炼而改用"现代乡土"。见朱剑飞给王炜炜的Email, 2007年3月24日。

[5] 这方面尚需学者们进行更多基础的史实研究。

[6] 彭怒，伍江. 中国建筑师的分代问题再议. 建筑学报, 2002 (12): 6-8.

[7] 他们对中国传统（不仅指建筑）的研究和阐释是否得其精髓值得探讨，近期董豫赣、王澍、童明、葛明等建筑师对园林的研究和讨论倒是开启了对传统深入研究的可能。

[8] 葛如亮干部档案中9-8, "高校教师职务申请表"，同济大学档案馆。

[9] 彭怒、王炜炜、龙永龄教授访谈录音，2006年5月11日，时代建筑编辑部，王炜炜整理。

[10] 灵栖胜景由灵泉洞、清风洞、灵栖石林组成。

[11] 种植于元朝大德年间（1297-1307年）。

[12] 国清寺坐落在浙江天台山南麓，为中国天台宗祖庭，也是日本佛教天台宗的祖庭。

[13] 为此，笔者曾3次造访天台山国清寺。

[14] 葛如亮. 天台山国清寺建筑. 同济大学学报, 1979 (4): 15, 16.

[15] 彭怒. 龙永龄教授电话访谈，2007-08-21.

[16] Nikolaus Pevsner. An Outline of European Architecture. Harmondsworth: Penguin Books, 1963.

[17] 葛如亮. 风景建筑漫笔——天台山石梁飞瀑风景建筑设计概述. 建筑师, 1980 (4).

[18] 灵栖1号二层平面（1:100），建施2（工程总负责人：葛如亮；工种负责人：龙永龄；绘图设计：刘双喜），1980年8月。

[19] Marco Frasicari. "The Tell-The-Tale" Detail // Kate Nesbitt. Theorizing a New Agenda for Architecture: an Anthology of Architectural Theory 1965-1995. New York: Princeton Architectural Press, 1996: 511.

[20] 冯纪忠. 建筑弦柱——冯纪忠论稿. 上海：上海科学技术出版社，2003：117.

[21] 董豫赣. 预言与寓言——贝聿铭的中国现代建筑. 时代建筑，2007（5）：62.

[22] 这个时期《建筑学报》等建筑杂志上多有讨论风景区建筑如何和当地民居相协调、向民居建筑学习的文章。

个人建筑师，大众社会，草根品牌：
兼论中国现代主义建筑简史

Solo Architect, Mass Society and a Grass-roots Approach to Branding:
with a Brief History of Chinese Modern Architecture

爱德华·科构
Eduard Kögel

自从1990年代中期第一次到中国以来，我每年都会回来。1999年我在柏林与刘家琨见面，并在北京访问了张永和的"非常建筑"工作室。他们的工作打动了我。刘家琨设计的小型建筑，例如在四川郊区的何多苓工作室和犀苑休闲营地，以及非常建筑在北京改造的书屋通道，展示了对当地条件的灵活体现。办一个关于中国当代建筑的展览的念头冒了出来。在柏林的Aedes画廊和许多中国建筑师的帮助下，展览《TUMU——年轻的中国建筑》2001年在柏林举办，第二年在上海举办。这是中国建筑师第一次有机会带着他们相对小型的项目向中国以外的国际观众展示他们的作品。新闻界对此的反应是惊讶的。除了两个已经提到的建筑师，展览还展出了艾未未、马清运、王澍、张雷、王群、朱竞翔和丁沃沃的作品（图1、图2）。[1]这一代建筑师——包括更多没有参加展出的——展示了建筑方面新的发展。[2]在一个全球交流和信息快速流动的时代，他们成为了中国当代建筑的代表。当然，这仅仅是一个肤浅的阅读，遗漏了很多建筑行业的本质变化、基于网络信息的全球化影响以及混杂了基本社会原则的经济巨变。重要的问题是，在弱势的乡村（没有建筑师）和强势的城市经济差异明显的情况下，如何赋予城市和乡村生活意义和特征。这里必须寻找一种新的解决方法。为了更好地理解现状并推测未来的可能性，一个对历史的选择性观察将有助于说明，这些年轻建筑师处于一个连续的发展路线中，他们使用的概念在中国已经有一个很长的历史。

在20世纪末充斥商业压力和美学困惑的气氛中，年轻一代的中国建筑师显然受到国外理论和实例的影响。但是，难道整个20世纪不都是这样吗？吸收国外影响以及传统建筑形式语言中新的思想，这是整个世纪全世界几乎所有地域表现主义建筑普遍存在的现象。对中国的第一代建筑师来说，海外学校的建筑教育建立起了一个与外国联系的网络，并至少运行至1949年。之后意识形态负担阻碍了进一步的讨论，但是其影响却被继承并转换。这种与海外的联系在1980年代重新建立并在1990年代得到加强。[3]

图 1　刘家琨设计的犀苑休闲营地（1998 年）
图片取自：刘家琨

图 2　"非常建筑"工作室设计的席殊书屋（1996 年）
图片取自："非常建筑"工作室

第一代中国建筑师中的一大批在日本和美国的巴黎美术学院传统下接受教育；而在第一次世界大战后，他们中的另一批在法国、英国和德国得以接触现代主义运动和其改革思想。20 世纪初期在中国工作的海外建筑师也代表了这两条发展路线。对中国独特的现代建筑的追寻包括一个文化转换和适应的过程，表现为传统、革新和新的发展之间复杂的关系。扫视中国现代建筑发展，可以发现两条重要的讨论路线，至今仍然在讨论中占统治地位：第一条而且是最强势的路线是来自学院派传统的影响，其对建筑构成有强烈的形式关注；第二条则建立在注重功能和经济效用的欧洲现代主义基础上。在第一条路线关于学院派的影响和中国古代建筑研究方面，我们可以找到用西方语言写成的重要出版物。[4]第二条路线中关于来自欧洲现代主义的影响也可以在最近的出版物中找到。[5]为了将现在这些年轻的建筑师与 20 世纪的发展联系起来，并展现他们在一个城乡经济发展悬殊的大众社会背景下，对建筑新的特征的"中国式"解决方法各自的贡献，有必要选择性地关注现代历史发展的一些方面。

1　作为基础的学院派传统

巴黎美术学院传统由在美国大学留学的年轻建筑师带到中国。宾夕法尼亚大学的毕业生，如范文照（1893－1979 年）、赵深（1898－1978 年）、梁思成（1901－1972 年）、杨廷宝（1901－1982 年）、童寯（1900－1983 年）等，对现代中国建筑的发展有深远的影响。1920 年代末在南京建立的新的首都和要求建筑表现国家自己的特征——新的中华民国的概念——的政治意志向建筑师提出了挑战，其中还包括 1930 年代初大上海的规划。[6]

除了上海的国际殖民地，中国建筑师非常关注"中国复兴式"[7]或者有时也叫做"宫殿式"风格，实际上是将中国古典形式和西方内容转换成一种新的"中国的"建筑语言。传统宫殿的大屋顶成为办公建筑的主要表现特征，同时也是被批评的焦点。为了在南京的新首都和大上海市政发展，政府在 1930 年代初，在建筑师的帮助下寻找一种表现国家公共机构的形象代表。[8]

为了更深入了解中国古典文化，有必要探讨传统建筑中建造、空间和意义的概念。1930 年代中国古建筑研究的数量和质量都显著改变。中国和外国学者都开始认识到研究艺术史和民族自身概念的重要性。[9] 朱启钤建立营造学社是科学记录历史建筑道路上最重要的一步。1931 年他争取了年轻建筑师梁思成和他的妻子林徽因（1904 – 1955 年）加入学社。两人都在美国宾夕法尼亚大学接受教育，师从著名的学院派建筑师克瑞（Paul Philippe Cret）（1878 – 1949 年）学习希腊和罗马建筑史。刘敦桢（1897 – 1968 年）在日本接受教育并于 1932 年加入学社。营造学社通过实地调研和测量来研究 1103 年的建造样式手册《营造法式》和清代 1734 年的建造规范《工程作法则例》。他们在 1931 – 1937 年间完成了对中国古代建筑的现代式编史，并如同希腊和罗马建筑中的西方古典样式体系那样，用改造了的学院派方法来寻找一种"中国样式"。梁思成热衷于将中国古代建筑的形式特征转换成一种"中国建筑语法"，作为现代中国建筑的准则。[10]

在整个 1930 年代，经济问题和战争迫使新的发展必须节约简朴，这在蒋介石和国民党政府发动的"新生活运动"中得以推行。[11] 它试图糅合传统的儒家思想、民族主义和极权主义思想，某些方面还联系到欧洲的法西斯主义，用来对抗共产主义意识形态。"新生活运动"排斥个人主义和西方资本主义价值观。

2 功能成为形式——现代主义思想在上海：两条路线的斗争

上文中提到的关于现代主义运动的第二条建筑发展路线源于 1920 年代和 1930 年代早期欧洲的讨论。下面的例子显示了 1950 年代中期以前来自德国的影响。一个年轻的德国建筑师汉堡（Rudolf Hamburger）（1903 – 1980 年），1930 年来到上海并工作于上海工部局董事会。[12] 汉堡设计的第一座建筑是维多利亚护士之家（Victoria Nurses'Home），[13] 毗邻大西路（Great Western Road）上由邬达克（L. E. Hudec）在 1926 年设计的新古典风格的地方医院（Country Hospital）（图 3、图 4）。[14]

图 3　Rudolf Hamburger 设计的维多利亚护士之家（1933 年）北侧

图片取自：Michael Hamburger

图 4　Rudolf Hamburger 设计的维多利亚护士之家（1933 年）南侧

图片取自：Michael Hamburger

这个建筑被竖向并对称地安排在沿着街道的三组体量中；塔式结构成为街道的重要特征。南侧的立面结构是完全相反的——竖向的阳台把大窗户和玻璃门遮在阴影中。在建筑的组织中，汉堡使用了巧妙的办法使建筑形式适应当地的气候条件。建筑的朝向，平面的功能组织，以及供护士使用的私人屋顶显示了1920年代在德国建筑学校里讨论的改革理想。对立面和屋顶的处理完全符合现代主义运动的目标"采光、通风、日照"。维多利亚护士之家可以被看做上海最早的"现代"建筑之一。而且它必须被理解为从形式上对抗了被之后一些中国建筑师使用的国际式风格。[15]

汉堡的朋友奚福泉（1902－1983年）曾在德国达姆施塔特工业大学（Technical University of Darmstadt）留学并于1926年毕业。[16]在1930年返回上海之前，他于1929年在柏林工业大学（Technical University in Berlin）完成了他的博士论文。[17]上海的虹桥疗养院是奚福泉早期的委托项目之一。他的客户是中国红十字会，要求他为"高级别病人"设计一座建筑。[18]疗养院构图对称并遵循功能要求。主楼包括两个部分：一个四层的塔状入口建筑和一侧房间等高的联排建筑。在联排建筑一侧，每个肺病病人的房间带一个私人平台。[19]这些平台的特色是每两个单元之间都设立竖向隔板，以阻挡传染病人之间的直接接触。这也为平台上的床位提供了私密空间。为了同样的理由并且为了保护不受南向日照暴晒，一个水平板置于竖向墙体之上以遮挡玻璃窗，同时也挡住了上面楼层的视线。平板之上有一个小窗用于室内采光和通风。这座建筑的功能成为设计形式的主要考虑因素。这样它完全是一个现代专业医院的样式。[20]德国建筑师多克尔（Richard Döcker）启发了这个设计中的联排概念，他曾于1926年在斯图加特用同样概念设计医院建筑并发表了联排概念（图5、图6）。[21]

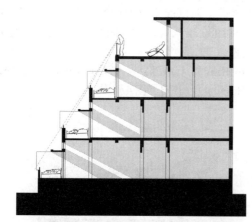

图5 奚福泉设计的虹桥疗养院（1934年）剖面
图片取自：作者的重新绘制

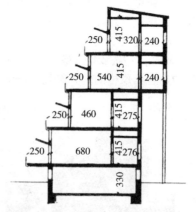

图6 Richard Döcker 设计的医院（1926年）剖面
图片取自：Döcker, 1930: 48

3 从中国复兴到民族形式和地域现代性

从1937－1949年，在第二次世界大战和内战中，建筑师一直在紧张的预算限制压力下工作。经济上的困难，连同建筑中国际式风格思想的影响促进了新方法的产生。1950年代，形式上受现代主义影响的建筑，例如在北京由杨廷宝设计的和平宾馆和华揽洪、傅义通设计的儿童医院，成为关于"社会主义内容民族主义形式"的意识形态辩论的重要攻击对象。[22]首都从南京改为北京又带来了如何表现新的社会主义民族国家的问题。1953年起友谊宾馆等建筑延续了带有传统大屋顶的"中国复兴"形式的发展——在新的政治条件下叫做"民族形式"，并显示了与共和国初期的和平宾馆和儿童医院相反的趋向。[23]在关于"社会主义现实主义"和正确风格的争论中，前苏联的影响被接受并用来表现政治意识形态。但是将政治意识形态转换为建筑风格仍需要一段时间，政治组织通过强制性统一来消除建筑中的个人表现。

中国的地域丰富性和个体建筑的自由，多源于本土条件而非政治意识形态，这里可以从1950年代的广州具体说起。在追求地域性现代主义的建筑师中，夏昌世（1906－1996年）是重要的一个。他1923年来到德国，在卡尔斯普厄（Karlsruhe）和蒂宾根（Tübingen）学习建筑和自然科学。1928年，他获得毕业证书并接着在德国的建筑师事务所工作了两年。[24]1932年，他在蒂宾根大学（University of Tübingen）的艺术历史研究所获得了博士学位。[25]同一年夏返回中国并在几个建筑事务所以及南京铁道部、交通部工作。[26]1945年后他回到他的出生地广州，在大学任教并在当地设计了几个建筑。

1954年的中山大学生物楼显示了他对热带气候下大型建筑的被动性冷却通风系统的兴趣。研究所南侧的"遮阳板"立面反映了他对柯布西耶（Le Corbusier）设计概念的兴趣，他在1930年代曾经访问过柯布西耶。[27]

立面上，他使用了纵向和横向的托架混凝土网格。在独立的"遮阳板"元素后面，带有大窗的普通立面表现为另一个层次。建筑的平屋顶上加了双层圆拱用来交叉通风以降低室内温度。通过屋顶通风系统他可以将室内温度降低好几度。传统斜屋顶的功能被转化为多层建筑中新的形式。形式并不重要，功能是重要的（图7、图8）。

图7　夏昌世设计的广州的大学建筑（1950年代）
图片取自：Peter Bretschger

图8　夏昌世设计的屋顶构造（1950年代）
图片取自：Peter Bretschger

由于被批评在立面系统上花费过多，他开始研究更廉价的方法。在华南工学院化学楼的设计中，他分析了在不同立面上的日照轨迹。在西侧他在立面前使用细框架间隔的竖向墙体为窗户提供遮阴。在南边，只在窗边用了竖向隔墙，格架安装在它们上方。通过他在1950年代的建筑研究和项目，它为一种地域性现代主义建筑——"热带建筑"的发展作出了贡献。尽管受到了很多批评，岭南派建筑还是在1950年代中影响了地域性现代主义，而且由于是在中国南方，受益于远离北京的意识形态斗争。其中夏昌世、陈伯奇、龙庆忠和莫伯治都属于这个群体。

建筑发展中最具影响力的事件是发生在1959年为中华人民共和国成立十周年而建设的北京十大建筑。尤其是人民大会堂的设计最终脱离了中国弱势起步的现代主义建筑原则。类似上海同济大学设计的一个基于功能主义原则、有一个透明的大厅的建筑，彻底消失了。最终建成的人民大会堂是由张镈、赵冬日、沈其和其他来自北京设计院的建筑师基于学院派概念设计的。紧接着十大建筑，由戴念慈设计的北京中国美术馆在1960-1962年建成。通过这个建筑，建筑师戴念慈赢得了在中国历史主义建筑方面远超出其他同行的声望。[29]十大建筑将在全国范围内产生影响，而且基于北京的示范效应，其他城市也会参照模仿。这些都可以被理解为民族形式的变体，通过建筑语言来表现社会主义国家。这里又回到了和30年前国民政府在首都南京的扩建计划相同的主题：为政治表现服务的、基于学院派方法的古典概念的形式复兴。

4 现代意义下的批评地域主义

毛泽东于1976年9月去世。不久之后他激进的妻子江青及所谓的"四人帮"被逮捕，一个新的时代在邓小平的经济改革（1978年）中开始。建构实验的领域在1970年代末的旅馆建筑方面得以开放。除了新的旅馆之外，一些观光胜地的设施也开始建设。在广西壮族自治区的桂林市，在亚热带气候下的喀斯特地貌景区开发了一个新的公园。

图9　尚廊设计的芦笛岩溶洞亭子（1970年代）
图片取自：尚廊

建筑师尚廊（1927-　）于1970年代在桂林设计了一些景点的旅游设施，例如芦笛岩溶洞。[30]溶洞深入山体500m，内部石笋和钟乳石构成如画般的美景。洞旁边是芳莲池，西边是芳莲崖，北边是光明山。在溶洞的入口前方，尚廊设计了一个景观公园，用来组织游客的流线。建筑师区分了传统园林的主题和用于新功能的亭子设计。传统的中国园林是为少数人群使用的私人环境而设计的，但是在一个类似于芦笛岩溶洞的公共旅游场所，有必要关注新的问题，并为游客的视野考虑（图9）。

在公园入口附近的一个池塘旁边，为游客租赁鞋子的地方，有一个小亭子悬在水上。这个两层的建筑有一个开放的结构并成为一个观看周边独特景色的完美场所。

山另外一边、溶洞入口对面的茶室建筑，完全融入了景观之中。阳台和玻璃屋子提供了通透的视野来观看池塘。第一个亭子的平台向所有方向开放并拥有景观元素，例如水池、石头和植物的布置显示了与自然环境的联系。一座桥跨过街道从茶室连接到溶洞。溶洞的入口被安排在两座平台上。游客先抵达一个低一些的平台，然后需要爬楼梯进入一个开放的亭子。从这里他们可以进入溶洞。溶洞的出口位于平台下方，有步行道通往餐厅和公园其他设施。

自然与建筑之间的交融空间的概念，通过现代手段和现代材料——混凝土表现出来。平台、屋顶以及实墙都源于传统，但是通过新的方法、新的材料用于新的目的。[31]

在这个背景下，冯纪忠（1915 - ）在松江的方塔园设计的小型茶室需要被提及。冯曾于1940年代在维也纳留学，后返回上海。在1970年代末的茶室设计中，他表现了如何结合传统形式、传统材料和现代空间概念，完成了杰出的作品。在三层平台中对竹子和玻璃的使用创造了奇妙的空间，通过现代的建造方法将传统转化成为现代装置。[32]

在这些相对小型的建筑中已经可以看到一种新的中国建筑的轮廓，但是还不足以抗拒1990年代经济发展中标志性的象征性形式和后现代形式主义。商业态度和特殊的体制阻碍了这些实验的突破。发展中的需求量和高速度催生了对概念的模仿以及全国范围内相同设计的复制。但是这些实验记载了这一时期建筑师对不同样式的追求，并成为世纪末年轻一代的建筑师的先行者（图10）。

如果回顾过去100年的建筑发展，可以看到一条延续的追寻现代主义传统的线索。尽管由二战、内战和意识形态运动造成的几次重要中断是显而易见的。在相当长的一段时间内，每次创造性的复兴都牺牲于意识形态运动或者被政治命令所禁止。世纪初的两条道路——一条是学院派传统，另一条是欧洲现代主义——明显影响了整个100年间的争论。尽管学院派思想更加符合政治标准，在每一个相对自由的时期，现代主义都试图通过实验性的方法来传递影响。但是两种概念也为今天进一步的发展而相互适应并融合形成一种特殊的"中国"条件。原来的"外国思想"已经变成了自己的，并且成为今天主要建筑的基础。

图10 冯纪忠设计的松江亭子（1980 年）
图片取自：Eduard Kögel

5 草根品牌

近些年出现了新趋势的迹象，通过微妙的手段但是比以前更强烈地追寻与历史传统设计原则的联系。在这种联系中很明显的是，所有那些关注国际发展的建筑师将他们自己的项目理解为与全球建筑和当前建筑与城市环境条件的对话。然而，在建筑发展中——在结构上和建造上——鲜有超越表层的、真正对历史传统原则进行更新的方面。至少从一方面来说，这个结果是由20世纪往复出现的意识形态争论造成的。进一步来讲，过去几年的全面商业化以及简单化的象征主义抑制了创新发展。然而，也不能忘记的是在20世纪，建筑也曾被认为"仅仅"是工具。超越民族国家的象征，关心社会的文化表现和城市的个性特征，是今天中国建筑界讨论的一个新议题。

但是这些形式上的方法真的能帮助解决像中国这么广阔的国家里更新形式特征的需要么？我认为需要新的思想来把握逐渐松弛的传统价值，尤其是在乡村，并建立新的现代方法来保持发展与可持续性之间的平衡。乡村地区自建的教育建筑可以是形式特征更新的一方面。王路在毛坪、王晖在西藏以及 Edward Ng/穆钧在毛寺村设计的项目是很好的例子，这些项目由建筑师设计，但是由当地村民用当地材料以创造性的方法建造起来。[33] 这样的项目帮助挑战并发展了可持续性建筑的意识，并帮助创造了社会责任感、技术进步和帮助当地工匠提高水平的职业训练。在乡村地区的创新模式，可以帮助当地工匠学习方法并进一步在该地区的其他建筑上使用，有助于建立一种源于对本土可能性探索以及对可用资源灵活使用的现代形式特征（图11、图12）。

图11　王路设计的毛坪小学（2008年）
图片取自：王路

图12　艾未未设计的草场地工作室（2008年）
图片取自：Eduard Kögel

乡土特征的建筑与标志性建筑无关，与明星和富豪也无关，但是却具有关心美好未来的可持续思想。艺术家艾未未通过建造一些简单的砖房建筑改变了位于北京郊区他所居住的村庄。被问及在类似中国的发展中社会里建筑师的角色时，他说："这确实是一个教育问题：在大学里你学习如何当一个明星或者成为绚丽演出的一部分。而我是为这个村庄而设计；我住在这个村庄里，我想要我的房子适合周围环境。它很低调也很适合我的需要。我很骄傲甚至有些村民在模仿我的设计。他们不会问为什么要看起来这样，他们只是喜欢它。"[34]

在一个国际品牌和媒体建筑统治话语的时代，一种草根品牌的策略有助于为现代建筑建立新的基础并反映使用者的社会和经济条件。对优秀实践的复制可以帮助乡村地区或者大城市中的落后地区建立可持续性解决方法。负面的图章式的"复制建筑"可以被转化为一种积极的特征。这可以变成建筑中一种符合大量需求的新的文化，也可以用于四川的震后重建。通过这个运动，建筑师对社会发展的作用会更加重要并同时建造更适应于中国当今社会要求的新的建筑。这种低技方法也将自动地影响建筑师的自身概念，并在不需要新的风格的情况下提供解决当代问题的方案。这甚至将会变成发展中国家的模式并借此建立新的标准，一种基于社会需求和区域特征并拒绝形式性模仿的标准。

原文英文，由李峰（澳大利亚墨尔本大学建筑规划学院建筑学硕士研究生）译成中文。

注释：

［1］见手册：Eduard Kögel, Ulf Meyer ed. TU MU-Young Architecture of China. （Aedes）Berlin, 2001.

［2］关于16家事务所的报道发表于：Eduard Kögel, Caroline Klein. Made in China. Neue Chinesische Architektur. Muinch, 2005.

［3］一些建筑师例如马国馨和鲍家声曾在1980年代去日本和美国进修。1990年代有很多学生出国留学。这当然包括在 TU MU-展览中的一些建筑师，艾未未和马清运在美国留过学，张雷、王群、朱竞翔和丁沃沃在欧洲留过学。刘家琨和王澍则一直在中国。

［4］这里只列举一些：Xing, Ruan. Accidental Affinities: American Beaux-Arts in Twentieth-century Chinese Architectural Education and Practice. Journal of the Society of Architectural Historians, 2002, 61（1）. Peter G. Rowe, Seng Kuan. Architectural Encounters with Essence and Form in Modern China. Cambridge, 2002. Eduard Kögel. Using the Past to Serve the Future. // Peter Herrle, Erik Wegerhoff ed. Architecture and Identity. Münster, 2008: 455 – 468.

［5］Edward Denison, Guang Yuren. Modernism in China. Chichester, 2008. Wu Jiang. Bauhaus Principles in the Architecture of Shanghai. //Kai Vöckler, Dirk Luckow. Peking, Shanghai, Shenzhen. Frankfurt a/M New York, 2000: 515 – 520. 也见本文作者的论文：Eduard Kögel. Zwei Poelzig-Schüler in der Emigration in Shanghai. Rudolf Hamburger und Richard Paulick Zwischen 1930 – 1950. Bauhaus University Weimar. 文章电子版见：http://e-pub.uni-weimar.de/volltexte/2007/991/.

［6］Kögel, 2008：455-468. 朱剑飞. 政治的文化——中国固有形式建筑在南京十年（1927-1937）的历史形成的框架//赵辰, 伍江编. 中国近代建筑学术思想研究. 北京：中国建筑工业出版社, 2003：111-116.

［7］很多西方语言的文章通常叫做"中国复兴式建筑"。例如：Building a New Shanghai. The Far Eastern Review, 1931, 31：350.

［8］朱剑飞, 2001：111-116.

［9］到1931年为止，德国学者 Ernst Boerschmann 已经作了近30年的研究并发表了7本关于中国古代建筑的书籍。本文作者从2009年刚刚开始一个关于 Boerschmann 作品的研究项目。

［10］Christoph Peisert. Peking und die "Nationale Form". Die Repräsentative Stadtgestalt im Neuen China als Zugang zu Klassichen Raumkonzepten. Berlin, 1996.

［11］Samuel Chu. The New Life Movement, 1934-1937//Research in the Social Sciences on China. New York：East Asian Institute, Columbia University, 1957：1-17.

［12］见本文作者论文，电子版本见：http：//e-pub. uni-weimar. de/volltexte/2007/991/.

［13］这座建筑就是今天的华东医院，仍然存在但是已经被修改。

［14］蔡育天编. 回眸：上海优秀近代保护建筑. 上海：上海人民出版社, 2001：111.

［15］董大酉在1935年建了一个"国际式"的自住宅。同一时候他还设计了"中国复兴式"以及"西班牙式"的建筑。对一个有创造力的建筑师来说最重要的是他可以设计"任何"风格的建筑。

［16］达姆施塔特工业大学档案；Sig. TH-12-48-17。

［17］他的论文在 D. Krencker 教授和 Ernst Boerschmann 教授的指导下完成。这本书出版时的信息是：Foziehn Godfrey Ede：Die Kaisergräber der Tsing Dynastie. Ihr Tumulusbau. Berlin, 1930.

［18］Stuard Lillico. Foreign Medicine and Hospitals in China. The China Journal, 1935 (8)：93.

［19］李海清. 理想主义与社会现实//赵辰, 伍江主编. 中国近代建筑学术思想研究. 北京：中国建筑工业出版社, 2003：111-116.

［20］伍江, 2000：515-520.

［21］奚的确知道 Döcker 的作品。见 Richard Döcker：Terrassentyp. Stuttgart, 1930.

［22］邹德侬, 窦以德编. 中国建筑五十年. 北京, 1999：34ff. 也见 Peisert, 1996：51ff.

［23］友谊宾馆的建筑设计是张镈，他曾在1940年代末与杨廷宝一起作为基泰工程司的合伙人。Peter G. Rowe, Seng Kuan, 2002：229.

［24］简历存于蒂宾根大学档案中。Sig. 131/1236.

［25］他用 Tchangsie Hsia（1932年）的名字完成论文：Die spätgotischen Hallenkirchen des Nördlichen Frankreich. （未发表）. 见蒂宾根大学档案论文报告。Sig. 131/1236.

［26］1934 年铁道部、交通部部长顾孟余邀请他陪同德国学者 Ernst Boerschmann 在中国北部的行程。Ernst Boerschmann. Das Neue China. Sinica，1936，11（1~2）：101.

［27］夏昌世的儿子 Peter Bretschger 于 2004 年向本文作者提供了这个信息。巴黎柯布西耶基金会不能确定夏的访问。但是在他晚期的作品中可以看出来他很熟悉柯布西耶的作品。

［28］Eduard Kögel. Hsia Changshi zum 100. （oder 103.）Geburtstag. Bauwelt，2006（21）：8.

［29］戴念慈. 当代中国建筑大师. 北京：中国建筑工业出版社，1999.

［30］尚廓. 桂林芦笛岩风景建筑的创作分析. 建筑学报，1978（3）：11-15.

［31］本文作者于 2006 年采访尚廓。

［32］William S. W. Lim，Tan Hock Beng. Contemporary Vernacular：Evoking Traditions in Asian Architecture. Singapore，1998：42f. 华霞虹．"同济风格"——20 世纪中后期同济四个建筑作品评析. 时代建筑，2006（6）：52-59

［33］这些项目见期刊，世界建筑，7/2008；以及，时代建筑 4/2007。

［34］Eduard Kögel ed. Ai Weiwei Beijing. Fake Design in the Village. Berlin，2008：7.

知识与制度化 1：整体回顾
Knowledge and Institutionalization 1: Reviews

在以设计和设计主体为中心的中国建筑六十年的逐项研究中，1970 – 1990 年代，作为中后期，出现了另一组现象：建筑知识的体系化和职业实践的制度化。本栏目和下个栏目，聚焦在教育体系、知识体系和职业实践三个问题上。本栏目首先回顾现代中国建筑教育的历史和职业制度化的进程，而关于知识的深入研究收集在下个栏目。

中国建筑教育的历史沿革及基本特点
Architectural Education in Modern China: Evolution and Characteristics

顾大庆

Gu Daqing

关于中国建筑教育历史的研究可以算是建筑学研究的一个新领域,它开始于20世纪的80年代初,到现在逐渐成为新的学术焦点。之所以如此,主要是因为在过去的20多年间,中国建筑教育经历了新陈代谢的巨大变化。昨天还是我们生活一个部分的那些人和事,今天已成为历史长河中的一个篇章。属于已经逝去的那个年代的人们希望通过追忆历史来找回自我或警示后人,而新的一代则希望通过了解历史来追寻自己的学术根源。中国建筑教育历史研究,除了对史料的挖掘和整理这项最初步也是极其重要的工作之外,另一个重要的课题是如何把握中国建筑教育历史发展的整体脉络,它的主要线索、历史阶段,以及基本特点等。把握中国建筑教育发展的整体脉络,对于今天从事建筑教育的诸多学者,其重要性自不待言。笔者曾经在以往发表的文章中就这个问题作过一些探讨,[1]本文将就有关的论点作进一步的修正和补充,并提出一个中国建筑教育史研究的基本框架。

1 问题的提出

赖德霖在论述1985年以来有关中国近代建筑史研究的基本特点时指出,20世纪五六十年代以政治史的分期为框架,以建筑功能类型、技术和造型风格为内容的比较宏观的中国近代建筑史叙述正在被这一时期以专题、个案为对象的中、微观研究所替代。[2]确实,这种个案和专题式的研究对于一个尚有待发掘的新领域来说是非常必要和切实可行的。不进行专题研究便不能浸入史料的深处,没有个案研究的积累便不可能构筑一个领域的实质内容。但是整体框架的建立也是非常重要的。实际上,一个学者在就一个专题和个案作深入研究时,不可能不将其放入一个历史的大框架中来考察。

具体来说,关于中国建筑教育的研究存在个人记述性回忆、专题和个案研究,及整体论述三种类型。中国建筑教育历史研究的兴起是有具体原因的。1979年《建筑师》杂志创刊,早期的几期都有关于老一辈建筑师杨廷宝先生的文章,在此基础上开始连续刊载当时仍在世的著名中国现代建筑师小传,其中的不少建筑师也同时是教育家。1982年杨廷宝、1983年童寯两位先生相继辞世,更加激发了学界"挽救"历史的迫切感,催发了纪念文章这一独特的论文格式。杨廷宝、童寯和梁思成先生均由各自的院校组织出版纪念文集。杨永生的"百家回忆录"系列则将种种回忆文章集节成书，成为研究几位建筑教育家的教学和研究生平的重要史料。建筑师个人的传记有张镈的《我的建筑创作道路》，其中有作者作为学生在东北大学和中央大学受教育的经历。20世纪80年代初南京东南大学方拥的硕士论文以童寯先生的生平为题，开学位论文研究现代中国建筑师之先河。此后，很多的研究成果均出自于学位论文。专题和个案研究以建筑师个人、一个建筑系或者某个专门的问题作为研究对象，例如彭长歆关于广州勷勤大学建筑系的研究。而比较整体的研究则是以一个历史时期作为研究的对象。赖德霖作为专注于中国近代建筑史研究的学者对中国近代建筑教育史料则有非常深入的认识，其最新的研究见"学科的外来移植——中国近代建筑人才的出现和建筑教育的发展"。[3] 近来的另一个重要的研究见钱锋和伍江的《中国现代建筑教育史（1920-1980）》，该书关注的是现代建筑教育在中国的发展。[4] 这两个研究均有综述性的特点。此外，还有一类研究的目标虽然在于中国建筑教育，但是着眼点却是在外围。笔者关于设计教学（设计工作室制度）在西方建筑教育史体系中的三种类型的研究有把中国建筑教育历史沿革放在世界大格局中来考察的意图。[5] 单踊的"西方学院派建筑教育史研究"则是对与中国的建筑教育直接相关的法国"鲍扎"建筑教育体系及其在美国的发展作深入的探讨。[6] 此外，还有台湾王俊雄对中国早期留美学生，特别是在宾夕法尼亚大学的留美学生的建筑教育过程的研究。[7]

总的来说，有关中国建筑教育史的研究基本上以近代史作为重点，即以1949年为限。对于解放后的发展除了涉及几位重要的建筑教育家生平外，没有太多的研究。也就是说，有关现代史的部分还是相当欠缺。而"文革"以后的部分则由于"身在此山中"的缘故，更是空白。笔者在2007年第126期《建筑师》上发表的关于中国"鲍扎"建筑教育之历史沿革一文以"鲍扎"作为主线，归纳出移植、本土化和蜕变三个历史阶段，试图将中国建筑教育的发展作一整体的把握。该文虽然对现代建筑教育发展的脉络，以及它与"鲍扎"相互交织的发展过程也给予一定的强调，但是把中国建筑教育的历史归结为巴黎美院的学院派在中国从移植、兴盛到衰败的发展史这一前提还是局限了对整体的客观认识，有必要作进一步的修正和补充。

2 建构中国建筑教育历史发展阶段的基本依据

本文提出的所谓整体把握的问题，就是如何描述中国建筑教育从起源到当今的发展过程，它经历了几个历史阶段，以及各个阶段的基本特点。如何进行断代，首先要确立断代的基本依据。历史学关于通史的断代有近代、现代和当代之分。近代是指1840年鸦片战争到1949年中华人民共和国成立，现代是指1949-1978年的十一届三中全会，当代则是指从1978年至今。其中关于近代史的下限是定在1919年的五四运动还是1949年的中华人民共和国的成立，史学界有不同的观点。但是，现代中国建筑史的分期基本上是遵循通史的分期，即把1949年以前称作近代建筑史，以后称作现代建筑史，"文革"之后为当代建筑史。[8] 通史的分期是以政治和社会变革的大事件作为断代的依据。

中国现代建筑史遵循通史的断代，只是说明一个国家政治和社会重大变革对建筑学的直接影响，但是我们绝不应该以通史的断代来作为建筑史断代的依据。进一步说，作为中国近现代建筑史的一个部分的中国近现代建筑教育史也未必就一定是以建筑通史的断代依据为依据。断代的方法是界定标志政治和社会变革的某个事件来作为历史阶段的断点，我们在确认建筑教育历史的分期时也是运用同样的方法，如以1927年国立第四中山大学成立工学院建筑科作为中国建筑教育的起点。但是，我们似乎更应该关注某个历史时期建筑教育自身发展的主要特点。笔者以为我们在考察中国建筑教育的历史沿革时要关注三个方面的问题：一是建筑教育的模式和建筑教育的内容；二是留学生运动与中国建筑教育之间的密切关系；三是建筑教育制度的建立与发展。

2.1 巴黎美院的"学院派"建筑教育模式与现代建筑教育之间的互动

欧美国家现代的建筑教育模式起源于法国巴黎美术学院，更早则要追溯到意大利文艺复兴时的美术学院。法国皇家建筑学院（The Royal Academy of Architecture）成立于1671年，标志着建筑学正规教育的开端。此后的200多年，所谓"鲍扎"（巴黎美术学院的称谓，正式采用是在1819年，直至1968年该校被废为止）的建筑教育模式成为世界上其他国家建筑教育的母本。特别是美国，全盘接受"鲍扎"的教育体制。19世纪中叶，开始有美国学生就读于"鲍扎"，19世纪末美国开始在大学设立建筑学课程，聘请法国建筑师到美国任教，到20世纪初"鲍扎"教育发展到一个顶峰。1919年在德国威玛成立的"包豪斯"开启了建筑教育的一个新的方向。但是现代建筑对建筑教育的影响要到20世纪30年代以后才真正体现出来。这种转变的特点，受"包豪斯"设计基础课程的影响，先从建筑基础训练的方式的改变开始，而后才扩展到设计教学。受社会上先锋建筑师的实践作品的影响，设计教学先从设计内容的改变开始，抛弃古典主义形式，追求现代建筑形式，而设计方法和教学方法的改变要更晚一些。

由此可见，建筑教育发展的基本规律是从"鲍扎"转向现代建筑。中国的现代建筑教育体制直接取之于西方模式，当然也不例外。如果考察中国建筑教育在近现代时期的主要特点，我们不免会将其归结为一部"鲍扎"式建筑教育在中国移植和发展的历史，现代建筑教育这条线在很长的一个时期内均处于一个几乎可以忽略不计的地步，这有违建筑教育发展的基本规律。"鲍扎"建筑教育在中国有一个从移植到兴盛，再到衰退的过程。同样地，现代建筑教育也有它自身的发展和演变的过程。把中国建筑教育的历史归结为一部"鲍扎"和现代建筑教育两种教学理念和模式相互交织的发展史才符合世界建筑教育发展的基本规律。只是由于中国本身的特殊历史环境的影响，在历史转换点的发生，以及具体的发展特点方面有其自身的特殊性。这是我们需要深入研究的问题。

2.2 留学生运动与中国建筑教育的密切关系

我们所说的建筑教育是指在大学体制内培养职业建筑师的方法，中国本身并没有这样的培养建筑师的传统，它完全是一个"舶来品"。我们在讨论这个问题时还设立了另外一个前提，即强调中国人自己开办的建筑学教育。于是，中国建筑教育的历史就与中国近现代海外留学运动的历史密切相关。考察中国建筑教育的历史沿革就可以从留学生的留学年代和所受的教育,以及他们回国后开办建筑教育的情况来入手。

1847年第一位中国留学生容闳赴美留学,是中国留学史的开始。先是少数人随传教士的途径赴美留学,后来才有1871－1889年清廷组织120名幼童赴美留学,在中国留学史上有深远影响。中日甲午战争后开始出现东渡扶桑的留学浪潮,以及随后的庚款留美、留法勤工俭学和留学前苏联。直至1949年,留学热持续不减,并建立了一定的管理制度。解放后的留学集中在前苏联和东欧社会主义国家。海外留学在"文化大革命"期间彻底中断,"文革"后才开始恢复,并逐渐制度化。现今的留学已经成了中国人接受教育的一个重要的途径,其规模之大和涉及面之广与昔日不可同日而语。留学史的断代是以留学的途径、主办机构等作为依据的,以此作为考察建筑学留学生未必合适。笔者以为我们应该以留学与建筑教育变迁之间的关系作为研究的重点。

台湾学者黄健敏先生在"中国建筑教育溯往"[9]一文中考察了历年中国研习建筑学的留学生的情况,以他们所学内容和回国后的表现作为判断的依据,指出以1934年作为前后两个时期的分水岭。前期的建筑学留学生所学为古典主义的设计方法,后期的则开始接触现代建筑的教育。顺着这个思路,我们至少可以把建筑学的留学划分为四代,即1930年代前的第一代,其代表人物有梁思成、杨廷宝、童寯和刘敦桢;1950年代前的第二代,其代表人物有冯纪忠、吴良镛、刘光华、徐中;"文革"前的第三代似乎对建筑教育的影响有限,有关人物也不详;以及"文革"后的第四代,正是目前活跃于建筑设计和教育界的一批。不同年代的留学生为中国的建筑教育注入了不同的内容。

2.3 建筑教育制度的建立与发展

学校是建筑教育的载体,教师是建筑教育的执行者,而建筑设计方法则是建筑教育的内容。建筑教育制度的研究就是关于建筑学校和学系的建立、兴衰和变迁,教学大纲的设计、运作和演变,以及国家建筑教育体制的建立、发展和变革的历史。

关于建筑学系的个案研究一直是中国建筑教育研究的一个重要的组成部分。传统上的"老八所"特别是东南大学、清华大学、同济大学和天津大学这"老四所"在渊源上与解放前的几个早期的建筑学系有着各种直接和间接的关系。可以说,把这几个学系的历史搞清楚了,关于中国建筑教育近现代的发展也就基本上明白了大半。

在研究一个建筑学系时,我们要特别注重对教学大纲的研究,因为这是建筑教育理念的具体体现,是学系建设的核心。其次是学生的作业和教学文件。可惜的是由于战乱和政治等原因,这些建筑教育的直接证据留存不多。昔日学生的回忆文章往往透露不少关于设计教学的生动描写,为我们提供了了解设计教学运作的另一方面证据。如何抢救这些属于个人记忆的珍贵历史资料也是现今的一个迫切任务。

关于建筑教育制度的研究的另一个重要的方面就是国家和机构在建筑教育发展方面的作用。在解放前,建筑教育的办学是多样化的,国家、地方、教会和私立机构各种方式的办学并存。解放后,国家办学成为唯一的方式,行政主导和通过政治手段来推动教育体制的改革对于建筑教育的统一发挥了至关重要的作用。而"文革"以后建筑教育的推动主要通过评估制度的建立和建筑学学科专业机构的建立来实现。如此,对国家层面建筑教育体制的研究可以更容易确定历史时期的特点和断代的断点。

从以上三个方面来考察中国建筑教育的历史沿革，我们可以作三个阶段的大的划分，即从1920年代初到1950年代初是中国建筑教育的初始阶段，从1950年代初到1980年代初是中国建筑教育的发展时期，从1980年代初到现在是中国建筑教育体系的变革时期。这样算来，各个时期大致各占30年。这个三阶段的分法与通史和建筑史的断代很接近，但是未必就完全一致。主要是作为断代依据的重大事件一定是不同的。一般来说，建筑教育的变化要在国家政治和社会变革之后。我们将在下文中讨论具体分期的断点的确定。

关于中国建筑教育的讨论是在大学的正规建筑学课程和中国人自办两个前提下进行的。据此学界把1927年国立第四中山大学工学院建筑科，或更早的1923年苏州工业专门学校建筑科作为中国建筑教育的开端。如果撇开这两个前提，情况就不同了。外国人在中国开办的培养建筑设计人才的机构，如1920年由俄国人开办的哈尔滨中俄工业学校，设有铁路建筑系，学制四年，即如今哈尔滨工业大学建筑学院的前身。[10]这还不计通过在外国人开办的设计事务所学徒而成的，以及通过土木类大学教育的建筑设计人才。[11]这些均比正规的建筑学教育要早。因此，我们可以认为在由中国人自己开办的正规的建筑学教育之前应该还有一个前期的阶段。一个全面的中国建筑教育史不应该忽略这个重要的预备阶段。本文只是因为篇幅的原因而不具体涉及有关的内容。

3 中国建筑教育的历史沿革概述

3.1 中国建筑教育的初创，"鲍扎"体系的成功移植以及现代建筑教育的试验

从1920年代初到1950年代初是中国建筑教育发展的初始阶段。在1927年国立第四中山大学成立工学院建筑科以前，学成返国的中国留学生即开始尝试开办建筑教育，如由留日学生柳士英等创办的苏州工业专门学校。而在1927年后的短短数年间还有其他的一些建筑专业陆续开办，如1928年东北大学建筑系的成立。因此中国建筑教育的开端与其说是以一个学校的成立为标志的，还不如说是以一个历史时期的共同现象为特征的。其中的一个主要的动因是最早出国留学的学生开始回国服务。尽管留学生们各自以留学国的建筑教育为参照的母本，当时世界建筑教育的主流是古典主义，只是在教育的内容上各有不同的侧重点。归结起来就是强调艺术的"鲍扎"体系和重视技术的工学院（Polytechnique）体系之分别。前者的来源以留美最盛，特别是宾夕法尼亚大学（宾大），后者多留学德日。前者在课程中强调艺术绘画的训练，在设计中重视形式构图；而后者在课程中强调技术教学，在设计中重视建造。其中从宾大回来的一批留学生最终能够在设计实践、建筑教育以及中国建筑史学研究方面脱颖而出。中央大学建筑系在宾大留学生的影响下逐渐转向重视设计训练和美术教育的"宾大"模式，经过抗日战争迁校重庆的战乱考验，吸收了杨廷宝和童寯两位宾大的杰出校友，最终成为中国"鲍扎"建筑教育的重镇。不过在1940年代"包豪斯"式的现代主义建筑教育也开始影响到中

国，不但有完全以"包豪斯"教育模式为母本的上海圣约翰大学建筑系，现代主义思想也开始影响到其他的"鲍扎"学校。可以说中国的建筑教育与世界上其他国家一样，在当时确实处于一个从"鲍扎"的古典主义向"包豪斯"的现代主义转变的历史时期。1949年新中国的成立，在国家的各个方面来说都是一个旧时代的结束和一个新时代的开始。1952年的全国高等教育的院系大调整对全国的建筑教育格局进行重新布局，而随后的学习苏联老大哥的运动则强化了"鲍扎"式建筑教育在中国的一统地位。至此，中国的建筑教育可以说完成了一个从开始的"鲍扎"教育的零星试验，到"鲍扎"的古典主义教育和"包豪斯"的现代主义教育同时存在，再到"鲍扎"教育一统天下的演变过程。

3.2 中国建筑教育体系的发展以及"鲍扎"体系的本土化

从1950年代初到1980年代初是中国建筑教育的发展时期。这个时期国民经济从逐渐恢复到第一个五年计划的完成，从大跃进到三年自然灾害，从国民经济的调整到十年"文革"经济建设几乎停顿，充满了跌宕起伏。而政治运动更是主导社会各个方面的原动力，从知识分子的思想改造到学习苏联老大哥，从百花齐放、百家争鸣到反右派斗争，从"四清运动"到"文化大革命"，中国的知识分子期间经历了脱胎换骨的思想考验。在这个政治上和建设上极不稳定的时期，建筑教育的发展可以从四个方面来记述。一是逐渐形成了一个以行政主导为特色的、全国统一的建筑教育体系；二是建立了建筑教育和建筑学研究与政治运动和国家建设需求密切结合的机制；三是完成了"鲍扎"体系的本土化，一个源自西方的建筑教育体系开始注入中国文化的内容；四是现代主义的影响仍然依稀可见。

1952年，教育部进行全国大学院系调整。全国设建筑学专业的有七所，后改为八所，其中教育部直属院校四所，部属院校四所。建筑学教学的体制和内容也在强有力的行政指导下统一进行，真正做到了全国八所院校其实是一个模式。对此起决定性作用的是全面照搬前苏联的建筑教育模式。在1949年前后，中国的建筑教育开始受"包豪斯"和现代主义的影响，这些院校在学习苏联的政治和行政压力下也纷纷转向。而所谓的苏联模式也就是大家早已经熟悉的"鲍扎"体系。当然，从今天的角度来看，我们不免对中国建筑教育未能顺应世界建筑教育的潮流而感到可惜。但是从另外一个角度来看，这种行政主导的管理模式也成为中国建筑教育的一个特色。举办全国性的建筑学教育会议，开展建筑学统编教材的工作等，这些均成为统一教学内容和方法的有力工具，沿用至今。此外，作为一个完整的教育体系，这个时期还建立了学术研究的机制和研究生的教育体系。纵观这个时期建筑教育和建筑学研究，国家经济建设的发展起伏直接影响到建筑教育的内容和方法。因为国家建设的需要，建筑设计的教学也相应地从课堂搬到设计院甚至于施工现场，成为1950年代末和1960年代初设计教学的一个特色。而建筑学的学术讨论更是被历次的政治运动所左右，1950年代初关于民族形式的讨论，以及后来对"大屋顶"的批判，均远远超出了建筑学的讨论范围。1960年代中开始的设计革命则直接来自于最高领袖的指示。就建筑设计教学来说，1950年代初关于社会主义内容和民族主义形式的讨论，以及当时在中国古典建筑研究方面所取得的成果为"鲍扎"的形式主义方法注入了新的动力。建筑设计的基础训练中加入了中国古典建筑的渲染练习，从而完成了一个西方的方法和中国的内容的完美结合。"大屋顶"形式在学生作业中的展现时间不长，转而成为了批判的对象。以后又流行民居形式，甚至现代建筑形式。建筑造型的外观尽管不断在变，形式主义的方法却一以贯之。而在"鲍扎"的一统天下下，对现代主义建筑的追求仍然没有完全中断，其中特别给予记述的是同济大学冯纪忠先生在1960年代初提出的"空间原理"教学大纲。[12]

1966年"文革"开始，教育体制崩溃，这似乎可以作为一个历史阶段的结束。但是，在"文革"结束，恢复高考的那几年，建筑教育并没有立刻进入一个新的时代，而是将"文革"前的"鲍扎"教学推向了一个新的高峰。所以，这个时期的结束应该是在1980年代后期。

3.3 中国建筑教育体系的变革以及"鲍扎"体系的抵抗

从1980年代末到现在是中国建筑教育体系的变革时期。改革开放所形成的经济建设的长期和稳定的发展局面为建筑教育的发展创造了一个历史的机遇，而且政治上的宽松环境也鼓励学术思维的活跃和不同观点的争鸣。这个时期建筑教育的发展可以从以下四个方面来认识：一是建筑教育规模的持续扩张，完成了从精英教育到普通专业教育的转换；二是建筑教育国家制度的进一步完善；三是"鲍扎"方法借助于后现代主义等西方理论作最后的抵抗；四是近几年开始的对空间和建构的兴趣标志着"鲍扎"时代的结束。

"文革"以后，随着国家建设需要的不断增长，建筑教育的规模也不断地扩大，从原先的"老八所"发展到1980年代末的20多所，再猛增到现在的将近200所。开办建筑学的院校也从原先相对单一的工科院校发展到综合性大学、艺术类和农林类院校。不仅如此，单一院校的招生规模也在不断扩大，出现了一些学生人数过千人的超级建筑院校。如此，原先的精英式的建筑教育转变成为普通的职业教育。随着建筑教育规模的扩张，指导和调控建筑教育的国家机器也得到进一步的加强。"全国建筑学专业指导委员会"就是这样一个官方的、由各建筑院校的学者专家组成的学术机构。该委员会通过每年举办建筑系系主任和建筑教育会议、大学生设计竞赛，出版建筑学专业教材和教学参考书等对全国的建筑院校发挥指导功能。1991年，建筑学专业评估制度开始实行，首批接受评估的是清华大学、天津大学、东南大学和同济大学原先的"老四所"。从此以后，专业评估成为调控建筑教育的一个有力的工具。而其专业评估的性质更加强化了建筑教育作为一种职业教育的发展方向。这个时期也是一个建筑教育思想空前活跃的时期。"包豪斯"的基础设计课程通过工艺美术院校的首先引进再进而影响到建筑院校。对外学术交流以及教师出国进修和留学也对引进国外的建筑教育理念和方法起到积极的推进作用。1980年代末国内的一些院校已经在建筑设计教学上开始新的尝试。但是，"鲍扎"的形式主义设计方法并没有就此消退，反而借助于当时流行的后现代主义理论，以及语言学和符号学等西方的建筑学学术思想而继续发展，把形式主义的设计推向一个新的高峰。1990年代中后期开始，国内的建筑设计出现了一批表达空间的和建构理念的作品，而到了2000年以后更形成了一个主导建筑设计基本方向的新潮流，现在已经不再听到有人去讲建筑的符号和语言功能了。因此，对空间和建构的关注可以说是"鲍扎"终结的一个标志。但是，从建筑教育方面来说，并没有完全从"鲍扎"的形式主义方法中脱离出来。

以上所述基本构成了一个关于近现代中国建筑教育研究的理论框架：研究的线索、历史分期，以及各个时期的基本特点等。最后关于如何进行研究有两点意见。一是关于知识准备的问题，这项任务非历史学家单方面可以完成，必须结合建筑理论和设计教学法方面的专家。历史学家在史料的发掘和整理方面有不可替代的贡献，但是如何来解读史料，需要建筑理论和设计教学法方面的知识，如此才能对中国建筑教育的本质有透彻的了解。比如，大家都说中国的建筑教育源自"鲍扎"体系，但是什么是"鲍扎"体系？它的设计方法是什么？它的教学方法是什么？恐怕没有多少人真正了解。同样地，关于现代建筑教育的问题我们也缺乏足够的认识。二是研究的视野问题，即把建筑教育放到建筑学的大框架中去研究，把中国建筑教育放到国际建筑学的大框架中去研究。只有这样才能了解中国建筑教育发展的特殊性。比如把冯纪忠先生在1960年代初提出的"空间原理"教学大纲和当时美国所谓的"得州骑警"以现代建筑的空间理论为基础的设计教学的比较，可以看出中国当时与国际建筑学主流的相关性，尽管当时国内的建筑学界基本处于一个与西方的建筑学发展相隔绝的状态。

注释：

[1] 顾大庆. 中国的"鲍扎"建筑教育之历史沿革——移植、本土化和抵抗. 建筑师，2007（126）：5-15. 以及顾大庆. 中国建筑教育的遗产及21世纪的挑战. 中国建筑教育，2008（1）：19-23.

[2] 赖德霖. 从宏观的叙述到个案的追问：近十五年中国近代建筑史研究评述. http://www.aaart.com.cn/cn/theory.

[3] 赖德霖. 中国近代建筑史研究. 北京：清华大学出版社，2007：115-180.

[4] 钱锋，伍江. 中国现代建筑教育史（1920-1980）. 北京：中国建筑工业出版社，2008.

[5] 顾大庆. 图房、工作坊和设计实验室——设计工作室制度以及设计教学法的沿革. 建筑师，2001（98）：20-36.

[6] 单踊. 西方学院派建筑教育史研究. 南京：东南大学，2002.

[7] 王俊雄. 中国早期留美学生建筑教育过程之研究——以宾州大学毕业生为例. 研究报告，1999.

[8] 邹德侬. 中国现代建筑史. 天津：天津科学技术出版社，2001：6-12. 该书提出的一个简略的方法是从1920年代起将中国现代建筑史分为三期，即建国前+"文革"及以前+新时期，实际上对应近代、现代和当代的分期方法。

[9] 黄健敏. 中国建筑教育溯往//台湾建筑师论丛（第二辑）. 北京：中国建筑工

业出版社，1987：127-148.

[10] 常怀生. 哈尔滨工业大学建筑学院春秋录//杨永生. 建筑百家回忆录续篇. 北京：知识产权出版社和中国水利水电出版社，2003：163-166.

[11] 伍江. 旧上海华人建筑师. 时代建筑，1996（1）：39-42.

[12] 顾大庆.《空间原理》的学术及历史意义. 世界建筑导报，2008（121）：40-41.

一个职业的形成:中国建筑师职业发展回顾与展望
The Emergence of a Profession: Development of the Profession of Architecture in China

关道文,刘秉琨,贾云艳
Thomas Kvan, Liu Bingkun, Jia Yunyan

在始于1970年代末的经济改革的大背景下,中国于1980年开始为建筑师建立一个职业体系,并于1995年建起一个职业框架。而在职业态度和职业操守的培育方面,中国建筑师职业经过了与西方国家完全不同的建立和发展过程。本文回顾了20世纪初以来中国建筑师职业的发展历程,并以矩阵叠加管理模型为基础进行六个案例分析,以此说明中国大城市中现有的执业模式。文中深入讨论了案例所反映出的职业化发展进程,并据此检视职业发展对建筑教育所产生的影响。文章结尾预测了中国未来几年建筑师职业发展趋势。

1 引言

当代中国的建筑业非常活跃,其中,外国建筑师承接了很多重大项目,如奥运工程等。外国建筑师正越来越多地在中国寻求项目,同时,中国建筑师的作品也日渐在海外出现。从表面上看,似乎建筑师在中国的执业模式与在别的国家并没有什么两样。然而众所周知,各国在文化、法律和政策上千差万别,从而导致建筑师从业的模式也必然各不相同。这些差异反映在专业人士对于自己的职责范围、设计作品的所有权、业主的权限,以及职业教育的模式等问题的理解上,又体现在项目合同、学术评比、职业评估等具体操作中。如果对职业的形成过程及其影响因素没有正确的理解,就很可能对不同国家之间建筑师从业的可比性作出错误的假设。

在多数国家,建筑实践发生在一个清晰完善的社会职业架构之中。然而社会职业架构在有些国家还没有完全成形,在另一些国家正在经历重大变革。[1]国际贸易促使各国政府不断改良产业结构,在此过程中,各专业人士的角色和责任需要不断厘清。中国在2001年12月加入世界贸易组织(WTO)后,放宽了对外国多个行业入境从业的限制。但是,中国的职业实践体制在细节上和开放度上,尚未发展到与WTO其他成员国同样的水平。本文以中国的情况为例来检视一个工业化进程中的社会的职业体系的建立。我们试图通过历史文献综述来梳理中国建筑师的职业化发展过程,通过事务所访谈捕捉2004年中国建筑师职业的状况,并预测其在不久将来的发展方向和势头。以下将用若干案例来说明目前该职业的业务范围，在当代中国的存在概况，并针对建筑学教育提出了一些初步结论。通过上述工作，我们廓清了中国和西方在职业实践上的差异。

1.1 历史

中国的建筑职业的历史当然地与这个国家的历史紧密相连。在中国这样一个曾经长期受封建专制统治的国家中，专业人士的个体独立身份不会有太大的存在空间。几十年的内战和动乱把中国从一个封建帝国改良（革命）成为中央集权的计划经济的国家，这样的社会背景并非建筑职业化的良好土壤。建筑，这个关于设计和建造优雅宜居的结构与环境的行业，在中国已实践了数千年，[2,3]其间，建筑活动一直处于一个约定俗成的框架内，形式与结构的经营被置于一个社会、政治、文化的模式中，受制于工艺传统或直白的技术手册和法规。[4]在中国数千年的营造活动中，留下姓名的房屋设计师寥寥无几。18、19世纪的欧洲通过学术团体和绅士俱乐部运动完成了各行业的职业化过程；[5]而在中国既没有与之相当的运动，也没有职业化出现所必需的社会土壤。

1850年代，外国建筑师在各通商口岸从事商业和居住建筑设计，从而将建筑设计作为一项带有专业责任的个体或集体的知识性工作而介绍到中国，但建筑设计很快融入本地更广泛的社会环境中。从1853年首家外国建筑公司在上海开业［英国建筑师史来庆（George Stracham）的泰隆洋行，1854年关闭］，直到1930年代，欧洲和美国的建筑师或在中国开设事务所，或在本国的事务所服务于在中国的业主。[6~8]第一批现代意义上的中国建筑师正是在这些设计实践中培养起来的。描图员和现场监理因为观察到外国建筑师所承担的角色而跃跃欲试，并开始在美国和欧洲接受正规教育。

1920年代初，这些新建筑师逐渐回国开业。[7,9]最著名的例子就是梁思成，他于1924–1927年求学于宾州大学和哈佛艺术与科学研究院，1928年回国后不久，他建立了中国的第二所建筑学校，即国立东北大学建筑系，课程体系仿效巴黎高等美术学院的工作室模式。在此之前，中国第一所建筑培训学校成立于1910年，仿照日本的课程体系，但只存在了几个月。[10]苏州工专是中国第一所课程齐全的建筑学校，1923年由日本留学归来的一些建筑师建立，于1927年并入中央大学。[11,12]中央大学在1949年更名为南京大学，但1952年，其建筑系被抽调出来，组建起了南京工学院，1988年更名为东南大学。

教育机构纷纷成立之时，执业者也在以各种形式群集和自组。本文将租界内外国建筑师的业务活动和那些在全中国广泛开展业务的中国建筑师的执业活动区分开来，后者是本文所关注的焦点。前者积极尝试在租界范围内规范业务活动，[13]例如，上海公共租界的工部局于1900年10月10日颁布了《中式建筑规则》（Chinese Building Rules），又于1903年8月6日颁布了《西式建筑规则》（Foreign Building Rules）。接着，于1916年12月21日，中国工程师学会（Engineering Society of China）颁布了前述两部《规则》的修订版，以及《钢筋混凝土房屋规则》（Rules with Respect to Reinforce Concrete Building）和《结构钢规则》（Rules with Respect to Structural Steel）。这些《规则》述及了图纸的技术要求，也提出了设计取费的标准。公共租界的工部局设有专门机构，根据《规则》审查建筑图纸。

中国建筑师也对建筑实践的组织管理作了一些努力。常被述及的就是1920年由退休官员朱启钤所创立的中国营造学社，旨在为中国建筑学奠定学术基础。[14,15]朱在成立仪式致辞中讲到，该机构命名为"中国营造学社"，而非"中国建筑学社"，是为了避免将与建筑学紧密联系的民俗、手工艺、仪式传统、社会思想等广泛的社会文化基础排除在外（p.9）。[16]虽然学社成员对于建立现代中国建筑学观念颇有影响，并得到广泛的认同和效仿，[14,15]但其影响仅止于学术层面。

另一个建筑团体上海市建筑协会于1931年成立。协会章程于成立三年后（1934年）发表，其中规定协会成员——包括工程师、建筑师和一切热心于建筑的人士——有责任发展安全施工方法；弘扬中国建筑文化；改善建筑工人的工作条件，为他们建立保障计划；以及普及宣传建筑知识等。[17]

此前，1927年成立有上海建筑师学会。1928年，该团体改名为中国建筑师学会，它发表了三份文件：《中国建筑师学会章程》、《建筑师业务规则》和《中国建筑师学会共守诫约》。在《章程》中声明，学会的宗旨是"联络感情、研究学术、互助营业、发展建筑职业、服务社会公益、补助市政改良"。《诫约》则规定了建筑师的业务取费标准。[18]从1927-1940年，中国建筑师学会接纳了82名会员，其中41名是在美国受的教育，10名是在欧洲（法、英、比）受的教育，1名在日本，还有26名是在中国内地或香港地区受的教育。[19,20]

这些协会章程所反映出的自我定位，与诞生于18世纪的英国建筑俱乐部有着大致相同的使命。这些协会致力于在中国的历史条件下探讨与发展建筑历史与理论、改进施工方法和施工安全。虽然中国建筑师学会尝试将设计服务与取费规范化，但它与上述别的团体都未能像西方社会的专业团体那样，广泛开展其应有的基础性活动，例如明确定义执业规则、执业者的责任与业务范围等。1837年英国建筑师协会（Institute of British Architects）的成立，标志着英国的一个绅士俱乐部转变成了一个职业，其目的在于"建立职业的一致性与尊严感"（p.193）。[5]而中国的社会团体向职业组织的演化过程被随后的内战和日本入侵打断了，从未发生类似的转变。部分原因也许是对建筑师的角色的理解不足，中国政府于1929年颁布的《实业部技师登记法》反映了这一点。从所颁文件的标题可以看出，建筑师在当时被视为一种技师。到1935年，有299名建筑师在上海工务局注册。

随着1949年中华人民共和国的成立及随后的中央计划经济体系的建立，建筑师的角色定位也以国家意识形态的要求为目标。1950年代初建筑事务所被国有化，这个初步成形的专业界被置于国家统一管理之下。[9]通过一系列的"五年计划"（社会主义国家的计划方法），建筑师被并入生产领域来服务于人民的需要。于是，建筑业务都是或经建设部、或经其他部的基建部门及其下属单位进行的。在中国共产主义生产计划模式下，[21]建筑师和工程师被安排在"设计单位"（即"设计院"）中工作。在设计院里，建筑师和工程师负责编制属于政府机构的"使用单位"所需的建筑物的设计文件，然后把设计交付相关的施工单位，施工单位负责把图纸变成房子。在这个框架中，大学也设立从事设计实践的工作单位，以将书本知识应用于生产劳动。于是，建筑系的典型做法是：由大学设立附属设计院，教师和学生在完成学习项目的同时，又在附属设计院里完成实际项目。

在这个工作模式中，建筑师的角色和职责仅限于设计构思和设计文件编制，目标是满足以共产主义思想为指导的政治、法规、技术上的各项标准。建筑师是生产单位中拿工资的劳动者，付出不记名的劳动以完成生产任务，与矿工、裁缝并无二致（但有别于地位低于体力劳动者的"知识分子"）。在这样的环境中，建筑师的角色、职责和义务统统被置于法律和政治的框架中，职业意识无一席之地，职业自律无处栖身。

1980年代初，随着中国政治环境的变化和中央计划的放松，生产单位的框架逐渐废除。1978年，在邓小平宣告"脑力劳动者"也是真正的无产阶级劳动者后，专业人士和知识分子恢复了原有的地位。1980年代，邓小平还改变了中国的经济模式，大幅调整了生产体系，中央计划经济开始向容许更多自主经营的企业和生产系统的模式过渡（p. 261）。[22]伴随这些变化，私营业务的平台出现了。1980年，国家取消了对设计院的财政拨款，建筑设计院开始收取设计费。最初设计费是项目投资额的2%～3%。[23]国家决定建筑和其他各行业都开始职业培训和职业资格注册。建设部于是委派本学科（尚不是"职业"）的资深人士对职业组织的国际范例进行研究。

1980年代初，香港被视为许多现代化的范例，尤其是在城市开发及相应的服务方面，[24]于是中国内地首先接触了香港地区的职业体系，而后者本身是仿效英国体系而建立起来的。在与香港建筑师学会（HKIA）、英国皇家建筑师协会（RIBA）、美国国家建筑登记注册委员会（NCARB）、美国建筑师协会（AIA）等团体长期接触后，一份关于职业结构基本要素的草案出台了。较之世界其他地区，它更向北美模式看齐。在选择参考模式时，委员会认为，英国模式很有吸引力，但其依赖于一个强大的职业结构体系，必须要有一批经验丰富的专业人士作为新人的从业导师。而在中国，由于"文革"期间大学关闭，导致40来岁有经验的建筑师人数极微，因此不具备这样的基础。最终的决定是，要稳健起步，引入美国国家建筑登记注册委员会（NCARB）模式较为适宜。[23]《注册建筑师条例》于1995年9月23日颁布，首次注册考试旋即举行。这些步骤开启了职业化、市场化的过程，不同年代的建筑师——其中不少人只了解工作单位之内的世界——都不得不拾起市场经济中的职业观念。[23]

1.2 国家政策

《中华人民共和国注册建筑师条例》[25]于1995年颁布，随后《中华人民共和国注册建筑师条例实施细则》[26]于1996年颁布，内容涉及建筑师的业务范围、责任、权利。《条例》规定注册建筑师的职责包括建筑设计、建筑设计技术咨询、建筑物调查与鉴定、指导和监督本人主持设计的项目的施工。然而，这些职责仍然需要通过建筑设计单位才能够履行（《条例》第三章第二十一条），[25]所有的设计任务都是委托给设计单位的，所有的设计费也都是付给设计单位的（《条例》第三章第二十三条）。[25]施工图上需要有两方面的签章，即注册建筑师的执业专用章及设计单位的公章（《细则》第四章第三十九条）。[26]当一位注册建筑师离开所在的设计单位时，所在单位有责任收回他的注册建筑师证书和执业专用章，并要将职业专用章交回注册建筑师管理委员会销毁（《细则》第三章第二十六条）;[26]而建筑师本人在进入另一家设计单位工作时，需要重新办理手续，申请一份新的注册建筑师证书和执业专用章（《细则》第三章第三十条）。[26]

鉴于有些建筑师或想自行开业，或在与人合办小型事务所中执业，国家近年来放松了《条例》第三章中的规定，允许注册建筑师个人保管执业专用章，在有资质的设计机构之外执业。[27]但是，所有图纸都要有设计院和建筑师双方盖章的要求并没有放松，执业建筑师盖章后，还需把自己的图纸送交某设计院作技术和规范方面的审查，审查通过后，图纸会加盖第二个审图章，这样才可向外发送。最初的实践仅限于北京、上海、广州、深圳四地，[28]但此项限制不久就放松了，现在，全国有170个地方允许个体执业。[27]

建设项目等级				设计单位	注册建筑师
特	一	二	三		
√	√			甲级	一级
		√	√	乙级	
			√	丙级	二级

图1　建设项目等级与设计单位资质等级及建筑师等级的对应关系

为保障建筑设计与施工的质量，中国政府建立了一套分级制度（与日本的情况相似），将建设项目、设计单位及注册建筑师的等级联系起来（图1）。建设项目根据其规模与技术难度分为四级。[29]注册建筑师分为一级和二级（《条例》第一章第二条）。[25]一级注册建筑师的业务范围不受建筑规模和工程复杂程度的限制。二级注册建筑师的业务范围只限于承担民用建筑工程等级标准中三级或以下的项目（《细则》第四章第三十六条）。[26]设计单位根据其专业人员、管理、技术装备的数量和质量分为三级。[29]不同等级的设计单位在可承接项目的范围上有所不同。甲级设计单位可承接项目的范围没有限制。乙级和丙级设计单位在项目的重要性、项目所在地区、项目规模、防火标准和结构复杂程度上各有所限制。

建设过程分为若干阶段，不同行业在不同阶段分别介入。根据《建设工程勘察设计管理条例》上的规定，设计企业的工作范围是从方案设计到把施工图交付施工企业这个阶段（《管理条例》第四章第八条）。[30]

1.3　施工公司

虽然《管理条例》中规定建筑师有责任监督项目施工，但在实际中并不常见。1950－1980年间形成了一种惯例：施工单位在按图施工的职责方面是有自主权的。建筑的质量是施工单位的责任，设计人只有在图纸不完备或施工现场有需要时才会被请到场提供咨询。这种情况在近年来施工单位改革为自主经营的企业后仍然存在。例如，设计人可对所需材料或设备的尺寸、颜色等作出描述，但不得指定该材料或设备的生产商，该项决定权被派给了建筑公司（《管理条例》第四章第二十七条）。[30]建筑师不能介入施工，除非是提供咨询或解释图纸。监理公司会被请来保障按图施工，但"监理公司不过是另一家施工企业罢了"。[23]受访者认为，这种责任分配模式尚未很好地服务于建筑行业，因为监理体系未能有效地控制施工质量。

1.4 业主

1980年代之前，业主通常都与政府有某种关联。但近年来，业主越来越多地是私人发展商了。业主性质的改变导致了对设计服务的要求的改变。[31~33]在建筑师眼里，政府背景的业主对设计有较多的指手画脚，但付费很快。随着业主越来越理解和重视建筑师的创作，他们对建筑设计服务的要求也在改变。原先，私人发展商中意廉价、快速的设计，以期尽快完成项目。但近年来，他们对建筑师的要求改变，越来越重视高质量的设计和灵活的服务。"好的服务"对他们而言，意味着愿意面对业主不断改变的要求去修改设计和乐于帮助业主获得政府批文。建设项目的政府审批是私人发展商要面对的最棘手的问题之一。有些设计公司，尤其是脱胎于设计院的那些公司，会利用原有的关系网，帮助业主通过审批，并以此来推销自己的设计服务。

1.5 管理机构

建筑师和设计单位向主管部门负责，而不是向职业协会负责（《条例》第一章）。[25]全国注册建筑师管理委员会负责一级注册建筑师的教育、职业实务训练、考试、个人和公司的注册等有关法规的立法和执法工作；省、自治区、直辖市一级的注册建筑师管理委员会负责贯彻执行国家有关法规的执行与监督。一级注册建筑师向全国注册建筑师管理委员会负责，二级注册建筑师的管理工作由省、自治区、直辖市注册建筑师管理委员会负责（《细则》第六章第七条）。[26]

2 案例分析

在这个逐步成形的职业服务的框架中，我们可以观察到各种执业的形式。在十年前几乎只由设计院提供建筑设计的地方，现在出现了多种不同的执业模式，尤其在大城市中。本文的这部分将要通过案例分析，检视这些执业模式及其活动的几个方面。在像中国这样庞大又有活力的国家，不可避免地会出现大量不同的执业模式。下文的案例反映的是一些典型模式，但此外，肯定还存在着许多别的模式。

2.1 设计院

如下例所示，中国的大型国有设计院通常由若干部门构成，每个部门拥有多至100名以上的员工。通常总建筑师与总工程师要负责审定全部的设计。另有各部门的主任建筑师与主任工程师负责审核本部门承担的设计。各部门都拥有与建筑设计相关的专业队伍。设计项目委托后，就组织起设计团队开展设计。设计院里有专门的市场部负责营销，有由非专业人员组成的人事部门负责招募新的员工。多数大型设计院传承了早年的良好声誉和传统的设计流程，他们继续从事所擅长的设计产品，以维持原有的地位，并以此为品牌来吸引业主。

尽管下例所示是一种典型，但并非所有的设计院都直属于政府机构。这个框架之外，还存在着另一种模式，就是大学所属的设计院。他们以非政府所属的企业出现，受各个大学的直接领导，例如同济大学建筑设计研究院，现在是同济科技实业股份有限公司的一部分，而该公司是一家股票上市公司。这些带有学术性的设计院的作品不同于那些典型设计院的作品，因其与学术的特殊联系以及教授们的独立性而在项目设计上更独立、更具创造性。

案例一：成都市建筑设计研究院

这家设计院下属五个设计所：其中包括三个综合所（建筑、水电、结构）、一个管理所和一个建筑经济所。另有院级的管理部门包括技术处、财务处、人事处、经营处、生产服务部等，负责总体行政事务。管理制度是总工负责制。项目的操作根据项目的重要程度和质量控制的要求分为"院管项目"和"所管项目"。院管项目一般都是重大项目，较之所管项目，在质量管理上更加严格。

项目的设计按照一套已成惯例的程序进行：设计、校对、审核（检查工程技术方面的问题）、专业会签、规范审查、审定。对已交付的施工图有月度抽查，常见的问题会在专业例会上通报。为提高管理水平和工作效率，设计院的管理通过了 ISO9000 体系认证。

设计院试图通过提供优质服务来吸引业主，这一点对于机关性质（即政府背景）以及受政府监管的业主尤其有吸引力。除了与业主经常沟通外，设计院还设立了两个投诉的办公室，以收集业主的反馈意见。在人才招聘方面，人事部门认为头等重要的是图面表达能力，申请人需要进行为期一天的快题考试。

2.2 私人事务所

私人设计公司从 1980 年代末开始就已不断涌现，当前正是激增的时期。建筑师离开设计院的岗位而去建立他们自己的事务所，最常见的原因是为了获得更大的利润和有效地控制设计内容。[23,31~33]设计院继承下来的包袱之一是一大批非生产人员（一位受访者说，他所离开的那家设计院，该数字达到职工总数的40%），他们要么是退休职工，要么是相对于现行工作模式的冗员。新建的私人设计公司其员工数通常少于 40 人，且多数是专业人士。较小的规模简化了管理并减少了行政工作量，其结果是，私人公司能够给专业人员提供较高的工资。

案例二：北京国城建筑设计公司

该公司是中国城市规划设计研究院下属的一个私营机构。他们通过提供多样化的设计之外的服务来吸引客户，诸如房地产策划、帮助业主立项、应付项目审批等。他们以高薪来激励员工，同时对专业人士进行定期绩效考评，将建筑师在一定程度上置于被解雇的压力之下。在实际操作中，员工之间的收入根据其表现和贡献——而不仅仅是根据职位和工龄——有大幅的差异。

案例三：建学建筑与工程设计所

1980年代，建设部的一位高级建筑师成立了一间独立的小型设计室。1998年，他们从建设部独立出来，并在2002年私有化。该设计公司以品牌连锁、各地分别管理的形式组织起来。他们在北京、上海、广州、南京、深圳等地分别成立起独立运作的设计工作室，每间工作室有15～30名员工，各有注册建筑师和注册工程师负责本工作室的设计。各工作室的领导负责接洽设计任务。由资深人员组成的指导委员会负责全公司的设计质量监督。指导委员会每年都要抽查一些已完成的项目，并把普遍存在的问题通报到所有工作室。该公司的执业人员主要由退休的高级专家和刚毕业的大学生组成，这反映了"文化大革命"所造成的知识断层——"文革"期间大学教育中断，一整代人没有得到正常的高等教育。各工作室尽量将建筑师与工程师派到施工现场，以期能够保障建成产品的质量，但其权力范围仅限于提出建议和解释图纸。业主对于此项额外服务给予积极的反馈，但公司发现要就此项服务收费是困难的。

案例四：北京金田建筑设计有限公司

该公司是大型国有的北京市建筑设计研究院与菲律宾的一家设计公司的合作企业，菲律宾的这家公司提供外包设计文件编制。双方都投入资金和人员。双方对于设计的决策权视乎每个项目的具体情况以及双方对特定项目投入人员的多寡而定。

设计所有30～40名员工。公司的经理、总建筑师与总工程师还持有另外一个身份，即北京市建筑设计研究院的员工。尽管公司直接雇有一些年轻员工，但当特定项目有需要时，也会从设计院直接调用人员。在某种意义上，设计院是这个小设计所的人力资源库。

该公司之所以做项目，既是为了维持现金流，也是为了专业发展。他们会承接一些短期项目来创造利润、发放工资，但同时也做一些复杂的项目，投入更多的时间去作研究，以达到理想的设计质量或解决一些专门的复杂问题。这样的项目模式组合帮助他们保持良好的声誉以及甲级设计单位的资质。在这些复杂项目上，项目组的人员从设计院征募，这些人员只在项目期间在这个小设计所上班。

案例五：海南雅克设计机构重庆分公司

这个设计事务所是雅克设计机构的成员之一，总部设在海南。当地分公司的总建筑师创办并且拥有该分公司，根据与总部签署的特许协议运作，使用机构的名称，参与机构的合作经营。我们所采访的分公司由16名建筑师、16名工程师、3名行政人员和5名后勤人员组成。事务所领导负责接项目，总公司授权分公司进行设计。

设计项目多来自私人业主。总建筑师原本是当地设计院的资深人士，因此分公司在项目管理与审核上所遵循的是与设计院一样的程序。当项目到手后，公司组织两个设计团队，其中前期团队致力于概念设计，后期团队从事设计深化。前期团队的领导负责与业主沟通和确定思路，也包括确定作品的形体与色彩等。后期团队由经验丰富的专业人员组成，负责施工图设计和现场服务、对施工提供建议等。工地的指导服务为他们赢得了业主的赞誉，但另一方面，通常无利可得。公司意识到了这项服务对于业主的价值，现正试图就此取费。在公司的缔造者看来，公司有能力为业主提供更具专业水准的服务，这已反映在其源源不断的收入上。

在业主的要求下，该事务所与外国事务所有广泛的合作。在合作项目中，外国公司提供方案设计或初步设计，然后本事务所继续完成施工图设计交付业主。公司认为这种合作非常有益，因为通过合作交流可以从外国搭档那里学到新的设计观念和工作方法，从而有助于本公司建筑师的成长。在不断扩大的市场中，他们也期待能有机会与外国设计公司合并。

设计项目的成功是以团队协作与合理回报为基础的。员工与公司签订两年制的合同，其间会拿到高额的年薪。事务所在新人招聘方面有三个方面的考量：人品、专业能力和团队精神。由于意识到当前建设环境的泡沫性质，公司在新人招聘上非常谨慎。专业的业主会更尊重建筑师的工作，给予建筑师更大的决策权，因此他们将与专业发展商合作定为公司的发展策略之一，并越来越多地把精力放在那些愿意接受额外的现场服务并愿意为此付费的业主身上。

2.3 小型私人执业

在中国，越来越多的建筑师，特别是越来越多新毕业的大学生，正在建立小型的私人业务，这类公司因其高质量的作品正受到国际设计界的关注。[34] 在大城市，这类公司的数量持续高速增长，服务于近年来在市场经济改革中出现的大量私人企业和富人阶层。他们中的许多以"设计咨询"的名义执业，提供与建筑师一样的服务，但绕开了法规和业界监督，尽管大多数竞争只是在价格上而不是服务上。在此我们选取一个较突出的私人事务所加以勾勒。

案例六：家琨建筑设计事务所

这家小型的私人设计公司成立于1999年。主持公司的两位建筑师在大学毕业后都曾任职于大型设计院——在那个年代是别无选择的，在那里他们获得了最初的设计经验。其中刘家琨在中国被视为明星建筑师，2004年他发起组织了包括史蒂文·霍尔（Steven Holl）、矶崎新和其他外国明星建筑师的作品在内的中国国际建筑艺术实践展就是一个证明。[35] 刘家琨和他的搭档杨鹰离开设计院是为了能有一个更高效、更自由的环境实现自己的设计理念。他们满足于目前在设计决策上的自主权，为能达到自己的设计目标而自豪。

事务所因其冠名建筑师的声誉而吸引了不少业主，并经常受邀与外国明星建筑师们一起参加中国的设计项目。在设计项目接洽中，事务所的两位领袖会与业主沟通，评估是否接受设计任务。在决定接受任务后，他们会与委托人谈判设计费，并在签署合同之前，双方充分交流，就设计概念达成一致。一旦接受任务，他们就组织起一支由年轻的大学毕业生组成的设计队伍来做项目。初始的创意出自刘家琨，但创意会在整个设计队伍中经多番讨论后加以细化。设计队伍每周与项目主持人讨论，以确保设计在向正确的方向发展。

如前所述，在中国，建筑师不必为施工质量承担责任，也没有进入现场控制质量的权力。但是，这家小事务所却承担起了对建成项目的责任，并用两种方法来保证做到这一点：第一，设计人员尽量深入地理解材料，尽量多地了解施工方法。为做到这一点，他们试图在设计阶段就预见可能的施工问题，把承包商在现场曲解设计的可能性降到最低。他们还做材料试验，并试图在设计中采用尽可能简单的结构方案，鹿野苑石刻博物馆的页岩砖墙模板就是一例。[36]第二，他们努力与施工人员搞好关系，例如请施工人员吃饭等。施工期间，他们每隔一天就会跑现场，在现场他们虽然没有专业权力，但通过为承包商和工人提供指导帮助——某种通常会被接受的帮助——来影响施工。施工队十分感激这类的帮助，因为中国的大多数建筑工人都只是最近才入行的，大多数此前都只是农民工。

事务所认定的使命之一是，在交付高质量设计的同时尽量使用廉价材料，并密切关注这些材料的使用方法。基于这一点，他们有意识地保持独特的设计风格以发展良好的声誉。显然，这种取向是成功的，因为他们已能做到有所选择地接设计项目，因而发现自己已经处于面试业主的位置上，而不是被业主面试。在新人招聘方面，他们有意招进那些对刘家琨的作品有共同的理解的人。我们采访过的年轻员工说，其申请入事务所的原因是他们对这位明星建筑师及其作品的仰慕。

2.4 外国设计公司在中国的执业

虽然本文的重点在于中国的建筑实践，因而只介绍了本地事务所，值得一提的是越来越多的外国建筑设计公司正在参与中国这片土地上的建筑设计业务。[37,38]外国建筑师在中国从事设计业务并影响中国建筑师已经超过一世纪之久，[6,9,39]甚至西方建筑设计一度被认为主导了中国的建筑设计实践（P.130）。[7]在1910-1930年间，已经出现了一些留学归来的中国建筑师凭借海外设计经验而建立起来的设计事务所。经过1920年代末至1940年代末20余年的战乱，及近30年的与西方世界的隔绝（在此期间外来的影响仅限于共产主义欧洲和苏联），[40]中国的现状可以看做是一种专业实践活动模式被打断之后的复兴。

1980年专业服务市场开放之后，外国事务所仅被允许从事设计咨询业务。外国事务所必须与本地事务所合作，但是在获得项目委托方面有较大的自由度。在有些情况下业主会要求本地设计事务所与某些外国公司合作。合作的形式通常是外方负责方案设计，中方负责施工图设计。业主要求外国公司的参与主要是看重外国公司比本地公司更有创造性，更有敬业精神。[31]

外国事务所从事设计项目的条件与本地公司单独从事的项目有所不同。例如，国家物价局[41]确定了两种设计收费标准，根据总建筑面积收费或根据工程项目投资的百分比计算收费，后一种通常是以2%为标准。在我们的访谈中发现，由于业主的接受程度，设计公司长期采用前一种收费方法。而中国市场的设计费大幅度低于西方国家的标准。但是如果外国公司参与设计项目，政策就有所不同——国际惯例为外国公司提供了高收费的特权。中国的设计公司将这个政策看做先例，以此为自己争取更高的设计费以提高设计和服务质量。他们中有些已经实现了高质高价的策略，家琨事务所就是一例。

3 探讨与反思

建筑行业在中国正在经历戏剧性的变化。一个职业正在中国社会中建立起来。建筑师的角色正在重新定义,从以生产图纸为目标的技术员类型向更高级的知识性活动和职业活动转化,从而与西方普遍认同的建筑师角色越来越接近。推动此变化的力量既来自于中国的自我反思,也来自于对其他模式的观察。这种改变的发生很大程度上来自于中国建筑师在西方国家留学(1980年后恢复)回国后建立事务所,或者到大学从事教育工作[34]——这正是20世纪初外国通过建筑教育影响中国建筑师职业的再现。[9]到中国大城市的书店看一看就会发现,这里出售很多西方建筑书籍,在这些书籍中,建筑师被描绘成独立和领袖型的角色。中国正在将个体的建筑师推上众人瞩目的地位,一个明显的例子就是"13名外国著名建筑师和11名中国杰出建筑师"受邀参加了在南京举行的中国国际建筑艺术实践展,[35]这正是推动建筑职业化的前辈们的目标。[23]在西方,随着项目的复杂程度和合作性的增加,这种个人英雄式的建筑师形象已经过时,[42]但在中国,人们却刚刚开始接受这种观念。然而,中国的目标并非发展对设计师的个人崇拜,而是将其作为一种推动力,通过提升建筑师对设计的所有权而提高设计质量。在这个意义上,据我们观察,这个策略是成功的。

达非(Duffy)指出"在抽象的、社会学的意义上,职业是一种人为机制,用以规范那些复杂而困难的领域的活动标准,同时保护公众,以防职业中人放弃行为准则而滥权……;在实践的意义上,职业激起了五味杂陈的感觉……"(P.135)。[43]达非所观察到的复杂性是由于职业实践的社会基础发生变化,英国和其他西方社会进入了职业化衰落和变革的阶段,职业的排他性(包括执业的行为准则、保护性的收费结构,以及自我推销的限度等)逐渐消失。[1]其结果是,社会要求建筑师显示其价值——不是作为精英式的独立公民,而是通过教育和学识上的努力,对社会作出独特的根本性的贡献。他认为,这种贡献表现在专业人士建立的与物质环境相关的知识体系上。建筑师已经完成了从社会特权阶层向基础阶层的转变。要保持这一点,建筑行业已经意识到,必须不断发展并梳理其知识体系,因为仅仅贩卖旧学问是远远不够的。

我们在中国观察到的职业化的模式是基于西方旧的职业化模式。在这个模式中,建筑师是特定技能和权利的拥有者,这种技能和权利一直受到排他性的职业观念的保护。注册制度保证了只有建筑师可以从事特定的工作,而中国的分级制度则确保只有一部分建筑师可以从事最大的设计项目。眼下过多的机会让许多公司仅凭很少的努力或微薄的贡献就取得了成功。然而,有些事务所已经意识到当前的执业环境并非常态,正在努力把自己提升到比简单的排他性更健全的执业平台上。

3.1 执业模式

建筑设计公司管理及市场管理的研究领域存在着多种理论模型。我们在此采用"矩阵叠加"理论模型[44]作进一步的分析,该模型已经广泛应用于北美、英国以及亚洲的建筑师行业的分析研究,[45~47]并成为发展进一步的理论模型的基础。[48]这个模型确定了影响建筑设计公司的形态的两个关键驱动力：即项目的驱动力——设计技术，以及专业人士的驱动力——价值观。在技术上，一个设计公司可能擅长于生产、服务或创意。在价值观方面，一个设计公司可能以商业取向或专业取向。长于生产的设计公司是"有组织地为同类或常规任务提供高效服务"。长于服务的

图2 矩阵叠加理论模型[45]

设计公司是"有组织地提供——尤其为复杂任务提供——有经验的并且是管理可靠的服务"。长于创意的设计公司是"有组织地提供单项专业意见，或为特殊的或独一无二的项目提供创意"。专业价值取向的公司的驱动力是设计质量方面的目标，在这里，实践主要被当作一种专业操练。商业价值取向的公司的驱动力是项目的数量和财政方面的目标，在这里实践主要被当作一种营利的手段。[49]这两种驱动力可以叠加成一个矩阵，从而产生出六种潜在的市场定位，每种市场定位对应于一类公司（图2）。在矩阵中，也可能有的公司跨越两种类型，这样的公司可能是处在一个转变过程中，也可能存在市场定位不协调的问题而面临风险。[50]

早期的设计院的组织和结构（如上述案例一成都市设计院）在生产－专业型（B型）的模式下最为有效。在这种模式下，各个部门被置于一个管理框架中，能有效地为机构性的业主生产出机构用的建筑。当面临提高市场竞争力的压力时，他们却不能达到服务型产品的要求。意识到这一点的员工选择了离开设计院而建立自己的事务所，如案例五海南雅克设计机构。有的设计院成立起受其保护的分支机构，如案例四北京金田建筑设计有限公司，在这个案例中，新的事务所完全在设计院的保护之下，设计院成为事务所的人力资源库。案例三建学，是设计院探索私有化执业模式的试点，运作于一个较少保护的环境中，因此可以将其划分为服务－专业型（D型）的设计公司。案例五雅克可以说是明确的C型公司。而案例二国城可以看做在一个B型母公司羽翼下的C型公司；案例六家琨事务所的执业形式在中国并不多见，公司的领袖被业主和员工定位为明星，而他本人却以建造过程和业主需要等方面的知识为其执业的基础。将自己定为独立的执业者绝非易事，有些公司就是专门从机构性的业主而不是从私人开发商那里寻找项目的。我们注意到，创意－专业型的设计公司抱怨政府业主通常很麻烦，[51]而商业型的设计公司则更乐于做政府工程，因为"付费比较容易"。[31]

3.2 方向与趋势

在过去20年里，中国建筑实践的变化一直是由官方指示所主导的，显然官方指示现在已不再是变化的核心动力了。市场的冲击及越来越现实的业主要求正在推动建筑师以越来越多样化的方式执业。在历史回顾中，我们确定了建筑师职业改变的三个源头：市场、私人业务的引入和职业框架。运用上述理论模型，下面我们来讨论我们所观察到的这些现象的意义。

3.3 市场、经济、政策

多数设计公司似乎意识到，建设市场的急速扩张是泡沫经济的征兆，因此对于将来

持谨慎的态度。在我们的访谈中，我们不断地被告知，有太多的工作有待去做，也的确需要增加人手，但多数私人设计公司并不想增加员工人数。在过去，一家私人公司会接受任何项目委托，但是随着市场的逐渐成熟和业务的规范化，这些公司开始有选择地接受委托。

虽然大多数从业形式是设计院，属于生产-商业型（矩阵中的 A 型），但显然，有些公司正在向专业价值取向的模式靠近，所以我们开始辨认出矩阵中的 D 型和 F 型的公司。结果，市场在执业模式、客户定位、项目类型上进一步分化。设计收费系统变得越来越灵活，设计公司开始为了优质服务而与业主协商更高的收费，例如帮助业主取得政府批文或监督施工质量等。设计公司已经显示出对于市场变化的敏感度。随着业主的要求越来越高，外国公司的机会正在增加。

发展商对服务的要求越来越多。由于市场越来越规范化，诸如帮助业主取得政府批文之类的服务可能会变得不太必要。另一方面，施工质量——尤其是为了让项目达到国际水准——正在越来越多地得到业主和建筑师双方的重视。建筑师正在找到非正式的渠道进入施工场地，为业主提供设计之外的服务。商业型公司认定这是与同业竞争的一项重要的客户服务；而专业型公司则找到了一条影响建成产品质量的有效途径。显然，国家政策应有所改变，以允许建筑师到施工现场去控制工程质量，并让设计公司能够就此收费。

3.4 向私人执业过渡

国有公司认为，从长远来看它们会完全变成私人公司。[40]私营设计公司将在数量上急剧增加，但单个的私营公司并不希望扩大规模和增加员工，并对未来市场的萧条保持警惕。它们经历了外国事务所涌入而带来的竞争，因此谨持危机意识，努力提高设计质量。未来将出现更多的中外合作设计公司，因为本地公司愿意与外国公司合作，从而学习设计概念和技术。[31]

如上文所分析，设计院按生产型的模式运作，而业主的要求正在改变，寻找那些更加服务型和创意型的建筑师。考克斯等指出，一个公司很难从生产型转变为服务型，或从服务型转为创意型，因为正常的从业模式演变过程是反方向发展的，即执业活动一般从灵活而逐步走向程式化。[44]因而设计院里的员工会感觉到很难适应业主的新的服务要求。较为有效的方式可能是，公司放弃在原有架构上的修修补补，而干脆解散、人员重组、机构再造、重新定位，正所谓"要革命不要改良"。

3.5 设计院的角色

为了满足不断变化的市场需求，大设计院正在解体，以开展更灵活、更具适应性的业务实践。设计院背负着过多的非生产人员和退休人员的沉重负担，在今后几年面临着强制性的私有化。原本设计院是唯一的执业模式，现在却不断被私营公司所侵蚀，常常沦为私营公司的人力资源库。在少数情况下，设计院与私营公司存在正式的隶属关系（如案例二），设计院在必要情况下为其下属公司提供专业人士，又在不需要时为这些专业人士提供基本工资。由于原有的良好声誉和设计质量，大设计院常常被用作市场营销的品牌。

4 建筑教育的回应

当建筑师职业经1995年和1996年的条例重新定义的时候,建筑教育也在重新定位。职业构架经参考国际咨询而重建,建筑教育体系也经历了类似的过程,体系经重新调整与当时的国际标准接轨,将经五年制本科教育取得建筑学学士学位定为一般标准。在学士学位之后经两年半学制的研究生教育可取得建筑学硕士学位。近年来建筑学专业的培养方案正在走向多元化。一些先锋学校意识到在学士和硕士阶段重复授予两个职业学位,存在着学制过长和资源浪费的问题,因而将培养方案简化为一个通识性的学士学位加一个职业硕士学位的模式。例如,清华大学的建筑学院与东南大学的杨廷宝班开始实行"4+2"体系,即四年制的本科学习获得工学学士学位,再经两年制的研究生学习获得建筑学硕士学位。[52,53]

1992年起,中国开始了建筑学本科专业教育的评估,从1995年起开始建筑学硕士教育的评估。[54] 全国高等学校建筑学专业教育评估委员会主任秦佑国教授总结说,截至2007年,全国已经有32所大学通过了建筑学学士教育的资格评估,19所大学通过了建筑学硕士教育的资格评估。[54] 通过评估的院校有资格颁发建筑学职业学位,那些没有通过评估的院校则只能颁发工学学士或工学硕士等普通学位。持建筑学学士学位的毕业生只需要经过三年的设计实践就可参加一级注册建筑师考试,而持工学学士学位的毕业生则需要经过至少五年的设计实践才可以参加同等考试,以此类推(表1)。

建筑学或建筑类专业毕业生报考一级注册建筑师的条件(2008年)[55]　　表1

	学历	工作年限(年)
本科及以上	建筑学硕士或以上	2
	建筑学学士	3
	工学学士(五年制)	5
	工学学士(四年制)	7
专科	大专(三年制)	9
	大专(两年制)	10

在过渡期的第一次注册考试时,部分建筑系资深教师与设计院中的资深人士一起,被准予豁免注册建筑师考试而获得一级注册建筑师执业资格,可以在最大限度范围内执业。[56] 近年来,活跃多变的市场正在促成业界与高校的角色互换。高校不再领导设计潮流,反之,业界由于建筑师职责的扩展、与业主的互动,以及与外国公司的合作,逐渐变得比高校更有设计经验且更具创意。建筑院校正越来越多地受到来自业界的批评,认为现行的建筑教育既缺实践性又乏创造性。[57] 因此,一些建筑学校开始打破常规,聘用优秀的执业者担任设计课的指导教师。[52]

从1996年起建筑设计行业的性质已经改变。从本研究中我们可以看到行业中对于设计的创意的要求越来越高。行业中越来越多地将设计作品看做某建筑师的个人作品，而不再是某机构的产品。设计概念越来越受到重视，从而促使中国的建筑学校在设计教育中加强了对创造性的培养。并且，建筑学正在迈出职业活动的范畴，取得在社会更大范围内的理解。设计构思正越来越多地在媒体上加以讨论。例如《三联生活周刊》，这份创刊于1925年的大众杂志媒体，自2002年以来就把建筑列入其文化专栏，介绍建筑设计以及相应的生活方式。它刊登对建筑师的专访，也介绍各种建筑学术活动，例如介绍德国建筑师的学习过程与设计思想，[58]报道张永和与矶崎新组织的"M会"等。[59]

本项研究中关于建筑学教育的另一个发现是，设计教育的侧重点与建筑师职业的责任分配是一致的。如果建筑师不能到施工现场监督施工质量，那么在教育中也没有必要顾及细部的设计和施工方法的探讨。随着市场需求的改变，建筑师越来越多地亲临施工现场，学生们发现，自己有必要去更多地了解建筑材料和施工方法。有些学校，如清华大学，正在引入关注建构问题的设计课程，鼓励学生建造大比例的细部模型以加深对建构问题的理解。

5　未来之路

一个职业在社会的架构中演进，反映出特定人群的期望和责任。早期的专业人士在世界范围内被赋予一种特权地位，这种状况正在改变。在西方，历史悠久的职业正在更新执业的基础，重新界定专业人士在社会中的专业职责和权利。在中国，由于历史的传承被打断，职业意识所依附的社会构架尚不存在，建筑只是在近年才开始探索专业实践更广泛的社会背景。因为对职责的认识尚浅，当前频密的建筑活动已导致建筑的商品化，建筑师的角色更像是业主居所的供应商。历史上建筑师曾被视作在给定条件下完成任务的无名工匠，或生产流程中的技术官员，在今天，这个行业的成员仍未完全走出那个时代。1990年之前的强意识形态环境及历史上建筑师的自我隐没，正在与今天建筑学出版物和专著将建筑师个人偶像化的态度产生碰撞。在一个追求财富的社会模式之下，在业主催促照抄外国设计的压力之下，中国建筑师正在努力协调社会责任感、现代化的压力及个人身心健康，在中央集权的计划经济体系之外努力寻找更好的从业方式。私有化虽然为1950年代以来的国有框架下的建筑师行业松了绑，但专业实践方方面面的问题仍然有待解决。几代建筑师已经习惯于工作单位的稳定环境，现在被推入市场经济大潮之中。建筑师的义务和责任尚未在支撑建筑实践的职业结构中加以检验与证明。建筑师的教育已经深入建筑技术和建构方面，还有待于在业界中进一步探索和尝试这方面的问题。由于职业化所需的更广阔的社会构架尚未发展成形，建筑师事务所只是在业主的盼咐下提供服务，尚缺乏西方的职业训练中必不可少的社会责任。

1990年以来中国建筑师与世界各地的同侪之间进行了实质性与广泛的接触，尤其是在北京1999年主办国际建筑师协会（UIA）第20届世界建筑师大会和2008年主办奥运会期间的交流，产生了深远的影响。虽然UIA官方将很多中国先锋建筑师的作品排除在展览之外，但后者自办的中国现代建筑艺术展确保了他们在来访的专家与媒体面前的自我展现。在同一时期，第二代留学海外的建筑师正在回国创业。他们在业务实践中更加关注在留学时所学到的职业惯例，并开始发展出自己的理论来支持自己的作品。这反映了在欧洲和美国发生的变化，当代建筑理论的话语权已经从学术界转移到从业者。这种变化现也已在中国出现，反映在学校开始聘用职业建筑师作为兼职教师，而不再局限于全职教师兼职设计的方式。这种转变凸显出大学在基础理论教育上的欠缺。历史教学仍是僵化的、政治上受限的，使得学生没有机会在欣赏历史的基础上发展出独立的理论框架。目前的建筑实践虽然让学生接触到了当代的一些争论，但是明显缺乏对当代理论的演化过程的理解，例如对于西方建筑实践背后的后现代主义的形式的争论等。只有具备一个成熟的理论框架，中国在建筑技术及可持续发展方面的争论和探讨才有可能蓬勃发展。基于这种观念，西方的建筑实践已能拓展其市场定位，或通过掌握技术实现自我增值，或通过掌握理论来领导文化。随着实验性的设计业务逐渐成为行业的主要贡献者，并在中国建筑师职业的特性及其诞生过程中扮演必不可少的角色，一个成熟的理论框架也将是必须的。

致谢：感谢我们所采访的许多执业建筑师的帮助，Sonja Hout 在访谈录像方面的技术协助，以及论文成稿过程中来自周围同事的意见，尤其是 Jeff Cody 的洞见。此研究项目部分由香港研究委员会资助（项目号10205145），当时第一作者任职于香港大学。

英文原文发表于 Journal of Architectural and Planning Research. Volume 25. Issue 3.（Autumn，2008），pp. 203-220. 作者对译文有所修改。中文由刘秉琨译，贾云艳校。

注释：

[1] O'Neill O. A Question of Trust：the BBC Reith Lectures 2002. Cambridge：Cambridge University Press，2002.

[2] Boyd A. C. H. Chinese Architecture and Town Planning：1500 B. C. -A. D. 1911. Chicago：University of Chicago Press，1962.

[3] Fu X.，N. S. Steinhardt. Chinese Architecture. London：Yale University Press，2002.

[4]（宋）李诫．营造法式．南京：江南图书馆，1919.

[5] Kostof S. The Architect：Chapters in the History of the Profession. New York：Oxford University Press，1986.

[6] Cody J. W. Exporting American Architecture，1870-2000. London，New York：Routledge，2003.

[7] Hsü C. C. Chinese Architecture：Past and Contemporary 1964. Hong Kong：Sin Poh Amalgamated Limited.

[8] 伍江．上海百年建筑（1840-1949）．上海：同济大学出版社，1997.

[9] Rowe P. G.，S. Kuan. Architectural Encounters with Essence and Form in Modern

China. Cambridge：MIT Press，2002.

［10］ Li X.，K. H. Chong. Implications of Chinese Architectural Education in Contemporary Chinese Architecture. Journal of Architecture，2003，8（3）：303.

［11］ 赖德霖．关于中国近代建筑教育史的若干史料．建筑师，1993（55）：86.

［12］ 张镛森．关于中大建筑系创建的回忆．建筑师，1985（24）：160 – 161.

［13］ 赖德霖．从上海公共租界看中国近代建筑制度的形成（上）．空间（台北），1993（46）：24 – 31

［14］ Li S. Writing a Modern Chinese Architectural History：Liang Sicheng and Liang Qichao. Journal of Architectural Education，2002，56（1）：35.

［15］ Li S. Reconstructing Chinese Building tradition：the Yingzao Fashi in the Early Twentieth Century. Journal of the Society of Architectural Historians，2003，62（4）：470.

［16］ 朱启钤．中国营造学社开会演辞．中国营造学社会刊，1930，1（1）：1 – 9.

［17］ 上海市建筑协会．上海市建筑协会章程．建筑月刊，1934，2（4）：25 – 26.

［18］ 赖德霖．从上海公共租界看中国近代建筑制度的形成（下）．空间（台北），1993（47）：47 – 51.

［19］ 赖德霖，王浩娱，袁雪平，司春娟．近代哲匠录：中国近代重要建筑师、建筑事务所名录．北京：中国水利水电出版社，2006.

［20］ 王浩娱，许焯权．从工匠到建筑师：中国建筑创作主体的现代化转变∥张复合主编．中国近代建筑研究与保护．北京：清华大学出版社，2004：589 – 606.

［21］ Shaw V. N. Social Control in China：a Study of Chinese Work Units. Westport，Conn：Praeger，1996

［22］ Vohra R. China's Path to Modernization：a Historical Review from 1800 to the Present. Upper Saddle River，N. J.：Prentice Hall，2002.

［23］ 张钦南．访谈记录．关道文．北京，2004.

［24］ Zhang T. Challenges Facing Chinese planners in Transitional China. Journal of Planning Education and Research，2002，22（1）：64.

［25］ 国务院．中华人民共和国注册建筑师条例．国务院令第184 号，1995.

［26］ 建设部．中华人民共和国注册建筑师条例细则．建设部令第52 号，1996.

［27］ 建设部．关于印发《建筑工程设计事务所管理办法》的通知．建设［2000］285 号，2000.

［28］ 建设部．关于印发《私营设计事务所试点办法》的通知．建设［1993］794 号，1993.

［29］ 建设部．关于开展换发建筑工程设计资质证书工作的通知．建设［1999］9 号．

［30］ 国务院．建设工程堪察设计管理条例．国务院令293 号，2000.

［31］ 陈航毅．访谈记录．关道文．重庆，2004.

［32］ 黄慧．访谈记录．关道文．北京，2004.

［33］ 赖建元．访谈记录．关道文．北京，2004.

[34] Levinson N. Future Present: a New Generation of Chinese Architects is Changing the Rules of the Game. Architectural Record, 2004, 192 (3): 74.

[35] 中国国际建筑艺术实践展, 2004. http://www.cipea.com.cn/index.htm.

[36] Pearson C. A. Lu Yeyuan Stone Sculpture Museum: Liu Jiakun Creates a Dramatic Setting for Art. Architectural Record, 2004, 192 (3): 86-89.

[37] Frangos A., L. Chang. Architects Go East; China's Energy, Opportunities Draw World's Top Designers; the Challenge of Getting Paid. Wall Street Journal (Eastern Edition), 2003 (17): B. 1.

[38] Lubell S. Projects Taking Shape in China. Architectural Record, 2004, 192 (3): 110.

[39] Johnston T. Far from Home: Western Architecture in China's Northern Treaty Ports. Hong Kong: Old China Hand Press, 1996.

[40] 李秉奇. 访谈记录. 关道文. 重庆, 2004.

[41] 国家物价局. 民用建筑工程设计取费标准. 价费字 [1992] 375 号, 1992.

[42] Pressman A. The Fountain headache: the Politics of Architect-Client Relations. New York: Wiley, 1995.

[43] Duffy F. Knowledge-Defining the Profession // F. Duffy, L. Hutton ed. Architectural Knowledge: the Idea of a Profession. London: E&FN Spon, 1998: 135.

[44] Coxe W. et al. Success Strategies for Design Professionals. New York: McGraw Hill, 1987.

[45] Kalisperis L. N, R. L. Groninger. Design Philosophy: Implications for Computer Integration in the Practice of Architecture // K. Kensek, D. Noble ed. Computer Supported Design in Architecture. ACADIA, 1992: 27.

[46] Kvan T. Fruitful Exchanges: Professional Implications for Computer-Mediated Design // M. Tan, R. Teh ed. The Global Design Studio: Proceedings of the Sixth International Conference on Computer Aided Architectural Design Futures, 1995 (9): 24-26. Centre for Advanced Studies in Architecture Singapore: National University of Singapore, 1995: 771.

[47] Symes M., J. Eley, A. D. Seidel. Architects and Their Practices: a Changing Profession. Oxford: Butterworth Architecture, 1995.

[48] Winch G., E. Schneider. The Strategic Management of Architectural Practice. Construction Management and Economics, 1993 (11): 467.

[49] Winch G., E. Schneider. Managing the Knowledge-based Organization: the Case of Architectural Practice. Journal of Management Studies, 1993, 30 (6): 923.

[50] Brown M. G. Review of Success Strategies for Design Professionals: Superpositioning for Architecture and Engineering Firms, by WCox et al. Journal of Architectural and Planning Research, 1989, 6 (3): 267-270.

[51] 杨英. 访谈记录. 关道文. 成都, 2004.

[52] 仲德崑. 中国建筑教育的现实状况和未来发展. 中国建筑教育,2008（1）：9-15.

[53] 秦佑国. 清华建筑教育60年. 建筑教育,2008（1）：3-7.

[54] 秦佑国. 中国建筑学专业学位教育和评估. 中国建筑教育,2008（1）：16-18.

[55] 全国注册建筑师管理委员会. 2008年度全国一、二级注册建筑师资格考试考务工作,2008.

[56] 建设部. 关于公布"一级注册建筑师资格特许人员名单"的通知. 建设[1996]387号文件,1996.

[57] 冯果川. 从"两不毕业生"看中国建筑教育. 中国建筑教育,2008（1）：55.

[58] 林鹤. 一撒手间的洒脱. 三联生活周刊,2006（404）.

[59] 舒可文,邢慧敏,黄源. 五月,所谓"M"会议. 三联生活周刊,2002（193）.

知识与制度化 2：专题解剖
Knowledge and Institutionalization 2: Thematic Analyses

作为中期的 1970 – 1980 年代，建筑界的一个重要突破，是建筑知识的体系化，表现在教育的本土化、设计知识的系统化和本国建筑史写作的成型。这里研究探讨三个问题：中国现代建筑教育中的基本困境，建筑教科书中的知识的现代化和中国化，以及建筑历史写作中的唯物观。

回归建筑本源：反思中国的建筑教育

Back to the Basis of Architecture: Reflections on China's Architectural Education

丁沃沃

Ding Wowo

引言

教育是知识传授的过程，知识传授的方法可谓教学法，因此知识、受知对象和传播方式成了整个过程的几个关键词。在建筑学高等教育体系中，受知对象不言而喻，那么知识和传播方式就成了教育者主要关注的内容。对于大多数学科来说知识主体应该很清晰，这是学科立足之本。然而古老的建筑学的学科知识主体却较为含糊，在发展的漫长道路中，建筑学一直在不断构筑和更新自己的知识框架，推陈出新、去伪存真成了学科研究的重要组成部分。建筑是艺术、建筑是建造、建筑是凝固的音乐、建筑是象征符号等各种诠释显现了建筑学的知识主体的模糊性以及概念的复杂程度。从历史发展来看，建筑学学科最初是在艺术院系里，而后移至工科院校，接着又出现在综合性大学，并得到很快发展，而且建筑学的基础知识也因自身概念的拓宽而不断增加。时至今日，当建筑技术给了建筑物态形式最大的自由时，带来的却是建筑学知识主体更加含混，学科对象的讨论几乎成为建筑学理论研究的热点，从而也引发了对建筑教育的重新思考。

作为一个学科，我国建筑学的历史并不长，并且是在引进西方建筑学的基础上建立起来的。80多年的历史走出了和西方并不一样的道路。在全球化带来的信息交流时代里，我国的建筑学无论在表象上还是在实质上都无法回避和西方建筑学的全方位对话，为此有必要基于建筑教育分析一下我们本土的建筑学学科的演变与发展。[1]

1 传统建筑的学问

虽然我国建筑学学科的历史只有80多年，但是我国营造建筑的历史已有四千多年，传统建筑的地位在世界建筑之林独树一帜，这种强烈的反差不得不引发我们认真思考建筑作为一个事物或一个行业在中华文明史中的属性和作用。这80年的历史相比四千年的建筑历史沉积显得单薄，所以只有嵌入整个历史与文化中，对我们的传统建筑的讨论方能有效。

1.1 建筑是"器"

鉴于建筑的社会性，其定位取决于整个社会文化认可，而非来自行业规定。

首先看古代哲学家的论述。老子《道德经》第十一章："三十辐共一毂，当其无，有车之用。埏埴以为器，当其无，有器之用。凿户牖以为室，当其无，有室之用。故有之以为利，无之以为用。"虽然现在常用这段话来说明我们的建筑自古以来就有现代建筑的空间概念，但是本文并不想讨论老子的"无"是否就指现代建筑的"空间"，而关注建筑的意义在于"有室之用"。

其次看民间的表达。从汉代画像砖上我们了解到了古代建筑的形式，每幅画像中的建筑内均有人物，或站或坐在奏乐习礼，整个画面无论建筑占多大的画幅都只是故事的载体，也就是"器"。[2]

再查阅传统分类法。[3]翻遍类书寻求建筑在"学问"中的类别，在《四库全书总目纲要》与建筑有关的要目分置于史部地理类中的都会郡县目和古迹目、史部政书类中的考工目和子部术数类中的相宅相墓目。[4]古代类书中采用分类法编排的以《古今图书集成》为代表，其中考工目被列在经济类。[5]

因此可以说在中国传统文化中建筑是"器"。作为"器"，主要存在的价值是"功用"，它的主要目的是获得内部空间。对于建造活动来说，建筑仅是建造的客体，获得内部空间才是整个建造的目的，换句话说，建筑的外形仅是一个媒介或载体，通过载体达到"功用"的目的。至此我们确认在传统观念中"建筑"如同"茶壶"或"服饰"，因而构筑建筑者只能视为工匠，充其量可称为建造师。中国传统建筑以木构为主，建造者主要是木匠。

1.2 "器"之学问

建筑作为"器"的历史延续了四千年，和西方建筑传统不一样的是在形式上并无明显的变化，后者与西方绘画一样风格多变而带有鲜明的时代特征，可见虽然都是建筑但门道不同。我们的传统建筑虽然看似没有变化，但是有它自己的学问，其核心内容不是"设计"而是建造。学问的内容囊括了材料、结构、构造与型制等所有内容，其基本要领是"材"与"契"。[6]中国传统建筑重要的两部史书宋代《营造法式》和清代清工部《工程做法则例》说的都是建造的方法，用现代的话语说就是材料及其交接的方法。另一个重要的内容则是"样式"，用现代的专业语言表述就是：交代了元素及其组合原理，这个原理不仅决定了材料与构造的内容，同时也决定了最终建筑的形式。[7]

中国传统建筑的彩画是建筑形式美的重要组成部分，"这些彩色并不是无用的粉饰，却是木造建筑物结构上必需的保护部分"，[8]所以在表现形式上彩画的画幅和所依附的木构件的形状结合得相当完美，如梁、枋、椽和斗栱等等表面上的绘画画幅形状因构件而异，画面和结构构件合二为一，因此传统建筑的彩画完全依附于它在建筑中的位置而并非独立的艺术作品。[9]

作为"器具"的建筑有等级之分，而划定等级的原则取决于"器具"使用者的社会与政治地位和使用者的社会身份，是选用建筑形式类型的基础，[10]它分别通过建筑的平面（开间与进深）、屋顶样式、建筑用材与用色等方面体现出来。如果从形式到样式再到构造都作了如此充分的规定的话，所剩的工作也只需按章办事来选择相应的类型和解决建造的问题。这无需西方传统概念上的设计工作，也就没有建筑师这个角色。建筑工作起主要作用的是木匠中的大师傅，建造依据的不是图纸而是建筑的构造模型，由大师傅根据建筑的类型和所备的建筑材料放样得来，建造过程中如遇问题现场解决。这样的模式确认了建筑并不是形而上的事物，而是形而下的物器，建造技术是手艺，型制和样式是"器"的制造"学问"。

1.3 "器"的学问与教育

和中国传统建筑概念不同的是，建筑在西方传统文化中和绘画与雕塑一样同属于艺术（至少是建造的艺术），它像艺术作品一样需要被创作。从事这一行业的建筑师和艺术家有着大致相同的社会地位，如意大利文艺复兴时期的画家拉斐尔、米开朗琪罗等既作画也做建筑。在西方的社会观念中，建筑师和艺术家的工作是一项形而上的工作，建筑师是知识分子中的一员。

中国社会的情况大不相同，其传统建筑等级严格、规制清晰，社会与人和人与建筑基本都有清楚的范式，无需设计更不能创作。建筑的"学问"就是建造的"技能"，因而建筑被视为"器"，它自始至终没有像西方传统建筑那样成为美学讨论的对象。虽然中国传统建筑形式拥有无可否认的极高的美学价值，但是它被视为是"材"与"契"完美融合的结果而不是审美活动的目的，所以建筑在传统文化中没有获得与中国传统绘画和书法同等的地位，没有成为艺术的一个分支。

问题的关键是由于传统建筑无需"设计"这个形而上的行为，当然也就没有从事设计活动的建筑师。更重要的是，没有围绕以建筑形式为主题的形而上的系列探讨，自然也就无需建筑这个学科。然而，另一方面和西方传统一样的是，学校的任务是进行"形而上"的知识传授，所以建筑技术的传承显然不是学堂的事，而是和其他工艺技术行业一样依靠师徒制的方法传承，即通过实际操作在建造过程中学习，这也可诠释为传统的建筑职业"教育"。另外行业外部即整个社会对建筑技能的传承方式非常认可。

在传统观念中建筑的社会定位并不取决于它的经济效益，建筑的属性决定了社会对建筑行业的定位，所以建筑的"形而下"定位在社会意识中始终没有改变。因此，探讨学科的内容和教育的方式不能脱离社会文化对该事物的定位，目前建筑教育、教育者以及学子们感受到的尴尬和迷茫实际上是早已存在的学科的尴尬与迷茫。

2 我国建筑教育

2.1 试图转"器"为艺

先于建筑学学科建立的自然是建筑市场对建筑师的需求。因建筑行业发生了变化，外来建筑事务所、外国建筑师和西洋建筑打破了中国传统建筑的既定规矩，建筑设计成了建筑行业中的一个新工作，建筑师这个新的角色出现了。20世纪初清政府有组织地派送中国留学生出去学习，建筑学也是其中一个之一。据史料记载，在出国留学生中攻读建筑学的有55人，其中40人去了美国。[11]学成之后他们中的大多数人返回了祖国并开办了建筑事务所，成为中国自己的第一代建筑师。这在建筑行业内部发生了重大变化，首先建筑设计被引入建筑建造行业，建造之前需要设计并由专业图示语言绘制的专业图纸表达，而后再由图纸转换成实体建筑，设计和绘图成了专门化的一项工作而非以往大师傅的手艺活。其次，建筑师的工作重点是设计（或者说是创作）而不是施工，建筑不仅仅只是房子，更重要的是，它是建筑师的作品，其工作地点在办公室而不在工地。建筑的概念很快在行业内部由"器"而转成"艺"，成了学问的对象，几个关键的变化点是：①建筑成为一种艺术；②建筑工作由工匠转为知识分子的工作；③建筑形式成了设计工作的重要组成部分。

设计作为一种特殊的知识显然要通过高等教育的专门化训练，于是建筑学作为一个学科被引入中国大学。中国大学的第一所建筑院系正式诞生于1927年，[12]即现在的东南大学建筑学院，其教员和系主任都是由国外学成归国的留学生组成。[13]本文将以这第一个正规的建筑教育机构为例，它不但是中国最早的建筑学教育机构，而且毕业生中很多人从事建筑教育工作，把东大的传统（中大体系）带到全国。另外我国的高等教育体系和初等教育一样习惯统一化，并用统编教材等等，造成中国建筑教育的教学模式大同小异。因此，对"中大体系"的分析足以映射改革开放之前的全国建筑教育模式。

建筑学一开始就无可选择地继承了西方"建筑是艺术"的概念，核心知识体系围绕着建筑设计而构成。中国建筑学先驱之一杨廷宝先生以自己在美国受到的建筑学教育为蓝本阐述了建筑学是一门综合性学科的性质，他认为可以分为八个分支，即"①总论；②历史与理论；③城市规划；④园林；⑤建筑设计；⑥建筑构造；⑦建筑物理；⑧建筑设备"，[14]虽然经过不断的调整与整合成为现在的一级学科的建筑学，涵盖了四个二级学科，但是其基本内容和精神并没有本质的变化，且基本和国际接轨。

2.2 转变中的认识问题

建筑学的迅速引进带来了一系列认识上的变化，其中包括如何看待自己的建筑传统、如何看待建筑、如何看待行业工作，以及如何重新理解建筑的社会定位。

建筑传统：西方建筑学的引入不仅改变了建筑知识的传承方式，而且由于方法的改变也影响了对中国传统建筑的看法。第一代中国建筑大师和学者们由于所受的是西方建筑学的启蒙教育，所以对建筑学的理解往往以西方传统建筑学的观念为基础，观察与评价建筑事物往往以西方建筑学的视角，认知手段也沿用了西方建筑学的方法。引入西方建筑学的方法的优势是使对传统建筑的研究有了比较成熟的学术范式和方法，例如梁思成先生当年在研究中国传统建筑时所能得到的建筑读本仅有宋代李诫的《营造法式》与清朝官定的工部《工程做法则列》。梁先生从实物调研入手并结合文本研究，将其"读懂的条例用近代科学的工程制图法绘制出来"。[15]梁先生的《清式营造则列》的意义不仅是中国建筑史学界一部重要的"文法课本"，也为建筑学研究提供了方法论的范式。然而，对于中国传统建筑来说，如果图示作为记录工具替代实物就出现了认知上的问题——出现了建筑的立面图。从图到图的学习方法取代了由实物到图纸的方法，这样就出现了以理解西方古典建筑的方法去理解中国已有几千年历史的传统建筑。[16]所以后来西方古典建筑中的关于比例的讨论也延伸到了中国传统建筑中来，影响了对传统建筑建造首位性的认知和建造意识的认识。

样式与风格：风格（Style）是西方古典建筑研习中的一个关键词，它的存在和艺品的意义有直接关联，而中国传统建筑只有和做法相联系的样式。当西方建筑师用理解西方建筑的眼光来看中国传统建筑的话，"风格"的定位成了重要问题。第一代建筑师对中国传统建筑以及"民族特征"的解释和西方建筑师的理解并没有本质上的区别，只是在做法上更加"地道"，这一点无论从他们的作品中或对中国建筑形式的分析上都明显反映出来。[17] "中国固有式"的定位实际上将中国传统建筑符号化，通过具体的建筑范例使其在学术上被认可。可惜的是，中国传统建筑观的本质已经不存在了。

建筑设计：训练即我们熟知的设计课则在教学体系中从设立一开始就得到了充分的重视，从老一辈建筑学子们的回忆录中可以读到建筑设计教育对培养建筑师的重要性，[18] 所以建筑系的图房成了他们获取设计技能的空间。相比中国传统建筑行业中的师徒传承的学习方式，图房中的知识传授方式和传统方式并无本质的差异，只是传授内容发生了根本变化——即由怎样建造变成如何设计。知识体系的核心由建造转换成设计，这个重要的转化可以称之为建筑的学术化。转换之后面临的第一个问题是设计的标准问题，即什么是好建筑？答案是：适用、坚固、美观。前两者比较容易认定，而"美观"接受的是西方古典建筑法则。[19]

建筑与建造：在我国，建筑教育被定位为高等职业教育，职业教育需要毕业生具备一定的操作能力，此项任务显然需要在设计过程中解决。传统的师徒传承的主要内容就是建造的技能，用现在的话是非常直接的职业教育。以形式设计为核心的设计课其成果的评价当然是造型，至少是满足功用后的造型。功能和形式相比较，功能的问题可以原谅，造型不好则不能容忍，原因很简单，因为建筑是艺术。久而久之建筑的建造概念在退化，建筑材料与施工技术更不可能在建筑设计中体现。建筑学子们对建造的知识了解少之又少，且对建筑构造既不感兴趣[20] 也不认为是建筑师应该完成的工作。

建筑的属性：我们知道建筑学是舶来品，前面提到的系列观念上的转换也只发生在行业内部，整个社会文化和意识对建筑的定位并没有真正随着建筑学的引入发生质的改变。除去个别特殊的作为特定象征意义的案例之外，建筑仍然被划在"器"之类。这一事实不仅给建筑师带来困惑，更给建筑教师的工作带来尴尬的处境。建筑的社会价值影响到了图房里的标准，二者的反差使得学校的教育受到学生和社会的质疑，其结果是学校放弃原先并不扎实的信念转而迎合市场。

因此，在建筑师培养的主干知识构架中，建筑学自治的标准、社会基础、知识构成等方面都还存在疑点。

2.3 知识体系与教学方法

1933年中央大学建筑工程系课程表里具有两大特点：首先重视数理基础、工程技术和职业技能，其次重视建筑设计（当时称为"建筑图案"）。建筑系教员分别来自欧、美、日本等国留学归来的年轻学人，"在决定系的培养目标和方向、学制和课程设置方面，也曾经做过多次的讨论和研究，最后才算得到一个比较符合中国国情实际的方案。"[21] 分析一下这个教案符合中国国情的原因是很有必要的。

首先分析理论课的框架。[22] 理论课的体系分三大类：①通识基础课；②建筑技术和职业技能；③建筑史。和西方建筑学的课程体系相比，我们唯独缺少建筑理论类课程。

在理论部分舍去了西方建筑学理论中关于哲学和美学的讨论、意识形态的争论、建筑批评等内容，建筑形式美学理论方面则留下了西方古典美学的构图原理这个可供操作形式的方法论；而另一方面，保留并加强了建筑工程技术领域的知识以及与之相关的基础理论。显然，第一代建筑教育家们非常理解建筑在中国传统文化中的角色，因此抛弃了西学中繁琐的"形而上"的讨论而转向社会普遍接受的"形而下"的建造技术问题，并顺应行业的发展提升建筑技术的知识内容。这种抉择也许就是结合国情的结果，即在不改变建筑作为"器"的本质[23]的基础上实现学院式教育。正如杨廷宝先生说的那样："对于建筑的概念不再是仅限于砖瓦木石和日常的结构形式和施工方法。这就使建筑上的应用科学因素增加，而形式和艺术退居于从属的地位。"[24] "建筑是具有双重性的。它是融化应用科学与应用美术而成为一种应用的学问。"[25]

再者，从第一代中国建筑学者或建筑师们从西方引入建筑学的时间上看，当时西方建筑理论和建筑实践正在发生巨大变化，现代主义建筑普遍出现，这些变化对当时的留学生来说应该有着直接的影响；从他们归国后的建筑作品中的确也看到现代主义建筑形式语言的痕迹，如杨廷宝先生分别于1947年和1948年建成的南京小营新生俱乐部和南京中山陵延晖馆，无论是建筑平面还是建筑造型都是典型的现代建筑，[26]其功力之老到即便是现在看依然令人佩服。问题是，为什么作为中国第一代学者的年轻人们更加热衷于对中国传统建筑的研究和继承而没有直接引入最时髦的西方现代形式语言呢？虽然目前还没有足够的文献来回答这个问题，但是有两点影响比较清楚，其一是出自于对整个中国社会的建筑观的认识；其二则是他们在西方所受的以古典原则为核心的建筑教育。杨廷宝先生的一段话颇值深思："我曾说过，我们那个时代是个建筑转变的时代……林肯纪念堂是我将毕业时建成的，它仍然是座折中主义而又丰富有创意性的建筑……与此同时也建造了一批新建筑，两种建筑同时并存。不过芝加哥的展览会仍是前者占了上风。世界上的事说也奇怪，美国建筑师走过的路子，在50年代的苏联又重复了一次。他们都承袭了古典的手法，何其相似乃尔。"[27]我们也许可以这样理解，在当时看来形式只是外观而已，合适就用。

按学问推理：由于建筑设计的知识是学校教育的主要内容，所以它应该包括建筑设计理论和建筑设计训练。然而，从建筑学教学框架不难看出关于建筑设计理论的教学非常弱，现在的状况是由于最初设定的构图原理并不完全吻合现代建筑审美观念而最终被取消了，所剩的课程只有公共建筑设计原理、居住建筑设计原理类的课程。这些原理课的目的并不是解决以"艺术"为核心的建筑的形式美问题。可以看出当建筑设计成为建筑师的知识主体时，理论常被误导，最终它被转译成"概念"、"手法"，甚至"说法"的同义词。但是，当形式的美学问题没能得到充分讨论时，图房里发生的知识传授只能以教师的见识和修养作为标准。后来出现了以国外杂志上时髦建筑为范式以及乡土建筑的视觉纹理效果影响建筑设计等现象是其必然结果。

其次分析建筑设计的知识传授方式，前面已经论述了由于没有单独设立的相关理论课程，在设计标准、社会基础和知识构成方面都留下了需要解决的问题，无疑设计课的设置成了解决这一问题的途径。"可以说杨先生等人的主要贡献之一即把他们所接受的教育——巴黎美术学院体系（即布扎体系）富有成效地联系了中国实际，塑造了'中大体系'的主要教学内容。布扎体系以构图原理为圭臬，以渲染模式为成熟完整的入门训练方法，并不断体现出古典的蕴泽。"[28] 具体地说，布扎体系是以古典原则为审美标准的体系，所以第一代建筑师们模仿他们学习西方古典的经验选择了中国传统建筑作为范式，它不仅满足了学界的标准又有广泛的社会基础。同时以杨廷宝先生为代表的第一代中国建筑师们非常重视建筑的实践性知识，认为建筑设计的知识构成是以能够指挥实际建造为标准，"一个理想的'建筑师'应该是一个工程从设计到完工全部工作的总指挥"，[29] 这就是布扎体系和中国实际相结合。

教学方法采用了渲染的模式。渲染模式实际上就是模仿模式，即通过长时间的反复"描红"来提高对范式的理解、认可直至习惯。对于建筑的启蒙教育来说渲染模式成为建筑入门的主要方法，渲染的对象是否是古典已经不重要了，通过渲染的方法学习优秀作品包括现代建筑。"这套传统做法在教学方法上讲究基本技能训练，以感性熏陶为主，师傅带徒弟的方式，使初学者看到教师身体力行，从而学得实在，没有玄说，讲求实际……然而只知其然，而不易知其所以然，因此常有'只可意会，不可言传'之说。"[30] 这种以渲染为基础的形式训练模式一直延续到20世纪80年代，其间虽然渲染的对象——建筑形式发生了不少变化，但以渲染作为训练的手段并没有变——从"古典"建筑一直渲染到"现代"建筑。[31] 这种方式存在两个问题，首先"只可意会，不可言传"并不是大学教育的方法，启蒙运动时便清楚地意识到作为知识应该可以用理性的方式表述。其次，这种用渲染学习现代建筑的方式如同用渲染学习中国传统建筑一样，都会导致对"形式"的误解。以渲染为基础的纯粹形式训练对中国建筑教育的影响很大，它已不仅仅是单纯的训练方法，而体现出了对建筑学的理解与认识。

这里的疑问是：①显然以古典原则为审美标准的"布扎体系"早已被抛弃了，那么取而代之的是现代建筑标准还是西方的现代建筑形式？②如果我们认识到渲染模式的本质是模仿（即从模仿中学习），那么究竟是渲染的技法被放弃了还是"渲染的模式"不存在了？或换句话，"渲染的模式"真的被放弃了还是只不过换了一种形式而已？③先被我们视为起家基础后又被我们抛弃的"布扎"究竟是什么？为什么西方现代建筑可以从"布扎"的土壤里滋生出来呢？

3　建筑学与建筑教育

为了追根寻源本文不得不转向西方建筑学及其教育。[32]

3.1　巴黎美院的建筑教育

我们熟知的巴黎美术学院（ECOLE DES BEAUX-ARTS）始建于1819年，是隶属于国家的艺术学院，建筑学院只是其中的一个分支，但是它的历史比美院更加久远。建筑学院始建于1671年，当时全称为皇家建筑学院（Academie Royale d'Architecture）。它在路易十四的支持下诞生，从1671年诞生到1968年解体经历了三个世纪。自那时以来在欧洲对建筑师的定位就有四个不同观点：学术建筑师（the academic architect）、手艺人或工匠（the craftsman-builder）、市政工程师（the civil engineer），后来又有了社会科学家（the social scientist）。法国皇家建筑学院对建筑师的定位就是学术建筑师，强调建筑的艺术属性，重视组合理论（compositional theory）和形式设计的传统原则的学习，并视其为训练建筑师的重要理念。[33] 根据亚里士多德的形式美的普遍原则把美术从匠人的活动中分离出来，把建筑师从工匠的地位提升到哲学家的地位。[34] 正是由于皇家建筑学院对他所培养的建筑师的定位——学术建筑师，也才有了相应的特有的严谨的学院式培养模式。

设计理论：学院是学术型机构，当建筑学作为艺术门类之一而被皇家学院接受时，它被要求接受学院的学术规范，即必须具备能阐述自身审美原则的理论，而且原则应是"首先被那些最有资格来判断它们的优劣的人士认可同时又得到普遍接受的原则，其次这些原则必须具备可以教授（teachable）的特质"。[35] 1671 年 12 月 31 日在学院初创的第一次会议上当时著名的建筑师和理论家布隆戴尔（Francois Blondel）设立了制定建筑的首要原则，其次基于这些原则制定教案的规范。为了解决究竟什么是美的原则的问题他们进行了反复的讨论。虽然柏拉图、亚里士多德和新柏拉图主义都将真、善、美作为审美的最高原则，但是因他们的内涵存在差异也就导致了审美理念的差异。由于审美理念的不同又产生了不同的设计理论，在学院内部也就形成了不同的学派。其中占统治地位的是古典派也是复古派，他们崇尚永恒的美的原则即优秀建筑的标准是固定的形式美的原则及其范例，它建立在意大利文艺复兴文学和艺术作品之上；现代派又分为两个分支，他们共同之处是反对永恒的美的概念，相信美的原则不是永恒的，会随时代的变化而变化，其中一派崇尚文艺复兴后期变化丰富的建筑形式和意大利的手法主义作品，主张有个性的建筑形式，实际上将建筑形式完全作为艺术品来对待；另一支现代派则不然，他们以更加极端的理念看待建筑形式美的源泉，认为美来自自然，建筑形式美来源于它的材料及其采用的结构技术、建筑的功用、建筑的时代以及它所处的场所。[36] 显然这个学派的基本理念和我们今天所了解的 20 世纪初期兴起的现代主义理念非常类似，遗憾的是这个学派始终是少数派，对当时的整个设计工作没有太多影响，但也一直没被清除。总而言之，巴黎美院的设计理论涵盖了很多的概念，其特点可以概括为理性的表现主义。[37]

教学体系：通过入学考试后，学生在巴黎美院的建筑学学习分为三级：第一级、第二级和毕业学位。按照安排的课程至少要五年半才能学完，实际上很少人能按时获得学位，一般都需要十年，因此大部分学子都是非全时学习。从一个等级晋升到另一个等级都要经过五个不同分类的知识构成的检验，这五类分别是：分析类、科学类、建造类、艺术类、项目类。分析类主要分析或模仿优秀的建筑实例；科学类（要通过考试）包括数学、解析几何、静力学、材料性能、透视学、物理学、化学以及考古学；建造类包括做模型和结构分析；艺术类包括用炭笔画石膏模型的素描、各种装饰细部和临摹雕像；项目类包括建筑相关的各项指标构成。[38] 这些是学生们在学院内学习的课程，由学院的教授授课，此外学生还需要到建筑师的工作坊中去进行建筑设计训练，并通过学院设立的设计竞赛获得设计成绩。

设计工作坊：以建筑师的工作坊作为训练建筑设计的基本场所是巴黎美院建筑设计训练的特色，其实有它的历史背景。在1671年之前建筑师都没有经历学院式教育，都是在开业的建筑师设计事务所里培训出新的建筑师。设立学院之后，有了系统的培养方案和课程体系，但设计训练并不像现在这样完全纳入学院内体系。和以前不同的是作为学生学习设计的场所是由建筑师指导的工作坊，学院根据建筑师的学术背景、社会地位、作品的影响力等等将其聘为导师（Patron），负责学生的设计指导。设计题目和训练内容由学院制定，训练的目的是为罗马大奖（Grand Prix de Roma）竞赛作准备，包括训练、报名、参赛。设计工作坊大部分在巴黎，也有部分在里昂。一般工作坊里常常有50~100个学生，年龄从15~30岁不等，大家聚在一起接受设计训练并根据自己学分的需要去学院选所需的课程。导师每个星期亲自给学生改两个小时的图进行指导，其余时间新生可以向老生咨询。[39]

从巴黎美院的成立到它的学院式教育方式可以看出其目的并不是教如何做建筑，建筑图在学院一共就需要两次（获学院学生头衔的初级考试和获建筑师头衔的设计竞赛）。它重视的是对设计者进行素质培养，为国家培养有品位的建筑师并为国家服务。学院认为建筑师工作坊是训练学生做设计的最佳场所，而建筑工地是训练如何建造建筑的地方。[40]

3.2　美国的巴黎美院式建筑教育

和我国建筑教育有直接联系的是美国式的巴黎美院教学模式。建筑教育在美国始于19世纪中叶（1865年麻省理工学院设立美国第一个建筑学院），最初受到大学机构的限制发展比较缓慢。受限制的原因在于建筑学教育缺乏清楚的知识体系和教学方案，而大学对于新学科的设立首先要考核它的理论框架和评价体系，当时欧洲有多种培养建筑师的模式，最终选择了巴黎美院的模式是因为它有完整的学术框架以及能和大学系统相匹配的体系，所以在1890年之后直至1939年逐渐成为美国建筑教育的主流。[41]首先折中主义建筑成为审美的标准范例，正规的教育机制设置了入学门槛、教学计划、个体化的训练计划，另外还移植了竞赛获奖机制。[42]这种改革顺应了美国的国情，适合于培养大量的职业建筑师而不是少量的精英建筑师或学术建筑师。从此以后法国建筑师和从法国学成归来的建筑师大受欢迎并在各学校获得了重要的位置，其中以宾夕法尼亚大学的帕尔·克瑞（Paul Cret）教授的教学最具影响力，使宾夕法尼亚大学的建筑学以杰出的巴黎美院模式而著称。

帕尔·克瑞主管建筑设计教程，他是一位训练有素的学院派建筑设计教师，同时也是很好的开业建筑师，有自己的事务所。值得一提的是帕尔·克瑞一方面沿袭了巴黎美院的严谨的理性的形式主义表现手法，坚信古典的无时间性和延续性，并对建筑形式构件进行理性的形式分析。另一方面，他要求学生分析古典建筑的形式构件时尽量避免对历史事件进行分析，他不重视形式的历史意义，认为那些分析看似科学但对形式生成毫无用处。[43]可以说帕尔·克瑞创造性地运用了巴黎美院的设计原则，通过对古典建筑元素和构建的分析为建筑设计服务。当然帕尔·克瑞这种对历史建筑研习的方式也给学生在理解历史史实方面留下了隐患。

当中国建筑学留学生前往美国的时候，正是美国建筑教育盛行巴黎美院模式的时期，他们比较集中地去了宾夕法尼亚大学。[44] 因此，宾夕法尼亚大学的建筑教育模式对中国建筑教育模式的影响较大。严格地说，奠定中国建筑教育基础的就是源自美国的巴黎美院式教育模式。

3.3 建筑学的知识主体

通过对巴黎美院建筑教育的简析，有几点可以明确。首先巴黎美院培养的建筑师是国家期望的具备高学术修养、高艺术品位、知识面宽广的精英型建筑师，并非可以大量培养的职业建筑师。其次，巴黎美院的教学体系重视的是理论课的教学，强调形式美的原则必须是可以教授的原则，柏拉图、亚里士多德、新柏拉图主义的审美理论是设计理论的核心，构成了建筑学的知识主体。第三，理论课体系和设计训练分开设置，理论课体系从科学、艺术到建造范围宽广并由学院开设，而设计训练则委托有素养的建筑师根据学院的要求进行培养，并在建筑师的工作坊内进行。第四，工作坊内并没有年级之分而以师徒制为主。简单地说就是为达到最初设定的目标，设计在实践中学习而修养由学院提高。所谓"渲染"只是设计工作坊和设计竞赛的一种常用的表现技法，并非巴黎美院教学体系的关键词，而"只可意会，不可言传"更是和该教学体系无关甚至相悖。

美国需要的是大量的职业建筑师，当美国大学引入巴黎美院教学体系时看中的是它那严谨的教学机制能够和美国大学已有的机制相适应，并非巴黎美院的精英教育初衷。美国最初引进时基本上是全盘接受，包括理论体系和设计竞赛，以后在发展过程中进行了合乎国情的改良。自1912年开始，美国有了自己的基于巴黎美院模式的建筑教育标准，它的理论研究关注基于古典意义的大型结构体建筑的设计，要使得它的毕业生不仅具有超强敏感力，同时也具有娴熟的渲染技能和一定的工程知识，这样就为大规模地培养职业建筑师并保证质量打下了基础。由于城市化进程对城市建设的需求，欧洲各国也需要大量的工程师和建筑师，因此建筑院系在大学里开始增长，当时的欧洲工科学校甚至巴黎的其他培养建筑师的机构都进行了教育改革以适应社会对职业建筑师的大量需求。

精英化教育导致建筑学作为一门学问在大学里立足，然而立足后的建筑学和建筑物产生了若即若离的关系。虽然建筑学已由精英化教育转为职业教育，但是和建筑物若即若离的建筑理论依然是建筑学在大学里存在的理由之一。除去建筑史和建筑技术的相关理论，建筑学的理论还牵涉到美学、哲学、形态学、建筑批评理论等等，这一系列与设计相关的理论都在欧美建筑学科内生存与发展。尤其是自现代建筑诞生起，就形式的价值取向展开了没完没了的争论，每一次争论都和建筑作品的形式探索联系在一起并相互影响。虽然巴黎美院式建筑学精英教育模式已经很少见了，但是社会上或院校内的有思想的先锋派建筑师以自己的创作实践推动了建筑理论的争鸣，而理论的介入又将新一轮的创作推向高峰。

建筑学教育从美国引入我国之后被再度异化，其主要原因并不在于学科本身而是在于文化的认同。第一代建筑师将建筑学教育体系引入时所作的调整与删减现在看来有它的合理原因，不仅仅只是少数知识分子适合国情的一次调整，而是受传统文化影响的中国建筑行业人士对建筑学的整体理解。

4 几点思考

建筑在中国，无论在形式上如何炫目都改变不了它作为"器"的本质。这是出于整个社会意识而非少数精英可以改变得了的。理解了这一点也就理解了第一代建筑师引入建筑学以及建筑教育时所作的调整，同时也就理解了对于外来形式的借鉴为什么如此自然地剥离掉原本依附在形式上的那些隐喻。重要的是理解了这一点，作为教育者就不得不作如下思考：

（1）学科主体知识是否要全盘西化？第一代建筑师设立的中国建筑学教育的模式一直都没有真正地得到根本改变。"布扎"的体系表面上被放弃了，但其学术传统从来都未曾被接受过，抛弃的只是对传统形式的钟爱，转而接受现代形式而已，而且还在不断地接受更新。"渲染"作为模仿的手段被放弃了，但模仿的本质从来也没有被放弃过。

一旦要为"器"采用的形式讨个说法、辨个是非，这就跨入了西方建筑学的领域，然而一旦进入就不得不接受已经设立好的主体知识和学术规范。理论的探讨艰难而又枯燥，但的确能为形式语言的取向带来生机。杨永生先生主编的《建筑百家争鸣史料1955－1957》里展示的文献虽然烙下了很浓的政治色彩，但仍然能让我们读到理论讨论的价值。但是我们要认识到，这种讨论一旦脱离学术小圈子就会显得很孤立。当然像第一代建筑师那样坚持和理论做个切割也未尝不可，但要重新思考并建构完整的主体知识框架。这时，形式显然就不能作为主题。

（2）建筑学的学问是什么？建筑教育首先应该建立在建筑学学科的基础之上，建筑教育模式应取决于对建筑学基本概念的理解。就西方建筑学而言，自阿尔帕蒂开始，建筑设计就被纳入学术领域，最后在巴黎美院里形成了一套完整的学科理论和体系。事实上西方建筑学的主要研究对象是建筑的本体论和建筑设计的方法论，几千年来西方建筑学在其发展过程中不断地在回答"为什么这么做"的问题，同时也不断讨论"怎样做"的方法。

如果回到建筑是"器"的概念，那么围绕"器"做学问依然有很大空间，即除了关注建筑的科学与技术的同时，思考这些科学的发展和技术的更新对建筑设计的影响，此举不但能帮助我们从跟风的困境中走出来，也能获得社会的认同。要做到这一点，建筑教育的内容及框架必须更新，增加知识含量是首要任务。我们已经看到我们在建筑技术上和国际水平的差距，国外大学里建筑学的研究内容里和建筑技术相关的占有很大一部分，但是我们由于本科知识体系的欠缺而无法进行，而这个方面的成果恰恰是我们国家的需要。

（3）呼唤学术规范。基于建筑学的基地仍然在大学里，所以应该讲究学术规范。对建筑学知识主体理解的差异并不一定反映在建筑物的形式上，甚至也不反映在学院设计课教学的成果上，但一定能反映在建筑教育的理论知识体系和学术规范上。当初建筑学引入附带的一个"不可言传"的概念被扩大，导致原先尚存的整个知识体系的退化，实际上这也反映出学术规范没有真正建立起来。这不但导致了建筑学没法研究，也滋生出许多伪研究，我们常说的垃圾论文就是例证。当国门紧闭时这种不规范的学术体系尚有存在的空间，但是现在则逐渐行不通。学术国际化带来的就是全方位的学术交流，我们需要一个平台。

注释：

[1] 本文作者曾在《建筑学报》2004 年第二期上发表了相关论文，题目为"重新思考中国的建筑教育"，本文是在该文的基础上以相同的结构重新梳理而成。

[2] 武利华主编. 徐州汉画像石（一函二册）. 北京：线装书局，2001.

[3] 建筑学院的萧红颜副教授在有关中国传统建筑的资料来源和具体查询均给予重要的帮助和指导，在此表示感谢。

[4] 吴小如，吴同宾. 中国文史资料书举要. 天津：天津古籍出版社，2002：235.

[5] 裴芹. 古今图书集成研究. 北京：北京图书馆出版社，2001：45.

[6] 林宣先生在"我的中央大学建筑系三年的学习生活"一文中写道：…刘（敦桢）问梁（思成）'研究中建应从何入手？'不约而同，两人写在纸上同是'材'、'契'二字。参：东南大学建筑系成立七十周年纪念专集. 北京：建筑工业出版社，1997：55.

[7] 潘谷西，何建中. 《营造法式》解读. 南京：东南大学出版社，2005：021-075.

[8] 梁思成. 清式营造则列. 北京：清华大学出版社，2006（4）：61.

[9] 西方建筑室内绘画表现显然不同，西方传统建筑顶棚或墙壁上往往也有精美的绘画，其画幅和建筑构件并没有严格的关系，一幅画可以从顶棚跨过几道装饰线角延续至墙壁，绘画显示了自身的独立性。

[10] 李国豪. 建苑拾英. 上海：同济大学出版社，1991：91："周礼. 考工记"166-168："唐宋屋舍之制"，"王城及诸王府之制．"

[11] 赖德霖. 中国近代建筑史研究. 清华大学建筑系博士研究生论文，1992：18-19.

[12] 单踊. 东南大学建筑系七十年记事//东南大学建筑系成立七十周年纪念文集. 北京：中国建筑工业出版社，1997：234.

[13] 郑定邦. 国内早期建筑教育的开创//东南大学建筑系成立七十周年纪念文集. 北京：中国建筑工业出版社，1997：44.

[14] 杨廷宝. 建筑学科发展观//杨廷宝建筑论述与作品选集 1927-1997. 北京：中国建筑工业出版社，1997：115.

[15] 林洙. 前言//梁思成：清工部《工程做法则例》图解. 北京：清华大学出版社，2006.

[16] 做学生时建筑学学习的入门课之一就是建筑渲染，渲染的内容多种多样，其中中西古典建筑局部立面是少不了的。除了练习表现技法之外，该门课的主要目的是通过渲染的长时间磨练，来体会古典建筑的比例和古典美，显然是沿用了西方古典建筑立

面造型与比例的学习方法，但是我们做学生时也被告知用此法来体验中国传统建筑。实际上对于中国传统建筑来说，"立面"本身不重要，所谓立面的比例、几何关系等等没有实质意义。

[17] "中国固有形式"的探索与创新//中国建筑史-教材. 南京：南京工学院建筑系, 1980：182-185.

[18] 萧宗谊. 57年前建筑系掠影//东南大学建筑系成立七十周年纪念文集. 北京：中国建筑工业出版社, 1997：65-58.

[19] 中国传统建筑以建造为基础有非常固定的法则，西方传统建筑体系中以古典柱式为基本标准并附有形式美的原则，西方由古典建筑语言转为现代建筑语言走过了一个世纪的路程，经历了从意识形态到设计方法漫长的争论与探索，实际上在整个社会接受现代建筑形式之前不但早已接受了它的思想，而且也接受了与之相通的现代艺术的形式语言。

[20] 南京大学硕士研究生入学考试试题每年都有构造题目，考试结果都不理想。来自各校的考生中都能反映出这样的问题。

[21] 陈敬. 履齿苔痕//东南大学建筑系成立七十周年纪念专集. 北京：中国建筑工业出版社, 1997：46.

[22] 最初建筑作为土木工程的一个分支，在教学大纲里还有许多数学、力学和工程技术等不少课目。参：张镛森. 关于中大建筑系创建的回忆//东南大学建筑系成立七十周年纪念文集. 北京：中国建筑工业出版社, 1997：43.

[23] 潘谷西等. 现实主义建筑创作路线的典范//杨廷宝先生诞辰一百周年纪念文集. 北京：中国建筑工业出版社, 2001：021.

[24] 杨廷宝. 回忆我对建筑的认识//杨廷宝建筑论述与作品选集. 北京：中国建筑工业出版社, 1997：164.

[25] 同上。

[26] 杨廷宝. 杨廷宝建筑论述与作品选集. 北京：中国建筑工业出版社, 1997：82-83，87-89.

[27] 杨廷宝. 学生时代//杨廷宝建筑论述与作品选集. 北京：中国建筑工业出版社, 1997：169-170.

[28] 刘先觉等. 建筑教育的师表//杨廷宝先生诞辰一百周年纪念文集. 北京：中国建筑工业出版社, 2001：029.

[29] 同[24]。

[30] 王文卿. 基础教学话从头//东南大学建筑系成立七十周年纪念专集. 北京：中国建筑工业出版社, 1997：197.

[31] 同上：196-197.

[32] 由于工作的原因2003被派到美国Nortdam大学建筑系，这是一所出了名的美国唯一一所坚持古典主义建筑教育的大学，我的任务是从体系、教案直至课程考察大学的教育。对于被指派索取的学校的类型虽不满意但也无法改变，然而整整半年的古典建

筑教育考察使本人对美国的"布扎"体系倒是有了新的认识，考察的同时又接触到许多相关巴黎美院建筑教育的资料，因此原来脑中的"布扎"－"渲染"－"不可言传"等等链接被打断了。

[33] Donald Drew Egbert. The Beaux-arts Tradition in French Architecture, Illustrated by the Grands prix de Rome. New Jersey: Princeton University Press, 1980: 3 – 4.

[34] 同上: 100.

[35] 同 [33]: 99.

[36] 同 [33]: 101.

[37] Robert A. M. Stern. PFSFS: Beaux-Arts Theory and Rational Expressionism // The Journal of the Society of Architectural Historians Vol. 21, No. 2. (May., 1962): 84 – 102.

[38] Leonard A. Weismehl. "Changes in French Architectural Education." // Journal of Architectural Education (1947 – 1974) Vol. 21, No. 3. (Mar., 1967): 1 – 3.

[39] Jean Paul Carlhian. The Ecole des Beaux-Arts: Modes and Manners // Journal of Architectural Education, Vol. 33, No. 2. (Nov., 1979): 7 – 17.

[40] 同上: Conclusion.

[41] Gwendolyn Wright. History for Architects // The History of History in American Schools of Architecture, 1865 – 1975. Princeton: Architectural Press, 1990: 14.

[42] Kenneth Frampton, & Alessandra Latour. Notes on American architectural education-From the end the nineteenth century until the 1970s // Lotus Vol. 27 (1980): 7.

[43] 同 [41]: 25.

[44] 赖德霖. 中国近代建筑史研究. 清华大学建筑系博士研究生论文, 1992: 2, 18 – 19.

"组合"与建筑知识的制度化构筑[1]
'Composition' and a Constitution of Architectural Knowledge

李华

Li Hua

2001年，《大跃进》——一本关于当代中国建筑的红皮书出版。书中以大量低解析度的图片，描绘了一幅与"正统"建筑学价值观相对立的图景：以"质量"为代价的快速和高产，以实用主义为主导的随意和灵活。然而，如果抛开书中政治、经济决定建筑生产的推断，这种现象描述式的演绎却忽略了一个重要的事实，一个或许作者并不关心的事实：在看似"无序"的高产背后，有一个相当理性和完整的制度化体系——中国建筑的职业训练，而这个训练所遵循的却是相当"正统"的建筑教育——修订后的"布杂"体系。这个体系并非没有问题，但不可否认，它的确在一定程度上满足了大规模生产的要求，并使之保证了一定的质量。因此，在检讨这个体系的得失之前，我们有必要对其构筑本身进行认识，即是什么样的知识结构支持了这样的生产和实践？

本文以三本"教科书"的解读为基础，试图从"组合"的角度，揭示这个知识结构的"布杂"基础，以及这个结构的现代性。本文选择的三本书是《建筑空间组合论》、《住宅建筑设计原理》和《中国建筑史》（下称《组合论》、《原理》和《中建史》），[2]它们分别对应着三个方面的构筑：设立控制建筑形式生成的基本原则；规范化与建筑实践相适应的设计方法和手段；构筑与建筑特色的表达相对应的历史知识。

1 研究背景

至今，这三本书还没有得到应有的重视。在当前的各种研究文献中，它们几乎没有被提及和讨论。然而，事实上，它们却是构筑建筑知识的基础。《原理》和《中建史》都是当年的统编教材，由来自五所学校的教师组成的两个编写组编纂而成。《原理》第一版于1980年出版，一直沿用到1999年第二版发行。《中建史》第一版于1982年出版，历经第二、第三版的修订，直到2001年的第四版，结构上才作了比较大的更动。《组合论》虽然不是教材，但可能是至今为止，由中国建筑师著述的、流传最广的、处理建筑形式的著作。从1983－2006年，它共印刷了26次，发行了158640册。[3]可以这样说，这三本书的影响从20世纪80年代初延续到20世纪末，并在今天仍有意义。当然，在具体的教学中，这些书的内容也许没有被完全遵循，也可能根据需要，进行了调整。然而，以我个人的经历和观察，它们组织内容的结构方式和系统化地处理设计问题及提出解决方案的模式却依然保持着。

值得一提的是这些书的出版时间：1970 年代末到 1980 年代初。这不仅因为在 1978 年，正规的高等教育被重新恢复，而且，在制度化的层面，它开启了一个更为统一和标准化的职业训练。其标志之一，即是当时由多学校联合编著、中国建筑工业出版社统一出版的教材。[4] 我们可以想象，在正常的建筑出版被压抑了将近 20 年之后，这些教材或以教学为目的的书籍实际上担负了一个承上启下的作用，即将过去在实践、研究和教学上的经验，以更为规范化的方式延续。因此，如果说 1950 年代，由于政治因素的介入，中国建筑教育形成了"布杂"大一统的局面的话，[5] 那么，1980 年代，借助行政化的管理，这种局面被继续维系着。不过，经由 1920 年代的美国、1950 年代的苏联等渠道承继的"布杂"传统，这时已完成了在中国条件下的调校。与巴黎美术学院相比，隶属于工科范畴的建筑职业训练在中国似乎更强调理性和规范化的操作，并吸纳了"现代主义"在技艺和技术上的某些观点与成就。这一点，我们将在后文的论述中看得更加清楚。

2 "布杂"体系的现代性

提起"布杂"，很多人可能会联想到保守的折中主义或复古主义。事实上，作为一种知识体系，"布杂"本身不是一种风格，而是一种现代的知识的组织方式。从历史的角度看，它建立了第一套完整的建筑学的自主体系，为在不同地方工作的设计师提供了共同的设计方法和训练模式。"布杂"体系不仅使 19 世纪各种风格的出现成为了可能，而且满足了当时城市发展对新建筑类型的需求。正因为如此，它才得以在世界各地广泛传播，并在 20 世纪 70 年代，随着"后现代主义"兴起而复兴。

"组合"（composition）是"布杂"体系的基本工具（essential technique），和构筑知识的方式。作为一种设计活动，其关注的中心是如何将部分结合在一起形成一个整体。达到这一目标，需要经过一系列规范化的操作：为方案选择一个最好的解决方式（parti）；选择适当的元素；针对特定的目标、遵循一定的原则，对这些元素进行调整，并将它们有序地组织在一起。这个选择和调校的过程完全是个人的和自由的，但却不是随意的。它们依赖两个基础的构筑：建立可供选择的分门别类的资源；和设立将部分组成整体的法则。这些分类和法则不仅是形式上的，而且也是功能上的。值得注意的是，"组合"是一套系统化的工具和方法，其目的是将不同的设计构思"转译"成适当的物质形态。它本身既不与任何象征意义的表达有关，也不是一种风格。所以，艾伦·科洪（A. Colquhoun）说，"组合"是一种手段，"一种能够建立起所有风格所通用的设计规则的手段"。[6]

3 关于《建筑空间组合论》的解读

"形式的生成与控制"是建筑设计的基本问题之一。然而，如何使之成为系统化的、可传授的知识却是建筑教育中的一个难点。彭一刚在回忆当年写作的动机时说：

"就我看来，那个时候学生的设计水平更多地取决于学生的构图能力，即 composition。给学生改图,总要涉及构图问题,但总是讲不系统。当然,建筑不仅是构图,还涉及功能等,但需要通过构图将它们体现出来形成一个比较具体的方案。不然的话,只是一些概念。我们当时的设计教学,是将各种建筑的功能,通过diagram将各种关系联系起来。对于这个,学生是很容易理解的。但要通过组合形成一个完整的方案,平面、立面、剖面等。一旦涉及这些构图的问题,就讲不清楚了。有的老师说这个东西你们自己去体会。只可意会,不可言传。我认为应该不是这样的。"[7]

与"布扎"体系中关于"组合"的论著相似,《组合论》要解决和规范的中心议题是部分与整体的关系。它的内容可以分为两个部分:阐述控制这些关系的原理;提供解决问题的普适性方法,即所谓"parti"的来源。它从空间中最基本的单位——房间——开始,论述了功能对单一空间在大小、容量、形状及物理特性上的规定性;由局部而整体,逐步阐述了多空间组合、单体建筑组合和群体组合的处理方式;集中论述了形式美的原则——"多样统一"——及其6点规律,并列举了它们在不同尺度的组合中的应用。书的后半部分提供了大量的、附有简约注释的图解(diagram)和图示的案例。我们可以想象,这是一本相当实用的"手册"。它不仅易于理解、便于操作,而且具有普遍的适用性。也就是说,《组合论》针对的不是一种建筑类型,也不是某种特定的建筑风格,而是在讨论各种建筑类型和风格所共享的、普适性的工作原理和工作方法。

"组合",更准确地说"构图",是中国建筑师长期关注的议题之一。而这种关注直接与"布扎"的影响有关。1984年,齐康在评介《组合论》时谈到,他的老师杨廷宝当年在宾夕法尼亚大学"所学的构图原理是《The Principle of Architectural Composition》,作者是他(杨廷宝)的老师霍华德·罗伯逊(Howard Robertson)"。[8]而罗伯逊曾于1909 – 1912年在巴黎美术学院学习。齐康本人从1960年代起,对"构图"发生了兴趣:

"1960年代初,我有机会比较系统地看了些国内外有关建筑构图的书,诸如,匹克林、罗伯逊、克尔蒂斯、哈木林,还有哈伯逊等人所著的构图原理。往后又较广泛地阅读了相关的书籍,其中包括清华大学建筑系编著的《建筑构图原理》,这本书在当时应当说是一本有价值的教学用书。"[9]

《组合论》没有列举一个类似的文献目录,但彭一刚认为他的写作受到了科第斯(N. C. Curtis)的《建筑组合》(Architectural Composition)和哈姆林(T. Hamlin)主编的《二十世纪建筑的形式与功能》(Forms and Functions of Twentieth-century Architecture,下称《形式与功能》)的启发与影响。作为一种延续,《组合论》的目的是将科第斯等论述的原理引入到"现代建筑"中,并在古典的形式原理与现代的空间概念之间作一个连接。[10]

这里,有两点值得注意。第一,《组合论》所受的影响并不直接来自于巴黎美术学院。它所传承的是"二手"的、以加代(J. Guadet)为代表的"布扎"的理性主义传统。[11]科第斯的《建筑组合》出版于1923年,在加代的《建筑要素与原理》(Éléments et Théories de l'Architecture)发行20年之后,现代主义建筑兴起之前。哈姆林的书出版于 1952 年。虽然当时正值"现代主义"的盛期，它却与科第斯的一样，沿袭了加代关于元素组合（elementary composition）的理论。[12] 由此，我们不难理解为什么相比于巴黎美术学院，中国"布杂"更注重工具性的实用性，并对"现代主义"的技艺有较大的兼容度。

第二，虽然《组合论》使用了"空间"一词，却很难说它是一个"现代主义"的文本，如果我们同意"空间"是一个与"现代主义"话语相关的概念。就《组合论》的内容来看，它讨论的不是"空间"问题，而是"建筑形式的处理问题"。对于"建筑形式"，《组合论》认为它是一个包含了"空间"和"装饰"等各种元素的集合：

> "人们经常提到的'建筑形式'，严格地讲，它是由空间、体形、轮廓、虚实、凹凸、色彩、质地、装饰等种种要素的集合而形成的复合的概念。这些要素，有的和功能保持着紧密而直接的联系；有的和功能的联系并不直接、紧密；有的几乎与功能没有什么联系，基于这一事实，如果我们不加区别地把这一切都说成是由功能而来的，这显然是错误的。……
>
> 那么，与功能有直接联系的形式要素是什么呢？是空间。……从这一点出发，有的人更进一步把建筑比作容器——一种容纳人的容器。所谓内容决定形式，表现在建筑中主要就是指：建筑功能，要求与之相适应的空间形式。"[13]

然而，对于"现代主义"来说，无论"形式"本身的含义多么复杂，作为一个概念，它表明的是一个与"装饰"相对立的范畴（category）。[14] 而"空间"，作为建筑所具有的本质特性，不仅不是一个与"装饰"、"形体"等平行的物质元素，而且也不隶属于"形式"之下。因此，在《组合论》中，使用"空间"和"形式"等字汇并不表明"现代主义"和"布杂"体系在范畴上的区分与对立。相反，以"组合"为基础，《组合论》将"现代主义"的很多观点、方法和实践融入到了"布杂"的体系中。事实上，将"布杂"与"现代主义"相融合而不是对立分离正是中国现代建筑的特点。

4 关于《住宅建筑设计原理》的解读

就本文讨论的范围来说《原理》不是一本简单的关于住宅设计的教材。它的结构反映了两个相关的议题：建筑设计方法（approach）的规范化和设计课程的教授方式。前者直接导致了最终产品（product）的形成，而后者是整个职业训练的核心。

作为全国通用的设计教材，《原理》具有两个典型的特点。①具有理论结合实践的普适性和可操作性。它的内容涵盖了过去 30 年住宅研究和实践中的主要议题，并兼顾了不同气候和地形条件下的差异。②书的编写结构与课程设计的安排紧密相连。一方面，与年级教学相对应，书中的住宅类型从"简单"向"复杂"推进；另一方面，如学校、酒店、影剧院等一样，整本书的结构准确地体现了类型式的设计教学。在这一点上说，《原理》的框架而不是具体内容，反映了"训练和培养学生分析问题和解决问题"的普遍方式。值得一提的是，这种以建筑物类型为基础的课程设计，与素描、水彩和渲染一样，是"布杂"体系训练的特点。

在很多人眼里，住宅设计在中国最具"现代主义"的特点。这个推断也许来自于住宅简单、没有装饰的外表，以实用和经济优先的考量，以及标准化设计的广泛运用。[15]然而，我们需要在此作一点说明。的确，住宅，更准确地说集合住宅，是"现代主义"的一个中心议题。作为一种建筑类型，它不曾出现在19世纪巴黎美术学院的竞赛课题中。不过，20世纪"布杂"体系的一些著作里却包含有这方面的内容。以《形式与功能》为例，全书有3章涉及大规模住宅（mass housing）的设计。[16]也就是说，在技术的层面，"布杂"体系同样具有适应大规模生产的可能。

"布杂"体系对大规模生产的适应在中国似乎尤其明显。集合住宅的设计原理、方法、模式，以及"标准化、工业化和机械化"的理念最初来自于前苏联。但在中文的文献中，构成主义建筑师金兹伯格（Moisei Ginzberg）、尼克拉夫（Ivan Nikolaev）等人对此的贡献从未被提及。[17]同样，《原理》也没有讨论相关的构成主义和现代主义的理论与实践。它主要关注的是当下的现实，而不是其历史和理论的来源。然而，对于深谙"组合"原理的中国建筑师，标准设计的方法似乎并不难接受和操作。如果"组合"设计的核心是将不同的元素集中在一起形成整体的话，那么标准设计就是将不同类型的元素标准化和统一化。这不等于说"布杂"和"现代主义"没有区别，而是从一个侧面证明，"布杂"和"现代主义"共同拥有现代性这个基础。

总体来说，《原理》与《组合论》有着相似的结构，并承付着相似的功能：阐明设计的步骤；提供可供参考的解决方案。不过，与《组合论》相比，《原理》的内容更具体和实际。针对住宅建筑的特点，它认为"'户'是住宅设计的基本单位，在住宅设计中首先必须对'户'的大小及组成进行分析研究，然后再考虑户与户之间的组合关系。"[18]由此出发，《原理》依次论述了从较小的单位到较大的整体的设计原则：每一户的功能房间；房间之间的关系和组合；并由房间形成户，由户形成单元，由单元而成组合体。从低层、多层到高层住宅，一方面，同样的原理被不断地重复；另一方面，根据不同的类型，又各有变化和特点。同时，《原理》也阐述了适应不同条件和需求的原则，如气候、地形、复合功能的使用；工业化；外形与美观的问题等。所有这些原则又兼顾了功能、物理性能（如朝向、通风等）、技术支持和经济性的考量，并对各种解决方案的特点、优点和缺陷进行了分析与描述。与《组合论》采取的技术手段（technique）相似，《原理》中有大量的图解和图示（231页中共454幅图），通常以举例的方式来说明理论原则在实践中的应用。于此，我们可以看到《原理》构建了一个设计法则的阵列（array），从理论上说，通过它，不同的需求将可以导向最终的结果。

然而，我们对《原理》的影响应该有审慎的认识。在现实中，很多学生可能没有从头到尾阅读过教材，也可能在他们的方案中没有采纳教材中的具体建议。相反，他们可能更愿意从"新"的出版物和国外的期刊杂志中寻求"新"的灵感、"新"的形式和"新"的解决方案。然而，由于《原理》的结构与教学的框架相符合，它实际上构成了这种寻求和借用的基础。其影响主要体现在以下四个方面。①它界定了设计中要解决的普遍问题。②它界定了建筑类型的基本功能和使用方式（programmes）。③与以上两点相对应，它设定了方案合理性判别的原则。④它建立了设计原则与解决方式之间的对应关系。我们可以想象，这种教学的框架很容易在实践中运用和操作。因此，我们可以这样说，这种课程设计的教授方式为建筑的生产奠定了基础。

5 关于《中国建筑史》的解读

设计中对"中国特色"的表现有赖于建筑史的系统化研究与阐释，而这个阐释本身却带着"布杂"体系的烙印。从实践的角度看，《中建史》的影响似乎并不直接。与前两本书不同，它没有对设计给出任何具体的建议。然而，从知识结构的角度看，它提供了认识、提炼和归纳传统建筑的框架。相较于书中对具体构件和结构的叙述，这个认知框架对实践的影响更为重要。本文将从两个方面讨论"组合"对这个框架的影响：识别建筑特征的原则；建筑物与建筑元素的分类方式。

作为一本历史教材，《中建史》没有直接谈论分析和处理历史史料的原则和方法，而是将它们体现在对中国古代建筑的空间处理、设计方法等成就的具体解释中。全书关于古代建筑的部分共有8章。其中4章讲述的是几种建筑类型：宫殿、坛庙、陵墓、宗教建筑、住宅和园林，2章描述了木构建筑的特征及清式建筑的做法。总体来说，全书关注的重点是以技术进步为基础的、风格的演进。例如，书中总结了故宫在5个方面的建筑成就，前4个都是形式上的特点："强调中轴线和对称布局"；"院的运用和空间（尺度）的变化"；"建筑形体尺度的对比"；"富丽的色彩和装饰"。与此同时，《中建史》对建筑单体和构件进行了分类重组。与"组合"相反，这是一个将"整体"分解成"部分"的过程。

"中国古代木构建筑变化很多，单体建筑有殿、堂、厅、轩、馆、楼、榭、阁、塔、亭、阙、门、廊等；平面有方、长方、圆、三角、五角、六角、八角、扇形、曲尺、工字、山字、田字、卍字等。由这些单体又组成了从住宅到庙宇、宫殿等各种建筑群。"[19]

"单体建筑在外观上大致可分为台基、屋身和屋顶三部分。其中变化最显著的是屋顶，形式有庑殿、歇山、悬山……"[20]

根据书中的论述，每一个部分都有不同的形式，在形态、材料、尺度和颜色上不同的构成元素，以及将这些元素连接在一起的不同方式。对于如何将"部分"统一成一个和谐的整体，《中建史》认为：

"（中国古建筑）在建筑的设计和施工中很早就实行了类似于近代建筑模数制（宋代用"材"、清代用"斗口"作标准）和构件的定型化。对于建筑整体到局部的形式、尺度和做法，都有相当详细的规定……"[21]

于是，从整体到局部，《中建史》构建了一个解读的系统：将建筑物划分成类型、单元和构件，并根据不同的用途和技术可行性，找出它们之间的连接方式。

然而，这种系统化的解释并不是简单的对历史史实的记录，或者将古代的文献翻译成现代的术语。相反，这种历史材料的结构方式是对"传统"的一种现代"构筑"。为了更加清楚地说明这一点，让我们来看两个比较的事例。一个是宋代的《营造法式》和清代的《工程做法则例》；另一个是亨利·墨菲（H. Murphy）对中国古代建筑特色的总结。

宋代的《营造法式》和清代的《工程做法则例》是中国建筑史研究重要的参考资料，并为其提供了所有的技术术语和建造的规范。[22]然而，它们的结构与目的似乎与《中建史》并不相同。就目的而言，它们是与造价控制紧密相关的建造手册。以《营造法式》为例，全书共36章，其中2章是术语解释；15章是关于建造的方法，包括测量、地基、石作、木作、彩绘等；6章是图样；13章是关于人工和材料的计算。书中没有论述建筑物的形式和建筑群体生成的法则。尽管这些指令可以在不同的条件下应用，但它们似乎并不是现代意义上所谓的"设计方法"。在研究梁思成的学术体系时，赵辰指出，以梁思成为代表的中国学术传统，是以西方建筑的构图原理分析中国古建筑的立面，即"试图分析出一定的比例关系来定义中国古代建筑的风格"；将立柱视为"控制全部建筑立面的基本要素"；以及将"材"和"斗口"看成是"确定建筑立面的比例和尺度"的"基本因子（Ratio）"。[23]

与此类似，《中建史》中对建筑类型的划分既不存在于《营造法式》中，也与《工程做法则例》存在相当大的差异。的确，《工程做法则例》中列出了27种建筑的种类，如大殿、城门、凉亭等，但它们的区分似乎更多的是在结构和建造的差别上，而不是现代意义上的类型式区分。在研究苏州城市形态的发展时，许亦农发现：

> "中国的城市和乡村建筑缺乏形式与风格上可辨析的差别，其根本是由建筑类型与社会机构之间不存在一个形式特色上的对应关系而决定的。"[24]

赵辰和许亦农并没有直接讨论"布杂"体系的影响，但他们的研究至少向我们证实，《中建史》对中国古建筑特色的归纳事实上是一种"传统"的现代构筑。

第二个比较的案例是墨菲对古代中国建筑特色的总结。1928年，墨菲在《中国的建筑复兴》（An Architectural Renaissance in China：the Utilisation in Modern Public Buildings of the Great Styles of the Past）一文中，总结了5个特征：向上翻卷的曲面屋顶；由矩形平面和轴线对称形成的井然有序的布局；构造的直率暴露；华美色彩的使用；建筑元素间完美的比例关系。[25]墨菲没有阅读过中国古代的营造手册，而且他的观点与《中建史》也不完全相同。然而，如上文所示，他对形式特征的分析方法几乎与《中建史》如出一辙。考虑到墨菲接受的新古典主义传统和中国建筑师接受的"布杂"训练，我们可以这样说，《中建史》是以"布杂"的知识结构为基础的、对中国传统营建的"现代"阐释。

我们不应该忘记，中国建筑史研究的最初目的是为"发扬国粹"。除了整理、研究古代的建筑与文献外，其愿望之一是帮助创造新的中国建筑。鉴于此，从1935-1937年，中国营造学社出版了10卷本的《建筑设计参考图集》，由梁思成指导、刘致平编纂。这套图集相当于一个建筑"语汇"的图书馆。每一卷是一种构件或细部的集合，如台阶、栏杆、斗栱等，提供有大量的实物照片，并伴以少量的制图和简要的说明。对于它们产生的影响，我们今天很难作出准确的评判。不过，傅朝卿的观察可以为此提供一个线索：

"(《建筑设计参考图集》）对 1930 年代以后，中国古典式样新建筑之影响是无可计量的，这可由当时所建之此类建筑中有显著增多之细部装饰一事中得到佐证。"[26]

1953 年，在"社会主义内容，民族形式"的引入之初，曾有另一套类似的图集出版。当然，很难说《中建史》对实践有这样直接的影响。但是，建立在同样的结构基础之上，《中建史》在实践中的作用更像是提供了一套系统化的方法，引导设计师如何分析、认识建筑的"传统"特色；从已有的建造中提取具有特色或象征意义的元素，并将它们放置到现代结构的分类中去。于是，创造具有传统特色的建筑形式可以说是"选择"和"调校"的过程。

6　小结

显然，这三本书写作的目的、涉及的领域和使用的材料都不相同。事实上，除了《组合论》，"组合"并不是《原理》和《中建史》关注的中心。然而，从以上的讨论中，我们可以看到它们在提炼（abstract）、阐释、结构和构筑材料、叙事、分类及设计方法和设计原理上，是基于同样的基础。在本文看来，这个基础就是"布杂"的"组合"——一种现代的建筑知识的构筑手段和体系。在此，我们需要注意两点：①这个体系本身并不与"现代主义"的某些观点，尤其是技术，相对立。《组合论》和《原理》都大量地引用了"现代主义"的案例。但是，由于这些案例已完全脱离了原有的理论、社会和实际的语境，"现代主义"更像是被分解和融入到"布杂"体系进化的过程中（evolutionary sequence），而不再是其批判性的对立面（critical opposition）。②由于这三本书均出版于 1980 年代初，它们中的某些内容到 20 世纪末可能不再适用，甚至已经过时。不过，只要建筑教学体系（pedagogy）仍然遵循着它们的结构，我们就很难说中国建筑已经脱离了"布杂"的影响。

1990 年代后，建筑教育的改革逐渐在不同学校，以不同方式推行，"布杂"大一统的局面正面临着前所未有的挑战。同时，很多卓有成效的研究表明，中国建筑在过去 80 年的历程中，曾有一些个人和学校行进在通往现代主义的路途中。然而，就整个知识体系的结构而言，中国建筑并没有经历过一个完整的"现代主义"的过程。更多的时候，"现代主义"被当成是一种"风格"的更新，或"技术"的进步而被片断地接受。今天，我们对中国建筑所属范畴的讨论不应该是一个简单的"先进"与"落后"的评判，而是如何回到建筑学本身的各种议题上，重新认识这个知识结构的缺失与贡献，以及它的适用条件。如此，我们才不会盲目地追随所谓"新"的形式，在一次次"新"的修辞中迷失自己。

感谢彭一刚先生、邹德侬先生、朱昌廉先生在百忙中接受我的访谈。

注释：

[1] 本文是笔者博士论文第二章"'布杂'的知识实践与中国建筑知识体系的构

筑"中的第三节。

[2] 本文讨论的文本基础是《建筑空间组合论》第一版（1983年）、《住宅建筑设计原理》第一版（1980年）和《中国建筑史》第二版（1986年）。

[3]《组合论》曾在1983年度"全国优秀科技图书"的评选中，获二等奖。1998年，它的第二版出版，增加了第八章"当代西方建筑审美的变异"；2008年，第三版发行，增加了第九章"当代西方建筑赏析"。此两版均保留了第一版的结构。

[4] 这次出版的规模是空前的。它基本涵盖了建筑教学的各个方面，从基础训练、建筑历史、建筑技术到各种建筑类型，并集中了各个学校在不同领域中的优秀教师参与编著。

[5] 顾大庆. 中国的"鲍扎"建筑教育之历史沿革——移植、本土化和抵抗. 建筑师，2007（126）：7.

[6] COLQUHOUN A. Composition Versus the Project. Modernity and the Classical Tradition. Cambridge：The MIT Press，1991：39.

[7] 笔者对彭一刚先生的访谈，天津，2007年2月。

[8] 齐康. 入门的启示——评《建筑空间组合论》. 1984（21）：164-165.

[9] 同上：164.

[10] 笔者对彭一刚先生的访谈，天津，2007年2月。彭先生的原话是："按照我的心得体会，把它整理成为一本系统的书。因为古典的构图原理，形式讲得比较多，外形的比例、尺度等。《二十世纪建筑的功能与形式》涉及一点空间。我就想用空间把这些东西串联在一块。"

[11] BANHAM R. Theory and Design in the First Machine Age. London：Architectural Foundation，1960：14-22.

[12] HAMLIN T F ed. Forms and Functions of Twentieth-century Architecture. New York：Columbia University Press，1952：xi. 齐康曾这样评论这本书："这本书的内容和方法上相当部分仍沿袭了传统的古典建筑式样中形式美的分析方法和观念。" 齐康. 入门的启示——评《建筑空间组合论》：165.

[13] 彭一刚. 建筑空间组合论. 北京：中国建筑工业出版社，1983：12.

[14] FORTY A. Words and Buildings：a Vocabulary of Modern Architecture. London：Thames & Hudson，2000：149-172.

[15] 住宅的标准化设计在1950年代的应用，见：ZHANG J，WANG T. Housing Development in the Socialist Planned Economy from 1949 to 1978 // LÜ J.，ROWE P.，ZHANG J. Modern Urban Hosing in China 1842-2000. Munich，London，New York：Prestel Verlag，2001：103-186.

[16] 这三章分别是：The Apartment House，Problems of Mass Shelter，和 Layout of Residential Communities。

[17] 关于构成主义建筑师的贡献，见：IKONNIKOV A. Russian Architecture of the Soviet Period. Moscow：Raduga Publishers，1988：117-137.

[18]《住宅建筑设计原理》编写组. 住宅建筑设计原理. 北京：中国建筑工业出版社，1980：3.

[19]《中国建筑史》编写组. 中国建筑史. 北京：中国建筑工业出版社，1986：157.

[20] 同上：159.

[21] 同 [19]：156.

[22] LIANG S. -C. E. A Pictorial History of Chinese Architecture：a Study of the Development of its Structural System and the Evolution of Its Types. Cambridge：The MIT Press，1984：14.

[23] 赵辰."民族主义"与"古典主义"——梁思成建筑理论体系的矛盾性与悲剧性之分析//张复和主编. 中国近代建筑研究与保护（2000年中国近代建筑史国际研讨会论文集）. 北京：清华大学出版社，2001：80.

[24] XU Y. The Chinese City in Space and Time：the Development of Urban Form in Suzhou. Honululu：University of Hawaii Press，2000：7.

[25] MURPHY H K. An Architectural Renaissance in China：the Utilisation in Modern Public Buildings of the Great Styles of the Past. Asia，1928：468－475.

[26] 傅朝卿. 中国古典式样新建筑——二十世纪中国新建筑管制化的历史研究. 台北：南天书局，1993：39.

文化观遭遇社会观：
梁刘史学分歧与20世纪中期
中国两种建筑观的冲突

Social View or Cultural View: Liu versus Liang in Historiography and Concepts of Architecture in China of the Mid-20th Century

赖德霖
Lai Delin

1949年中华人民共和国的建立在给中国的社会和政治带来翻天覆地变化的同时，也给中国的建筑界带来了自近代以来前所未有的转变。这些转变不仅体现在体制上的公私合营、教育上的院系调整和实践上的大规模城乡建设，也体现在涉及建筑创作、遗产保护以及历史写作的建筑思想之上。对于后者，目前学界已不乏对有关的事件、争论、相关文献以及人物，尤其是梁思成的介绍和讨论。然而，大多数论者却忽视或回避了其中的另外一位重要学者的思想和影响。他就是杰出的中国建筑史家刘敦桢。

众所周知，刘敦桢是梁思成在中国营造学社的合作者，他们将传统文献学与现代考古学和美术史学相结合，一同开辟了研究中国古代建筑的科学新路。今天人们在谈论梁刘时所强调的大多是他们在学术追求上的一致性。不过在我看来，揭示二人在史学上的差异性或许更为重要，因为它体现了20世纪中期中国两种建筑观之间的冲突。这两种建筑观一者强调建筑的文化性，另一者强调建筑的社会性，它们既是当时建筑风格与遗产保护辩论中两种基本对立思想的根源，也是相隔约20年中国建筑史两种不同写作方式的史论基础。

1 1955年刘敦桢对梁思成的批判

梁刘的史学分歧早在他们的营造学社时期就已经有所显现。这当然不仅是说二人分别负责学社的法式部和文献部，而且是说在研究对象上，梁的调查工作以阐明中国木构建筑的结构原理、发展脉络并解读宋《营造法式》为主要目标，而刘则更关注中国不同类型、不同构造的建筑在整体上的成就；在研究方法上，虽然两人都强调对于实物的调查，但梁更注重分析建筑的风格演变，而刘更注重文献考证和工程技术。[1]不过他们之间分歧最集中的表述还在于刘敦桢在1955年1月发表的"批判梁思成先生的唯心主义建筑思想"一文。[2]由于直接针对了刘自己的同道故交，并受到了当时政治环境的影响而带有颇为浓厚的意识形态色彩,这篇文章今天多为刘的亲属和门生所讳言,以至不见于他的文集和著作全集。然而不应否认的是,它是刘少数史论方面的文章中最重要的一篇,全面体现了刘从建筑的社会性的角度对梁中国建筑史写作的反思。对于今天的研究者来说,其重要的史学价值不容忽视。

刘文共分五节,第一节是引言,第五节是对梁错误的"溯源",其他三节分别批判了梁的历史写作思想、建筑创作思想以及文物建筑保护思想。针对梁的中国建筑史写作,刘批评说:

"梁先生对中国建筑发展的论述方法,在'中国营造学社'时期所写的调查报告,不问社会背景,只讨论各种结构式样,令人读了以后,不知道这些结构式样是如何产生和演变的。近年来发表了一本《中国建筑史》,并写了几篇与建筑史有关的论文,但所用方法基本上还是一样。就是在内容方面,主要罗列大批表面现象和式样技术方面的各种演变资料,除少数例子谈到生产方式与生产关系以外,未把中国建筑与中国社会发展有系统地联系起来,说明建筑和经济、政治、文化,尤其是和经济的关系,使人由此树立唯物主义的建筑观点,进而找出将来发展的方向,相反地却把人们引向错误的路上去。"

针对创作,刘认为中国建筑特征与社会发展相关,过去的建筑艺术并不适于今天的创作。他说:

"古代统治阶级,一方面为了穷奢极欲的享受,另一方面企图在精神方面巩固他们的统治,不惜浪费人力物力,建造了许多规模宏大的宫苑、陵墓、庙宇等。这些建筑虽然是当时劳动人民用智慧和血汗累积起来的宝贵成绩,有很高的历史价值与艺术价值,但无可否认的,当时统治阶级的主观愿望,曾对这些建筑起了很大作用,因而它们的平面布局与形体色调,有不少部分成为虚骄夸大的形式主义建筑。这种建筑的宏大规模与辉煌壮丽的外观具有相当大的吸引力量,人们如果无批判地接受,便在无形中养成脱离现实为艺术而艺术的唯美观点。梁先生平日醉心这种建筑并对它具有深厚的感情,所以忽视适用与经济,强调建筑的艺术性,终于成为形式主义复古主义的倡导者。"

关于文物建筑保护,刘主张分别等级,对"不重要的",要根据现实的条件和需要进行评判和取舍。他说:

"关于保存古代建筑纪念物方面,梁先生提出所谓'古今兼顾,新旧两利'的方针,而在实际工作中几乎为保存古物而保存古物,不顾今天人民的需要与利益,反对改变原来城市的面貌,严重地妨碍国家建设事业的发展。……至于保存这大批纪念物的方针,我以为在国家集中力量从事大规模经济建设的时候,只能在经济许可范围内,采取分别等级和重点保护的方法。就是历史价值与艺术价值都具有代表性的建筑,应该随时修缮,不使其毁坏,而且不能任意使用。如果位于城市内,最好把它组织到城市规划里,使其在文化上能发挥积极作用。次要的,应允许使用,但不宜过分改修,变更原来面貌。不重要的,如妨碍建设或人民生活,可以迁移或拆毁。换一句话说,在原则上,不是为保存而保存,而是使建筑纪念物为今天人民利益服务。"

总而言之，刘文强调要从社会的角度认识中国建筑，代表统治阶级意愿的古代建筑艺术，并不适合今天的需要，即使在古建筑保护问题上也要充分考虑今天人民的需要与利益。

2 建筑科学观与建筑社会观对建筑文化观的批判

尽管一些措辞带有明显的意识形态色彩，刘敦桢对梁思成的批评却并非无的放矢。梁思成的中国建筑史研究方法与研究目的密切相关。在梁看来，保护和复兴是研究中国建筑两个最重要的目的。正如他在1944年所写的"为什么研究中国建筑"一文中说的："中国建筑既是延续了两千余年的一种工程技术，本身已造成一个艺术系统，许多建筑物便是我们文化的表现，艺术的大宗遗产。除非我们不知尊重这古国的灿烂文化，如果有复兴国家民族的决心，对我国历代文物，加以认真整理及保护时，我们便不能忽略中国建筑的研究。"[3]出于保护和复兴的需要，梁的中国建筑史研究关注的重点便是形式、风格以及相关的结构方式。又由于梁接受过宾夕法尼亚大学的学院派建筑教育和哈佛大学的美术史训练，他的建筑史写作受到了19世纪后期以沃尔夫林（Heinrich Wölfflin）为代表并在西方美术史教育中影响巨大的视觉分析方法以及19世纪中期以来英法结构理性主义建筑美学的极大影响。[4]针对梁根据建筑构件是否具有结构功能来评价中国建筑的进步与倒退，台湾当代建筑学者夏铸九在刘敦桢的文章发表35年之后也提出了相似的批评。夏说，结构理性主义逻辑所造成的"结构决定论""不自觉地化约了空间的社会历史建构过程，产生了非社会与非历史的说法。"[5]

但刘的批评不仅仅是针对梁的"结构理性主义"。他文章的标题是批判"唯心主义"，立论所指可以说是以梁思成为代表的一种建筑观念。这种建筑观视建筑为一种文化的产物，同时也是这种文化的表征，因此可以被称作建筑的"文化观"。18世纪后期以来，对于民族文化的认同和表现的需要伴随着欧洲民族国家的兴起而出现。建筑作为一种艺术形式和所具有的象征性[6]，也被民族主义者们充分认识与利用。如大卫·沃特金（David Watkin）曾指出，在19世纪德国哥特式建筑复兴时期，哥特式建筑就被视为源于德国的自然条件，体现了德国的基督教精神和浪漫的民族主义。[7]彼得·柯林斯（Peter Collins）也认为民族主义是哥特式复兴的五个来源之一，而英国的哥特式复兴就与民族主义联系在一起。[8]

建筑文化观在中国兴起于20世纪20年代。在创作实践中它表现为对于作为文化象征的物质形式，也即一种中国风格的追求。对此笔者已经在"'科学性'与'民族性'——近代中国的建筑价值观"一文中作了较为详细的介绍。[9]这里需要强调的是，建筑文化观也见于中国营造学社的创始人朱启钤的表述。如朱在"中国营造学社缘起"一文中说："吾民族之文化进展，其一部分寄之于建筑。建筑于吾人生活最密切。自有建筑，而后有社会组织。而后有声名文物。其相辅以彰者，在在可觇其时代。由此文化进展之痕迹显焉。"[10]

在历史研究中建筑文化观表现为对于这种风格的界定和评判。由于是民族文化的一种象征，所以对建筑的民族风格的界定和评判往往以世界文化为语境，对外强调它与其他文化的差异性，对内强调它在民族的地理空间范围内的普遍性或典型性，以及历史时间发展上的持续性。这些特点在梁思成的中国建筑史写作中都表现得十分清楚。如他以古代官式建筑作为中国传统建筑的代表以及自己中国建筑史研究的核心对象，他还强调中国建筑的基本特征是框架结构，这一点与西方的哥特式建筑和现代建筑在原则上相同；通过研究官式建筑大木结构，他总结出中国建筑的连续发展谱系，即从初始到"豪劲"，再到"醇和"和"羁直"衰落的演变线索。[11]

虽然刘敦桢对梁思成批判的直接政治背景是中国在 1950 年代初开展的"知识分子改造运动"和同时在社会科学领域开展的对于"唯心主义"的批判[12]，但他论文的史论基础是当时已经在中国历史学界占据主导地位的马克思主义辩证唯物主义和历史唯物主义史观。马克思主义自 1919 年的"五四运动"以后在中国传播，其关于社会发展规律的主张也被中国的历史学家引入对于中国历史的研究和对不同时期社会性质的讨论。如果说刘敦桢的早期研究是渊源于清朝乾嘉学派和近代考古学的实证，他在 1950 年代对建筑社会性的关注和强调则明显受到了马克思主义的辩证唯物主义和历史唯物主义史观的影响，这一思想的核心是，生产力是社会发展的动力，社会存在决定社会意识。[13]

刘敦桢还在为《中国古代建筑史》的绪论所写的第四节"中国封建制度对古代建筑的影响"一文中深入探讨了中国建筑的社会特点和社会影响。在整体上他认为中国建筑是封建制度的产物，而在技术上又是保守和落后的。他说：

"第一，许多重要的建筑是为封建统治阶级服务的，它们反映着封建统治阶级所要求的物质生活和思想意识、美学观点等。……第二，建筑技术发展缓慢。主要原因是中国封建社会的生产力，无论农业与手工业都长期停留在手工操作的范畴，尤其手工业未发展到大规模的机械生产，成为推进建筑发展的动力之一。……第三，创作方法的因循守旧。古代的劳动匠师们受着当时生产关系和封建保守思想的束缚，使他们的建筑创作方法往往限于因循守旧。其中最主要的一个特点就是旧的建筑形式一直不能被新内容、新技术所突破。"[14]

刘敦桢的这些表述显然受到了当时政治环境的影响。不过，如果仅仅把刘的这些思想看成是一种意识形态的反映则未免过于简单。批梁一文所反映的史观不仅有马克思主义的影响，也有建筑学的来源，这就是 20 世纪 30 年代以来在现代主义建筑思想影响下，中国建筑界内部对于建筑文化观以及相应的"中国固有式"建筑的批判。[15]

第一种批判来自中国近代以来对于建筑的科学性的认识，具体表现在对于建筑的功能、材料以及技术的合理性和时代性的强调。如 1928 年南京《首都计划》的制定者曾列举四条采用"中国固有式"的理由，即"所以发扬光大本国固有之文化也"，"颜色之配用最为悦目也"，"光线空气最为充足也"和"具有伸缩之作用利于分期建造也"。而中国近代著名建筑师林克明在 1942 年介绍现代主义并批评"中国固有式"建筑时直言道："查以上所举理由，稍加思度都已知其无一合理者，且离开社会计划与经济计划甚远，适足以做成'时代之落伍者'而已。"[16]甚至梁思成的同学童寯也从科学理性的角度，明确指出了中国建筑传统与现代的建筑结构与材料的矛盾，并间接地批评了梁所主张的中国古典复兴风格的建筑设计。童1941年在《战国策》杂志上发表了"中国建筑的特点"一文，他在结尾质疑说：

"以上中国建筑的几个特点，是否也是其优点呢？无疑的，在近代科学发达以前，中国建筑确实有其颠扑不破的地位，惟自钢铁水泥盛行，而且可以精密计算使其经济合用，中国建筑的优点都变成弱点。木材不能防火耐震抗炸，根本就不适用现代。中国式屋顶虽美观，但若拿钢骨水泥来支撑若干曲线，就不合先民创造之旨，倒不如做平屋面，附带地生出一片平台地面。我们还需要彩画吗？钢骨水泥是耐久的东西，彩画是容易剥落的东西，何必在金身上贴膏药？"[17]

1945年10月童又在"我国公共建筑外观的检讨"一文中重申了上述观点。他说：

"中国木作制度和钢铁水泥做法，唯一相似之点，即两者的结构原则，均属架子式而非箱子式，惟木架与钢架的经济跨度相比，开间可差一半，因此一切用料均衡，均不相同。拿钢骨水泥来模仿宫殿梁柱屋架，单就用料尺寸浪费一项，已不可为训，何况水泥梁柱已足，又加油漆彩画。平台屋面已足，又加筒瓦屋檐。这实不可谓为合理。"[18]

对于建筑文化观的另一个批评来自建筑的社会观。如果说建筑的文化观关注的核心问题是作为文化的表征的建筑以及它与其他文化体系的建筑的区别，建筑社会观则关注文化体系内部一种建筑活动与特定社会条件的关联以及该社会对建筑形成与发展的影响。这种建筑观早在1920年代在中国建筑界就已经萌芽。如刘敦桢在日本留学时的校友和回国后的早期合作者柳士英就把建筑改良与社会改良联系在一起。他说：

"一国之建筑物，实表现一国之国民性，希腊主优秀，罗马好雄壮，个性之不可消灭，在在示人以特长。回顾吾，暮气沉沉，一种颓靡不振之精神，时常映现于建筑。画阁雕楼，失诸软弱，金碧辉煌，反形嘈杂。欲求其工，反失其神，只图其表，已忘其实。民性多铺张而官衙式之住宅生焉，……民心多龌龊，而便厕式之弄堂尚焉，……余则监狱式之围墙、戏馆式之官厅，道德之卑陋，知识之缺乏，暴露殆尽。故欲增进吾国在世界上之地位，当从事于艺术运动，生活改良，使中国之文化，得尽量发挥之机会，以贡献之于世界，始不放弃其生存之价值。"[19]

中国近代第一位留学美国的建筑师庄俊在1935年也曾针对"中国固有式"建筑的设计批评说："凡建筑之合乎天时、地利、政治、社会、宗教、经济者，即是合理。……设在民主政体之下，而必建造封建式之衙署者，是不合政治也。"[20] 言下之意是建筑形式必须与社会的性质相适应。

1940年代，受到现代主义建筑思想和马克思主义社会史观的双重影响[21]，建筑的社会观在中国也得到了进一步发展，并与科学观一起构成了对于以建筑文化观为基础的"古典复兴式"建筑的质疑。黎抡杰（笔名黎宁）这位中国近代建筑史上极其重要的现代主义建筑宣传家在其所著《国际新建筑运动论》一书中就说：

"中国，具有四千余年的历史与辉煌的文化，在建筑方面自有其传统的珍贵与价值，然而站在现代之构造技术，与材料之使用上，则［中］国建筑距离时代太远,换句话说即不适合现代生活了。进步的唯物造型艺术理论家,如以式样作为社会意识形态的表现,那么中国建筑是代表中国四千余年封建文化与封建社会的上层机构,而不是代表今日进步的中国文化与社会。……中国新建筑运动以1936年起始,他[它]是世界新建筑运动的一环,是代表反抗数千年固有传统的封建的建筑技术,更否定了殖民地样式建筑的入侵而主张创造适合于机能性与目的性的新建筑。"[22]

黎还在《新建筑造型理论的基础》一书中探讨了社会对于建筑的影响,他说:

"西洋文艺复兴期(Renaissance)的建筑,第一是宫殿之使用,现代古典歌剧场尚多采用,有厚重的感觉,及曲线纹装,这是上层阶级权力的表示。十九世纪资本主义之经济发展,金属(原文)势力要求巨大的建筑物,为生产关系(原文)建筑之大工厂、仓库,更为满足资本家之欲望,如剧场、酒店、别庄(原文),等建筑之兴起,更加以现代学科[科学]发达所产生的材料与构架技术,凝成与社会相适应的建筑形态。"

他最后总结说,"由上的论述我们可认识:一、生产关系规定社会的组织及建筑的用途,二、生产关系决定建筑材料之生产与构造技术,三、上层社会机构与'道德温度'(原文)作为上层社会的意识形态,决定该阶层之造型艺术表现与社会的情感。"[23]显然,在黎抡杰看来,建筑是具有社会性的,即它总是与特定的社会阶层的物质及精神需要相联系,社会的进步必然要对代表旧制度的建筑构成挑战。

事实上梁思成在1940年代后期访问美国后也开始关注建筑与社会的关系。他为清华大学营建系设计的学制和学程就充分体现了他将社会学的思考引入建筑学和建筑教育的努力。[24]1950年代以后,他在著作中还多次指出建筑是特定社会和政治经济制度的反映。[25]作为一位系统地受到过现代科学教育的建筑家,他也并非不知道中国传统建筑在使用功能上的落后、材料上的原始、施工质量的粗劣以及与现代功能要求和工程技术标准的巨大差距。但是,梁思成思想的矛盾性在于,出于保护和复兴中国建筑的理念,他必须论证中国传统建筑在现代社会继续存在的必要和意义。为此,他和妻子林徽因在1930年代提出了两个主要论点:第一,美术价值不因实用价值改变而改变。[26]第二,中国建筑采用框架结构,其原理与"国际式"现代建筑一样,所以"正合乎今日建筑设计人所崇尚的途径。"[27]1950年代,在当时政治环境的影响下,梁又根据毛泽东在"新民主主义论"一文中对中国新文化所提出的"民族的"、"科学的"和"大众的"三点要求,指出了中国建筑的人民性。正如他说:中国建筑的屋顶"不但是几千年来广大人民所喜闻乐见的,并且是我们民族所最骄傲的成就。"中国建筑的语汇(构件和要素)和文法(风格和手法)"是世世代代的劳动人民在长期建筑活动的实践中所积累的经验中提炼出来的,……它是智慧的结晶,是劳动和创造成果的总结。"[28]他还借助前苏联专家的话来支持自己关于建筑的艺术性与民族性的主张,并回应由童寯所代表的从结构和材料的角度反对在现代建筑中采用民族形式的观点。他说:

"穆欣同志批判了'材料和结构决定建筑艺术'的错误理论。他指出:决定建筑艺术的是社会思想意识,材料结构对它只能起一定的影响,它只是完成目的的手段。使艺术服从材料结构就是削足适履,所以,'钢筋水泥不能做民族形式的建筑'这种说法是不能成立的。有些同志认为木材可以加油漆,水泥是不应上油漆彩画的。穆欣同志幽默地笑着回答说:'这是我们祖先的幸福,因为条件不好,倒能修建美好的建筑。今天都是建筑材料的罪过,使人不能美化它了!'"[29]

总之,梁试图通过对于中国建筑美术价值、结构原则和人民性的宣传唤起人们对于传统建筑的重视,并提高社会对于保护和复兴中国建筑的热情。而在北京城墙的保护论证中,梁除了肯定城墙的艺术价值之外,还试图通过将其改造为环城公园以赋予它在现代社会中的使用价值。不过,梁的这些论点在众多从科学观和社会观角度对于中国建筑的落后性、保守性和封建性的批判面前都显得捉襟见肘。而现实也没能让梁将他在新的社会和专业条件下所获得的有关建筑与社会关系的新认识付诸其中国建筑史新研究。

建筑的科学观和社会观是所谓"复古主义"的批判者和北京拆城论者的"理论"基础。例如1955年第2期《建筑学报》中署名"牛明"的文章"梁思成先生是如何歪曲建筑艺术和民族形式"就批评梁强调了建筑的艺术性却忽视了生活方式和使用要求对于建筑形式的影响。[30]而梁在营造学社的年轻同事卢绳在肯定了梁1953年所发表的"古建序论"一文"能将决定一个时代建筑的社会经济条件与建筑本身联系起来"的做法之后,也站在与刘敦桢相似的立场批评说:"可是既然明白这个道理,为什么在谈到关于新中国建筑的创作时,要把对反映封建社会生活和封建制度的古代建筑法式的熟悉,提到首要的地位呢?这显然与他自己所承认的建筑意义是相违背的。"[31]主张拆除北京城墙和地标建筑的人们更是痛陈旧城和旧建筑是如何妨碍了现代的交通,如何迫使人民群众的游行队伍绕行,并让解放军的军旗在象征封建王朝的建筑门下"低头"等罪状,以此为理由最终将拆城计划付诸实施。[32]更有甚者,1954年11月,苏联召开第二次全苏建筑工作者会议,苏共总书记赫鲁晓夫作了题为"论在建筑中广泛采用工业化方法,改善质量和降低造价"的报告。受其影响,中国建筑界掀起了一场反浪费的运动,矛头所指就是所谓的复古主义和装饰主义。[33]除了工业化的技术要求之外,这场运动又为中国已有的建筑科学观加入了一个新的内涵,这就是经济上的合理性。

3 建筑社会观与刘编《中国古代建筑史》

刘敦桢秉持建筑的社会观,不过因为他身在南方,所以除了批梁一文之外,没有再更多地卷入当时以北京为中心的建筑思想之争。但他从"唯物",尤其是从社会发展的角度认识中国建筑发展的努力却清晰地反映在由他主编的《中国古代建筑史》一书中。这部书由当时的建筑工业部立项,其编辑委员会除了当时中国的大部分建筑史专家之外,还包括有部属建筑科学研究院的主管领导。编撰工作从1959年开始,"历时七载,前后修改八次"。[34]该书因此堪称是一部体现了官方意识形态的"官修"历史。

理解《中国古代建筑史》编撰方式,需要对比刘敦桢所批评的梁思成著《中国建筑史》,二者的差异集中体现在体例、分期方式、各章首节以及分类方式等四个方面。

3.1 体例

梁著完成于抗日战争期间，也即梁在 1946 年底重访美国之前。该书的体例受到了由英国建筑史家弗莱彻父子（Banister Fletcher，1833－1899 年/1866－1953 年）所著，并自其 1896 年初版以来便在西方建筑史教育中极具影响的《比较法建筑史》的影响。[35] 例如，弗氏对于每一个建筑体系的介绍都分为"影响"、"建筑特征"、"建筑实例"和"比较"四个部分。其中"影响"部分包括了地理、地质、气候、宗教、社会政治和历史等方面，而"比较"部分包括了建筑的平面、墙体、门窗、屋顶、柱、装饰等内容。这些内容与建筑风格密切相关，因而非常适合 20 世纪初期学院派历史主义教育和设计的需要。如英国当代建筑史家布鲁斯·阿尔索普（Bruce Allsopp）在其 1970 年出版的《建筑史研究》一书中曾评论《比较法建筑史》说，这本书更像一部辞典，它不是为了研究的（to be studied），而是为了学习的（to be learned），或应付建筑考试的。[36] 梁著也有相似的特点。如梁在绪论中讨论了中国建筑的特征和影响因素、分期，以及两部木结构法式著作——宋《营造法式》和清《工部做法则例》，而他对中国每一时期建筑的介绍都分为"大略"、"实物"、"特征"等节，并在"特征"节中分析型类和从阶基平坐、梁柱斗栱，到构架屋顶和门窗雕饰等种种细节。不难看出，与弗莱彻相似，梁最关心的也是建筑的结构原理、造型特点及其发展，并如何以最简明和直接的方式将这些知识介绍给读者。梁著的体例本身反映了梁保护并复兴中国建筑艺术传统的理想。[37]

刘编《中国古代建筑史》也设"绪论"一章。但其中三节分别介绍的是自然条件对中国古代建筑的影响、中国古代建筑发展的几个阶段，以及中国古代建筑的特点。尽管刘和梁一样也认为木构架是中国建筑的主要特点，但对于这一特点的形成原因，他却持与梁截然不同的"唯物"看法。相对于梁侧重的"环境思想"、"道德观念"、"礼仪风俗"等因素，刘在本章强调的是物质条件。如梁认为中国建筑结构之所以以木材为主，除"古者中原为产木之区"这一表面原因之外，"更深究其故，实缘于不着意于原物长存之观念"。[38] 而刘则不谈观念因素的影响，只说古代黄河中游一带的气候"比现在温暖而湿润，生长着茂密的森林，木材就逐渐成为中国建筑自古以来所采用的主要材料。"[39]

3.2 分期方式

在线性历史的写作中，分期方式往往体现了对历史发展特点的认识。日本建筑家伊东忠太（1867－1954 年）所著《支那建筑史》是第一部有关中国建筑历史发展过程的著作。[40] 出于对日本建筑之源的关注[41]，他对中国建筑的考察强调了历史上中外文化交流的语境。他的书便以汉代和汉代以前为"前期"，之后为"后期"，因为在他看来，上古至汉是中国的"固有文化阶段"，按照 19 世纪欧洲人类学以工具为标准的时代划分方式，其中又分为石器时代、铜器时代、铜铁时代，以及其后的"汉艺术发达时代"；而汉以后为"各国艺术感化之时代"，其中又分为三国、晋、南北朝的"西域艺术摄取时代"，隋唐的"极盛时代"，宋元的"衰颓时代"和明清的"复兴时代"。[42]

梁、刘对中国建筑史的分期都受到了伊东的影响，尤其是梁，他除了将元明清分为一个时期并增加了民国时期之外，几乎完全参照了《支那建筑史》的做法，这是因为伊东的分期对于他从造型风格的角度解释中国建筑的演变同样有效。刘编《中国古代建筑史》对汉代以后中国建筑的分期也与伊东著作相近。但刘对伊东的"前期"和梁的"上古时期"作了较大扩充，分章介绍了"原始社会时期的建筑遗迹"，"夏、商、西周、春秋时期的建筑"，并以战国时期作为第三章的开始。显然刘敦桢希望将中国建筑史的研究纳入马克思主义的社会发展史框架，而按照权威马克思主义历史学家郭沫若的观点，中国在夏、商、周和春秋时期是奴隶社会，从战国时期开始社会性质转变为封建。[43]

3.3 各章首节

除以马克思主义的社会发展史作为中国建筑史分期的依据之外，刘的建筑社会观还突出地表现在《中国古代建筑史》的各章以"社会的变动和建筑概况"为题的第一节。如该书对宋、辽、金时期和明清时期建筑概况这样介绍：

> "宋朝的手工业分工细密，科学技术和生产工具比以前进步，有些作坊的规模也扩大，并且多集中于城镇中，促进了城市的繁荣。……在这些社会条件下，市民生活也多样化起来，促进了民间建筑的多方面发展，同时在宫殿、寺庙等高级建筑的创作中成为主要的根源。……由于社会经济的发展及生产技术和工具的进步，推动了整个社会的前进。在建筑方面反映出来的，首先是都城布局打破了汉、唐以来的里坊制度。……工商业发展使得市民生活、城市面貌和政府机构都发生变化，从而城市的规划结构出现了若干新的措施。……由于手工业的发展，促进了建筑材料的多样化，提高了建筑技术的细致精巧的水平。这时建筑构件的标准化在唐代的基础上不断进展，各工种的操作方法和工料的估算都有了较严密的规定，并且出现了总结这些经验的《木经》和《营造法式》两部具有历史价值的建筑文献。"[44]

> "由于经济繁荣，中小地主、商人、手工业作坊主的数量不断增加，因而明清时期地方建筑有了较大的发展。在经济发展的同时，大城市增多了，还出现了许多新的城镇。在城镇和乡村中，增加了很多书院、会馆、宗祠、祠庙、戏院、旅店、餐馆等公共性的建筑。……"[45]

如果说梁著各章的第一节是借助文献对各时期中国建筑活动的总体介绍，关注的问题是"有什么"，刘编的这一节则是对于各时期中国建筑发展因果关系的探讨，关注的问题是"为什么"，其中的"因"便是马克思主义社会发展史所强调的生产力和经济基础。

3.4 分类方式

刘编《中国古代建筑史》与梁著《中国建筑史》最大的不同还在于两部著作对于建筑实例的分类方式。出于对中国建筑结构的关注，梁著除对最后一章"清代实物"的介绍是分为宫殿、苑囿离宫及庭园、坛庙、陵墓、寺庙、砖石塔、住宅、桥梁、牌坊等类型之外，对于其他各代的实物基本都根据建筑的结构材料分为"木构"和"砖石（塔幢/建筑）"两类。而刘编则尽可能在每一章都按建筑的社会功能将实例分为宫室、住宅、陵墓、寺和塔等类进行讨论。

根据建筑的社会功能进行分类的叙述方式并非刘敦桢首创。例如中国古代的官方建筑管理便是按照城垣、宫殿、公廨、仓廒、营房和府第规定工程种类的。一般地方志也常常分类介绍地方的公署、坛庙、学校、桥梁、古迹和冢墓。不仅如此，从 18 世纪以来，随着城市建筑现代化的发展，建筑类型问题在西方建筑学中得到关注。以功能对建筑进行分类，于是也成为西方建筑教育的一个重要方法。如法国著名建筑家，古典主义的代表人物小勃隆台（Jacques-Francois Blondel，1705－1774 年）将建筑分为剧场、跳舞和节庆大厅、公园、公墓、学校、医院、太平间、旅馆、交易所、图书馆、工厂、喷泉、浴场、商场、市场、屠宰场、营房、市政厅、武库、航标站等类型。[46] 另一位法国著名建筑家，巴黎美术学院的建筑理论主讲人加代（Julien Guadet，1834－1908 年）在其名著《建筑的要素与理论》（Eléments et Théories de l'Architecture，1902 年）中也以居住建筑、教育建筑、政府建筑、法院建筑、监狱建筑、医院建筑等为类别分别介绍各自的构图特点。[47] 所以并不奇怪，近代一些外国和中国建筑史家在介绍中国建筑时也是按功能分类，其中包括福格森的《印度及东方建筑史》，弗莱彻的《比较法建筑史》，伊东忠太的《支那建筑史》，以及营造学社成员王璧文（璞子）的《中国建筑》和刘致平的《中国建筑类型及结构》。[48] 显然按照建筑的社会功能分类有助于凸显建筑和人与社会的关联。但遗憾的是，在写作中上述学者并没有在分类的基础上继续将社会对于建筑的影响深入研究下去。更遗憾的是，他们都没有将分类与分期结合起来，动态地研究社会的发展在建筑上的具体反映，也就是建筑类型的变化。即使是伊东忠太，他对中国建筑的分期和分类都对刘敦桢不无影响，但由于他对中国建筑史的研究仅从上古截至南北朝，他的书中有关建筑与社会发展关系的讨论也没有展开。

刘敦桢对中国建筑类型的关注在他加入营造学社初期所作的研究中就已显现，并与梁思成的关注焦点有所区别。梁的中国建筑史研究始于对宋《营造法式》的解读，为此他从一开始就关注中国建筑的大木作法式，以及由此造成的中国木构建筑的风格演变。他的《中国建筑史》以对两部"文法"著作的介绍为开篇，以建筑的材料为分类标准，因此强调的是中国建筑的设计原理。这一点与法国 19 世纪另一位重要建筑家维奥雷－勒－杜克（Eugéne Emmanuel Viollet-le-Duc，1814－1879 年）的理解十分一致，因为在维氏看来，"艺术不在于这种或那种形式，而在于一种原则——一种逻辑的方法。"（Art does not reside in this or that form, but in a principle, —a logical method.）[49] 换言之，认识一种原理比认识由这种原理派生的造型更重要。而对于梁所追求的复兴中国建筑的目标来说，介绍中国传统建筑的法式也比介绍在现代社会已经失去功能价值的建筑类型更有意义。相对而言，刘对中国建筑的早期研究并无如此具体的目标。但也正因如此，他的研究范围比梁更广，不仅涉及塔、桥、陵墓等多种类型，也涉及宫室制度。[50] 1950 年代刘又完成《中国住宅概说》和《苏州古典园林》两部专著，它们是刘关于中国建筑类型研究的代表作。[51]

建筑的民族风格对应于建筑的国家或民族性，也即风格所代表的文化普遍性，而建筑类型对应的是建筑的特定功能，也即类型所具有的文化特殊性。对类型的研究使刘敦桢能够更好地结合文献材料，具体地揭示建筑的使用方式、社会、文化和经济等因素对建筑的影响，以及由此造成的文化体系内部的多样性与差异性。当代中国建筑史家傅熹年曾指出：刘的《大壮室笔记》"综合早期文献，研究两汉时期的第宅、官署、道路、陵寝、西汉长安城和未央宫的建筑特点及发展演进过程，并把它们和经史中反映出的古代社会情况、典章制度结合起来加以论证。"[52]这一点在刘编《中国古代建筑史》对唐朝住宅的介绍中更加明显，如刘说："由于经济发展，社会财力雄厚，统治阶级建造华美的宅第和园林，但根据不同的等级，自王公官吏以至庶人的住宅，门、厅的大小，间数、架数以及装饰、色彩等都有严格的规定，充分体现了中国封建社会严格的等级制度。"[53]可以说，对类型的关注使得刘在新中国成立后更容易认同马克思主义的历史唯物主义思想，进而将对建筑历史的研究与对经济和社会制度原因的探讨相结合。

将类型与分期结合还使得刘可以动态地看待中国建筑形制的发展。这一点除见于前引刘对宋东京城形态变化的讨论外，还清楚地表现在他对中国宫殿制度和佛教寺院空间格局变化的分析。如他在介绍东魏宫殿时说：

"宫城位于城的南北轴线上，大朝太极殿的左右虽建东西堂，但在这组宫殿的两侧又并列含元殿和凉风殿，而太极殿后面还有朱华门和常朝昭阳殿，可以看出东魏宫殿的布局除沿用曹魏洛阳宫殿的旧制以外，同时又附会了《礼记》所载的'三朝'布局思想。它对于隋唐两朝废止东西堂，完全采取'三朝'制度，起着承前启后的作用。"[54]

他在介绍北魏洛阳的永宁寺时说：

"据记载早期中国佛寺的平面布局大致和印度的相同，以塔藏舍利（佛的遗骨），是教徒崇拜的对象，所以塔位于寺的中央，成为寺的主体。以后建佛殿供奉佛像，供信徒膜拜，于是塔与殿并重，而塔仍在佛殿之前。永宁寺正是这个时期佛寺布局的典型。可是东晋初期已出现双塔的形式，南北朝到唐数目渐多，供奉佛像的佛殿也逐渐成为寺院的主体，因而唐代佛寺在传统的两种布局方法以外，又有的在寺旁建塔，另成塔院，到宋又出现了将塔建于佛殿之后的方法。"[55]

正是由于刘敦桢认为建筑是特定社会条件的产物，所以他对中国古代建筑的评价也与梁思成不同。出于建筑的文化观，梁强调传统建筑作为民族文化的组成部分对于现代中国的价值。而出于建筑的社会观，刘则对产生于封建社会的传统建筑在总体上采取了批判的态度。他在《中国古代建筑史》的稿本中说：

"一定的文化，是一定社会的政治与经济在意识形态上的反映。中国漫长的封建社会反映在建筑方面又是什么呢？……而所谓真正反映封建社会建筑的重要实物，都是为封建帝王、贵族、官僚、地主等统治阶级所服务的宫殿、苑囿、陵寝、城堡、邸宅、宗祠等。以及用以麻痹人民的宗教建筑，如寺、观、塔、幢、石窟等。"[56]

他还说：

"由于社会的生产力始终停留在农业与手工业的不发达阶段，因此不能也不可能出现新型的建筑物，例如资本主义社会中的银行、商场、工厂、车站。……就是建筑内部，绝大多数也不必具有广大的空间和承载很大的活荷载，更不必考虑此空间内由于活荷载所引起的振动、倾斜、弯挠、破裂、崩溃等问题。所以中国古代建筑的结构与材料，除了少数例外，大体以木架为主，砖石为辅。而它的平面布局与外观式样，也就长期维持这一贯的独立系统。"[57]

很难想象，对于刘敦桢，这样的建筑传统还能够为一个新的时代和新的社会继续服务。而作为一名杰出的中国建筑史家，他在1950年代为什么没有像梁思成一样去大力宣传文物建筑保护也就不难理解。

4 结语

建筑社会观对于现代中国建筑产生了多方面的影响。它不仅是"复古主义"的批判者和北京拆城论者的思想基础，也是批判所谓"资产阶级"的现代主义（1950年代又称"结构主义"）建筑的理论依据之一。[58]而新中国第一个十年最重要的建筑工程"十大建筑"在风格上的多样性[59]，也反映了在文化观、科学观和社会观彼此排他、纠缠不清的背景下，中国建筑莫衷一是的局面。

然而不可否认的是，作为一名建筑史家，刘敦桢从社会观出发，将中国建筑史的研究从梁思成所偏重的结构—形式和风格史转向了对于建筑发展的动力，也即中国建筑与中国自然、社会之间关系的探讨。他的两项重要的建筑类型研究——《中国住宅概说》和《苏州古典园林》——都促进了全国范围的对于这两类建筑的调查和研究。[60]它们更长远的影响是，通过揭示中国建筑的多样性，打破了建筑文化观下同一性的"中国建筑"概念，从而推动了地域建筑史的研究。

在其《建筑史研究》一书中，英国建筑史家阿尔索普从社会学的角度对以弗莱彻的著作为代表的建筑风格史叙述模式进行了批判。他说：

"如果我们再把建筑是人造的环境（built environment）这一点作为前提，视其好坏来自人如何认同他所造，如何自我表现，如何以它为自豪，或出于崇尚权力抑或敬仰上帝等种种缘由，给予它某种特殊的品格，那么人们常说的'建筑是社会的镜子'这句话显然就是真理。我们从镜子中所见并不见得是我们所青睐的。弗氏的书页中挑选的都是普遍获得认可和赞赏的建筑，用它们来建构建筑历史至少是误导的。"[61]

限于其历史条件，刘敦桢并没能将对于梁思成的批判引申为一种史学上的对于弗莱彻建筑史叙述的颠覆，但他在中国现代主义建筑思想以及马克思主义史学影响之下形成的建筑社会观和建筑史写作实践无疑顺应了20世纪世界建筑史学发展的大趋势。在刘之后，一批年轻的建筑史家继续了他的探索。如对建筑类型发展脉络的关注在1980年代由刘生前的助手潘谷西主编的《中国建筑史》教材中成为叙述框架。[62]潘还通过《曲阜孔庙建筑》一书探讨了孔庙的建筑形制在中国的发展。[63]刘的学生郭湖生则将类型演变研究的思想用于城市史研究，将学界对于中国古代城市制度的认识提升到一个新的高度。[64]由刘的哲嗣刘叙杰以及傅熹年、郭黛姮、潘谷西和孙大章等学者领衔主编，并在21世纪之初问世的五卷本《中国古代建筑史》在大大增加了新发现的史料和新的研究成果的同时，继续沿用了刘编《中国古代建筑史》的体例。1990年代以后社会学角度的中国建筑史研究更成为学科发展的一个重要趋势。[65]

刘敦桢从建筑的社会观的角度置疑了梁思成的建筑文化观，并通过编著《中国古代建筑史》，极大地推动了中国建筑史研究向深度与广度发展。然而，在今天总结和反思梁刘的史学分歧与20世纪中期中国两种建筑观的冲突的时候，我们还必须注意到，刘敦桢并没有对如何实现梁思成"为什么研究中国建筑"一文所提出的"保护"与"复兴"两个目标作出自己的回答。这两个目标也并没有因为意识形态的批判而失去其意义，相反，它们在如今正在急速迈向现代化和全球化的中国变得更加令人关注。

2009年夏于路易维尔

致谢：在写作过程中清华大学林洙老师、李路珂博士，东南大学诸葛净博士，天津大学博士研究生杨菁女士和华南理工大学博士研究生杨颋先生在史料方面给予大力帮助，墨尔本大学朱剑飞博士曾对初稿提出宝贵意见，对此笔者深表感谢。

注释：

[1] 参见傅熹年．"一代宗师，垂范后学——学习《梁思成文集》的体会"、"博大精深，高山仰止——学习《刘敦桢文集》的体会"．傅熹年建筑史论文集．北京：文物出版社，1998：437-439，440-442．另外，夏南悉（Nancy Shatzman Steinhardt）还指出，在梁的学术著作中仅仅有一处提到日本建筑，而在刘同期的著作中则有很多处。考虑到日本木构建筑对于研究8世纪中国建筑的极其重要性，对于梁这位接受过超级教育和极其细致的学者来说，这种对日本建筑的无视，只能被理解为是出于政治的和个人的考虑。见 Nancy Shatzman Steinhardt. The Tang Architectural Icon and the Politics of Chinese Architectural History. Art Bulletin, 2004, 86 (2): 228-254.

[2] 刘敦桢．批判梁思成先生的唯心主义建筑思想．建筑学报，1955（1）：69-79.

[3] 梁思成．为什么研究中国建筑．中国营造学社汇刊，1944，7（1）//梁思成全集：第三卷．北京：中国建筑工业出版社，2001：377-380.

[4] 详见赖德霖．梁思成、林徽因中国建筑史写作表微．二十一世纪，2001（64）．设计一座理想的中国风格的现代建筑——梁思成中国建筑史叙述与南京国立中央博物院辽宋风格设计再思．艺术史研究，2003（5）．见赖德霖．中国近代建筑史研究．北京：清华大学出版社，2007：313-330，331-362．值得注意的是，沃尔夫林通过形式分析，论证了巴洛克艺术与文艺复兴艺术一样，体现了各自特定时期社会的艺术意志，而不是文艺复兴艺术的衰退表现，从而批判了西方美术史自温克尔曼（Johann Joachim Winckelmann，1717-1768年）以来将艺术比拟生物体的线性发展观。而梁思成虽然受到了沃氏形式分析的影响，但在历史写作上延续了温氏的叙述模式，

并以结构理性主义为标准勾画了中国建筑从原始至豪劲, 再至醇和和羁直的发展脉络。

［5］夏铸九. 营造学社—梁思成建筑史论述构造之理性分析. 台湾社会研究季刊, 1990, 3 (1): 6-48.

［6］德国哲学家和美学家黑格尔（Georg Wihelm Friedrich Hegel, 1770-1831年）的《美学》可以说是19世纪有关建筑艺术讨论的一部代表著作。

［7］David Watkin. The Rise of Architectural History. London: The Architectural Press, 1980: 4-5.

［8］如柯林斯所指出, 英国哥特式复兴建筑的主要提倡者普金（Augustus Welby Nothmore Pugin, 1812-1852年）曾认为, 这种建筑体现了英国的基督教精神; 出于民族主义的诉求, 他将这种风格用于英国的议会大厦（House of Parliament, 1835年）建筑的设计, 是"哥特民族主义"（Gothic Nationalism）的表现。见 Peter Collins. Changing Ideals in Modern Architecture, 1750-1950. 2nd ed. Montreal & Kingston: McGill-Queen's University Press, 1998: 100-102. 他所认为的另外四个方面的思想来源是浪漫主义、理性主义、教会神学, 以及社会改良。

［9］详见赖德霖. "科学性"与"民族性"——近代中国的建筑价值观. 建筑师, 1995 (62、63). 赖德霖. 中国近代建筑史研究: 189-203.

［10］朱启钤. 中国营造学社缘起. 中国营造学社汇刊, 1930, 1 (1): 1-6. 朱的表述呼应了日本近代杰出的建筑家伊东忠太的看法。1930年6月18日伊东在访问营造学社时曾说: "凡传一国之文化于后世者, 文献与遗物, 而文献易散佚, 亦往往有误传、有伪作。遗物亦然, 第视文献之抽象, 则较具体而可信。至于建筑, 更无散佚伪作之虞, 又为综合其时各种美术工艺之具体大作。故文化之征, 此最重要。"见伊东忠太博士讲演支那建筑之研究. 中国营造学社汇刊, 1930, 1 (2): 1-11.

［11］详见赖德霖. 梁思成、林徽因中国建筑史写作表微. 二十一世纪, 2001 (64). 赖德霖. 中国近代建筑史研究: 313-330. 另外, 李士桥也指出, 梁思成中国建筑史写作的一个重要企图就是在全球和历史发展的语境中为中国建筑寻找一席之地。Li Shiqiao. Writing a Modern Chinese Architectural History: Liang Sicheng and Liang Qichao. Journal of Architectural Education, 2002 (56): 35-45.

［12］详见胡海涛. 建国初期对唯心主义的四次批判. 南昌: 百花洲文艺出版社, 2006. 这四次批判包括对电影《武训传》的批判, 对胡适思想的批判, 对梁漱溟"文化保守主义"的批判, 和对胡风文艺思想的批判。

［13］蒋大椿总结了新民主主义革命时期中国马克思主义史学八点基本理论主张, 其中包括"认为物质资料生产方式是历史的基础, 是划分社会形态的标志（具体理解则有所异）, 从生产力与生产关系的矛盾运动中探索政治的思想的历史, 用社会存在说明社会意识"。见蒋大椿. 八十年来的中国马克思主义史学（一）. 历史教学, 2000 (6): 5-10.

［14］该节最后没有在《中国古代建筑史》中发表。作为刘的遗稿, 最初发表在

《古建园林技术》2007年第4期，9-10页．有关该文的写作过程，见王世仁．关于刘敦桢遗稿"中国封建制度对古代建筑的影响"的说明和认识．古建园林技术，2007（4）：8．

[15] 详见赖德霖．"科学性"与"民族性"——近代中国的建筑价值观．建筑师，1995（2，4）．赖德霖．中国近代建筑史研究：229-236．

[16] 林克明．国际新建筑会议十周年纪念感言．新建筑（战时刊），1942．（根据笔记整理，无页码）

[17] 童寯．中国建筑的特点．战国策，1941（8）．童寯文集（一）．北京：中国建筑工业出版社，2000：109-111．

[18] 童寯．我国公共建筑外观的检讨．（内政专刊）公共工程专刊（第1集），1946．童寯文集（一）．北京：中国建筑工业出版社，2000：118-121．童的观点令人想到德国早期现代主义建筑的倡导者汉斯·波尔席格（Hans Poelzig，1869-1936年）对19世纪古典复兴建筑的代表人物之一辛克尔的批评。他说，辛克尔的艺术"力图把希腊的形式语言的因素搬用到我们的建筑物中来，然后，毫无选择地从过去的各种各样的风格中搬用形式，从哥特式到意大利和德国的文艺复兴再到巴洛克和帝国式，通常不顾及形式的内在精神，不顾及这种形式所由产生的材料。"见汉斯·波尔席格．建筑的激荡//乌尔里克·康拉兹（Ulrich Conrads）选编，陈志华译．二十世纪建筑各流派的纲领和宣言选编（一）．建筑师，（26），255-257．

[19] 沪华海公司工程师宴客并论建筑．申报，1924-02-17．

[20] 庄俊．建筑之式样．中国建筑，1935，3（5）．（根据笔记整理，无页码）

[21] 1930年代后期至1940年代，中国马克思主义的史学代表著作有：何干之《中国社会性质问题论战》（1936年）、《中国社会史的论战》（1937年），翦伯赞《历史哲学教程》（1938年8月），毛泽东等《中国革命与中国共产党》（1939年），华岗《社会发展史纲》（1940年），邓初民《中国社会史教程》（1940年），许立群《中国史话》（1942年）。见蒋大椿．八十年来的中国马克思主义史学（一）．历史教学，2000（6）：5-10．

[22] 黎宁．国际新建筑运动论．重庆：中国新建筑社，1943．（根据笔记整理，无页码）

[23] 黎宁．新建筑造型理论的基础．重庆：中国新建筑社，1943．（根据笔记整理，无页码）

[24] 详见赖德霖．学科的外来移植——中国近代建筑人才的出现和建筑教育的发展．艺术史研究，2005（7）．赖德霖．中国近代建筑史研究：173-179．

[25] 参见梁思成．古建序论——在考古工作人员训练班讲演记录．梁思成全集（五）：156．建筑艺术中社会主义现实主义和民族遗产的学习与运用的问题——在中国建筑学会成立大会上的专题发言摘要．梁思成全集（五）：186-187．

[26] 林徽因在"论中国建筑之几个特征"（中国营造学社汇刊，1932，3（1）：163-179．）一文中说："已往建筑因人类生活状态时刻推移，致实用方面发生问题以

后，仍然保留着它的纯粹美术的价值，是个不可否认的事实。和埃及的金字塔，希腊的巴瑟农庙（Parthenon）一样，北京的坛、庙、宫殿，是会永远继续着享受荣誉的，虽然它们本来实际的功用已经完全失掉。"

［27］梁思成．建筑设计参考图集序//建筑设计参考图集（一）．北平：中国营造学社，1935. 这一观点在他和林徽因合写的"祖国的建筑传统与当前的建设问题"（新观察，1952（16）．梁思成全集（五）：136-142.）中继续坚持。

［28］梁思成．中国建筑的特征．建筑学报，1954（1）：36-39. 梁思成全集（五）：179-184.

［29］梁思成．苏联专家帮助我们端正了建筑设计的思想．人民日报，1952-12-22. 梁思成全集（五）：150.

［30］牛明．梁思成先生是如何歪曲建筑艺术和民族形式．建筑学报，1955（2）：1-8. 从文章开头所说"解放以前，我曾在长时期中向梁思成先生学习中国建筑，和共同从事于中国建筑的研究工作"，以及文中第4页的注释"（剑川门窗）我在1940年去（云南）剑川时还在制造"，可知作者牛明是梁思成在中国营造学社的年轻同事。

［31］卢绳．对于形式主义复古主义建筑理论的几点批评．建筑学报，1955（3）：13-23.

［32］详见王军．城记．北京：三联书店，2003：163-190.

［33］详见邹德侬．中国现代建筑史．天津：天津科学技术出版社，2001：198-204.

［34］"说明"，刘敦桢主编．中国古代建筑史．北京：中国建筑工业出版社，1980.

［35］Banister Fletcher. A History of Architecture on the Comparative Method. 1st ed. London：B. T. Batsford Ltd，1896. 第五版（1905年）对中国建筑的介绍内容包括：1. Influences（i. Geographical, ii. Geological, iii. Climate, iv. Religion, v. Social and Political, vi. Historical）；2. Architectural Character；3. Examples（Temples and Monasteries, Pagodas, The Pailoos, Bridges, Tombs, Houses, Tea Houses, Engineering Works, Cities）；4. Comparatives（a. Plans, b. Walls, c. Openings, d. Roofs, e. Columns, f. Mouldings, g. Ornament）。

［36］Bruce Allsopp. The Study of Architectural History. New York：Praeger Publishers, Inc.，1970：67.

［37］梁思成在"为什么研究中国建筑"一文的结尾说："研究实物的主要目的则是分析及比较冷静地探讨其工程艺术的价值，与历代作风手法的演变。知己知彼，温故知新，已有科学技术的建筑师增加了本国的学识及趣味，他们的创造力量自然会在不自觉中雄厚起来。这便是研究中国建筑的最大意义。"

［38］梁思成．中国建筑史//梁思成全集（四）．北京：中国建筑工业出版社，2001：14.

［39］刘敦桢主编．中国古代建筑史：1.

［40］该书日文版原名为《支那建筑史》，1925年出版；1937年陈清泉译为中文并作增补，改名《中国建筑史》，由（上海）商务印书馆出版．见徐苏斌．日本对中国城

市与建筑的研究. 北京：中国水利水电出版社，1999：54-57.

[41] 徐苏斌. 日本对中国城市与建筑的研究：43. 日本伊东忠太博士讲演. 中国营造学社汇刊，1930，1（2）：1-11.

[42] 伊东忠太著. 中国建筑史. 陈清泉译补. 上海：商务印书馆，1937：38.

[43] 注释4，刘敦桢主编. 中国古代建筑史：407. 1950年代，在中国历史的分期问题上，另一种颇具影响的主张是范文澜提出的"西周封建说"。

[44] 刘敦桢主编. 中国古代建筑史：163-64.

[45] 刘敦桢主编. 中国古代建筑史：278.

[46] Paul Rabinow. French Modern：Norms and Forms of Social Environment. Cambridge：The MIT Press，1989：48.

[47] 参见Thomas E. O'Donnell. The Rick Manuscript Translations，II：Guadet's "Elements and Theory of Architecture". Volume II. Pencil Points，1927，8（3）：157-161.

[48] 如福格森《印度及东方建筑史》的中国建筑一章就分为天坛、佛教寺庙、塔、坟墓、牌楼和居住建筑。（James Fergusson. History of Indian and Eastern Architecture. New York：Dodd，Mead & Company，1891.）弗莱彻尔的《比较法建筑史》对中国建筑的介绍也分为庙宇、塔、牌楼、桥、陵墓、住宅、茶室、工程和城市。伊东忠太的《支那建筑史》更明确将中国建筑分为"宗教建筑"和"非宗教建筑"两类，前者包括佛、道、儒、祠、回、陵墓，后者包括城堡、宫殿楼阁、住宅商店、公共建筑、牌楼关门、碑碣和桥。1943年营造学社成员王璧文（璞子）出版的《中国建筑》一书分为绪论、都邑计划（城垣）、宫殿、苑囿与园林、坛庙、陵墓、衙署、寺观（塔）、宅第、桥梁、牌楼、碑碣等12章。1956年另一位中国建筑史家刘致平在其所著《中国建筑类型及结构》中也试图以功能分类，他说"我国地大物博，历史悠久，文化遗产内容非常丰富，所以历代所建的建筑物也是形形色色、多种多样，如城市，住宅，宫殿，陵墓，佛，道，回，文，武庙，祠，坛，馆，书院……等各种形式。"刘致平. 原序//刘致平. 中国建筑类型及结构. 北京：中国建筑工业出版社，1987：21.

[49] Viollet-le-Duc. Discourses on Architecture（2）. Paris：1860；Boston：1875：57. 转引自Paul Rabinow. French Modern：Norms and Forms of Social Environment. Cambridge：The MIT Press，1989：71.

[50] 刘的早期对不同类型中国建筑的研究有："石轴柱桥述要"（中国营造学社汇刊，1934，5（1）：32-54），"《抚郡文昌桥志》之介绍"（中国营造学社汇刊，1934，5（1）：93-97），"中国之廊桥"（刘敦桢文集（三）：448-455），"明长陵"（中国营造学社汇刊：1933，4（2）：42-59），"易县清西陵"（中国营造学社汇刊，1935，5（3）：68-109），"六朝时期之东西堂"（刘敦桢文集（三）：456-463）。

[51] 刘敦桢. 中国住宅概说. 北京：中国建筑工业出版社，1957. 苏州古典园林. 北京：中国建筑工业出版社，1979.

[52] 傅熹年. 博大精深、高山仰止——学习《刘敦桢文集》的体会//傅熹年建筑史论文集. 北京：文物出版社，1998：440-442.

［53］刘敦桢主编. 中国古代建筑史：105.

［54］刘敦桢主编. 中国古代建筑史：78.

［55］刘敦桢主编. 中国古代建筑史：83.

［56］刘敦桢. 中国古代建筑史∥刘敦桢文集（四）. 北京：中国建筑工业出版社，1992：235.

［57］同上.

［58］有关文章包括林凡. 人民要求建筑师展开批评和自我批评. 人民日报，1954 - 03 - 26. 戴念慈. 从华揽洪的建筑理论和儿童医院设计谈到对"现代建筑"的看法. 建筑学报，1957（10）：65 - 73.

［59］详见邹德侬. 中国现代建筑史. 天津：天津科学技术出版社，2001：230 - 240.

［60］刘叙杰. 刘敦桢∥杨永生，王莉慧编. 建筑史解码人. 北京：中国建筑工业出版社，2006：8 - 15.

［61］Bruce Allsopp. The Study of Architectural History. New York：Praeger Publishers，Inc.，1970：83.

［62］潘谷西主编. 中国建筑史（第 1 ~ 5 版）. 北京：中国建筑工业出版社，1982 ~ 2005.

［63］潘谷西. 曲阜孔庙建筑. 北京：中国建筑工业出版社，1994. 其他关于中国古代建筑形制的研究还包括萧默. 五凤楼名实考——兼谈宫阙形制的历史演变. 故宫博物院院刊，1984（1）. 于振生. 北京王府建筑∥贺业钜等著. 建筑历史研究. 北京：中国建筑工业出版社，1992. 杨慎初. 中国书院文化与建筑. 武汉：湖北教育出版社，2002. 等。

［64］郭湖生. 中华古都：中国古代城市史论文集. 台北：空间出版社，1997.

［65］参见陈薇. 天籁疑难辨，历史谁可分——90 年代中国建筑史研究谈. 建筑师，1996（69）：79 - 82.

当代建筑 1：
作者、实验性与适用精神
Contemporary Architecture 1:
Authorship, Experimentation and Pragmatism

1990年代以来当代中国建筑一个比较独特的现象，是个人作为设计主体的"作者"身份的出现，以及这种个人所关心的内在、纯粹的基本建筑，及其工作方法上的实验性和叙述性。这里的文章探讨基本建筑的基本性，实验建筑的近期演化，权宜策略的运用和先锋性的淡出。

"建构"的许诺与虚设：论当代中国建筑学发展中的一个观念

The Promises and Assumptions of 'Tectonics': on a Developing Concept in Contemporary Chinese Architecture

朱涛

Zhu Tao

"建构学"（Tectonics）正在成为中国青年建筑师日益关注的问题。[1]

在长期受官方意识形态控制，而近20年来又迅速被商业主义所主宰的建筑文化状况中，当代中国青年建筑师对"建构"话题的热衷，体现了他们对创建建筑本体文化的渴望。作为一个理解现代建筑文化的概念框架，它有望成为一个契机，汇同建筑师们逐渐苏醒的空间意识和对建筑形式语言的自觉把握，帮助中国建筑师突破现实文化僵局、开始创建真正现代意义上的建筑文化——这恐怕是引进的"建构学"观念对中国当代建筑文化的最大许诺。

然而，"建构"不是一种纯客观的存在，也没有预设的本质。在理性界定的建构学的基础中、边界上甚至概念框架内部，总是出现各种不可预测的界面和紊乱的能量——因为"建构学"不仅关注建筑物，也关注如何建造建筑物，关注在背后支撑建筑师进行建造活动的各种建筑观念。每一次欲将"建构学"通过理性还原以达到一种客观实在的努力，都反过来揭示出"建构学"还是一种话语、一种知识状况。如果无视"建构学"动态、复杂的机制，"建构学"在中国作为一个文化救赎的策略，其许诺可能得不到兑现。对"建构学"的机械的肢解和无节制的泛化，会使"建构"观念降格为一种美学教条、一个学院内的谈资、一场只开花不结果的虚设的概念游戏。

1 "建构"传统与我们

毋庸置疑，我们拥有丰厚的"建构"文化传统。它既存在于纵向的、历时数千年中国建筑结构、构造体系的发展和形制演变中，也体现在横向的从官方到民间的不同建筑形制和建造文化的共时存在中。自20世纪20年代起，梁思成及中国营造学社的一代先驱开辟了对中国建构文化传统的研究工作。这种工作几经中断，在今天又得到了某种程度的延续。但遗憾的是，对中国"建构"传统的基础研究工作——本来可说是中国建筑历史、理论研究中最具中坚实力的部分——却从来未能催发出具有现代意义的建构文化。

自1949年建国到1980年代改革开放，粗略地概括起来，中国建筑学界一直被两种设计观念交替主宰着：以国家意识形态和民族主义为主导的"文化象征主义"和以平均主义经济准则为主导的"经济理性主义"。所谓"文化象征主义"是指在新的国家政权亟需要某种有识别性的建筑文化表现时，欧洲鲍扎建筑体系的设计准则被中国建筑师借用过来，混合了某些中国传统建筑符号，在建筑平面、立面上通过隐喻、象征等图像学的构图手法来完成对国家意识形态、民族文化传统和革命精神等的文化表现。"文化象征主义"多表现在一些具有重大政治意义的标志性建筑上，如1950年代初全国各地探索"民族形式"的一些大型建筑物、1959年首都"国庆十大建筑"和"文革"期间全国各地所修的"万岁馆"等。上述建筑，并不是完全没有建构的突破，实际上当时一些宏大项目中对结构体系和构造形式的探索，其想象力和大胆探索程度可能远超过今天中国建筑师的实践，只是这些建筑中的建构特征多被起文化象征作用的装饰物遮盖，而很少得到完整、独立的表现；在另一方面，"经济理性主义"建筑是指以精简、节约和平均分配等经济准则为主导，以重复性生产为基础的建筑产品。"经济理性主义"的设计观念主要体现在那些作为社会基础设施意义上的大规模工业生产和民用生活的建筑，如建国后的大规模城乡规划、公共住宅、工业建筑等。在这一类建筑中，文化象征意义显然让位于更为紧迫的经济现实，因而极少有繁复的装饰，往往相对清晰地显示出它们自身的结构和构造特征。甚具深意的是，在极端苛刻的经济原则限制下，一些极为激进的建构实验曾经涌现出来：如1950年代中期曾出现过全国上下以竹材代替木材和钢材的"建构"实验运动，另外还有本文随后会提及的60年代早期的大规模的夯土实验等。[2]

自1949年到1979年的30年中，在极端的政治、经济形势下，中国建筑实践产生过非常丰富和极端的内容。然而遗憾的是，在今天当"建构"这个术语被进口到中国，承担起文化救赎的使命时，尚不见任何有针对性的研究能深入地回顾在我们的近期历史中，我们的先辈在不同的意识形态中，在相似的技术条件下，在完全没有"建构"这个理论话语的情况下，沿着"建构"的道路曾经走出了多远。这种研究的匮乏，使得今天的很多关于建构的讨论和实验，不得不建立在对我们自身的建构传统（尤其是近期传统）完全忽略的前提下，而单纯从西方横向引进建构话语。由于缺乏与自身切实的语境关系对照，我们很难分辨今天建筑师所喊出的话语是否只是我们历史的回声。是否因为这回声延迟了太久，或者因为我们有意无意地忽略了声音的来源，以致这些回声现在听起来像原初的声音一样新鲜？

20世纪80年代开启了一个建筑的意识形态、风格学和商品经济大折中的时代。经济的开放和工程建造量的空前增多，并没有使设计观念发生根本改变，而是走向平庸的折中。我们可以看到：一方面，"文化象征主义"在大量官方标志性建筑物中继续盛行（如北京西客站、中华世纪坛等）；另一方面，在更多的项目中，在市场经济取代意识形态成为社会主导力量时，"文化象征主义"和"经济理性主义"这两种曾经分离的设计观念已被市场的"看不见的手"强有力地扭合起来。以中国的住宅开发为例：一方面，"经济理性主义"较关心平面：因为它一如既往地热衷于建筑形制均质化和建立在重复性为基础的批量化生产——这就是为什么无论地域气候、文化差异有多大，全国上下实际共同套用有限的几套住宅标准层平面；另一方面，"经济理性主义"关心市场动向，关心为市场及时提供最富感召力（"卖点"）的建筑风格，而具体制造风格的任务便摊派给"文化象征主义"。"文化象征主义"关注立面：正如建国初民族主义和国家意识形态需要一种文化表现时，"文化象征主义"曾制造出"民族形式"，而当今天城市中新兴的中产阶级迫切需要另一种文化表现时，"文化象征主义"便拼贴出立面的"欧陆风情"。在今天的市场经济时代，建筑的"文化象征主义"和"经济理性主义"结合起来，可被称为建筑"风格的经济学"。

建筑"风格的经济学"的基本原则是：建筑物是一个巨大的商品，"经济理性主义"通过市场时尚来确定建筑形制，"文化象征主义"则负责商品外包装，为建筑确立某种特定的外在装饰风格以象征某种特定的文化身份。根据市场订单的需求不同，风格的表现可能是多样的：或者"民族形式"，或者"欧陆风情"，甚至"现代主义风格"等，由此建筑的表现已完全被缩减为外在风格的表现——这便是我们当前主导性的建筑文化状况。

2 "建构"的还原

到底什么是建筑学不可缩减的内核，这是近年来在中国逐渐兴起的"实验建筑学"欲对抗商业主义所必须回答的问题；换句话说，究竟建筑学拥有多少其他学科所不能代替的自足性，从而凭借这种自足性能更有力、更独特地参与到整个社会政治、经济、文化、技术的现代化日程中？

在维特鲁威的三要素中，"坚固"（firmitas）和"适用"（uticitas）长期以来成为建筑师不可缩减的设计原则，而"美观"（venustas）则似乎被理解为建立在前两者原则基础上的一个不确定的价值判断。

近似于此，中国建筑界长期坚持"适用、经济、在可能的条件下注意美观"的方针，"美观"在其中多被理解为受意识形态影响的"文化象征主义"的附加表现，因而成为一种仅"在可能的条件下注意"的建筑状况。

做到"坚固"、"适用"和"经济"似乎已经成为不言自明的存在，而好像可以独立于历史文化的不确定性。今天西方正统建构理论总体仍在遵循这样的途径。不难理解，今天很多中国建筑师和理论家也同样渴望将建筑学通过缩减和还原的工作，清除意识形态的重负和审美意识的不确定性，从而获得一种"本质性"的内核，或者说将建筑学放置在一个看似坚实的基础上，以获得这个学科初步的自足性。

在《向工业建筑学习》一文中，张永和与张路峰表达了这样一种文化策略：

> 在中国，工业建筑没有受到过多审美及意识形态的干扰，也许比民用建筑更接近建筑的本质。

> ……清除了意义的干扰，建筑就是建筑本身，是自主的存在，不是表意的工具或说明他者的第二性存在。

> 如果能确认房屋是建筑的基础，便可以建立一个建筑学：

> 自下而上：房屋 > 建筑

一个建筑范畴之内生成的建筑学……

相对于另一个建立在思想上的建筑学

自上而下：理论＞建筑[3]

但是我认为实际的文化状况要远比线性的概念推导复杂得多。即使公认"房屋是建筑的基础"，那么什么是"房屋的基础"呢？是"思想"还是"建造"？进一步追问我们便会面临一个"鸡生蛋、蛋生鸡"的问题：是"建造"的行为发展了关于"建造"的"思想"，还是关于"建造"的"思想"促成了"建造"的行为？

我们对于现实的感知与我们所采用的理解现实的概念模型之间的因果互动关系，显然是一个愈久弥新的哲学命题。在这里避开繁复缜密的哲学争论，一些简单的语源学分析相信会有助于理解"建筑"基本含义中的概念/实在之间的复杂性。英文"建筑学"（architecture）起源于两个希腊词根：archè 和 technè。其中 archè（基础的、首要的、原初的）指代建筑学所秉承的某些根本性和指导性的"原则"——不管这些原则是宗教性的、伦理性的、技术性的，还是审美性的；[4]而 technè（技术、方法、工艺等）所指代的是建筑要实现 archè 中的原则所采用的物质手段。或者换句话说，在建筑学中，一切客观、具体的建筑手段、条件或状况（technè），实际上都为某种概念性的、抽象的"原则"（archè）所控制和体现。同样，"建构"tectonic 一词也不能被缩减为纯客观的建筑实在，其古希腊词根 tekton 同时拥有着"技术工艺"与"诗性实践"的双重含义。[5]

从古至今，匠师、建筑师对建筑空间、材料、结构与建造的理解和运用从来都不会达到一种纯客观的状态，而对所有这些建筑现象的理论阐释则更会被概念/实在的复杂关系所包围。实际上，这种复杂性已经构成当代中国实验建筑学对"建构学"进行缩减和还原工作所遇到的首要的理论性难题。例如：在《向工业建筑学习》中，张永和与张路峰将"自下而上的建筑"称为"基本建筑"，并总结了"基本建筑"所包括的三个基本关系："房屋与基地、人与空间、建造与形式"；近似于此，在《基本建筑》一文中，张雷将"空间、建造、环境"定义为"基本建筑"的"问题的核心"。然而在我看来，更"根本"的问题似乎在于：所有这些"基本"、"核心"的问题实际上在今天都无法被还原到一个纯粹、客观、坚实、自明的基础上。"房屋、基地、人、空间、建造、形式、环境"等概念，无一不被历史、文化、审美、意识形态等各种话语的"意义"所深深浸染。（比如"基地"一词，既指代作为"客观物质存在"的"建筑物所处的基地"，又同时渗透着特定时代、特定文化中建筑师对基地的"基地性"的理解。）实际上，对每一个"基本"问题的探讨，未必会把我们真正引向建筑学的基础，倒很有可能使我们永久地悬浮在无尽的文化阐释、再阐释的半空中，因为那些"基本问题"很可能是贯穿所有文化层面的无所不包的"所有问题"，而它们之所以看似"基本"，可能恰恰是归因于某种特定文化阐释所制造出来的语言幻象。

本文的宗旨之一便是通过分析证明，那种被认为排除了意义干扰的"纯建筑学"提案实际上是建立在对某一种特定意义系统的预设基础上的，而更为重要的是这些预设的价值体系在今天的文化状况中已不再是自足的，它们不应该逃避理论思辨的严格审查。如果不深入地讨论这些预设价值的意义和局限，以及它们在建构实验者的思考和实践中所展露出中的复杂性和矛盾性，我们很难想象一个建立在虚设价值平台、完全回避思想检验的"建构学"能够有效地支撑当代中国建筑师的实践多久。

"建构学"不是"建筑物"实在本身，甚至也不单是一门关于"建筑物"的学科。被称为"建造诗学"的"建构学"还是一种知识状况，一种关于建造的话语。在当代中国足够多的令人信服的"建构"的作品尚未出现之前，建筑师已经开始通过写作、集会和探索教育改革积极创建了大量的关于"建构"的知识分子话语。这从一开始便界定了中国当代的建构文化并不是走向土著部落的纯自发性的"没有建筑师的建构文化"，也不是单纯以实际建构行为和建成的作品展开的客观事件，而更多地从建构观念、建构话语或者说是对建构意义的学术谈论开始的"知识行为"。

如果进一步分析今天中国实验性建筑师所秉承的建构观念和少数实现的作品，我们同样会发现"建构"远不是处在一种超然客观和"基本"的状态。当代中国实验性建筑实践，与其说主要是从建筑师个人的建筑理念出发，结合当代中国特定的技术、文化语境"自下而上"地展开的设计探索，不如说是更多地通过横向移植西方历史中的建筑观念，来表达一种对中国当代商业文化的反抗。具体而言，当代中国实验性建筑横向引进并坚持的有限的几个设计原则，"基本"上是现代主义的形式语言、空间意识和建构观念的沿袭。而这些教义何尝不被特定的意识形态、文化意义所深深浸透，在此笔者仅针对此三个"基本"系统各举一个相关例子说明。

2.1 形式语言——几何学

首先，建筑的形式系统所依赖的几何学一直被建筑师认为是一种客观确定的科学而排除了审美及意识形态的干扰，但这种认识在科学界、哲学界经过20世纪的广泛讨论已得到了彻底纠正。大多职业数学家都同意对某个数学概念的价值判断不存在一个绝对客观的"真理"标准，实际上也包含了相当的"审美"的判断，并且"直觉"对数学家的研究及其对数学的理解也起着相当关键的作用。[6]一些数学家甚至提议几何学应被归类在人文学或艺术领域中，因为它主要受审美意识指导。[7]建筑史家罗宾·埃文斯则更直截了当地说，建筑学是由另一门视觉艺术——几何学所派生出来的艺术。[8]

其次，不同的几何学观念显然会导致人们对形式的不同理解。一直主导近现代建筑师理解和设计建筑空间形式的投影几何学是以欧几里得几何学和笛卡儿坐标体系为基础的，而当代许多工业设计和动画制作领域的形式探索则建立在微积分和拓扑几何学的基础上。在稍后的分析中，我们会看到欧几里得的平面几何学与柏拉图的超验形式观念不无偶然地结合起来，成为长期以来建筑师理解和操作建筑形式的主导性概念框架。具有讽刺意味的是，该概念框架曾被各历史时期中极不相同的意识形态所共同利用，各不相同的文化观念和审美意识都积淀其中。从启蒙运动的理性主义、各种极权政治的新古典主义到现代主义的纯粹主义、立体主义直到今天，建筑师们都广泛认为欧几里得/柏拉图几何体表现了"理想空间"的"本质性"的秩序——尽管在数学领域中，自17、18世纪现代数学开始萌生并迅猛发展到今天，欧几里得几何学早已成为完全封闭、停滞不前的知识体系，而欧几里得/柏拉图的理想主义形式观念早已被众多其他的现代形式观念所突破。因而，与其说今天仍在建筑学中通行的古老的几何学形式体系和观念是一种

"自下而上"的探索自然界和空间艺术的经验总结，倒不如说它是一种久已定型、代代相因的文化习性和审美定式，经由社会各种途径"自上而下"地主宰着建筑师们对建筑形式的理解和创作。

2.2 空间意识——坐标体系

同欧几里得/柏拉图的理想主义形式观相平行，笛卡儿的空间坐标体系形成了近现代建筑空间观念的认知基础：将动态环境中的物体缩减为不受外界因素影响的中性、均质、抽象的元素，将物体的运动（时间矢量）排除在空间量度以外，将地面抽象为一个绝对的水平面，将物体所受的重力理解为一种绝对垂直向下的"死"荷载，将其实际所承受的非线性的受力和不均匀变形因素都排除在均质、固定的坐标体系之外。这样一种极度简化的、静态的空间模型在物理学中自17、18世纪莱布尼兹和牛顿各自发明了微积分，以及前者发明了矢量概念、后者发现了万有引力定律之后便不断被众多新型空间模型所代替（其中爱因斯坦的相对论从根本上推翻了经典的时间—空间均质恒定的模型）。如果将今天仍主宰着建筑师的空间意识的笛卡儿坐标体系与其他众多不同的空间认知体系并置在一起便很清楚：现代建筑所秉承的空间观念绝不是排除了"审美"、"意识形态"和"意义"干扰的关于空间的"本质性"认识，而仅是众多各自受其特定文化观念影响、制约的概念模型中的一种，并且是一种在当代更广泛的科学、文化、技术语境中已显得相当陈腐的概念模型。

2.3 建构观念——视觉美学

"对建筑结构的忠实体现和对建造逻辑的清晰表达"似乎是当代中国建构学的毫无二致的审美原则，然而通过后面的分析我们会发现：当很多建筑师仍受困于传统建构美学的预设价值体系中时，今天的建造文化却已经自下而上地呈现出各种异质性。在当代建造技术和建材工业的发展已摆脱传统工艺单一、整合的文化传统而日益走向文化价值片断化的语境中，"忠实"和"清晰"这些价值判断本身都已变得语义暧昧不清了。

事实上，类似的分析可以被运用到任何关于建筑学的"基本"的命题上。总之，当代中国建筑师对"建构学"的还远没有达到一种真正的现象学的还原深度——如果那样也许反而会推动建筑师们立足于今天更广泛的文化、语境，既对我们的建筑传统，也对同样已成为经典的现代主义建筑学所赖以存在的知识体系进行深刻的反思和质疑，并系统性地更新建筑学的价值系统。显然，很少有建筑师关心真正的革命，中国实验建筑师在还原到某个中间层次的价值信条和知识状况中得到了满足。面临商业主义主宰的文化状况，当代中国实验建筑师所采纳的实际策略是：假定现代主义建筑的价值信条和知识状况对中国建筑学已经足够有用，然后设它为"默认值"，在"默认"好的概念框架中，利用有限的技术手段、自我约束的形式语言和空间观念来集中力量，在中国构筑一种一方面似乎很"基本"、但另一方面又可以说是极其抽象或主观的建筑文化。

然而在我看来，在建构被作为一种反抗商业文化霸权的策略时，中国建筑师的一些建构实验的真正意义，恰恰不是体现在如何完美地遵守那些价值的"默认值"上，而是体现在建筑师的实践所迸发出的活力与其所默认的建构话语体系之间的深刻矛盾中——一种行动与行动原则之间的不协调性中。因为即使是在被极其缩减处理的"建构"的概念框架内部仍会溢出各种不可预测的界面，如自然、历史和个人想象力等，从而为建筑师的实践赋予一定的活力。而对这些矛盾性和不协调性的详细分析则可能得出两种截然不同的结论：一种结论是回归性的，它最终会证明所有的矛盾性和不协调性恰恰体现了发展中的建构学的强大的包容性和必要性，而矛盾性和不协调性也正是建构学的广泛许诺的一部分；另一种结论是颠覆性的，它最终会揭示出建筑师目前所采纳的建构观念实际上是一套死掉的价值系统，它完全建立在与当代文化状况无关的一套虚设的概念基础上，它无法帮助建筑师进行有效的思考和实践，反而成为建筑创作的观念桎梏，那么随之而来的疑问便是为什么仍要坚持它？

3 "建构"的分离

今天，在中国的文化现实中，如果要谈论"建构学"所追求的本真性和整合性，我们首先必须面对它内在的分离和缺失。

3.1 "建构"本体论与表现论的分离

正统建构学反对装饰的中心论点是建筑的"建造"赋予建筑学以自足性，使之与绘画或舞台布景等图像艺术有根本的不同。建构是"本体性的"（ontological），而绘画或舞台布景则是"表现性的"（或译作"再现性的"）（representational）。[9] 然而建构文化远不是取消装饰那么简单，针对中国的特定文化状况，我们必须追问的是：建构价值体系本身是否也存在着本体论与表现论的分离？

换句话说，"建筑本身是建构的"与"建筑表达了建构的意义"和"建筑看起来是建构的"之间是一致的吗？

事实证明：建构行为、建构表现以及对建构意义的阐释话语之间的关系很少是平衡的。如果对这个问题没有批判性意识，完全将"建构"的许诺下注在一种不自觉的实践状态中，对建构的追求完全可能滑向它的反面。

3.1.1 建筑师对建构意义的过度表现和过度阐释常远远压倒对建构实际作用的探求

"建构"的土坯砖

据我所知，中国现代建筑史中最激进的一次"建构"实验——并在该实验中直接暴露出"建构"文化本体论与表现论的分离问题的——是 20 世纪 60 年代的"干打垒"运动：

> "干打垒"是中国东北地区农村的一种用土夯打而成的简易住宅。1960 年大庆油田建设的初期，油田职工缺乏住房，他们学习当地农民用"干打垒"的方法建房，使几万职工在草原上立足……1964 年，油田的建筑设计人员，把民间"干打垒"的方法加以改进，并利用当地材料油渣、苇草以及黄土等，做成一种新的"干打垒"建筑。当时正值经济困难时期，采取这些措施，不失为合理而令人感动的事迹。[10]

然而，在随后的"'干打垒'精神的演绎"中，我们看到，"干打垒"作为一种特定的"基本"建构手段，其外在表现性的意义（政治意义）被无限扩大，成为一种

"无所不包的革命精神"——一种"革命"年代的"高尚"的伦理学、奢侈的"节约风格"和"酷"的美学时尚：

> 会议（1959年上海"住宅标准及建筑艺术座谈会"）认为，大庆"干打垒"精神，就是继承和发扬延安的革命传统……
>
> 会议之后，各地在贯彻"干打垒"精神方面，作出了一些努力，如在第二汽车厂的建设中，现场命令一定采用"干打垒"；有红砖的地方也不许用，竟在锻锤轰击的锻造车间采用"干打垒"，以致在投产后不得不重新再建。四川资阳431厂采用的机制土坯砖，由于不能粘合而加入多种有粘结性能的材料，其造价超过了当地红砖将近一倍。当时的激进言论曾经要求北京也应该搞"干打垒"。由于思想的偏差，实际上成了推行土坯和简易材料的运动。"干打垒"精神难以贯彻，"干打垒"是在"抓革命"的混乱中力图"促生产"的努力。[11]

在今天的文化语境中，这仍不是一个过时的政治笑料，因为在中国建筑界中，对建构话语的广泛讨论和实际建构实验作品的稀少已形成一个巨大反差；这反差实际上说明建筑界对建构意义的追求或诠释的热望远远超前于真正建构活动的展开。而今天的市场政治则随时准备着结合狂热的媒体炒作，将建筑师哪怕一点点粗浅的尝试都无限夸大，泛化为一种"精神"，制造出一种风格运动。

3.1.2 建筑师常不惜采取反建构的手段以使得建筑看起来"建构"

"建构"的黏土砖

笔者仍清晰记得第一次阅读路易·康与黏土砖的"对话"所感受到的精神震撼。砖砌体作为传统的承重构件所体现出的坚实厚重感、砖中凝结的黏土所提示的建筑材料与土地的血亲关系、砖的模数与砌砖匠手掌尺度的亲和、砖在被逐块砌筑时所体现的建筑建造过程的仪式化等，所有这些技术—伦理—心理学—美学上的特质都使黏土砖闪烁一种先验的"建构"的魅力，一种古典意义上建构文化的本真性和整合性：它既是真实地起建构作用的，又是真实地表现建构的，并且的确拥有丰富的表现力。

然而事实是：近20年来，尽管在中国仍有少量真正利用砖承重的建筑项目，但令建筑师沮丧的是建筑工业绝少提供真正具有"建构表现力"的黏土砖——粗陋的工艺只能制造出视觉上不堪入目的黏土砖，即使其结构强度不成问题。由此，即使在黏土砖起实际承重作用的项目中，建筑的内、外墙面也不得不长期被瓷砖、陶瓷锦砖或粉刷层覆盖。在另一方面，绝大多数建筑实际采用的是混凝土框架结构（或少部分为钢框架），黏土砖即使被运用也仅起非承重性的填充墙的作用。在这种情况下，黏土砖的建构学的"本体"中心实际上已被彻底抽空：无论是从结构合理性、物理性能还是从保护黏土资源的生态学意义上，很多新型填充墙砌块都要比黏土砖优越得多。（这实际上也是为什么不久前中国官方通过行政指令全面禁止生产和使用黏土砖的原因。）

然而，在黏土砖的建构学的"本体"中心已被彻底抽空后，黏土砖的建构的"表现性"仍控制着某些建筑师的想象力：瓷砖、陶瓷锦砖或粉刷层的视觉上的"浅薄感"实际上在某种程度上"忠实"和"清晰"地揭示了其自身所起的面层装饰性的功能。然而这并没有推动很多建筑师开放思想，积极地探索面层建造的更多的潜力和反传统的建构表现力，而是刺激着某些建筑师转而追求一些表皮质感无限接近黏土砖，因而"看起来"似乎更接近传统"黏土砖建构"效果的面砖装饰材料。按照这个逻辑推下去便是：越虚假的装饰材料越像承重黏土砖，越不像装饰材料的装饰材料反而越"忠实"表达了"建构"文化，因而越受建筑师的青睐。这个悖谬的推导实际上支撑着相当一批建筑师的创作，使他们仅仅满足于通过模拟黏土砖表面的现象学特征，在视觉表象上渲染出一种对传统建构文化的"表现性"的氛围，而实际上既根本背离了黏土砖的"本体性"建构文化，也压制了对更具当代性建构文化潜力的探索。

19世纪德国学者散普尔（Gottfried Semper）曾将建筑建造体系区分为两大类：①框架的建构学，不同长度的构件接合起来围绕出空间域；②受压体量的固体砌筑术：通过对承重构件单元重复砌筑而形成体量和空间。第一种，最常见的材料为木头和类似质感的竹子、藤条、编篮技艺等；第二种，最常用的是砖，或者近似的受压材料如石头、夯土以及后来的混凝土等。在建构的表现上，前者倾向于向空中延展和体量的非物质化，而后者则倾向于地面，将自身厚重的体量深深地埋入大地。

如果以散普尔的观点来看待今天"黏土砖/面砖"问题，我们会发现一些当代建构文化中根本性的价值分离：一方面，轻盈、空透的框架充当真正的结构体系，而另一方面框架填充墙体系却依然因循着古典"固体砌筑术"的传统美学——即使建筑师用的是轻型砌块外饰轻薄面砖，也要尽一切可能使建筑外墙"显得"稳定、厚重，看起来如同古典承重墙一样。

在迅速消失的传统建构技艺、产品和文化价值日趋片断化的建材工业之间，建筑师究竟是以一种批判性的态度深入建构文化的分离中，展开更为主动的探索，还是不惜压制所有的文化冲突，以一种折中的态度，向传统的美学作表面化的回归？从这种牵涉到建构学不同文化策略的意义来看，"黏土砖/面砖"问题不仅仅是一个纯美学趣味和风格的问题。

事实上今天的中国建构文化基本处在一种真空状态，优良的传统建造技艺消失殆尽，高质量的现代建筑工业标准尚未定型，中国建筑师根本没有预设的"建构"的原则可以遵循。在这样一种语境中，路易·康关于黏土砖的自问自答可以获得一种反本质主义的全新读法：砖自身根本没有完全超越时代和建筑师主体之外独立的"秩序"或"本质"。在康询问砖想"要什么"之前，康一定清楚如果没有建造者创造性的"意志"的介入，黏土永远不会情愿经受高温焙烧，定型为坚实的砖块，而只会维持其散乱的颗粒形式。实际上，从康的腹语游戏中，我们今天读出的不再是他对砖的"本质"所下的终极结论，而更多的是和今天中国建筑师相类似的困惑，那种在建构本体还原与建构表现冲动之间的困惑和挣扎。

康："你想要什么？"

康心目中的传统建构的砖："我要拱。"

置身建构技术、文化变迁中的康："拱太贵，我可以在洞口上为你加一根混凝土过梁……"

只不过，如果对话发生在今天，会稍有一点变动：

康："你想要什么？"

康心目中的传统建构的砖："我要砖墙。"

置身建构技术、文化变迁中的康："砖墙太贵，我可以用轻型砌块砌墙，再在其表面贴一层面砖……"

"建构"的面砖

张永和的重庆西南生物工程产业化中间试验基地可能是中国当代建筑中唯一主动检视"面砖"的建构性表现的建筑。第一眼看建筑的立面：该建筑像一幢清一色灰砖砌筑的房子（实际上该建筑为一栋多层框架结构，外墙采用了轻型混凝土砌块填充并由装饰性的小混凝土砌块做外贴面）。整个外墙面仍被"固体砌筑术"的美学所控制：墙面上挖出的一系列孔洞反衬出整个墙面的实体感，各层洞口位置的上下精确对位以及底层局部的细密的柱廊使人们在视觉上获得一种"实墙"荷载自上而下连续传递的错觉（实际上按框架结构的构造，外墙的荷载是由各层混凝土梁出挑角钢过梁分段承担的）；外墙与基地地面的周边交接处有一圈类似柱础般的放脚，更会加强观者对整片实墙厚重、稳定地"坐落"在基地上的视觉印象（实际上整片实墙都可以轻易"飞"离地面，因为是非承重墙）。整个外墙都有意地无意给人一种承重墙的视觉感受。唯一的转机是透过"实墙"上的各孔洞，人们会从侧面发

图1 重庆西南生物工程产业化中间试验基地，2001年，张永和/非常建筑工作室

现由混凝土砌块砌筑的"实墙"的厚度仅有约100mm，其余侧墙面便是白色或灰色粉刷层，这直接揭示了小混凝土砌块所起的装饰表皮的作用（图1、图2）。

对仿黏土砖面砖通行的做法是将面砖满铺建筑外表面以使建筑物呈现为一个类似黏土砖砌筑的实体，而这实际上在视觉上掩盖了建筑的逐层拼装的建造程序和面砖所真正起的装饰面层的作用。而张永和的做法是首先利用混凝土装饰砌块砌筑出建筑物的坚实的体量感，然后又在"实墙"的内侧面主动、清晰地揭示出混凝土砌块实际所起的装饰面层作用，从而将今天关于"黏土砖/面砖"的悖谬文化转化为一种略含反讽的面层建构表现游戏。

"建构"的混凝土

当"建构的黏土砖"实际上已在当代建材工业的驱使下完全转化为"建构的面砖"时，西方建材市场中的那一类外表酷似混凝土，但实际上仅起装饰作用的仿混凝土外墙挂板仍暂时尚未传入中国，但"清水混凝土"的建构的本体作用与表现意义已经在中国

实验建筑师手中产生分离。

在刘家琨的鹿野苑石刻博物馆中,"为了使建筑整体像一块'冷峻的巨石',建筑外部整体拟采用清水混凝土。"在他眼中,"在流行给建筑涂脂抹粉的年代,清水混凝土的使用已不仅仅是建筑方法问题,而且是美学取向和精神品质的问题。"[12]

在这里,显然混凝土的建构的表现性成为建筑师的首要追求,而如果要达到传统的"建构"文化境界,则必须有相应的混凝土的本体的建构方式相配合。设想如果有类似安藤忠雄所拥有的经济、工艺条件,刘家琨会毫不犹豫地采用整体现浇混凝土墙的方式,使整栋建筑无论在结构作用上还是在视觉表现上都呈现为一个"独石结构"(monolithic structure),从而达到传统建构文化的本真性和整合性。然而有趣的是,由于特殊的原因,本体性的建构方法再次不得不与建筑师的建构表现意图拉开了距离:"由于清水混凝土这原本成熟的技术,在中国是人们不习惯的新工艺,因此采用了'框架结构、清水混凝土与页岩砖组合墙'这一特殊的混成工艺……"[13]具体做法是钢筋混凝土框架作为结构骨架,页岩砖墙作外部填充墙,然后在整个建筑外表皮再浇灌一个混凝土薄层将混凝土框架和页岩砖填充墙包裹起来。整栋建筑外部呈现为一个没有拼装缝隙的"独石"体量,而实际建造却采用的是内层砌筑、外层浇灌的综合拼装工艺。换句话说,混凝土外皮(除了起部分热工作用)成为一层表现混凝土现象学特征的装饰性外皮,却完全遮盖了在墙身剖面上实际发生的更复杂,或许更具表现力的建构程序(图3、图4)。如果"固体砌筑术"的传统美学和混凝土的传统现象学特征没有在建筑师的意识中起压倒性作用的话,建筑师也许会更主动地探索和揭示这种独特建造工序的不同寻常的表现潜力,然而遗憾的是,在由于当地工艺条件限制而"被迫"挑战了正统的建构观念和程序,使之出现本体和表现意义的分离之后,似乎建筑师又反过来试图掩盖这种分离,再次以一种折中的方式回归到对正统的"建构文

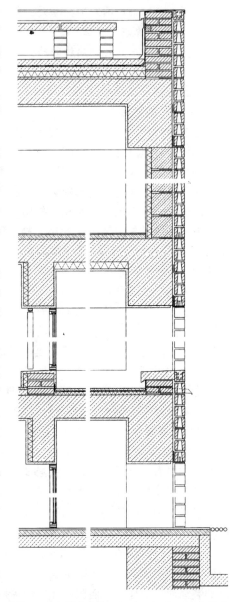

图2 重庆西南生物工程产业化中间试验基地外墙墙身剖面大样图

化"的美学表现上——不管这种回归是否仅是通过一种视觉表象，不管实际上这种表象又是怎样地与建构学的其他固有价值相矛盾。

图3 成都鹿野苑石刻博物馆，2001年，刘家琨

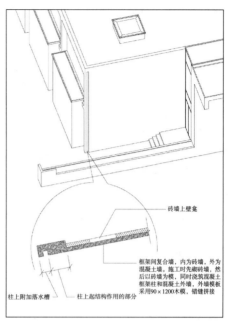

图4 成都鹿野苑石刻博物馆外墙墙身构造示意图

可以说，当代中国倡导"建构"文化的建筑作品大多都在建构本体（建构的实际作用）和建构表现（对建构的视觉表达）两种价值体系间摇摆，却又没有对这种摇摆有一种清醒认识，更未能在各种价值分离之间获得一种批判性的意识。而在另一方面，在这种状况下，即使通行的以本真性和整合性为基础的传统"建构"价值原则——"对建筑结构的'忠实'体现和对建造逻辑的'清晰'表达"——也完全成了一句空话。

深究起来，上述现象也同样暴露出正统建构学话语自身的问题。这个问题可以继续由对混凝土的讨论引出。实际上，恰恰是为实验建筑师所普遍喜爱的、起本体"建构"功能—结构作用的现浇钢筋混凝土，在某个层面上最深刻地暴露建构学价值中本体论与表现论之间的分离问题。19世纪出现的铸铁，先是作为砖石结构的结构补充部分，然后发展成为混凝土内部的加力钢筋，使从前一度可以清晰分类的建构体系变得复杂化。水泥粉、石子及添加剂在水的作用下发生非线性化学反应，共同凝结成主要承受压力的混凝土，彻底掩盖了内部主要承受拉力的捆扎钢筋。最终钢筋混凝土内部实际发生作用的复杂结构机制，在外部形式上仅仅缩减性地呈现为一种整合、均质的材料——在某种尺度上，钢筋混凝土既不会"忠实"地体现结构作用，也不可能"清晰"地表达建造逻辑。

然而，具有讽刺意味的是，不正是这种在某种尺度上的建构学意义的重大"缺陷"，构成了钢筋混凝土在另一种尺度上建构"表现"的"优势"吗？①因为它整合、均质因而显得"具象"——建筑师得以忽略所有内部复杂的建构事实，仅将它表面的某些现象学特征（质感、色彩、硬度等）认定为该材料的"建构"表现力的全部内容；②因为它整合、均质因而又"显得"抽象——有利于建筑师进行现代主义的抽象几何形态操作。

到此，我们可以总结出当代中国实验建筑对建构探索的两个基本观念落脚点：①具象的材料现象学特征；②抽象的几何学形态。而这两个基本观念所推动的，似乎更多的是建筑师对传统建构"文化意义"上的象征性的视觉表现，而较少对当代建构实际作用的本体性的探索。第一种观念相信通过对一些材料的传统现象学特征的表现可以有效地表达出一种传统建构文化氛围。但是通过上述讨论，我们可以看到，在当代建筑材料工业已抽空了传统材料建构的"本体"内涵时，建筑师对传统材料的现象学特征的美学留恋实际上会阻碍建筑师对当代建构的表现力的积极探索。第二种观念则相信某种特定的几何形态先验地被赋予了建构学的价值，比如相信视觉上简单明了的几何秩序便代表着建筑的"本质的"或"基本的"建造逻辑等美学观念。而后一种观念也同样是建立在一整套虚设的文化概念基础上，也同样存在着内在的本体论与表现论的分离。

"建构"的形态

一种特定的建筑形态，不仅要起本体的建构的作用，还要在表现上显得很"建构"（正如维特鲁威要求一栋建筑不仅要在结构上很"坚固"，还要在形式上"看起来""显得"很"坚固"）。而究竟怎样的建筑形态才算"显得"很"建构"呢，这显然不仅与建筑物实际的建构作用有关——因为如前所述，在某些状况下，一些材料或结构（如前述钢筋混凝土）的内部复杂建构机制根本就是"非表现性的"，而在另一些场合，同样的建构原理又可以被赋予多种不同的建构表现形式（如同一个框架结构中柱子的断面形式可以是多种多样的）——事实上，建筑师对建筑形态"建构"与否的判断，当然还与建筑师针对一项具体设计的概念有关，也与建筑师对建筑形式的审美意识密不可分。针对一项具体设计，建筑师的概念可能会各不相同，但建筑师的形式审美意识却经常是集体性的，因为后者实际上是建立在一整套带普遍性的文化观念基础上的。

现代建筑中很多被当代建筑师想当然认为是"建构"的形态，实际上是与本体建构原理相矛盾的。如在柏林国家画廊的顶棚中，密斯采用了钢合金成分各不相同、但尺寸完全一致的钢梁，来一方面"本体性"地解决屋面因大跨度及双向悬挑而产生的不均匀的挠曲变形问题，而一方面却在视觉表象上"表现"出一种均质的结构美学和标准化生产、拼装的建造工艺的"假象"；再如安藤忠雄的六甲住宅二期工程中，所有梁、柱均采用了相同的断面尺寸520mm×520mm。如果说在其他一些小型项目中，安藤尚可采用混凝土梁、柱、墙断面尺寸完全相同的做法以达到建筑内外空间、形式的均质化效果，那么针对六甲住宅二期这样的规模，其框架中如此大量的混凝土墙体（实际上是不承重的混凝土填充墙）显然无论从结构还是经济的合理性上都不可能完全采用520mm的厚度以同时平梁柱的内外表皮。安藤的实际做法是利用屋面降板和正立面窗间墙退后的方式在建筑屋顶和正立面暴露出均质的混凝土框架，而在建筑的侧立面和背立面则将大量250mm厚的混凝土外墙体平梁、柱外皮，以使建筑侧面和背后获得一种梁、柱、墙均质合一的视觉效果。总之，类似这样的形态操作，与其说是出于对建构实际作用的"本体性"的真实展现，不如说更多的是基于建筑师对某个概念性的抽象几何形态的追求。[14]

问题在于，某些现代主义的形式观念，仅仅是某一特定时期的文化产物，绝不应成为永恒、终级的审美原则。从理论上讲，今天中国建筑师对建构文化的构筑，不仅应包括立足于现代主义观念体系内的对建构行为和建构表现的探讨，还应包括凭借一些更富当代性的文化观念和技术手段来探讨新型建构机制和美学表现的突破现代主义体系的尝试。然而如前所述，中国当代实验建筑师实际上仅仅采纳了前一种文化策略。在当代中国实验建筑学话语中，多是对现代主义形式语言的毫无保留的拥抱，而极少对其背后隐含的文化价值的深入的认识和批判性的分析。作为建构文化的初创阶段，这样一种自我限定的文化策略也许是必要的，然而随之而来的问题在于：在一些建筑师那里，现代主义的某些抽象形式构成技法，既不是被理解为某一特定时期的文化产物，也不是被当做某种特定的（有局限性的）设计策略和工具，而是在文化意义上被无限地泛化和升华，成为空间和建构文化体系中先验性的、终级的价值信条和极具排他性的审美教条，这实际上已构成了中国建筑师展开真正建构探索的巨大观念障碍。

比如，今天中国建筑界关于建构的话语还未充分展开便已经被一整套虚设的形式审美的陈词滥调笼罩了：除了前述的黏土砖、混凝土等几种材料组成了在中国探讨建构表现的不可或缺的材料库外，均质的坐标网格与方形的梁柱框架经常被直接与"理性主义建构"划为等号；纯粹几何形，尤其是直线和方形会被众多建筑师直接心理投射为："理性"、"清晰"、"纯粹"、"建构"等价值判断；一个正方形在均质的平面坐标网格中略为偏转一个角度便能获得"动态感"；一些稍稍复杂一点的形状，比如几个不同的纯粹几何形的组合或一道连续的曲线，往往被看做是"非理性"的表达；再复杂一些的几何形，即使仍是由同样的几何语言——几何概念构筑而成，却很容易被称为表现主义，甚至被贬为"非建构"或"形式主义"……

这些对建筑形式的先验性的审美判断对建筑师的意识渗透和控制得如此之深，几乎已成为建筑师的职业本能。但实际上，它们根本不是对建构文化的主动探索的结果，而是一整套建立在陈旧文化观念基础上的预设的价值前提。为什么如此众多的建筑师会不假思索、毫无保留地接受这些先验的价值判断，并将其内化为一种顽固的、独断的、具有强烈排他性的审美趣味，似乎有些不可思议，而实际上支撑这些审美判断的文化观念的形成确实是源远流长、错综复杂的。概括说来，这些审美判断是由某些理想主义、本质主义的形式观念折射而成。而追根究底，西方的理想主义、本质主义的形式观念的思想源泉之一是两种西方古典知识体系的混合产物：欧几里得几何学和柏拉图形式论。当古希腊诡辩论者说形式的"美"只能由强权者的政治权力和需要来界定，柏拉图则认为欧几里得的几何学中体现的基本形式美是超验的，独立于世俗世界、人的头脑、经验和语言之外。欧几里得的几何学与柏拉图的理想主义结合起来（其后又与笛卡儿空间坐标体系结合起来）的形式观念认为，纯粹的几何形状或形体（如方形、圆形、立方体、三角锥、圆柱体等）体现着超越尘世的"理想秩序"。然而，极具讽刺意义的是，起初与柏拉图的理想主义紧密相连，成为反抗"审美"政治化的欧几里得的几何学，因其易于运用、易于辨识的特点，在建筑学中尤其是近现代建筑史中，反而成为最易被各种意识形态、政治权力滥用，被用以表现各种不同的"理想空间"的"本质性"和"权威性"的工具，从启蒙运动的理性主义、各种极权政治的新古典主义直到现代主义的纯粹主义、立体主义抽象美学等。上述当代中国建筑师所坚持的形式审美判断，不管其渊源多么复杂难辨，都可以说仍是一种类似的将超验形而上学观念通过纯粹几何学进行世俗表现的"文化象征主义"传统的无意识的延续。

自19世纪早期西方思想界展开对形而上学的批判以来，西方文化、科学、技术中很多领域在突破理想主义、本质主义观念后都获得了长足的进展。在现代几何学中，欧几里得几何学早已不是人类理解形式的主导性知识体系，它即使仍未被废弃，也不过被当做一个特例，正如直线在某些几何模型中被当做曲线的特例一样。而柏拉图形式观中对纯粹几何形体的理想主义文化观念，早已被其他众多现代科学、文化观念所扬弃。例如在拓扑学中，纯粹几何形体和非纯粹几何形体之间是没有本质构造区别的，它们彼此都可通过特定的变形操作互相转换；在形态发生学理论中，我们甚至可以得到与柏拉图形式观完全相对的价值判断：非纯粹几何形态可被理解为由初始的纯粹几何形态在与周边环境因素和事物运动的互动关系中产生变形而成，因此非纯粹几何形态中既包括了初始纯粹几何形态的形式构成信息，也记录了由纯粹几何形态向非纯粹几何形态变形的形态发展过程信息，还同时反映了该形态所处的外界环境因素中的某些信息；而纯粹几何形态则是被假想处在完全封闭、自足的抽象环境中的"惰性"几何构成。它们不具备对外界环境因素和事物运动的敏感性和互动关系，因而能始终维持其均质的形式构成关系，不发生任何变形。因此，纯粹几何形态非但不是体现了"最高空间秩序"的几何形态，反而是空间中信息含量最低、构造秩序层次最低的几何形态特例。更进一步，在近代生物形态学中，生物学家们已经不再将非纯粹几何形态归结为某个先验、抽象、理想化的纯粹几何形态的衍生物，而是直接深入到各种非纯粹几何形态之间对形式之间的转化机制加以考察。例如苏格兰动物学家达西·汤姆森（D'Arch Thompson）将均质、恒定的笛卡儿坐标网改造为一种动态的、可拓扑变形的量度系统，以考察同属一个物种的生命形态在不同的生存环境中，在与不同的环境因素（即文脉）的互动关系中（如物种自身重量、运动速度和环境温度、压力、阻力等之间的关系）所产生的不同的变形。在这里，均质的坐标网仅仅作为一个初始的、相对的、参照性的量度标准，而绝不赋予那个被均质坐标网所覆盖的生命形态以任何超验的、理想的，或比其他"变形"后的生命形态更优越的文化价值，当然，那些关于纯粹几何形态的理想主义文化观念在这样的形式系统中也就变得没有关联、毫无意义。

需要强调的是，这里绝不是说欧几里得几何学和笛卡儿坐标网在当代建筑设计中已经没有运用价值，而是指出那些寄托在欧几里得几何学和笛卡儿坐标体系上的，或者说从这个空间、形式认知体系中升华出来的理想主义形式观念以及一整套相关的理论话语和审美意识在当代文化语境中已经变得陈腐透顶。而也正是从这个意义上来说，张永和与张路峰对"清除意义的干扰"的提议实际上显示出某种程度上的批判性的动机,尽管如前所述,笔者对其还原性的建筑学的提案能否真正成立有所质疑。

总之,当代建筑师关于形式审美的陈词滥调,与其说是体现了他们对人类空间基本建构形式的本质认识,不如说是建筑学相比其他当代人文、科学、技术等学科发展严重滞后的一个突出文化表现。当然,建筑学有其自身学科的自足性,显然也受制于一定的经济、技术条件,但所有这些因素,今天都已根本不再构成建筑师非要坚持其陈旧文化观念的充足理由。笔者并不否认某些建筑师有可能避开对这一问题的探讨,在默认既有的空间、形式认知系统的前提下,在建筑学的其他层面上得以展开某些创造性的工作。然而,当代中国发展中的"建构学",还急需一些关于直接针对形式、空间认知系统的"突破性"的理论分析和建构实验。可以肯定的是,如果中国当代"建构学"的基础完全固守在一整套先验的、虚设的、毫无当代性的文化观念上,其众多的文化承诺将不可能得到兑现。

3.2 "建构"文化的特定性和普遍性的分离

"建构"文化的特定性和普遍性的分离至少表现在两个方面:

(1)上述关于"建构形态"的讨论,实际上涉及了建筑在特定地点的建构技术、材料特点与普遍意义上的建筑空间类型学、建筑形式基础知识体系和关于建筑形式的文化观念之间的分离。

(2)更早前论述关于干打垒、黏土砖/面砖、混凝土的建构之争实际上揭示了"建构"文化的另一个层次的特定性和普遍性的分离:其中特定性是指与地方性相连的异质性的建构文化,如某些地方性的建造技术、工艺和材料运用与空间、形式的组合方式等;普遍性指与全球化经济进程相连的日趋均质性的建构文化,如日趋全球化的建筑产业、标准化的建造技术和材料运用等。本文接下来进一步讨论第2个问题,因为该问题与近年来中国建筑界频繁议论的"全球化"与"本土化"问题密切相关。

回溯历史,建构文化的特定性与普遍性的冲突可以说自18世纪欧洲工业革命始便已经在西方社会展开。它的直接表现是现代建筑工业中两种劳工的分化:手工匠人与技术工人。而在20世纪西方社会,这两种建构文化冲突达到了高峰:现代建筑制造业几乎完全抛弃了手工技艺——砖瓦匠、石匠、泥匠的构造文化而转向工业化的大生产。

对建筑文化在技术社会中日益趋同的抵抗,实际上成为当代西方建构文化研究兴起的主因,也是中国当代实验性建筑实践的深层政治、文化动机。这并不难理解,为什么肯尼斯·弗兰姆普敦在20世纪80年代所提出的"批判性地域主义"(Critical Regionalism)在中国建筑理论界——尽管从来没有被深入研讨过——却仍然产生如此广泛、几乎是毫无保留但又非常肤浅的响应。中国建筑界对弗兰姆普敦的推崇显然更多起因于"地域主义"所暗示的泛文化和政治的意义,而很少源自其对建筑学本体研究的价值。然而仔细分析起来,无论是弗兰姆普敦80年代提出的"批判性地域主义",还是90年代进行的"建构文化"研究,与其说是对某些特定地方性文化复兴的倡议,倒不如说是置身全球化的洪流中,对普遍意义上的建筑学艺术水准的呼唤。这一点可以从经常被他引用作为"批判性地域主义"代表人物马里奥·博塔、安藤忠雄、约恩·伍重以及"建构文化"的代表人物密斯、路易·康等人的作品中看出：与其说他们的建筑探索展示了很多他们各自不同的地域文化特点，倒不如说更抽象地展现出一些含普遍性的建筑艺术质量水准，如对工艺、细部、材料的设计和建造的高质量的追求等作为"抵抗建筑学"（Resistant Architecture）的品质。

然而所有这些"建构文化"的品质是否在21世纪初的今天仍然具有文化相关性，这已经成为一个问题。与20世纪80年代尚存的文化怀旧气氛相比，近十几年来全球化进程的戏剧性的加速发展，使我们更加明晰地看到跨国金融和建筑制造工业的大规模扩张，以及大众通信媒体的均质化力量的扩散已经留下很少的地方"建构"遗产可以恢复。如果说传统的建构美学将本真性和整合性置于文化价值的中心，那么分离和缺失实际上已构成了今天建构文化的基础。

而在另一方面，借助于全球资本主义的长足发展，新兴电子技术、材料科学和生物工程技术正在将人类文化迅速整合并推入到另一个全新的发展范式中。可以预见，伴随着中国大尺度、低造价和高速度的开发运动，以电子技术为统领的新型建材制造、建筑预制和装配技术对传统建构文化的冲击将会以呈指数增长的强度波及中国，从而为中国刚刚展开的对建构基本文化的探讨平添众多复杂性。

所有这些全球化的、全方位的文化、技术的冲击是建立在农耕文明，或工业化初期文明上的建筑工艺传统所根本无力应对的。而在这种紧迫的文化现实中，当代中国的实验性建筑师似乎仍秉持着一种类古典主义的文化理想——即力图在建构文化的普遍性和特定性的文化冲突之间努力调停，幻想在当代的文化语境中，达至现代主义设计文化与中国本土传统文化的高度整合，从而在当代世界建筑发展中获得一种独特的文化身份——其艰难程度是可想而知的。

在现浇混凝土的技术和工艺已经成熟并被普遍推广的条件下，张永和与王澍力图从生态/伦理/美学/建构等多重意义上为几近失传的民间夯土工艺请愿；在张永和的"竹化城市"乌托邦中，单纯的"竹子"承担了地方自然生态/传统工艺/人文情怀等多重文化使命，蔓延在某个正在走向现代化小城的每一个角落，成为该城市的"基础设施"；刘家琨逐渐地、不无痛苦地识破了一个文化现实：他所面对的是一个早已丧失传统精良工艺、又远未进入高标准工业生产的青黄不接的民间施工工业，由此，他所谓的"低技策略"，实际上促使他以一种几乎是孤注一掷的姿态将简易粗陋的民间施工技术进行审美化地升华；王澍反复对"房子"而不是"建筑"、对"业余建筑"而不是"专业建筑"的强调，实际上并不是对学院设计文化的抵触——因为无论从作品还是体制上看，他本身就是其中重要的一员——他的宣言仅仅表达了对一个正在消失的充满特定性的建构传统的眷恋和对正在到来的均质化的建造文明的恐惧……

不管怎样，正如全球化进程的不可逆转，"建构"文化的众多内在分离，已绝不可能再获得古典意义上的救赎和整合。如果说正是建构的众多内在分离，而不是虚设的建构学的教条赋予了中国当代建筑学一定的潜力，那么既不是对均质化建筑文化的毫无批判性的拥抱，也不是对某个封闭的、超验的建构传统的回归，而是深入到当代建构文化的分离中，在各种分离之间探索，获得一种批判性的张力，才会使得一种深具当代性的建筑学的自足性成为可能。

综上所述，中国当代实验建筑学对"建构学"的初步探索，正逢一个新旧时代的转折点。它可能会成为中国建筑师迎接一个新时代建筑学的契机——如果它能将自身的立足点从古典主义和现代主义的价值系统中果断、有力地转移到当代文化的语境中；否则，它将仅能代表一个特定的短暂时期的建筑现象，它会因其内在观念的封闭和外在作品在文化意义上的褊狭、琐碎，而不会对后来的建筑学产生持久的影响。

原文节选刊登于《时代建筑》2002 年第 5 期。

注释：

[1] 在目前中国深入地讨论"建构学"似乎面临着三个巨大难题：①围绕"建构"观念，在当代中国尚没有足够多的令人信服的建筑师的作品可供深入分析和讨论；②西方建筑学界关于"建构文化"的丰富的理论文献还没有被系统地引进；③以"建构"为概念框架，近年来对中国远、近期建筑传统的考察工作成效甚微。在这样一种基础极端薄弱的状况下，就笔者看来，近年来少有的、有深度的关于"建构"的文章包括：张永和．平常建筑．建筑师，1998（10）：27 – 37．张永和，张路峰．向工业建筑学习．世界建筑，2000（7）．王群．解读弗兰姆普敦的《建构文化研究》系列之一、二．A + D 建筑与设计，2001（1）．王群．空间、构造、表皮与极少主义．建筑师，1998（10）．刘家琨．叙事话语与低技策略．建筑师，1997（10）：46 – 50．

[2] 参见：邹德侬．中国现代建筑史．天津：天津科学技术出版社，2001：205 – 208，296 – 299．

[3] 张永和，张路峰．向工业建筑学习．世界建筑，2000（7）：22．

[4] 在"向工业建筑学习"一文中，张永和与张路峰将英语 architect 中的 archi 解释为"主、大"，将建筑师 architect 单纯解释为"领头工匠"或"主持技工"，有意无意地忽视了 archi 中所指代的抽象的"指导原则"的含义。

[5] 对"tectonic"的更详尽的语源学分析，请参见：王群．解读弗兰姆普敦的《建构文化研究》系列之一．A + D 建筑与设计，2001（1）．

[6] Hadamard J. The Psychology of Invention in the Mathematical Field. Princeton：Princeton University Press，1949．

[7] Hardy G H. A Mathematician's Apology. Cambridge：Cambridge University Press，1967．

[8] Evans R. The Projective Cast：Architecture and Its Three Geometries. Cambridge：The MIT Press，1995．

[9] 参见：Frampton K. Rappel a L'ordre：the Case for the Tectonic. Architectural Design，1990，3 – 4（60）：19 – 25．

[10] 邹德侬．中国现代建筑史．天津：天津科学技术出版社，2001：296 – 297．

[11] 同上：297 – 299．

［12］刘家琨. 鹿野苑石刻博物馆. 世界建筑，2001（10）：91-92.

［13］同上。

［14］张永和曾经注意到安藤建筑中形态逻辑与结构逻辑的矛盾性，如相同截面的混凝土梁柱，甚至墙厚度与柱子宽度一致等反结构原理的现象。由此，张永和借用"形态学"来协调这种表现的矛盾："安藤的形态思考是在相对抽象的点、线、面关系的层面上，与他追求的空间质量有直接的关系。形态与结构的关系是复杂的，或者说形态的思维方式恰恰在于平衡建筑与结构，也在于衔接建筑与材料。形态学是建筑概念与物质世界的一个桥梁。"参见：张永和. 平常建筑. 建筑师，1998（10）：27-37.

权宜建筑：青年建筑师与中国策略
'Make-the-Most-of-It' Architecture: Young Architects and Chinese Tactics

李翔宁

Li Xiangning

文章试图在杨永生先生关于四代建筑师划分的基础上分出第五代青年建筑师，分析他们所受的影响，以及应对当代中国特定问题时的独特策略，并将这种中国特殊条件下发展出的"权宜建筑"的策略看做中国创造性地接受并改造西方建筑模式而发展出的具有当代中国特征的建筑文化。

1 青年建筑师与中国建筑师的分代问题

20世纪90年代下半叶以来，中国当代建筑逐渐步文学、诗歌、当代艺术和电影之后，进入了世界舞台的聚光灯下，如果说2001年在德国柏林举办的"土木"展，是当代中国建筑在世界舞台上的第一次集体亮相，那么随后的众多国际大展，比如威尼斯双年展和蓬皮杜艺术中心举办的中国艺术展，都将中国的建筑作为了关注的重点之一。或许我们可以按照一种艺术门类实现的难度将中国文化的门类走向世界的顺序作一个排列，那么建筑理所当然地排在了最后。这似乎是合乎逻辑的，思想意识和世界的接轨可以先于相对滞后的经济、技术的接轨。建筑的实现，和电影一样依赖于投资方的支持，然而建筑受到甲方的制约远远大于电影。同时，技术和材料也是另一重无法摆脱的制约。

对于电影，我们已经非常普遍地接受了关于导演的分代问题。作为中国电影冲破坚冰走向世界的领军人物张艺谋，是第五代导演的代表，而娄烨、贾樟柯、陆川，甚至一些更年轻的导演，被认为是第六、第七代导演。如果我们试图平行地对电影和建筑作这样的类比阅读，那么建筑是否也有着建筑师的分代问题呢？或许这也是试图对不同风格和采用不同策略的当代中国建筑师进行定义和划分的一种角度，尽管任何简单化的定义和划分都可能对中国当代建筑日益复杂和多元化的状态的正确把握产生危害。其实启蒙运动以来对事物进行的这种分类和界定，可以帮助我们产生一种能够正确认识和把握复杂现实的错觉。这种方法本身非常危险，它也正是长期以来建筑师和评论家、历史学家之间争执不休的焦点所在。是的，对建筑师简单地按年龄或者风格进行准确地划分，尤其当面对的是纷繁复杂的当代中国建筑的现状，几乎是一种不可能的使命。可是我们的确能够隐隐约约地感受到当代中国建筑的不同时期所关注的主题和热衷的策略所发生的转变。

2002 年中国建筑工业出版社出版了杨永生先生的《中国四代建筑师》，书中杨先生将中国建筑师分为四代：第一代是清末到辛亥革命（1911 年）间出生的，多留学国外学习建筑；第二代是 1910 年代到 1920 年代出生，解放前大学毕业；第三代是 1930 年代到 1940 年代出生，解放后大学毕业；第四代出生于解放以后，在改革开放的年代接受的大学教育。如果我们遵照这个思路，那么今天我们是否应该在这个基础上分出第五代、第六代建筑师呢？

20 世纪中国的历史，经历了不同社会的剧烈变革，这或许有助于帮助我们进行代的划分。我们注意到杨永生先生的划分从表面看来，是按照常用的年代划分的标准，即 20 年左右为一代人，可是从更深的层面上还是按照重要的历史时期，清末、民国、解放、"文革"……只不过这些重大的历史变革和 20 年一代的划代标准有着某种巧合的基本对应，从而成为了分代的重要参照。今天我们似乎只能从风格和设计中所关注问题的更细微的差异来努力进行区分的工作。

现在我想做的事是划定当代中国年轻建筑师的范畴，并通过他们的实践和思想分析他们受到西方现代主义以来的建筑实践和理论思潮的影响，同时检视他们所受到的中国前辈建筑师和建筑传统的影响。当然这是一项困难而又危险的工作，因为通常的理解（西方许多介绍青年建筑师作品的书籍常常如此界定）是将 40 岁作为处于起步和发展阶段的青年建筑师与前辈建筑师的分水岭，然而中国建筑界的现状是最近十年来才出现的建筑量和逐渐出现的尊重建筑师的相对自由开放的建筑氛围，使得年纪更大的建筑师们也正处于建筑创作和探索的高峰期。因此我尝试着按照关注的建筑问题的转移来进行划分，这条界限其实是模糊和非封闭的。

2 关注点的差异与转变

在杨永生先生的《中国四代建筑师》书中，第四代建筑师中包括了今天在中国建筑界广受关注的张永和、崔恺、刘家琨等人，当然还有王澍，他们自 1990 年代初以来的实践，应该说深刻地影响了今天众多 30 多岁的青年建筑师，影响了他们对于建筑、对于建筑师道路的认识。我想这应该是分析今天更年轻的建筑师作品时没法回避的现实。

虽然这或许不是这批建筑师的初衷，但今天的文化界、艺术界和中国的媒体如此关注当代建筑的问题，却和他们获得了"明星"建筑师的光环不无关系。从客观的角度来看，这对于提升大众对于建筑的关注和理解，提高建筑师的地位和获得更大的创作自由度，的确起到了很大的作用。

尤其在国际舞台上代表了当代中国建筑师的领军人物——张永和，他对于中国当代建筑走向国际舞台所起的作用很容易让人联想起张艺谋对于中国电影所起的作用。张永和的作品，从早年参加日本《新建筑》的概念竞赛，到回国后的许多建成作品，始终是青年建筑师和建筑院校的师生们关注的对象。尽管对于他的作品有不尽相同的看法，甚至有一些争议，然而他作为最早出现的非设计院体制的、有着独立思想的建筑师的实例，对于青年建筑师所起的作用是不可估量的。这是一个鲜活的样板，鼓舞着青年建筑师，在中国不尽如人意的创作环境下，坚持一种有思想性的建筑探索，也可以获得成功并通过这样的成功改造我们的环境，改变大众对于建筑、对于建筑师的认识。随后作为一个频频在中国当代建筑舞台上亮相并常常被相提并论的建筑师团体，张永和、王澍、刘家琨这些建筑师的作品、人生态度、探讨建筑问题的话语，甚至写作的行文，都可以在今天30多岁崭露头角的更年轻的建筑师（暂且称为第五代建筑师）身上找到影子。

可是如果我们比较一下上述几位建筑师的建筑实践，我们可以发现一个比较明显的共性：即对于什么是中国建筑，什么是中国当代建筑的界定。或者说是在追寻一种建筑的"中国性"。如果说张艺谋最早在国际获奖的电影如《红高粱》、《大红灯笼高高挂》等所展现的是极富中国传统文化特征的元素，那么张永和、王澍他们这些最早在国际上展览自己的建筑作品的建筑师，有意无意地在作品中表达着和西方建筑相异的特征：这一方面出于对于中国建筑界流行的抄袭拼凑西方建筑形式和语汇的一种抵抗；另一方面也是树立中国当代建筑在国际舞台上鲜明形象和旗帜的使命感使然。

同样，我想西方的媒体和策展人习惯于简单地从中国建筑与西方建筑的不同样式出发，或者说是挖掘中国固有的建筑文化传统在当代建筑上的体现，同时这种立场也被理解为是和中国快速建造的大批量的建筑策略的抵抗。也许正如"土木"展的策展人在展览前言中所说，"土木是传统中国建筑的语汇，因为土和木是古代中国最早的，也是唯一的建筑材料。这都是很久以前了。自从1950年代这个国家按照苏联的模式使建筑师集合化，建造工业化以来，中国建筑已经逐渐失去了和文脉、和传统建造方式、和当地可获得的土和木的材料的关系。……中国最早的一批私人建筑事务所1990年代末出现。当然大部分建筑项目仍然由大型国有设计院完成，有些甚至有几百位建筑师和工程师。但年轻的独立的设计事务所仍然有足够的空间发展出不同的立场。""土木"这个简单化的、代表中国当代建筑和传统建筑文化联系的、宽泛的概念，被用作了统领展览的主题，而无视其中一些建筑师的出发点和关注点和中国的传统完全没有关系。从张雷的受到瑞士或者德语区文化影响的形式抽象和现代主义原型式的建筑，以及朱竞翔追求理性和纯净的作品中，我们真的很难体会到中国传统的影响。事实上，西方策展人和评论家挑选作品和建筑师的出发角度仍然是他们认同的建筑品位和设计质量，"中国性"或者当代中国问题的特殊性则被他们心目中既定的模糊抽象的"中国模式"所掩盖。

王澍作为40多岁的建筑师中最突出的代表，对中国传统文化的深入理解和强烈的兴趣使他具有了一种传统文人的气质而坚持着用传统文化中的意境作为自己建筑创作的参照。他在解释自己作品时最常举出的例子是倪瓒的山水画。他执著地在建筑中运用青砖、木、瓦、夯土等传统的建筑材料和施工工艺。对传统文化的追求和对于快速变迁的城市生活的抵抗使他获得博士学位后离开了学习的城市——上海而选择了文化氛围更加浓郁的古都杭州。比如他的作品"拆筑间"（图1），隐喻了传统工匠建造的过程并使用了非常传统的材料——青砖。中国美术学院的新校区则将小青瓦的屋面，多层重叠地运用在大尺度的当代建筑中（图2）。同样，张永和的"竹化城市"研究和一系列以竹为主题的设计和装置作品，探讨了竹子作为一种素材，在当代中国运用的可能性（图3）。

图1　王澍的作品：拆筑间

图2　王澍设计的中国美术学院象山校区中的建筑

图3　张永和的作品：竹化城市

图4　张斌设计的同济大学建筑系新系馆

相比而言，"中国性"这一宏大和沉重的命题，对于今天更年轻的建筑师而言，既不是他们的经验和传统文化的修养所能够探讨的，也非他们的兴趣所在。今天30多岁在中国建筑界崭露头角的青年建筑师，许多有着在国外接受建筑教育的背景，比如都市实践、张斌、马岩松、卜冰、陈旭东、祝晓峰、华黎标准营造等，他们更关注的是如何在中国现有的条件下，实现有品质、有趣味的建筑。他们并不太在意自己的思想和形式是"西方"的，还是"中国"的。虽然他们的某个设计的构思中可能会强调中国传统建筑文化的影响，但这只是解决某个具体案例的具体策略，绝不是将对中国建筑和中国文化的界定作为自己的建筑观或者选择的道路。

张斌在同济大学建筑城规学院系馆（图4）设计中，热衷于不同的工业化材质在一座建筑不同的局部尺度上的运用，对他而言，中国建筑的特征并不是一座建筑系馆设计时的出发点。同样，我们看看大舍建筑设计的青浦夏雨幼儿园（图5、图6）的设计构思，这样一个曲径通幽的多重院落应当很容易被套上中国园林的模式加以解释，然而他们的构思却是来自于莫奈的一幅表现果盘中水果的静物画。可见追求建筑本身的趣味，成为了青年建筑师新的关注中心，他们不再执著于中国空间和样式的追求。

如果我们比较一下王澍最近的作品，为在南京举行的国际建筑艺术实践展设计的住宅（图7），和青年建筑师张轲的作品北京武夷小学礼堂（图8），我们可以明显地感觉到同样是波状起伏的屋顶，王澍在认真地探讨屋顶占建筑主导地位的传统模式在今天的运用，而张轲追求的则是起伏屋面的趣味性。

另一个比较具有典型性的例子是上海的建筑师——马清运。和王澍同样有着在中国古都西安地区生长的经历，他在美国求学的经历对他后来的建筑道路起了决定性的作用。我没有直接问过他和库哈斯在宾夕法尼亚大学的相遇对他产生了怎样的影响，但今

图5　大舍建筑设计的上海青浦夏雨幼儿园（一）

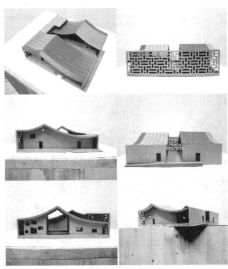

图6　大舍建筑设计的上海青浦夏雨幼儿园（二）

图7　王澍在南京国际建筑展中设计的小住宅

图8 "标准营造"设计的北京武夷小学礼堂

天他处理建筑时对政治的敏感、用建筑改造社会的抱负以及处理建筑时的态度都让我们有理由相信他是库哈斯在中国的一个翻版。他虽然从没有和库哈斯一样说过"fuck context",但对他而言,中国建筑传统一定不是什么必须供起来的金科玉律。他为青浦所作的曲水园边园改造(图9),将亦步亦趋跟随传统建筑样式的"假古董"和跟传统完全没有任何联系的一个形态怪异的亭子放在了一起。从策略上,可以说服那些保守的保护专家和政府官员,让他们觉得新建部分完全和老建筑融为一体而满意。而私底下,他应当在为大大地揶揄甚至嘲讽了中国建筑的传统而偷偷得意。马清运一定是一个全球化的拥护者,虽然他同样具备足够的功力和智慧,可以在他觉得有必要打某张牌的时候,大秀一把乡土的材料和工艺,正如他在陕西的父亲住宅中所做的那样。即使是这样,当地的村民依然觉得这是一个飞来之物,这样的形态一定不属于住宅,而应该是一座庙宇或者宗祠(图10)。

图9 马清运设计的上海青浦曲水园改造　　图10 马清运设计的父亲住宅

3　当代中国建筑：批判的地域主义？

在讨论诸如中国当代建筑应当如何呼应传统中国的经验这样的问题时，最常常被提及的理论参照之一，就是"批判的地域主义"。似乎"地域主义"可以用来分析和指导当代中国建筑的实践，并竖起复兴中国传统建筑文化的一面大旗，或者建立起一个"有中国特色的当代建筑"的批评和评价的框架体系。崔愷多年前的作品北京丰泽园饭庄一度被评论界作为体现"地域主义"风格的代表作。

在这里我无须详述"地域主义"作为一种概念的起源，也不想探讨从"地域主义"到"批判的地域主义"的概念演化发展的过程。我想做的是检视一下"批判的地域主义"面对今天的世界，特别是面对当代中国建筑的问题时是否有效。在这里我的观点主要受到美国建筑历史学家和理论家阿兰·柯尔孔（Alan Colquhoun）的一篇文章《地域主义的概念》的启发。

事实上，"地域主义"是基于这样一种社会模式的假设，即所有社会都有一个核心，或者本质，这个核心，或者本质部分存在于当地的地理、气候和习俗中，跟使用和转化当地的、自然的材料有关。"地域主义"被用在分析建筑问题是出于对现代建筑运动和国际式在世界范围内的泛滥和全球化导致的地域文化差异的丧失。"批判的地域主义"在今天失效是基于以下几个方面的：

首先，必须认识到"地域主义"并不是一个真实的存在，而是人类欲求的一种投射；尤其是当人类觉得某种价值即将丧失时，这种欲求就愈显强烈。

其次，所谓的地域，从广义上讲可以和不同文化的地区相重合，然而这种所谓的地域，与其说是根据不同的文化特质来划分的，不如说是按照政治团体、疆域或者民族的概念来划分的。今天我们很难说从西藏到云南哪一种建筑的传统代表着中国建筑的传统。

再次，今天工业化的社会中，维系这种地域差别的封闭的农业社会的体系已经完全被全球化的信息和技术交换所取代。今天的地域文化是极为动态和不稳定的存在，所谓的和地域相联系的特征可能只是一种自由的选择，而不是受到地域文化和特性的制约使然。

在建筑问题上则更是如此，正如阿兰·柯尔孔所指出的，"地域性只是众多的建筑表达的概念中的一个，要想赋予它特别的重要性就是在遵从一种已经被踩得粉碎的传统，这种传统完全不具它可能曾经有过的效能。的确，现在许多有趣的当代设计采用了当地的材料、类型和形态，但是设计它的建筑师并不是要表现特定地域的本质，而是在构思过程中把当地的特征作为母题，以创造出一个原创、独特并和文脉有联系的建筑想法"。[1] 这样的例子在当代建筑中比比皆是，赫尔佐格和德梅隆在加利福尼亚建造的酿酒厂、马清运设计的父亲住宅，虽然使用的是当地的材料，但这种对当地材料的使用，无非是创造独特建筑材料的效果而不是为了突显与当地建筑传统的关系。尤其是当中国今天因为环保的原因而限制黏土砖和木材的使用的前提下，大量使用这样的材料只能是为了表示一种和历史相联系的姿态，或者仅仅是一种怀旧的美学趣味。

同样在材料之外，对于"地域主义"建筑空间模式的盲目追求，更可能导致一种滥用：今天高等院校的建筑学专业学生和青年建筑师们如果试图使自己的设计显得有些"想法"，而又想强调所谓的"中国建筑文化的传统"以打动老师或者某些特定的甲方，那么最常用和最容易上手的模式就是"园林"。的确，园林堪称中国传统建筑文化的精华，它所反映出来的人生哲学和空间模式与西方模式截然不同，而具有极为独特的价值。可是今天，它也成为最被滥用的模式之一：在设计中任何一点不规则的空间和路径组织都可以被牵强附会为对中国古典园林的现代诠释；任何有着两个以上转折点的路径都可以被理解为对园林中曲径通幽意境的再现；任何的天井和院落都是对中国传统园林住宅的空间组织的模拟……我还注意到这种构思在中国和外国学生的联合设计课程中出现得尤其频繁。

让我们再来看看另一种中国人发展和摸索出的空间模式的不同命运。我指的是今天大量性建造的住宅的单元布局。这长期以来是外国建筑师最难以理解的问题之一，为什么中国的住宅单元一定要南北通风，明厨明厕，而且形成了非常固定的模式，不按照这个模式建造的住宅很可能就没有市场？仔细想想，这个长期被视作束缚了建筑师施展才华的有着"负面效应"的类型，不正是当代中国所特有的地域文化的体现么？我们往往贬低身边随处可见的体现当代地域性的模式的价值，而去追寻"园林"这样一个逝去的梦？事实上，对当代中国成天忙忙碌碌的精英阶层而言，即使居住在一个园林中也不会对他的生活方式带来什么改观。

不难看出，所谓"地域主义"的追求，总是倾向于对历史上的模式和即将或已经消失的文化元素的强调，而容易误导人们忽视身边正在发生的地域特殊性的价值。如果说地域主义的理论有助于我们认识和评价当代中国建筑的状况，那么我们似乎更应该关注一下其更"当代"的方面，即使长期以来许多这样的因素被视作中国当代建筑发展的不利条件，也许，我们应该试着换个角度来重新审视这些方面。

4 权宜建筑：当代中国的建筑策略

西方城市理论的权威学者霍尔（Peter Hall）在中国作讲演时，一位中国的学者提了一个问题，请霍尔从西方城市发展的历史经验给中国当代的城市化提出建议。霍尔表达了这样的观点：中国的城市化是西方社会所未曾经历过的，如此迅速、旺盛的城市发展的生命力，也是西方未曾有过的，对于中国城市的发展模式，西方学者没有发言权，他们等待着向中国的城市学习。

中国的城市，学习的是西方现代化的模式，可是社会和经济状况的演变使得中国的城市化迅速具有了西方城市化过程所未曾经历过的历程和特点，西方学者正在意识到对于中国当代城市发展模式的研究，或许应当采用不同的标准。

是的，如果谈及城市的生态环境和居住舒适度，上海不如温哥华；谈及城市的秩序和法规的完善，上海不如新加坡；就城市文化的丰富性，上海不如伦敦、纽约；谈及城市历史和文化景观的和谐,上海不如巴黎。可是,如果我们换一套评价体系,从发展速度、提供的就业前景、城市景观的生命力和异质性所提供的刺激,上述城市没有一座可以和上海相提并论。问题是,我们是否只有一套标准和价值来评价城市?库哈斯就曾经批评过欧洲城市的虚伪和死气沉沉,而看到亚洲城市的真实和生命力。

现在让我们回过头来看看建筑。中国现代建筑事实上是自觉不自觉地沿着西方现代主义为我们划定的道路前进的。从中国的第一代现代意义上的建筑师开始,我们经历了几次西方建筑的洗礼。我们对于建筑品质的理解,也是遵照西方建筑的空间、材质、工艺、细部的系统来进行评判的。今天我们常常抱怨中国的建筑工期短、预算少、施工糙,中国建筑师缺乏想法,总是跟在西方建筑潮流的后面亦步亦趋。

事实上这些对于中国当代建筑,是一种束缚,但如果我们换一种角度来理解,当代中国建筑的这些特点,是否是对当代中国社会、政治、经济状态的一种最恰如其分的体现呢?中国文化的"中庸之道",为我们提供了一种"权宜"的发展思路,这样的例子不胜枚举:如果完全从生态的角度出发,不越雷池一步,那么中国的工业发展从何谈起;如果彻底灭绝了盗版工业,那么今天中国的计算机和信息产业还只能蹒跚学步;如果按照西方设计和建造的速度,那么今天中国大部分城市十分之九的建筑还没有完工……这里不是对社会现实作道德或者法律的考量与评判,而是对中国当下现实的接受与承认。

既然不管我们愿不愿接受,这些都是我们理解社会,同样也是理解中国当代建筑时必须面对的框架,那么为什么不可以被理解为中国当代建筑的地域性的来源呢?事实上,不用我们有意识地努力寻找"中国性",或者中国的"地域性",中国当代的条件和局限,都已经清晰地烙在建筑上,即使一个外国建筑师在中国的作品也逃脱不了这样的影响。

正在走向成熟的中国青年建筑师熟悉西方建筑的特点和潮流,同时又能够深刻地理解中国的现状与局限,从而发展出一套"权宜"的建筑策略(有时或许并非情愿)。

"权宜建筑"不是对现实的妥协,而是一种机智的策略,是在建筑的终极目标与现实状态间的巧妙平衡;"权宜建筑"不是对西方建筑评判标准的生搬硬套,而是对自身力量和局限的正确评价;"权宜建筑"不逞劳而无功的匹夫之勇,而是采取"曲线救国"的迂回战术;"权宜建筑"不是盲目追求"高技"的炫目,而是充分重视力所能及的"低技"策略;"权宜建筑"可以曲高和寡,但更重视能够实现的操作性;"权宜建筑"可能不是最好的,但绝对是最适合中国的……

青年建筑师朱涛设计的四川华存希望小学反映了一个建筑从构思到实现所经历的嬗变过程,这或许反映了一个原本理想的"地域主义"式的方案在实施过程中遭遇现实的境遇,正如作者所说,"尽管很多设计想法和工艺质量在实施中大打折扣,但是建筑的最终使用者——老师和学生的由衷欣赏最让人欣慰",而设计师本人也"为建筑理念与各种现实因素相遇、混合杂糅后所产生的丰富、'真实'的质感而赞叹"。[2]

同样我们可以从朱竞翔的几个作品看出两种不同的策略:在盐城青年活动中心项目(图11)中,我们看到的是非常理性和纯净的白色形体,而在盐城卫生学校教学主楼

(图12）和盐城中医院病房楼中，空间和形体的穿插就显得颇为复杂，材料的选用也更为多样。从建筑的纯粹性角度出发，我更喜欢盐城青年活动中心，可是由于甲方功能的改变，该建筑被弃置不用，几年之后墙面、金属栏杆等已颓败不堪。相对中国施工维护条件的现状，另两幢楼就可能耐久得多。事实上，中国建筑师一直非常善于充分评估中国的现实条件和局限，有选择地运用西方流行的形式。1980年代理查德·迈耶的作品在中国的风行就是一个很好的例子：考虑到中国粗糙的施工质量，简洁的形体和精密的构造必定无法施展，相反，迈耶建筑所擅长的构架和片墙的穿插可以在粗糙的施工条件下仍然维持必需的视觉兴奋度。这或许是一种被动的选择，而马清运所采取的方式则是更为自觉和具有代表性的：从形式上，他的作品很"西方"，然而他在几年间建造起来的近百万平方米的建筑，彻底改变了一座城市的面貌，完全真实地反映着当代中国城市发展和建筑的现状，从而具有更广泛的现实意义。他有意识地没有将着眼点放在过度在意建筑设计和建造质量上。他将西方的形式和自己的奇思妙想结合起来（否则怎么打动和说服政府的官员），将立面的刻意修饰和对室内空间的放任自由结合起来（对于两个月之后就可能改变使用功能的建筑来说，精心构思的室内空间，或者室内空间与立面之间的相互反映的"真实性"又有多大意义呢？）（图13、图14），将材料、细部的构思和对粗劣施工的充分估计结合起来。他用别人设计建造一座90分建筑的时间，建造了一座全部建筑都80分的城市，何况扣这10分的标准还值得重新审视，而他用这些时间未必不能设计一座95分的小建筑。

张永和在为意大利建筑杂志Area的中国专辑写的文章题为Learning from Uncertainty，[3]引用了崔健的两句歌词"不是我不明白，这世界变化快"。在中国这个政治经济各方面急速变革的国度里，任何价值都是不稳定的，我们又如何要求建筑具有永恒的价值，或者至少"一百年不落后"？库哈斯讨论过"大"对于建筑革命性的改变，建筑在功能布局、造型和细部等诸方面，都不仅仅是量的变化，那么考虑一下中国建筑前所未有的巨大尺度、前所未有的建造量、前所未有的建造和变更速度，我们为什么不能自信

图11　朱竞翔设计的盐城青年活动中心　　　　　图12　朱竞翔设计的盐城卫生学校教学主楼

图 13　马清运设计的宁波天一广场（一）　　图 14　马清运设计的宁波天一广场（二）

地要求有着和西方建筑不同的评判模式？"权宜建筑"为什么不能被看作中国创造性地接受并改造西方建筑模式，而发展出的具有当代中国而非追忆中中国特征的建筑文化？2005 年夏天，在和来访的美国建筑理论家安东尼·维德勒（Anthony Vidler）的交谈中，他问了我一个问题：中国是否需要西方，中国的建筑和城市是否需要西方。我知道他在提出这个问题的同时，心里已经有了一个否定的答案。事实上我们今天在讨论中国当代建筑的几乎所有问题时，都无法回避这个话题。也许我们是需要西方的，它提供了一种思考问题的参照，然而我们不能依赖西方。我们应该在平等的舞台上讨论中国的建筑问题，从而发展出一套独特的评价标准和操作策略，"权宜建筑"或许可以提供给我们可能的路径。

原文登载于《时代建筑》2005 年 06 期。

注释：

［1］COLQUHOUN A. Concepts of Regionalism // Gülsüm Baydar Nalbantoglu and Wong Chong Thai eds. Postcolonial Space（s）. New York：Princeton Architectural Press，1997：9.

［2］引自朱涛所作． "华存希望小学" 小传． http：//blog. sina. com. cn/s/blog_49e53b730100 04pu. html.

［3］CHANG YUNG HO. Learning from Uncertainty. Area，2005（78）：6 – 11.

实验性建筑的转型：
后实验性建筑时代的中国当代建筑

Transformations of an Experimental Architecture:
a Post-Avant-Garde Era in Contemporary China

史建
Shi Jian

1 实验性建筑回顾

1.1 历程：起始与终结

中国的实验性建筑肇始于20世纪80年代中期，当时主要受思想文化界尤其是当代艺术的"八五新潮"的影响，但在整个80年代和90年代中期以前，受制于社会的普遍贫困和国家主义设计模式/体制的阈限，实验性建筑尚处于话语层面，并同时对国际流行的后现代主义和解构主义建筑保持高涨的译介、讨论热情。或者可以说这是实验建筑的准备期，是体制内的建筑思想界基于国际流行思潮和文化使命感，对"新建筑"的呼唤与探索。[1]

"1993年，张永和与夫人鲁力佳创办了非常建筑工作室……他们的工作重心由纯概念转移到概念与建造关系上，并开始了对材料和构造以及结构和节点的实验。同时，在他们的工作中，创作与研究是重叠的，旨在突破理论与实践之间人为的界限。"[2] 由此，实验建筑脱离了思想文化界的文化与形式革命的冲动，在主流与商业设计的夹缝中，开始了艰难的概念、设计与机制的实验。1996年，他们的北京席殊书屋建成，是实验建筑最早建成的作品。

2003年12月14日下午，在北京水晶石"六箱建筑"，举行了"'非常建筑'非常十年"的回顾展和研讨会。不大的会议室挤满了人，新一代青年建筑师们群星荟萃，但来去匆匆，他们大都没有被归类为实验建筑师，但同样关注"当代性"、"立场"和"批判性参与"等问题，艺术家/建筑师艾未未表现得尤其决绝。[3]

这实际上不仅是非常建筑十年，也是中国实验建筑"十年"实绩的展示、辨析和总结的契机，但只有《建筑师》破例刊出了纪念专辑，主流媒体反映平淡，[4] 笼罩在张永和及实验建筑身上的"前卫"光环正在退去。

也正是在这期《建筑师》杂志上，张永和在《第三种态度》中表达了"批判地参与"，以及"立场的根本性，策略的不定性"等观点，[5] 并且提出了要以十年纪念为契机，实现"非常建筑"从一个个人化色彩浓厚的建筑师工作室向组织严密的建筑师事务所的转型，而"'非常建筑'的发展目标，是成为一个业务上国际化的建筑事务所"。[6]

在这些表述中，介入现实的"入世"（市场经济）欲望的强烈，已经遮没了"实验"性，而非常建筑在此后也确实是这么做的。

此后，随着张永和、王澍、马清运等人在国内外高校担任要职和承担大型设计项目，新一代青年建筑师群体的崛起，以及国家设计院模式的转型，实验性建筑的语境发生了彻底转换——它所要对抗的秩序"消失"了，它开始全面介入主流社会，它所面对的是更为复杂的世界。[7]所以，我把2003年12月14日看作实验建筑的终结和当代建筑的起始。

1.2 谱系：核心与游移

从一开始，就像其内涵的模糊一样，实验性建筑的谱系就不是明晰的。在1998年第1期的《文艺研究》杂志刊登的王明贤和我的《九十年代中国实验性建筑》一文中，收录了张永和、王澍、汤桦、吴越和赵冰的作品。[8]1999年，在第二十届世界建筑师大会期间，由王明贤策划的"中国青年建筑师实验性作品展"，参展的是张永和、赵冰、汤桦、王澍、刘家琨、朱文一、徐卫国和董豫赣。[9]

而2001年在柏林Aedes East画廊举办的"土木"中国建筑展，则展出了艾未未、张永和、刘家琨、马清运、王澍和南大建筑（张雷）的作品。2003年在法国蓬皮杜艺术中心举办的"那么，中国呢？"的建筑部分，参展的建筑师为张永和、王澍、刘家琨、张雷、齐欣、马清运、大舍建筑工作室和崔恺。显然，这两个在国外举办的展览所选的建筑师更为"普泛"。

到2002年《时代建筑》刊出"实验建筑专辑"，王明贤列举的实验建筑师不再有大的变动，为张永和、汤桦、赵冰、王澍、刘家琨、朱文一、徐卫国、董豫赣，增加了罗瑞阳和李巨川。[10]但是显然，这与我们今天仍在谈论的实验建筑及其建筑师谱系略有不同。如今，早期实验性建筑的重要建筑师，或者由于日趋主流（如汤桦），或者设计乏力（如赵冰），逐渐淡出与实验建筑相关的活动；张永和、王澍和刘家琨是实验建筑的核心，董豫赣是重要的新生力量。

就在实验建筑实践的起步阶段（1995年），荷兰建筑师雷姆·库哈斯已经带领马清运、刘宇扬、祝晓峰和哈佛大学的建筑系学生，到珠江三角洲考察当地城市的迅猛发展状况。考察曾以视觉作品的形式在卡塞尔三年展上展出（《珠江三角洲计划》）；后来，该研究报告于2000年结集出版，书名为《大跃进》。在很大程度上，由此派生的以马清运为代表的另一种实验建筑模式，以《大跃进》或库哈斯式的话语/视觉/策略模式，以更为激进、有力的方式影响了现实、实验建筑、当代艺术和媒体，但是他的同时期的建筑实验（马达思班1995年在纽约成立，1999年落户于上海），却一直没有被实验建筑谱系明确接纳。

另外，艾未未、齐欣、大舍建筑（柳亦春、庄慎、陈屹峰）、张毓峰、张雷、崔恺等人的性质相近的工作则难以归位；此后，更有都市实践（刘晓都、王辉、孟岩）、朱锫、祝晓峰（山水秀）、李兴钢、童明、标准营造（张轲、茹雷、张弘）、土人景观（俞孔坚）、王昀、王晖、马岩松等众多建筑师的相近实践被"漠视"——实验建筑在此陷入"谱系学"或者存在合理性的窘境。

实际上，2002年出版的、王明贤和杜坚主编的"建筑界丛书"，[11] 2004年《建筑师》杂志主办的"中国当代青年建筑师作品8人展"[12]和《时代建筑》2005年第6期"中国年轻一代的建筑实践"专辑，[13]选择建筑师的"尺度"已经宽松，实验建筑的谱系开始泛化，"当代建筑"的概念呼之欲出。

1.3 内涵：实验与先锋

所谓实验性建筑，我们在1990年代末的看法是"与时下流行思潮自觉的疏离以及对本土文化精神的探索……与时下流行的西方前卫建筑保持了距离，它试图在对建筑潮流保持清醒认识的基础上，以新的姿态切入东方文化和当下现实，以期发出中国'新建筑'的声音。"[14]

但是在2003年，在总结非常建筑十年的时候，我对这一"群体"及其实践的看法已经发生变化："这是一个没有明确指向和学术立场的、依托于学院的松散的群体，由于他们在实践保持着一种游离于主流之外的研究/探索姿态，成为90年代虽然微弱但顽强的支流……总的看来，所谓实验性建筑更多带有学院的痕迹，他们在迫近的超城市化大潮中并没有采取更为积极的应变策略，而是更多地沉迷于某种'文化建筑'营造状态，继续着80年代语境下的实验。"[15]

这时，虽然"实验建筑"还被认为"先锋建筑"的某种泛化称谓，[16]但实验建筑的非先锋性已经引起后起的批评家和理论家的关注、警惕和直率的批评。

在非常建筑工作过的评论家周榕，曾经是非常建筑十年活动的最热心的组织者和鼓吹者，后来他借着对柿子林别墅的评论，把张永和实验建筑的内涵及贡献（现代建筑的形式主义立场及句法学实践的带入）进行了深入剖析，指出："作为中国新一代建筑师的领军人物，张永和在十年筚路蓝缕的探索中，经历了从基本建筑到复杂建筑，从纯粹建筑到综合建筑，从抽象建筑到具体建筑，从普适性建筑到特殊性建筑的思想嬗变，其自身也完成了从边缘到中心、从非主流到主流、从批判者到建设者的身份转换。然而，在所有的转变中，最令人瞩目的，可能是他从一个国际化的纯现代主义建筑师，向一个具有高度自觉的中国意识的批判地区主义建筑师的立场转化。"[17]

更多的批评家则对其基于现代主义的实验性在中国语境中的"先锋气质"也提出了质疑，如朱涛就曾指出："很少有建筑师关心真正的革命，中国实验建筑是在还原某个中间层次的价值信条和知识状况中得到了满足。面临商业主义主宰的文化状况，当代中国实验建筑师所采纳的实际策略是：假定现代主义建筑的价值信条和知识状况对中国建筑学已经足够有用，然后设它为'默认值'，在'默认'好的概念框架中，利用有限的技术手段、自我约束的形式语言和空间观念来集中力量，在中国构筑一种一方面似乎很'基本'、但另一方面又可以说是极其抽象或主观的建筑文化。"[18]"这种建筑'实验'，不管是定位在对'新'意识形态象征性的表达上，还是本体语言的基本建设上，和当时其他各领域的文化探索一样，除了泛泛的'自由主义'政治态度外，并没有清晰的社会价值判断，其工作的重点几乎全放在了建筑语言的探索上。"[19]

朱剑飞早在2002年"土木回家"上海展开幕式研讨会上，就更明确地指出新建筑师（主要指王澍、刘家琨、张永和）的趋势是"右倾的、保守的、个人的、小叙事的，强调建筑本身，建构、光、个人审美经验；而1976年前的建筑几乎是完全相反：'左'倾的、（政治上）激进的、集体的、大叙事的，不考虑建筑本身的"。[20]

而2006年朱剑飞和朱涛有关"后批评"的争论，更关涉到"实验性建筑"与"当代建筑"，以及将这一议题纳入国际批评视角的努力。[21]另外，顾大庆、冯仕达、唐克扬[22]等也都提出过他们的思考和质疑。

1.4 实绩：成就与症结

实验性建筑的实绩，最终较为完整地体现在张永和、王澍、刘家琨和马清运的设计理念与实践上。以2003年为节点，张永和的重要作品有北京席殊书屋、中国科学院晨星数学中心、水关长城"二分宅"、石排镇政府广场及办公大楼、河北教育出版社办公楼、西南生物工程产业化中心试验基地等；王澍的重要作品有杭州斗乐桥人防地道口、自宅室内、苏州大学文正学院图书馆、南京东路顶层画廊等；刘家琨的重要作品有何多苓工作室、犀苑休闲营地、鹿野苑石刻博物馆、"红色年代"娱乐中心、摩托罗拉成都软件中心、四川美院雕塑系教学楼等；马清运的重要作品有玉山石柴、百岛园（华远·企业号）、浙江大学理工学院宁波分校图书馆、青浦夏阳湖浦阳阁、宁波老外滩、宁波天一广场、大唐西市（方案）等。

值得注意的是，仅仅过去五年多，这些建筑已很少成为媒体和学界关注、研究的对象，就是建筑师本人也很少提及，四位建筑师眼下都急于用他们近年来更为国际化或本土化的作品，有意无意地"遗忘"这些早期的"习作"。而正是在"终结"实验性建筑之后，这些早期实践及其意义才得以凸现。

虽然都是从美国留学归来的建筑师，张永和与马清运接受的教育和介入实验的方式却完全不同，如前所述，应对于超速城市化现实，张永和致力于建构现代主义建筑的立场和句法学实践，他的城市研究，是试图在设计中纳入城市语境；马清运则摒弃批评性实践，主动地、大规模地介入城市营造运动，他这样评价他在宁波两个大型区域重建项目中的作用："我做这件工作基本上是社会代言人，或者是政治代言人，基本上是要把一种政治目标转换成一种城市的物质存在"，"这个时候我不是在当一个建筑师，而是在当一个比较有责任心的、有判断能力的代言人"，"我是从来没有把它当作一个建筑作品来看待"。[23]而他在陕西家乡进行的建筑实验，则与张永和、王澍和刘家琨的作品保持了某种形似。

而在本土成长和受教育的建筑师王澍和刘家琨，也表现出迥异的实验理念。王澍在学期间沉浸于西方结构主义和后结构主义理论，毕业后又浸淫于江南烟雨文化语境，设计上有一个从解构姿态向本土建筑实验的跳跃；刘家琨曾在国有设计院工作过十五年，1997年成立自己的事务所，着意探索以在地条件为基础的现代主义意味的建筑实验（所谓"低技策略"）。

从后实验建筑或国际语境而言，这四位建筑师在实验建筑阶段实践的意义是"前所未有"的。[24]但是他们这些实验性建筑时代的作品的空间探索也是拘谨而个人化的，往往需要更具批判性和叙事技巧的话语解说，在某种程度上，是高度人格魅力化的话语造就了实验建筑，它更像是他们在后实验建筑时代的准备期的实验。也就是说实验建筑更多是以话语、观念的方式传播的，而其空间营造的实绩并没有泛化。

2 当代建筑：语境、启示与内涵

2.1 世纪初语境

1999年，北京的第一个新国家主义建筑——国家大剧院项目，法国建筑师保罗·安德鲁中标；2002年，荷兰建筑师雷姆·库哈斯的CCTV新台址方案中标；第二年，瑞士建筑师组合赫尔佐格和德梅隆的"鸟巢"、英国建筑师诺曼·福斯特的首都机场3号航站楼和澳大利亚PTW建筑师事务所的"水立方"方案中标；2004年，德国建筑师事务所gmp中标国家博物馆扩建工程。

境外建筑师（国际明星建筑师/主流设计事务所）在一系列国内重要的公共项目的国际招标中中标，不仅使刚刚试图进入主流的实验性建筑师，也使整个中国建筑界都面临着边缘化的窘境。[25]

2000年6月，49位院士和108名建筑专家给中央常委上书，认为国家大剧院方案严重不科学、不合理，造价超一流而功能仅为二三流，脱离中国实际、无视中国传统。这种激烈的反对声浪后来也出现在对"鸟巢"和CCTV新台址设计的反应中，并随着中国"正在成为外国建筑师的实验场"的鼓噪而达到高潮。

但是，历史并没有随着主流建筑界的意愿而发生扭转，新国家主义建筑（主要是"鸟巢"和CCTV）以其强烈的国际化和未来主义诉求，对区域和城市空间的强大整合力，给北京赋予了活力。

此时，中国意义上的现代主义前卫设计实验很快遭遇到经济的起步和超速城市化现实：这时国家主义设计模式崩解，建筑样式的表达成为社会的超量需求，快速设计成为普遍现实和生存前提。由此，实验建筑面对的问题被瞬间置换，实验性建筑师曾经标榜的前卫姿态亦被迫转换为文化上的退守。既有的"实验建筑"概念以及汇集的建筑师和作品，需要进行深入的学术清理；以"实验建筑"为话语的建筑活动和批评到目前依然具有强大的影响力，但是当其面对现实问题，具有较大的局限性，即它难以将更为广泛的建筑实践和实验纳入进来；近十年中国城市/建筑的超速发展及面对的挑战，已经远远超过当年"实验建筑时代"或"实验建筑"所针对的问题，且成就庞杂、头绪纷呈，急需系统的梳理和分析批评。

2.2 当代性：景观设计界的启示

2008年初，以北京大学景观设计学院和土人景观与建筑规划设计研究院为主导，仅有十年学科历史的中国景观设计界大规模纪念其辉煌历程，《景观设计学》刊出了以"景观十年——中国当代景观设计回顾与展望"为主题的专刊，与五年前非常建筑十年的纪念活动形成强烈反差。

固然，景观设计学在固执地持守伦理环保理念（如本地野生植物、农作物的过度使用），以及在景观设计和整合等方面存在过于"叙事化"和"滥情化"的现象，但是其对古典园林文化的鲜明的批判/摒弃态度，对当代现实和科技的清醒、积极的接纳/融入意识，以及学科建设方面强烈的建构/整合意识和使命感，是其在近十年获得"跨越式"发展，是俞孔坚敢于宣布以景观设计学替代建筑学对城市影响的"本钱"："'反规划'宣告了：是景观而非建筑，将决定城市的发展形态和特色；是生态过程和格局，而非人口与社会经济的预测和假设，应该并终将决定城市的空间发展和布局。"[26]

也是在这期刊物中，孔祥伟谈到了景观设计学的"当代性"问题："在中国普遍的当代景观设计实践的过程中，存在着这样一个群体，他们以批判、反叛的方式，从对城市化进程中当代整体社会与环境的问题的思考出发，以实践的方式应对当代城市与自然的矛盾。在本文的语境中，将之定义为景观设计'当代性'探索群体。这里的'当代性'探索，即是对综合的当代社会、环境、自然和文化存在的尖锐问题做出反应，并将之介入到景观设计实践的过程之中，其趋向是时代合理性的目标。"[27]

由此反观"当代性"语境的建筑设计，虽然有着相对于景观设计更为直接的社会介入切口，虽然"城市"和"立场"已经成为青年建筑师们"政治正确"的口头禅，但是它的学科野心/使命感不及只有十年历史的景观设计，而它在面对突发事件、需要显示整体社会责任时的作为和影响力，不及台湾建筑师谢英俊一人的卓绝实验。[28]这确实是值得深思的事，也说明在"当代建筑"的意义上重新整合/重塑"实验建筑"的迫切和紧要。

2.3 当代建筑的内涵

如果说当年"实验建筑"的称谓是比"先锋建筑"更宽泛的概念，那么现今"当代建筑"所指，则是更为宽泛的、特指具有"当代性"或"批判地参与"的探索群体。但是，与其说它与当代景观设计有某种对接，不如说与当代艺术有着更为"天然"的联系和共同点，[29]它们已经是媒体时代的主流建筑/艺术，既保持着对现实锐利的审视，也是时代的空间/视觉的最有力的表达者。

在这里，"当代建筑"并非对"实验建筑"的进一步泛化，而是还实验建筑以本来面目，并将更多具有相同特质的设计趋向予以归并，在全球化语境中予以审视的方式。

就像当代艺术之于主流艺术和传统艺术，当代建筑也并不仅仅是界定时间的概念，它首先指一种直面现实、应对现实的观念和态度。正是在"当代"这一观念或态度的昭示下，像"活的中国园林"这样的综合性展览，才能在"国家"的名义下汇聚广泛的艺术领域和立场的建筑师、设计师和艺术家的作品。[30]

其次，当代建筑无需对抗实验建筑时代无所不在的强大的"坚实"体制和国家主义设计模式，但却被迫融入更为复杂的、体制与市场机制混合的现实。当代建筑仍然具有批判性，这种批判性虽然更多是作为生存策略的姿态或表演，但也有将实验建筑时代的话语的批判性转化为建构的批判性的新的可能。

第三，由于超速城市化现实的催生，当代建筑已经割舍了实验建筑时代的"自闭式"空间实验的边缘化套路，转而在主流平台进行具有国际视野的设计语言演练。这种探索可能依然是有关空间的、本土语言的和城市的，也有可能是有关科技和环境的，或仅仅是"造型"/表皮的。在后实验建筑时代，具有不同立场、风格、观念的建筑师可以因不同的需要结成不同的利益群体（如著名的集群设计现象）。

本文相对较晚地提出"当代建筑"概念，[31]并非欣喜于实验性建筑的终结和拥抱当代建筑的众声喧哗，而是忧虑于面对日益强势的意识形态/市场综合体，当代建筑在学科建设、空间实验和社会批评方面日益萎缩的现状。[32]

3 当代建筑的几种趋向

要像当年论述"实验建筑"那样按照谱系罗列中国当代建筑师及其作品，或者按照几种类型划分，都是不现实的。这首先是因为建筑师群体的壮大，不断有新的年轻建筑师/事务所加盟；同时，由于市场压力、立场的弹性和策略的多变，使许多建筑师的设计品质处于不稳定状态，其作品或者分属当代建筑的不同趋向，或者只有部分作品具有"当代性"，这或许也是现实变化剧烈的一种表征。以下的六个层面/趋向的分析，只是试图从多角度全面概括这一群体现状的初步努力。

3.1 建筑教育变革

实验性建筑师最早介入建筑教育变革的是赵冰，他曾任武汉大学城市建筑系主任（1996 – 2000 年）、城市建设学院院长（2000 – 2005 年），还致力于先锋建筑理论的评介、翻译，并且与"八五新潮"保持密切联系（后来甚至将"北方艺术群体"整体"引进"到武汉）。[33]后来由于理念的玄远和设计的乏力，逐渐淡出实验建筑群体。[34]

1999 年，张永和就任北京大学建筑学研究中心主任，以此为基地，通过学科建设（教师有董豫赣和王昀）和一系列前卫、跨界的学术讲座，一度使北大成为北京的"实验建筑中心"。2005 年张永和就任美国麻省理工学院建筑系主任，对该校建筑教育存在的脱离社会问题有着清醒认识，他试图通过一系列教育变革触及真正的现实问题："今天，新的建筑前沿到底在哪里？建筑技术的前沿到底在哪里？建筑教育应该如何反映？"[35]

与张永和面对未来挑战式的教育变革相反，现任中国美术学院建筑艺术学院院长的王澍更立足于本土现实，甚至致力于探索"恢复想象的中国建筑教育传统"："实际上像我们做教育，我觉得试图培养新人，但是这种新人不是那种激烈的喊革新口号的新人，而是要恢复到真实的生活状态中去的新人"；"像我的这种教学方式，都是试图身体力行地这样做"。[36]

早于张永和和王澍，马清运在 1996 – 1997 年曾担任过深圳大学建筑系主任，虽然任期短暂，却有协助库哈斯的团队在珠江三角洲地区调查，进而在《大跃进》一书中担任评论员的经历。马清运现任美国南加州大学建筑学院院长，关注的是面对现实的中国式的智慧与策略，在就任院长时的教育变革三原则是跨地域、跨文化和跨学科，并且做人才和思想投资。"美国的体系琐碎⋯⋯民主社会是很浪费的。我觉得我一定要把中国人的这种对根本问题的捕捉和对细节问题的果断带给美国人。"[37]

前面提到，强烈的使命感和学科建构意识，推动了景观设计学的"跨越式"发展，作为北京大学景观设计学研究院院长的俞孔坚对景观设计学有着全新的界定："重建人地关系和谐的重任有赖于一个新的学科体系和大量专业人才，他们必须有对土地伦理的清晰认识、系统的科学武装、健全的人文修养并掌握现代技术。这样一门对土地进行系统分析、规划、保护、管理和恢复的科学和艺术就是景观设计学，更确切地说是'土地设计学'。"[38]

此外，还有活跃在教学一线的张雷、董豫赣、王昀、张路峰、童明、吴耀东、朱亦民、朱竞翔、张利、王路、徐卫国等建筑师，王群、朱剑飞、饶小军、葛明、李翔宁、朱涛、冯仕达、廖维武、周榕、李巨川、彭怒等批评家和学者，以及众多建筑师兼任课程或讲座，可谓阵容强大，他们的当代性探索对新一代建筑系学生的知识结构、学术视野和设计观念影响巨大。至少到目前为止，建筑教育的变革是中国当代建筑的最大实绩所在。

3.2 本土语境的建筑

这一趋向顺延着实验建筑十多年的实践，砖、瓦、竹子、夯土、合院、园林这些农业时代文明元素的混搭、挪用与化用，曾经是实验性建筑师对抗主流和商业设计，寻求本土身份的国际认同的基本手法（如张永和的"竹化城市"、二分宅，王澍的夯筑间），也因此广受质疑。

在后实验建筑时代，这一趋向并没有"收敛"，反而得以在更大规模的公共建筑项目中广泛实施，不仅如此，都市实践、张雷等留学海外的建筑师学成归国，加入到实验性建筑崩解后的众声喧哗，而对本土资源和现实的关注是他们与王澍、刘家琨等人的共同特征，只是对他们而言，这种"本土性"与"中国性"无关，他们的设计有着更为多元的国际视野。

2008 年 2 月 26 日，纽约建筑中心。由 Wei Wei Shannon 和我策划的 "Building China: Five Projects, Five Stories" 展出，与国内动辄中等规模以上的群展不同，这只是汇集五个中国建筑师的五个作品（刘家琨：文革之钟博物馆；王澍：中国美术学院象山校区；崔恺：德胜尚城；都市实践：大芬美术馆；张雷：高淳诗人住宅）小展览，展览的中文名称为"因地制宜：中国本土建筑展"。

在展览的论坛上，我还列举了艾未未（艺术文件仓库、草场地村 105 号院）、马清运（井宇）、董豫赣（清水会馆）等人相近的设计作品，强调这绝不仅仅是个别建筑师的"自娱自乐"，它正在成为值得重视的设计潮流。这里"中国性"和"低技策略"虽然是重要原因，但我们不要被这些作品表面的退守姿态所迷惑。由于本土历史文化资源丰厚和现实剧变足够异类，以退为进的本土性建筑近年来埋头于营造，就像王澍在中国美院象山校区的大规模实验所做的，"因地制宜"绝不是一种退避和守成的姿态，它充满着东方的智慧，隐含着再造东方建筑学的宏愿，也着意于建构园林城市/建筑的范本。

此外，童明的董氏义庄茶室、苏泉苑茶室，马清运的上海青浦曲水园边园，标准营造的阳朔店面，虽然深处传统城市肌理环境，但进行了用现代设计语言重新阐释历史元素的探索。张永和的诺华上海园区对中国传统园林、建筑和公共空间进行尺寸和容量的研究，以求形成整体上院落布局的城市空间（由公共院子和公共廊系统构成的互相交流）。朱锫和王晖的设计虽然是"未来与媒体语境的建筑"趋向的代表，但前者的蔡国强四合院改造和后者的西藏阿里苹果小学，则显示出对都市文脉、传统民居和在地文化的深刻理解，以及更为新异的表达。

当代建筑以更为国际化或策略化的态度对待本土性。这里所说的"本土性"已不再专指重新面对本土文化资源，更特指其直面剧变现实的积极应变姿态，即所谓"因地制宜"。既不是类西方的中国建筑，也不是刻意不同于西方的中国建筑，而是正视中国问题的、"真实"的中国建筑。毫无疑问，本土语境的建筑是构成中国当代建筑最大国际影响力的趋向。

3.3 都市语境的建筑

在一本"内部发行"的名为《都市主义的中国政策》的小册子中，马清运谈到"政策"在剧变都市语境中的重要作用："剧烈的社会变革常常与剧烈的都市化同步。资本主义社会中社会改革是在城市中萌发并由城市问题所驱使。但在中国，革命创造了城市，但革命创造城市是通过政策完成的"，他进而归纳出十种政策。[39]

正是出于对中国超速城市化及其运作政策的透彻理解，马清运及其马达思班在宁波等城市的超大规模营造（如宁波天一广场、上海百联桥梓湾商城等）探索，成为后实验建筑时代中国当代建筑的孤例，已经远远跨越了建筑设计、景观设计和城市规划的界限，直接介入到超速城市化的市场与政策运作的"内核"之中去了。

相对而言，深圳—北京的以"都市实践"为事务所名称的刘晓都、王辉和孟岩，更多立足于建筑学本体，将都市语境作为建筑设计的出发点，这也是实验建筑时代张永和的策略。"从一开始把事务所的定位锁定在'城市'这一主题词上时，都市实践就已明确感到亚洲当今城市的状态孕育着新的知识，而对这种知识的了解，必须经历亲身的实践与观察。""都市实践明确了这种批判性实践的三个内涵：第一、创造都市性而不是泛滥都市化……第二、知性实践而不是惯性实践……第三、做城市装置而不是作城市装置艺术。"[40]

他们的作品如深圳罗湖区公共艺术广场、华侨城创意园、土楼计划等，立足于深圳剧变的城市语境，以纯熟的设计语言和精到的营造品质，成为都市区域中的积极因素。

值得关注的还有张永和及其非常建筑设计研究所从空间实验性向技术实验性（上海世博会企业联合馆）和介入大型项目（深圳四个高层建筑加一个总体城市设计概念性方案）的转型，这时，批判性的介入往往更多体现在先期对都市语境的深入研究、提炼和化用上。朱涛的深圳文锦渡客运站，以巨大、拥塞、夸张的体量和设计语言，对抗周边的普通都市语境，是批判性建构性地介入、激活区域的大胆实验。

眼下，立足都市或区域研究的设计已经成为当代建筑师的基本策略，这尤其体现在设计在专业领域（如展览、期刊）的呈现中。都市语境的建筑实践，是建筑师对中国超速城市化的现实问题批判性地积极应对的趋向，但是相对于"本土语境的建筑"，这一趋向在深入研究超速城市化中新异的都市性，以及用建筑重塑都市空间的力度方面，都有待推进。

3.4 场所语境的建筑

这一趋向较为复杂，特指持守独立的现代设计语言和营造品质的建筑师的作品，这是近年来大量出现的个人化建筑事务所的主流趋向。作为首届"深圳城市\建筑双年展"的策展人，张永和曾以"好趣味"名之，并规避了这类作品的参展："他们普遍重视建筑艺术语言，常常接受欧洲现代主义的审美体系；同时过于强调形式上的'好趣味'的重要性，对于其他的研究和探索也构成一种潜在的局限。""他们通常有较强的品牌意识和媒体意识。"[41]

几乎在这同时，在《时代建筑》的"中国年轻一代的建筑实践"专辑中，李翔宁以"权宜建筑"概念正面评价了年轻一代建筑师的策略，指出"他们更关注的是如何在中国现有的条件下，实现有品质、有趣味的建筑"，"他们不再执著于中国空间和样式的追求"。[42]

例如，当中国的实验建筑在21世纪走向新的临界点，即转而向传统文化／空间资源寻找突破点的时候，最有可能在这一方面有所作为的王昀（曾师从日本著名建筑师原广司，做过长期的聚落考察与研究），却返身极简现代主义，在纯白色的几何空间里实验，这确实是一个有趣的现象。[43]

"这是一个瞬息万变的时代，我们必须了解这个世界每天的变化并迅速做出判断，但我们不必好高骛远，因为我们已经知道有些东西是一直不变的。我们相信对基本元素的关注会有助于我们的成长，那些关于光线、材料、细部、尺度、比例，那些空间的要素与氛围的营造等等。"这是大舍建筑的设计理念，[44]他们在设计中（如东莞理工学院、青浦私营企业协会办公楼）寻求着"理性而有人情味的设计途径"。[45]

同样，像标准营造（如雅鲁藏布江小码头）、张雷（如混凝土缝之宅、高淳诗人住宅）、齐欣（如松山湖管委会、江苏软件园、用友总部）、王昀（如庐师山庄 A＋B 住宅、百子湾幼儿园和中学、石景山财政局培训中心）和祝晓峰（如青松外苑、万科假日风景社区中心）这样的建筑师，并不直接表达对现实的鲜明的批判态度和应变策略，而是在长期的设计实践中持守个人的审美品位（往往是现代主义的纯净风格）和营造品质，这在标榜快速建设和表演性设计的浮躁现实，同样是非常可贵的。

而且标准营造对建筑界的流俗有着清醒的认识（"我们需要放下书本，不要重复书里的设计，拒绝浮躁，回归建筑本身"，"希望给建筑一个干净的动机，用更平常的心态，认认真真地为普通的老百姓创造建筑"），[46]张雷对实验与品质有着独到的理解（"我现在有时候，情愿让我的房子在所谓观念和实验性方面稍弱一点，但是要保证它建造的水准。"[47]），齐欣也有着对场所语境的独特理解（"如何寻找潜在的物理环境以及物理环境以外的精神或文化环境，便成为了建筑师在从事'无中生有'工作中'有的放矢'的关键环节。"[48]），王昀的纯粹现代主义探索更是基于其深厚的聚落研究背景，曾参与过库哈斯的珠江三角洲考察的祝晓峰，则探索着从现实"融合"形式语言（"就建筑而言，当代中国的建造体系已经完全西化，这就注定通过建筑来传承传统文化的时候，必定是'融合'而非'复原'。事既至此，态度更需积极，应当以充分开放的方式对待'融合',从构造、材料、空间到精神,无不可信手取材。")。[49]

另外,国有设计院因为体制改革,也产生了一些类工作室式的设计模式(如中国建筑设计研究院的崔愷、李兴钢工作室,深圳市建筑设计研究总院的孟建民工作室等),使设计水准迅速提升,增加了这一趋势的规模。

场所语境的建筑是中国当代建筑的主流,是过于亢奋的城市现实的"镇静剂",也是真正的实验/先锋建筑产生的土壤。

3.5 未来语境的建筑

以朱锫(如深圳展示中心、中国当代美术馆、杭州西溪湿地艺术馆)、马岩松(如梦露大厦、800米塔)和王晖(如左右间咖啡、今日美术馆艺术家工作室)的部分作品为代表的未来建筑,搁置本土、都市和场所语境,畅想未来,以非线性国际流行设计语言和高度个人化象征/阐释手法,成为目前最具国际影响和最受媒体追捧的路向。

未来与媒体语境的建筑并非对未来风格的"预测"和媒体的鼓噪,而是甲方的诱导与意志的折射,因此,前述不同趋向中的建筑师也会偶有即兴之作,如崔愷(如北京数字出版信息中心、首都博物馆)、都市实践(新世界纺织城中心商务区)、齐欣(于家堡Y-1-28金融办公楼)。

未来语境的建筑搁置了传统,但并非不敬或轻慢,而是"敬鬼神,事而远之",并试图在实践中积极面对超速城市化现实,以国际化视野/经验激活普通的都市区域。在某种程度上,未来语境的建筑是大众/媒体文化时代的实验建筑,它因此具有强烈的表演和玩世欲望。未来语境的建筑是这个疯狂的表演性时代的宠儿,甲方的奇观化、地标化渴求成就了他们的梦想,材料/结构技术的革命性进步使他们的妄想成为现实。未来语境的建筑在这个设计时代具有强烈的跨界欲望,它与产品设计和环境平面设计间的界限已日渐模糊。

未来语境的建筑面临的问题是设计的独有性的危机,由于缺乏来自自身的、"自然"的原创力,深思熟虑的设计理念,以及对都市和场所语境的基本兴趣,貌似激情四溢的未来建筑却难掩空泛、苍白"内核"。

3.6 景观语境的建筑

这实际上是"城市语境中的建筑"趋向的延伸,是建筑师和景观设计师积极介入、整合都市空间的探索,是后实验建筑时代产生的新类型,也是当代建筑向景观设计领域的积极而富有成效的"渗透"。

艾未未的金华义乌江大坝景观、艾青文化园和他所策划的金华建筑艺术公园,均以强烈的实验性介入城市空间,纯净而有力的设计语言同时给当代建筑和景观设计以启示;都市实践的地王城市公园两期项目和笋岗片区中心广场,是以层次丰富的小广场设计激活普通街区的探索;王澍的中国美院象山校园一期工程和景观环境,由于保持了原有农地、溪流和鱼塘的格局,使建筑设计理念得以延伸;刘家琨的时代玫瑰园公共交流空间以更为先锋的姿态,进行了现有居住社区模式的主动城市化/公共化实验;标准营造的疯狂小三角公园以看似随意、简单的地景切割,赋予这一平淡空间以公共艺术般的品质。

作为景观设计的中坚力量，俞孔坚的中山岐江公园、都江堰广场、永宁公园、沈阳建筑大学校园景观，以及庞伟的狮山郊野公园山顶景观塔、东部华侨城湿地花园等大量实践，创造性地运用当代的设计语言、乡土景观基底的保留、当地植物（甚至农作物）的极致化等手法，以批判性姿态和强烈的使命感介入景观设计实践，颠覆了时下巴洛克化城市景观的主流模式。

相对而言，反倒是建筑师的景观作品更为纯净，更贴近当代公共艺术的精髓，在城市空间中以自身"虚"的存在整合、激活区域；景观设计师们的作品往往有着过强的建筑意味、过于主观的景观建构意识和过于生猛的区域重塑欲望。

与大陆建筑师/景观设计师们的超大规模实践相比，在台湾"地貌改造运动"中异军突起的黄声远在宜兰的大规模实践（如宜兰县社会福利馆、宜兰火车站周边都市魅力再造、宜兰河整治），或许具有更多的启示意义。他在宜兰的设计涉及建筑、规划、环境、装置、社区，其积极参与的透过公共工程进行地貌及环境改造，并配合区域行销而成功地推动地方发展的操作模式，被称为"宜兰模式"。

就像台湾评论家阮庆岳所说的："（宜兰县社会福利馆）预告了黄声远后期作品发展中，显得十分特殊的另二个特质：一是针对基地外周遭都市环境的直接介入，另一是对基地内使用内容的强力参与建议的特质。""这种对建筑师角色，尤其在处理公共建筑时，由传统领域位置主动往上层的都市计划领域、预审层化的参与内容设定方向延伸的态度，都叫人耳目一新。"[50]

4 结语：入世有为——台湾当代建筑的启示

1949 年以来，台湾的国家主义建筑仓促应对，复古主义于大陆有过之而无不及，且极端粗俗，然至王大闳设计的国父纪念馆为之一变，遂由古典主义向现代主义坚实转向。至于当下，当代建筑早已渐入佳境并衍生多条路径，较大陆近二十年的成就更富实绩和多彩，而黄声远和谢英俊两人"殊途同归"的建筑实践，就是在台湾建筑界也显得过于另类。

黄声远不仅"自发"拆解他所设计的公共空间的纪念性，而且以罕见的热情与执著介入周边都市空间的整合；谢英俊更是将心力用于乡村自力造屋体系培育，提出弱化建筑的概念、合作社组织的概念、社区的整体营造的概念和永续建筑的理念，他们因此被称为"社会建筑师"。

对"社会建筑"，张永和有一个界定，即不是那种泛化的社会建筑，而是建筑师通过思想观念的所谓革新，作为社会工作者，通过呼吁政府改变政策，实现建筑的新趋向；"社会建筑"模式，是指建筑师必须通过设计（有想象力和有创造性的设计）来实现他的社会建筑的理念。[51]

而台湾建筑/都市评论家夏铸九，在谢英俊跟阮庆岳的通信集《屋顶上的石斛兰》里，称谢英俊为"黄昏中浮现的社会建筑师"，他说的"黄昏"实际上就是西方现代建筑与教育体系问题。他谈到社会建筑师时，引用了理查德·哈齐（Richard Hatch）的一个理念，指出社会建筑实际上是要恢复人对建造的欲望。因为现代主义产生以后，什么东西都是工业化生产，人和房屋营造的关系脱离了，变成了纯粹的空间消费者。人有一种创造自己的家园的欲望，以及参与的欲望，还有对社会批判性的欲望，培养出自信、有想象力和创造力的新人——夏铸九从另一个意义上阐释了社会建筑。[52]

台湾建筑评论家阮庆岳在论述到黄声远和谢英俊时，也强调他们对现代主义建筑体系的突破，引录如下，作为本文的终结，并与大陆的当代建筑师们共勉：

> 谢英俊的建筑，打破了现代建筑长久以来，自以为（或根本不愿）无力介入社会改革的无力感，也让只能一步步驯化、美化、商品化的现代建筑宿命，能见到逆向操作的真实可能。而他勇敢挑战资本主义在社会公义上严重不足的勇气，对于名利欲望的淡然态度，对人性价值依然不放弃的信仰，不以为梦想与现实是永不相干的天真，与对自然母上与文化的真实关怀……[53]

> 黄声远以他个人灵活的手段，化解了建筑专业者自我捆绑（或被捆绑）的牢笼，而这种全面化走向，让我们见到建筑操作由"专"入"常"的实证，更开广了建筑师角色的新定位的可能……这种强烈想与周遭平常的"自然真实物件"，寻求直接对话的建筑象征语汇手法，不但在台湾当代建筑里几乎不可见，在某种程度上，也是对现代主义建筑传统的颠覆与挑战。[54]

感谢诸位建筑师及时提供资料。限于体例和字数，本文不涉及作品的深入分析，也不附相关图像资料。

注释：

[1] 出版于1988年的《中国建筑评析与展望》（顾孟潮、张在元主编，天津科学技术出版社1988年版），反映了当时建筑思想界空前活跃、求新的盛况，曾昭奋、布正伟、顾孟潮、马国馨、王明贤都是建筑界新思潮的鼓噪者，而张永和的"青涩"短文的副标题，也是"寻找新建筑"。书中收录的王明贤《夹缝里的创新》一文所开列的新建筑名单很含糊，如南京大屠杀纪念馆（齐康、郑嘉宁等）、自贡恐龙博物馆（吴德富、高士策、尹元良）、北京独一居酒家店面设计（布正伟）、台阶式花园住宅（吕俊华）、中国科学院图书馆（张萍）等，而他所着力评述的，是中国建筑师在国际建筑设计竞赛中的中奖方案（1986年10月，《世界建筑》杂志社曾在重庆举办过"走向世界、为国争光——国际建筑设计竞赛获奖者会议"）。

[2] 王明贤，史建. 九十年代中国实验性建筑. 文艺研究，1998（1）.

[3] "艾未未认为，立场具有一种控制性张力：建筑师对一切事情的态度。因此，'它的非实用性应和建筑师的实践划清界限'。换句话说，建筑师的趣味并不能等同于其立场。"参见赵星. "'非常建筑'非常十年"研讨会纪实. 建筑师，2004（2）. 艾未未

在多种场合强调过他并非实验性建筑师，却因为空间审美的纯粹和立场贯通，其作品（如自宅、艺术文件仓库和SOHO中国三个地产项目的景观设计）成为实验建筑时代最具实验性和规模性的成果。

［4］《三联生活周刊》原拟以"非常十年"作为专辑，后因故取消，只在文化板块集中刊出了舒可文的评论，张永和、艾未未关于"趣味"的对话和史建的非常建筑作品点评，撤掉了原计划刊出的周榕的理论评介文章。

［5］张永和. 第三种态度. 建筑师，2004（2）.

［6］张永和，周榕. 对话：下一个十年. 建筑师，2004（2）.

［7］张永和："中国目前的现实使咱们现在可能做到'有思考的生产'。在这样的现实条件下，中国的建筑师如果反而要往'主流'或'非主流'里套，那就成为一个问题了，与中国现实反而脱节。中国目前状态下，而且仅仅是目前状态下，主流非主流是模糊的。"见张永和，周榕. 对话：下一个十年. 建筑师，2004（2）.

［8］张永和：清溪坡地住宅群方案、洛阳老城幼儿园方案、北京公寓室内设计、北京席殊书屋、南昌席殊书屋、虎门宾馆方案；王澍：杭州某歌舞厅和某地道入口改造；汤桦：深圳南油文化广场；吴越：深圳机场和石厦影剧院方案；赵冰：红框系列、书道系列·龙凤呈祥——南宁新商业中心方案。见王明贤，史建. 九十年代中国实验性建筑. 文艺研究，1998（1）.

［9］张永和：中国科学院晨星数学中心、泉州这个小当代美术馆方案；赵冰：书道系列·祥龙献瑞；汤桦：深圳电视中心方案；王澍：苏州大学文正学院图书馆；刘家琨：四川西铺镇石亭村艺术组天井之家方案；朱文一：绿野·里弄；徐卫国：国家大剧院国际建筑设计竞赛方案；董豫赣：家具建筑——作家住宅方案。见《今日先锋·实验建筑专辑》，第8辑，天津社会科学院出版社2000年版。

［10］王明贤. 建筑的实验. 时代建筑，2000（2）.

［11］共五册，分别为张永和《平常建筑》、崔恺《工程报告》、王澍《设计的开始》、刘家琨《此时此地》、汤桦《营造乌托邦》，中国建筑工业出版社2002年出版。

［12］参展建筑师为大舍建筑工作室、王晖、汤桦、王昀、朱锫、李兴钢、张雷、周恺。

［13］收录了朱竞翔、周凌、陈玲、祝晓峰、李麟学、朱涛、张轲和张宏、华黎、陈旭东等十位建筑师的作品。

［14］同［2］。

［15］史建. 超城市化语境中的"非常"十年. 建筑师，2004（2）.

［16］如《时代建筑》2003年第5期为"实验与先锋"专辑，支文军在"编者的话"中说："在不少文献中，'实验'与'先锋'往往被简单地混为一谈。然而，在一般意义上，'实验'是一个比'先锋'更宽泛的概念，主要是指艺术行为对现有秩序的背叛和不断探索，其结果可能并非走向坦途而成为'试验品'。"

［17］周榕. 建筑师的两种言说——柿子林会馆的建筑与超建筑阅读笔记//张永和/非常建筑. 建筑"动词"：张永和非常建筑作品集. 台湾：田园城市文化事业有限公司，

2006：43.

[18] 朱涛. "建构"的许诺与虚设——论当代中国建筑学发展中的"建构"观念. 时代建筑, 2002（5）.

[19] 朱涛. 近期西方"批评"之争与当代中国建筑状况——朱剑飞一文《批评的演化：中国与西方的交流》引发的思考. 时代建筑, 2006（5）.

[20] 参见李武英. 是反传统而不是前卫——"土木回家"展记. 建筑时报, 2002-8-20. 见ABBS建筑论坛.

[21] 分别见朱剑飞《批评的演化：中国与西方的交流》和朱涛《近期西方"批评"之争与当代中国建筑状况》，均刊于《时代建筑》2006年第5期，他们于2006年11月24日在北京大学建筑中心的以"问题与主义"为题的讨论，后来刊于《domus国际中文版》和ABBS建筑论坛，引起极大关注。由于讨论集中与西方批评理论及其在中国转译、反映和挪用的检讨，虽然都讨论了张永和、刘家琨和马清运的设计，并没有从实验建筑的语境中进行深入剖析，也没有涉及更多建筑师的实践和"当代建筑"议题。

[22] 唐克扬认为实验建筑的建筑表皮实验，最终只是在形式上完成了对建筑内部空间逻辑的外部注释，却不能通过真正的公共参与和内外交流，达到对建筑深度的向内消解和建筑单体的城市化。"或许出于对意识形态的厌烦，中国建筑师对于建筑理论的解读却很少顾及社会现实，他们的'城市''观看''空间'通常都是无文化色彩，无上下文和'纯粹建筑'的，对于表皮理论的理解可能也很难例外，这不能不说是一个令人遗憾和不安的现实。"参见唐克扬. 私人身体的公共边界——由非常建筑谈表皮理论的中国接受情境. 建筑师, 2004（4）.

[23] 史建, 冯恪如. 马清运访谈. domus国际中文版, 2007（2, 3）.

[24] 如朱剑飞就认为："这种在设计中表现的关于'基本建筑'的分析深度，是大陆中国现代史上前所未有的。这种对巴黎美院的装饰现实主义传统的批评，和对近来后现代历史符号的反对立场的明确自觉的表达，也是前所未有的。今天他们所打开的批评空间和建筑师的相对自主，也是以前不曾有过的。""张永和、马清运等人的工作是把西方的批评主义带到中国，促成一个自主的、批评的建筑话语在中国大陆的兴起。"见朱剑飞. 批评的演化：中国与西方的交流. 时代建筑, 2006（5）.

[25] "海内外建筑师合作设计"在20世纪80-90年代曾获得主流建筑界的积极评价（参见贾东东主编. 海内外建筑师合作设计作品选. 北京：中国建筑工业出版社, 1998.）本世纪初更多国际明星建筑师频频在国家级项目的国际招标中中标，才引发建筑界的"危机意识"。但是显然，合作设计既使设计院的水平得以提升，同时，也促动了这些国际建筑师事务所对中国建筑师的大量聘用，加速、提升和壮大了中国当代建筑师阵营。当然，也是这些事务所中的一些中国建筑师，对中国传统文化肆意滥用，对主流体制和设计趣味一味迎合，营造与其在本地和国际地位不符的妖魔化奇观。

[26] 俞孔坚. 景观十年：求索心路与践行历程. 景观设计学, 2008（2）.

[27] 孔祥伟. 论过去十年中的中国当代景观设计探索. 景观设计学, 2008（2）.

[28] 汶川地震以后，当代建筑师群体曾迅速显示出强烈的使命感和介入意识，较著名的有深圳的"土木再生"和北京的"震后造家"团队，以及刘家琨"再生砖"实验，但是一年以后卓有成效的，仅有台湾建筑师谢英俊（从轻钢结构体系到协力造屋，已经建农房五百套）。参见贾冬婷．震区未来，建设师的想象与实践．三联生活周刊，2009（16）．

[29] 在"实验建筑"时代，张永和、赵冰和刘家琨就对"新潮美术"和国际当代艺术（尤其是展览）保持着高度关注和介入；"后实验建筑"时代，青年建筑师介入当代艺术展更为普遍（当代艺术家汪建伟曾策划过多次艺术家与建筑师合作作品的展览，如"间·隔"展、"城市进行式：现场张江"展等），两届"深圳城市\建筑双年展"，也都有当代艺术界的积极介入。

[30] "活的中国园林"展览由中国美术馆与德国德累斯顿国家艺术收藏馆联合主办，中国美术馆馆长范迪安在画册"前言"中指出："本次展览的作品反映了中国园林的不同因素在当代中国建筑、设计以及绘画、雕塑等视觉艺术领域的延伸，也即建筑师、设计师和艺术家们运用园林观念与语言形式的再创造。这是古典艺术的当代活化。"参展艺术家既有徐冰、展望、曾梵志、吕胜中等国际知名的当代艺术家，包括王澍、董豫赣、刘家琨等实验性建筑师，也包括李兴钢、李翔宁、童明、朱锫等"当代建筑师"。见《活的中国园林》画册，中国美术馆，第7页。

[31] 我曾在"第二届深圳城市\建筑双年展"期间在《南方都市报》的"2007中国建筑·思想论坛"上，提出过实验性建筑的转型论，但因种种原因，一直没有成文。

[32] 朱涛是保持思考、率直表达和现实的洞见与使命感的不多的批评家，他认为："建筑理论在于使得建筑师在实践过程中能拥有一种对其建筑产品所拥有的'当代性'和它们所带来的社会后果的意识。没有对历史发展和现实状况的严谨分析、没有对专业如何在现实中精确定位的深入思考、没有对自己产品的社会后果的强烈责任感，一种富于创造力、进步性的实践怎么可能形成？""如何能在人们的创造、消费冲动与有限的自然资源之间取得平衡？如何能既满足当今人的生活要求，而又不以牺牲后代人的生存空间为代价？中国建筑还有没有可能获得社会参与和形式审美的高度整合？这些问题，只能靠中国建筑师自己的艰苦摸索来获得答案。"见朱涛．近期西方"批评"之争与当代中国建筑状况——朱剑飞一文《批评的演化：中国与西方的交流》引发的思考．时代建筑，2006（5）．

[33] 在赵冰的积极努力下，"八五新潮"的重要流派"北方艺术群体"的主要成员舒群、王广义、任戬先后调到武汉的高校，力图在"中部"推进全面的文化艺术振兴。后来，这一努力随着"北方艺术群体"的星散而消解。

[34] 在理论上，赵冰曾着意于创造"真正属于中华的设计方法和理论，我称它为太极设计理论"，以后又发展为以"风生水起"为核心的"体验建筑学"。其著述从《4！——生活世界史论》（湖南教育出版社1989年版）到《风生水起》（《建筑师》2003年第4期），以及在湖南美术出版社出版的《解构主义》、《建构主义》、《转换主义》、《多元主义》等编译文丛，在整合当代文化和创造新文化方面包含了过于宏大的雄

心和过于苍白的理性思考，而"化入"文化虚无主义。在建筑设计方面，他的以上述理念支撑的文化象征符号/隐喻建筑（如中国玉文化中心、编外雷锋团展览馆、黄黄高速公路二里湖服务区等），成为与现代/后现代/当代建筑全不搭界的"异类"建筑。赵冰的案例进一步证明了"实验性建筑"群体的多元性，以及建筑在艺术中相对独立的演化进程。

［35］史建，冯恪如. 张永和访谈. domus 国际中文版，2006（7）. （创刊号）

［36］史建，冯恪如. 王澍访谈. domus 国际中文版，2006（10）.

［37］同［23］。

［38］俞孔坚. 景观十年：求索心路与践行历程. 景观设计学，2008（2）.

［39］分别为中心论政策、临时性政策、速度政策、巨大化政策、自由表情政策、半透明政策、清除政策、省力政策、高效政策、政策的政策。见马清运. 都市主义的中国政策. （内部参考）. 马达思班，2003-9-25.

［40］URBANUS 都市实践. 北京：中国建筑工业出版社，2007：8-9.

［41］张永和. 现象与关系//城市，开门！——2005 首届深圳城市\建筑双年展. 上海：世纪出版集团上海人民出版社，2007：14.

［42］李翔宁. 权宜建筑——青年建筑师与中国策略. 时代建筑，2005（6）.

［43］我曾对王昀的庐师山庄作过评论："在王昀的设计中，庐师山庄实际上是反用或逆向的聚落。表象上，山庄表现出某种'过度'设计、刻意设计和固执设计的特征，但它的深层空间戏码，却是多义的、混合的。""在对弥漫于建筑设计界的复杂而躁动的表层语意进行了大胆的删节，以及对都市语境进行了刻意的回避与疏离后，王昀将'剩下'的、被抽空了意义的所谓极简空间进行了聚落意义上的重组。作品中一系列具有仪式性和戏剧性空间的穿插与交叠，都显示出对意义空间深度开掘的欲望与执着。在这里，白色与围墙是对灰黄都市现实的某种拒绝，不仅是对其过分嘈杂语境的拒绝，也是对其空间秩序的拒绝，他试图构建自足的、主观的乌托邦空间语境，试图建立对新生的超大空间消费群体的另类空间想象，试图在赋予居住空间以某种都市性的同时也与传统有些深度契合（白色围墙拒绝都市语境却借景林木与西山）。"（史建. 灰黄语境中的白色，或聚落几何学. Edge, Design Magazine 07. ）

［44］《大舍建筑工作室·前言》，引自大舍建筑工作室网页。

［45］参见邹晖. 记忆的艺术——关于大舍建筑设计事务所的思考. a+u 中文版，2009（2）.

［46］引自. 南方都市报·中国建筑传媒奖颁奖特刊，2008-12-30.

［47］引自胡恒. 裂缝的辩证法. domus 国际中文版，2008（1）.

［48］《齐欣建筑设计理念》，引自《世界建筑》网页。

［49］引自阮庆岳. 中国建筑风火轮：城市自有山水秀. 家饰，（台湾）2008（11）.

［50］阮庆岳. 弱建筑——从〈道德经〉看台湾当代建筑. 台湾：田园城市文化事业有限公司，2006：81.

［51］同［41］：15-16.

［52］参见谢英俊，阮庆岳. 屋顶上的石斛兰：关于建筑与文化的对话. 台湾：木马文化，2003.

［53］阮庆岳. 弱建筑——从〈道德经〉看台湾当代建筑. 台湾：田园城市文化事业有限公司，2006：38.

［54］同上：82.

当代建筑2：全球互动
Contemporary Architecture 2: Global Interactions

　　当代中国建筑的另一组独特现象，是多层次海外建筑设计的涌入，中国建筑以及建筑师个人在海外的出场，以及内外或中西之间较大规模的互动。本栏目的研究关注海外建筑设计输入的历史，输入的巨型地标建筑在北京的具体分析，以及中国建筑进入全球互动之后所必需面对的理论问题，如建筑的实用性和批评性、它们在互动中的走向等等。

外国建筑设计在中国：
历史简述（1978 – 2008 年）

Thirty Years of Importation：Architectural Designs from Abroad（1978 – 2008）

薛求理
Xue Qiuli

1　外国建筑设计在中国

我国改革开放自 1978 年始，已经走过了 30 个年头。改革的要义是要革除不适应生产力发展的生产关系，在我国即是从计划经济向市场经济的过渡。改革以开放为动力，闭关锁国的政策逐渐由开放国门所代替。西方先进国家的技术、管理方式大量引入，从而加速我国现代化的步伐。外国建筑设计随着经济开放而涌入我国，对我国近 30 年来的城市景观和建筑业造成极大冲击和影响，这种冲击和影响有正面的也有负面的。本文简要回顾 30 年来输入海外建筑设计的历程并讨论由此带来的现象和问题。

在外部方面，建筑设计跨出国门服务于海外，是全球化经济活动的一部分，资本寻租，服务业寻找主顾，不论国家疆界、政治宗教。早在"全球化"到来之前，英国、美国和欧洲的建筑师已经在海外或其殖民地设计房子。20 世纪初年，我国沿海沿江城市的主要商业建筑和高级私宅皆为外国建筑师的设计，它们构成了中国近代建筑的主要景观。美国、日本、欧洲（英国、德国、法国、荷兰等）的建筑师从 20 世纪 60 年代起，频频活跃于本国之外。在 20 世纪 70 年代，吸引海外建筑设计的是日本；在 20 世纪 80 年代，是中东和亚洲新兴的四小龙；20 世纪 90 年代中期后，西方建筑师渐渐转向中国内地，而中东则有持续的市场。以美国为例，美国现有 15 万名建筑师，每年还有 2000～3000 人加入这个行业。以美国 2 亿 4000 万的人口计算，约 1500 人中有一名建筑师，我国香港是每 3500 人中有一名建筑师，而这一比例到了中国内地，是每 10 万人中有一名建筑师。[1] 西方发达国家市场的饱和及设计业的成熟，使得这些国家的大设计公司必定寻求向外拓展。

2　三个历史阶段的统计和讨论

笔者纵观过去 1/4 世纪我国引进海外建筑的历程，将其分为三个阶段。

第一阶段为 1978 – 1990 年，这一段时间是改革开放的初年，深圳、珠海、汕头、厦门被列为经济开发特区。中国城市和海外发达地区城市都有几十年的物质差距，海外的生活、物质、投资和建筑设计对各城市都较为新鲜，并在设计和工程领域起到示范作用。改革开放后最早进入中国的是日本建筑师，如 1977 年在上海宝山钢铁厂和其他厂房和科研院所实验室的项目，这些项目多和日本财团的投资或引进技术息息相关。[2] 同时，英国侵占的香港建筑师由于地利和语言的优势，从南而北、从广东而内陆，成了进入中国内地的先锋。美国建筑师在上海和北京有少量的介入。整个 20 世纪 80 年代，由于体制关系，外国建筑师携设计方案到中国，皆由官方如本地建委或外资委引路来找合作单位，而落地开办事处的几乎没有。[3] 这一时期的主要建筑类型是旅游宾馆酒店，以解改革开放之初这类建筑匮乏的燃眉之急。代表性实例有北京建国饭店、香山饭店、长富宫饭店、长城饭店；天津水晶宫饭店；南京金陵饭店；上海华亭宾馆、瑞金大厦、静安希尔顿、新锦江大酒店、上海商城等。

第二阶段为 1991–2000 年，这一时期社会生活和国民经济经过几次起落，海外投资和海外建筑设计在各城市悄悄地加速进入。北京市评出的 20 世纪 90 年代十大建筑，中外合作设计有 4 项；1999 年上海评选"建国 50 周年上海经典建筑评选"，在获金银牌的 20 个奖项中，海外设计建筑有 8 项。[4] 21 世纪落成的一些引人注目的建筑也是在这一时期进行招标竞赛的，如引起社会广泛关注的国家大剧院。这一时期，日本建筑师的设计还占着输入设计的一半以上，而欧洲建筑师已经开始少量进入（5 项）。美国和日本的建筑设计事务所开始在北京和上海设立办事处或分公司。在以上的这两个阶段，海外建筑设计一直是本土建筑师学习的楷模，综合型高档办公写字楼是这一时期的主导建筑类型。代表性实例有北京中日青年交流中心、中国国际贸易中心、燕莎中心、中国银行总部；上海金茂大厦、上海大剧院；深圳市民广场、地王大厦等。

21 世纪开启了输入海外建筑的第三阶段。本世纪开初的几件大事，如中国加入世界贸易组织，北京申办 2008 年奥运会成功，上海申办 2010 年世界博览会成功，广州的 2010 年亚运会以及中国经济的持续高速增长将中国推向了世界注目的前沿，会展中心、大剧院、体育场馆、飞机场、火车站等大跨度特殊建筑成了这时期的主导项目，几乎每个大中城市都在建造或筹备上马这些"地标性"工程。以笔者粗略统计，"大剧院"工程在全国就有 50 余项，飞机场的扩建和新建则有近百项。[5] 海外建筑设计不仅仅跟随海外投资，更渗入到国家标志项目和国内大量私人投资的地产项目。在北京，从中关村西区、金融街、CBD，以及长安街等重要地区，重大项目的建筑设计绝大多数方案都是国外设计机构参与的。在很多城市的关键地块，中国和海外建筑师或是对手，或是伙伴，或是平分秋色，或是见到形形色色打着外国公司旗号的中国设计者。由于中国的门户越开越大，而西方的建筑业持续萧条，海外建筑师几乎在中国各个角落存在。

据北京市勘察设计管理处对北京市建筑设计研究院、中国建筑设计研究院、中元国际工程设计研究院和北京市建筑工程研究院建筑设计院四家最大的民用建筑设计院作的一个统计，1995–2004 年间与这些院合作过的共有 13 个国家和地区、58 家设计所、82 个项目。而这些项目基本上是大型公共建筑、大型或高档公寓住宅。[6] 私人地产发展商的壮大，几乎垄断了住宅开发的市场。这些住宅在市场压力下，急于求新、打响名牌或追求一些"异域"情调。外国建筑师在此一时期也接手了一些住宅小区的设计，使得以往思路较为单一的住宅设计在规划和单体建筑上有了丰富的呈现。

笔者于2008年通过互联网粗略统计在上海的设计公司，总数有1000多家，其中上海本地和外地开设于沪的甲级设计院有100多家，本地的乙级设计院近百家。海外设计公司驻沪机构近百家，其中包括香港39家，美国11家，加拿大8家，法国7家，澳大利亚6家，日本5家，德国4家，新加坡、韩国各2家，北欧2家。其余的难以辨认其国家和"国际"属性。[7]这些外国公司逐渐本地化、规模化，21世纪猛增的项目中，很多来自一些国际性大设计公司。

21世纪前8年外国建筑设计代表性实例包括北京奥运公园、主体育场、游泳馆、北京机场三号航站楼、国家大剧院、中央电视台总部、长城下的公社、建外SOHO、中央美术学院美术馆、银泰中心；天津博物馆；上海环球金融中心、新天地、明天广场、恒隆广场、外滩中心、上海科技馆、东方艺术中心、上海南站、一城九镇、浦东展览档案馆；郑州郑东规划、会展中心；杭州大剧院、金华建筑艺术公园；广州体育场、会展中心、新白云机场、歌剧院、电视塔；深圳会展中心、图书馆、音乐厅等。许多实例在中国本地民众中耳熟能详。

本文划分的这三个阶段与过去30年来我国改革开放社会经济各阶段起伏基本吻合。为了从数量上描述外国建筑设计在中国的大潮，笔者辑录了日本、北美、欧洲三地区建筑师1978－2008年在中国的建筑设计，统计的都是建成作品。图1～图6是这些时期建筑设计按国家划分的比重和在我国各地区的比重。除了这三类设计者国家地区外，澳大利亚和其他亚洲国家和地区在我国也有设计，因数量相对零散，未加入统计。对这些设计的统计中，笔者以中英文记录了设计建筑名称、所在地、建成年代、设计者公司、建筑概况和中国的合作单位。"海归派"成立的公司或仅是挂着"外国"名称而在本国无业务的"国际设计公司"未统计在内。截至2006年的统计，刊载在《全球化冲击：海外建筑设计在中国》一书中。截至2008年的统计，将附录在该书的英文版（2009年）中。当然，这样的记录不免有很多疏漏，功能也只是统计数量和记录事实情况。[8]

日本设计18项，美国4项，总共统计22项

图1 20世纪80年代外国建筑设计在中国的项目

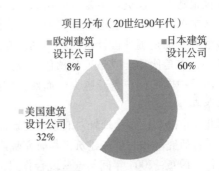

日本设计38项，美国20项，欧洲5项，总共统计63项

图2 20世纪90年代外国建筑设计在中国的项目

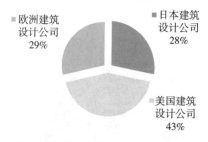

日本设计 71 项，美国 109 项，欧洲 72 项，总共统计 252 项

图 3 21 世纪前 8 年外国建筑设计在中国的项目

北京 28 项，上海 53 项，天津 5 项，广东 11 项，其他 30 项，总共 127 项

图 4 日本建筑设计公司在中国的项目分布

北京 26 项，上海 53 项，天津 6 项，广东 14 项，其他 34 项，总共 133 项

图 5 美国建筑设计公司在中国的项目分布

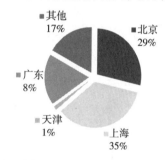

北京 22 项，上海 27 项，天津 1 项，广东 14 项，其他 13 项，总共 77 项

图 6 欧洲建筑设计公司在中国的项目分布

3 外国建筑设计在中国的现象和意义

外国建筑设计拍岸中国的第一波浪潮是在 19 世纪末到 20 世纪 30 年代的几十年间，这些建筑曾经惊艳于中国和亚洲。[9]中间隔着 20 世纪 40 年代的内外战争、20 世纪 50－70 年代的闭关锁国，在这间断的近 40 年，国家内忧外患，开工已少，又遑论"输入"。20 世纪 70 年代末期，中国移除保守势力，打开门窗，呼吸到的是外面的新鲜空气。外国建筑设计重临中国，第一站是北京和上海。上海黄浦江的两岸展现了两个时期的典型图景。黄浦江西岸，是 20 世纪初古典复兴式的银行洋行和旅馆；黄浦江东岸是最近 20 年崛起的摩天大楼、金融机构或跨国公司总部，多数出自外国建筑师的设计（图 7、图 8）。19 世纪末到 20 世纪初的外国建筑设计，是口岸通商输入西方文明和半殖民地化的

自然结果；而 20 世纪末改革开放后的输入外国建筑设计，则完全是中国政府和国有、民营发展商的主动选择。

图7　上海黄浦江两岸，见证着两个开放的时期
图片取自：王炜文先生摄赠

图8　上海浦东景象

海外建筑由涓涓细流到大江大海般地涌入中国，其内部原因是中国的改革开放政策、走向现代化的坚定步伐，和地方政府以至公私企业在树立高端形象方面，"与国际接轨"的宏伟决心。既然北京、上海、广州和其他许多城市意欲成为"国际化大都市"，那就必须向真正的国际大都市看齐，如纽约、伦敦、东京。由于我国的政治经济体制，中央和地方政府在引进海外建筑设计过程之中起着积极主导的作用。从"保驾护航"到"宏观调控"，中国政府这只"看得见的手"一直在经济活动中起着强有力的作用。

地方政府和开发商从"土地经营"上获得快速和巨大的利润,因此对"打造"国际化大都市,把自己的城市放上世界版图有急切、强烈的热情。公私开发商要建造"50年不落后"的建筑并且在地产项目上走高档路线,最直接的办法就是(不惜代价)把设计海外大都市和"高水平"的"品牌"建筑师请进来,而不是仅仅依靠本地的设计院。以此,参与国际性的"高档"品牌"消费"。我国沿海沿江城市在追溯其本地"辉煌历史"时,多数着眼的是半殖民地时期的风貌和建筑(而不是更远些的古代传统),非如此无以压倒其他竞争城市。隔了半个世纪,这些城市再来争相引进外国建筑设计,看来是十分自然不过的事(图9~图11)。[10]

21世纪的数字化时代,信息爆炸。图像和事件胜于文字和分析,社会对图形图像有巨大的消费需求。图像时代的建筑设计,就给简化成了骇人的形象,方便大众通过媒体虚拟或现场消费。西班牙毕尔巴鄂的古根海姆美术馆和阿联酋迪拜的沙漠新图腾,以建筑振兴原本奄奄一息的本地经济,成了世间传奇。我国各级的省市乡镇,也就不顾条件,争相建造这类建筑以期达到同等效果。而在一些省市项目的国际设计竞赛中,从功能技术到形象处理,外国设计公司确实在总体上技高一筹,常常包揽了前几名。说到底,业主总希望有个好的方案。

图9 美国贝聿铭事务所,北京香山饭店,1982年

图10 美国陈宣远事务所,北京建国饭店,1982年

图11 香港巴马丹拿集团,南京金陵饭店,1983年

中国地方政府和开发商的热情态度,为急于在国际上发表"建筑宣言"的外国建筑师提供了最好的机会。外国建筑师,特别是那些"明星"们,在中国这个发展中国家,受到无尚崇高"追星"礼遇和超过在其本土丰厚金钱物质报酬,他们感到振奋和希望。因此,我们的首都和沿海沿江城市,就出现了许多挑战技术难度和常规造价工期的"前卫性"、"标志性"巨构建筑。一些举国上下(如奥运会)、举城上下(如世博会、亚运会)的活动,使得某些建筑活动成了全国动员、不计代价、人海战术的群众运动和事件话题。

直到20世纪90年代,一家外国建筑设计事务所要在中国开分公司,还是限制诸多。2001年,中国加入了世界贸易组织,专业人士和建筑教育互认。许多外国的大小公司在我国城市长期驻扎下来并逐步本土化。他们在中国的营业额甚至超过了在他们的本土。因此,近年来各类大型设计都见到这些公司的身影(图12~图14)。[11]

图12　日本大林组东京本社，上海花园饭店，1989年　　图13　美国波特曼事务所，上海商城，1990年　　图14　日本黑川纪章建筑都市研究所，北京中日青年交流中心，1991年

图片取自：黑川纪章事务所

在不到十年时间内，我们的城市尽管还有许多问题，城乡差距尽管还在扩大，但在一些城市中心却拥有了世界顶级"美轮美奂"的建筑。它们的使用成效如何，业主和用者的反映如何，如何积极地贡献于城市活动；城市基础建设和土木建筑投下去的几千亿资金，如何产生经济和社会效应，并对中国经济和社会的其他部分如何影响，这些效应和影响如何衡量评定，既是实践提出的问题，也是学术应该关注的重点。它们需要更长时间的观察、跟踪和研究。

引进外国建筑设计，对我国建筑工程界，有难以估量的正面影响。这种影响发生在建筑思考方式、设计手法、空间处理、跨度高度、材料运用、机电设备装置、综合设计、生产过程、文件和办公室管理等方面。外国建筑设计进入前夕，我国才刚刚脱离"文革"的硝烟，建筑设计的观念、方法和技术手段尚停留在一穷二白的20世纪五六十年代。主要建筑类型是工厂、简单的工人新村等。对形式的探索基本上掩盖在实用、经济的前提或借口下，建筑量与满足庞大

图15　瑞典SWECO公司，上海宝山罗店北欧风情镇，2005年

人口所需相比，是不足够的，建筑设计人员的实践也相对有限。20世纪80年代以后，建设量猛增，新的建筑类型和要求层出不穷，对美感的追求名正言顺，唯恐不及。市场为主导后，业主对建筑设计有更高的要求。海外建筑师在此时大量涌入——先是杂志上的实例和图片介绍，建筑师和理论家的来华讲座，继之是实物的建造——对中国建筑业的冲击是强烈的。20世纪80和90年代，那些并非一流的海外包括我国香港的事务所之设计和其后的建造已经让国人看到了许多新的设计和管理方法，而21世纪一流大师的设计让快速成长的中国建筑师再有学习机会（图15~图17）。

首先是在设计理念和造型依据方面，海外建筑师有些新的东西（图18、图19）。如贝聿铭对空间、体量和周边环境的强调，使用功能和建筑艺术的结合在贝氏父子两代建筑师的设计中表现得突出；SOM、KPF、RTKL等公司对大型建筑的处理协调方法；赫尔佐格和德梅隆对建筑表皮的深入表现，库哈斯、MVRDV对时代观和当代城市的见解；波特曼、捷得（Jon Jerdes）对大型商业建筑、商场气氛的制造和经营等，一次又一次让建筑和工程设计人员耳目一新。

图16　法国夏邦杰事务所，上海大剧院，1998年；美国波特曼事务所，明天广场，2003年

图片取自：波特曼事务所

图17　荷兰大都会事务所，北京中央电视台总部，2009年

图片取自：贾巍先生摄赠

图18　日本矶崎新，北京中央美术学院美术馆，2008年

图19　日本隈研吾，上海Z58，2006年

其次是在设计方法上，海外事务所大量使用模型推敲，做各种比例的模型以研究其接近真实的效果，设计室犹如工作坊（图20）。而我国的大部分设计院还是整天忙于在电脑上绘制图纸，设计室是绘图室。工程管理方面，海外设计事务所的专业分工明确，绘图和表现甚至拿到国外以寻求更低成本。开工程会、作记录、传真编号、修改图纸的记录等都让中国同行觉得新鲜和彼邦办事认真。在质量管理上，海外公司所使用的材料

和做工说明（specification）让中国同行看到了建筑设计要做的另一部分工作和质量控制的途径。

在"引进"外国建筑设计的过程中，中国政府、发展商、设计施工单位也交了大量的"学费"。许多工程不必要地过于复杂，严重超支，比国内设计的同类工程贵数倍。首都北京或其他大城市这种豪华铺张、不计代价的做法，对其他省市无疑起着示范和引领作用。这种建设模式对我们这样一个发展中国家来说，是极不健康的，在经济和资源上，都无可持续

图20　日本山本理显，北京建外 SOHO，2003 年

性而言。北京、上海和广州的实例表明，在"合作"的过程中，外方拿着天文数字的设计费；中方在工作量、责任上承担着沉重的负担，但却收取着极不相应的报酬。[12] 对于城市标志性（单体）建筑，外国建筑师参与竞赛和投标尚有理据和优势，但对于一些需要大量本地数据和资料的旧区调查改建，从海外飞来的专业人士则明显不合适。

近距离的接触、海归派的回流和信息的大量流通，使我国和外国一流建筑师的距离正在不断接近。那些所谓"先锋、探索"手法一两年后就成了某种建筑类别的常规语言。外国建筑师的构思，最后都主要是靠本地建筑师和工程人员将其变为现实。如技术复杂的国家大剧院、奥运主体育场"鸟巢"、游泳馆"水立方"和中央电视台总部等。通过那些大型工程的频频实践，年轻一辈中国建筑师成长起来，这反映在一些本土大中型设计的渐趋成熟，活跃的建筑探索和中国建筑师在国际竞赛中初露头角。

海外建筑设计屹立在中国大地，带来了生活方式和观念的逐渐改变。这些舶来建筑对城市、市民和生活观念的影响，其广度远远超过局限在建筑界或技术方面的影响。20世纪30年代，十里洋场的上海，是外滩、南京路、霞飞路、租界西区构成的纵横背景，和平饭店、花园（国际）饭店、法国俱乐部、百乐门和花园里弄里天天上演着平凡或惊艳的人间故事。半个世纪后，上海南京西路上的上海商城、茂名路上的花园饭店，南京新街口的金陵饭店，北京建国门的国贸中心、亮马河畔的燕莎商厦等，在改革开放的早期和中期向中国人民透露出现代高雅和让人羡慕的生活方式；王府井的东方广场、建外 SOHO、现代 MOMA、中央电视台新馆、上海一城九镇和 21 世纪的一些引人注目的公共建筑和私人住宅，都在直接提倡和传达新的城市生活和消费主义观念——享受、娱乐、游戏、健康、自然、便利等。建成环境对生活其中人们的耳濡目染是不言而喻的。世界文化趋于同质，首先是从生活的相同开始的。私塾成了学堂，走江湖的郎中成了医院和医生，钱庄成了银行和金融机构，街市和巴扎成了"销品茂"（shopping mall），个人英雄崇拜和对权威的遵从让位给民主与法制，普通人的个人价值、兴趣和利益受到重视。在空间格局和经济社会生活中，集中中心变为无中心和分散。全球化城市的经济及传播活动改变了我们生产、消费、管理、传信及思考的方式，带来新的经济、社会以及媒体组合形式。

4 关于外国建筑设计在中国的研究

海外建筑传入中国的现象,在我国建筑界初始是"一石激起千层浪",在每个城市,海外建筑设计往往是该城市最高级华丽和引人注目的所在。因此,每有外国建筑师设计建筑落成,在该市乃至全国都引起极大关注。1993年和1997年,北京《世界建筑》杂志社举行了海内外合作设计专题研讨会,贾东东老师在此基础上编写了《海内外建筑师合作设计作品选》,由中国建筑工业出版社于1998年出版;邹德侬先生在其《中国现代建筑史》和其他专题文章中将海外输入建筑设计描述成"三次浪潮"。中国建筑工业出版社2008年出版之《为中国而设计——境外建筑师与中国当代建筑》,对一些著名实例作了分析。北京《世界建筑》杂志2004年第7期,上海《时代建筑》杂志2005年第1期均以海外建筑设计为题作专题报导。2003-2008年,美国的《时代周刊》(*Time Magazine*)、《商业周刊》(*Business Week*)、《建筑实录》(*Architectural Record*)、《建筑》(*Architecture*)、英国的《世界建筑》(*World Architecture*)、《建筑综论》(*Architectural Review*)、《建筑设计》(*Architectural Design*)、日本的《建筑与都市》(*Architecture and Urbanism*)、意大利的《住房》(*Domus*)、德国的《建筑细部》(*Architectural Details*)等有世界影响的杂志对中国和亚洲其他国家和地区的建筑均有专题报导,对建筑设计、建筑师和由此引起的现象有许多专文描写分析。笔者在《建造革命》(*Building a Revolution, Chinese Architecture Since 1980*)一书中对此专题已有大量涉猎(该书中文版2009年由清华大学出版社出版)。郭洁伟(Jeffery Cody)教授所写的《输出美国建筑》(*Exporting American Architecture:1870-2000*)一书则从另一个角度来谈了建筑设计输入和输出的问题。而东南亚各大学或在西方大学任教的学者,则对前殖民地东南亚诸国的"后殖民"时期及西方专业人士在当地提供的建筑设计作了不少研究和批判。[13]

在《建造革命》的基础上,笔者写成《全球化冲击:海外建筑设计在中国》一书,2006年底由同济大学出版社出版,此书的英文重写版计划于2009年推出。[14]该书概览了30年来我国输入海外建筑的情况。对我国如火如荼的城市建设立此存照。在概览的基础上,笔者和内地南方北方的研究者合作进行了一些有影响建筑的个案研究,如对美国波特曼公司在上海作品的研究,对上海"一城九镇"的个案研究,对日本建筑师在上海的研究,对北京奥林匹克建筑的研究。[15]我们的着眼点是考察海外建筑设计如何推进了中国的现代化,中国本土人民大众和专业人士如何接受这些舶来品;以及外国建筑师实践对中国建筑的正反方面影响。这其中涉及大量彼时彼地的建筑设计和社会问题。对于海内外的建筑从业者、业界决策者、学者学生或可有些回顾思考、参考索引作用。

在21世纪的今天,海外来的建筑设计数量还会在中国大地持续增加,人们会越来越习以为常。数量虽增,其受到的关注和影响力却在下降。时至今日,世界上每年有200~300万人口在移民,1.3亿人在非出生国生活。[16]在世界日益走向一体化地球村的世纪,地理和国界的壁垒会打破,超越国家的政治经济体系在冒现(如欧洲货币)。也许有一天,人们不再关注建筑的"输入"或"输出","海外"或"海内",而只注重建筑的质与量、好与坏、高级与低级、这个或那个建筑师的个人或公司，而他们的国家背景统统不再重要。世界会变得越来越平坦。

本文是香港特别行政区研究资助局研究项目9041420（CityU 149908）之一部分。朱剑飞教授对本文提出了宝贵意见。作者谨向朱教授和插图供稿者深表谢意。

注释：

［1］关于美国和我国香港地区建筑师人数，作者参考了住房和城乡建设部网站、香港建筑师学会资料和美国建筑师学会（AIA）之网站及 Raymond W. H. Yeh. Modelfor a Professional Degree Program in Architecture at the University of Hawaii. Hong Kong：Proceedings of Chinese Conference on Architectural Education, 2000.

［2］日本建筑师在中国的情况，特别请参见：Charlie Q. L. Xue, Nu Peng, Brian Mitchenere. Japanese Architectural Design in Shanghai：a Brief Review of the Past 30 Years. Journal of Architecture, Routledge（Taylor & Francis Group, UK），2009, 14（5）：585–604.

［3］关于外国建筑设计事务所在中国开设机构，以美国波特曼事务所（John Portman & Associates）为例。波特曼先生早在1979年即来华访问，寻找机会，并在20世纪80年代初，与上海市和区政府商谈南京西路的项目。但限于当时我国内地的体制，他的公司最初只能开设于我国香港地区，直到1993年才在上海开设办事处。参见 Charlie Q. L. Xue, Li Yingchun. Importing American Architecture In China-a Case Study of John Portman & Associates' Practice in Shanghai. Journal of Architecture. Routledge（Taylor & Francis Group, UK），2008, 13（3）：317–333.

［4］参见薛求理. 上海的"十佳"和香港的"十佳". 世界建筑, 2000（9）：77–80.

［5］笔者对于大剧院和其他标志性建筑的记录，主要针对省会和地县区级城市。消息来源于《世界建筑》、《时代建筑》等杂志和报纸、网站。

［6］于春普. 国外建筑师在北京设计市场的现状、问题与对策.［2005–6–16］. http：//www.abbs.com.cn/bbs/post/view?bid=26&id=6077851.

［7］这些数据来源于"注册建筑师之家"网站.［2008–3–24］. http：//shfly.5d6d.com/.

［8］本书图1～图6为笔者的统计，日本、美国和欧洲建筑师1978–2008年30年间共337个项目。外国建筑师在中国设计项目之资料，来源于杂志，如《时代建筑》、《建筑学报》、《世界建筑》、Japanese Architects、Architectural Record 等；网站，如 abbs.com.cn 和各外国建筑事务所之公司网站；媒体，如香港《明报》、South China Morning Post、上海《文汇报》等。笔者过往30年在中国各地的现场调查和建筑实践也为此统计增添资料。

［9］关于中国近代建筑研究，已经有大量的中英文文献通史和城市史，如杨秉德主编．中国近代城市和建筑．北京：中国建筑工业出版社，1992．汪坦，藤森照信主编．中国近代建筑总览．北京：中国建筑工业出版社，1987－1992．张复合著．北京近代建筑史．北京：清华大学出版社，2004. Alan Balfour, Zheng Shiling. Shanghai. Chichester：Wiley-Academy, 2002. 等。

［10］关于上海接续 20 世纪 30 年代"十里洋场"的传统和心态，参见：周鸣浩，薛求理．"他者"策略：上海"一城九镇"计划之源．国际城市规划，2008（2）：113－117．的分析。

［11］关于外国建筑设计公司在中国的经营，请参见笔者所著《中国建筑实践》中英文对照第二版之第 5 章，中国建筑工业出版社，2009 年。

［12］关于海外公司的设计费问题，可参见英国《世界建筑》（World Architecture）1997－2005 年每年第一期的全球设计公司排名调查。本文的叙述另源于笔者在上海和珠三角参与的工程，及过去 12 年来在北京、上海、广州和深圳与各设计院人士的谈话。

［13］东南亚诸国在后殖民期输入海外建筑和受全球化影响，可参见 Abidin Kusno. Imagining Regionalism, Re-fashioning Orientalism：Some Current Architectural Discourses in Southeast Asia. Journal of Southeast Asian Architecture, 2000（1）. Pu Miao ed. Public Places in Asia Pacific Cities, Current Issues and Strategies. Dordrecht：Kluwer Academic Publishers, 2001. Nihal Perera. Society and Space：Colonialism, Nationalism, and Postcolonial Identity in Sri Lanka. Boulder, Co.：Westview Press, 1998.

［14］此书之英文版暂名为 World Architecture in China, Importation and Adaptation 1978－2008，由香港三联书店于 2010 年出版。

［15］对于外国建筑设计在中国的专题，笔者较多采用个案分析的方法。这些文章首先以中文版形式在国内期刊发表，继之英文版在海外杂志发表。见本文参考文献。

［16］参见 Koolhaas, Rem, Stefano Boeri, Sanford Kwinter, Nadia Tazi, Hans Ulrich Obrist. Mutations. Bordeaux：ACTAR（arc en reve centre d'architecture）, 2002.

在长安大街的两旁：
规划、建筑区域和地理特征

Along Chang'an: Plans, Architectural
Territories and Their Geographies

彼得·罗伊
Peter G. Rowe

简要地说，这篇文章的基本观点是，在中国主要的城市中，总体规划所规定的形态特征产生了一些特定的建筑区域（territory）。这一点在重大基础设施沿线和城市发展轴两侧地段尤为明显。除了被设定区位和主要功能之外，这些区域持续地为相关的规划话语（discourse）所塑造。而且，每一区域都会牵涉到特定的额外的建筑话语作用于其地理特征（geography），为其设定建筑创作的参考框架。更进一步，当中国出现于国际舞台之后，这种参考框架具有全球性和地方性的双重特征。然而本文所讨论的并不是通常所理解的文脉主义（contextualism），因为在文脉主义里，惯性特征往往占据了优势地位。从一方面讲，这种（建筑）区域的塑造牵涉面甚广；另一方面，它们的发生往往突如其来。不过，以上所发生的变化并非意味着完全自由发挥的建造。许多城市的文脉情境有时看上去发生了剧烈的变化，但有些内容始终暗存着持续的影响，并且历史悠久。北京就是这样一个特别的案例。从中国早期的改革和1978年的对外开放起，这个城市涉及几轮总体规划的编制执行。1990年代以来，北京在基础设施和建筑方面投入了巨额资金，而且这种投资在进入新千年之际呈现了加速度的状态。

在本文的讨论中，"区域"既意味着特定的一片土地，也指发生（特定）建筑行为的特定圈子（sphere）或领域（field）。例如北京的中央商务区（CBD），是位于北京老城以东朝阳区内建国门地段的一个特定的区域。作为行为的领域，这里聚集了越来越多的商务和相关活动；（这些行为）主要集中在新建的高层设施中，许多这些高层在建筑设计上有很大的抱负，也有的已经变得臭名远扬。同样，按照通常的定义，地理特征指的是在一个区域内由物质形态的特征、安排和相互关系的变化而形成的差异。相应的这种差异性反映在一个"区域"中，则同时反映出它作为一片土地最初开发的意图和作为一系列行为发生的圈子。首先，还是以北京CBD为例，在它被选为再开发地区时已经具有良好的基础设施条件和优越的区位条件，与机场、周边支持设施联系方便。通过分区规划，这个开发地段在地块划分、街道等级和建筑体量与类型规定上都有了进一步的优化。如前所述，这个行为圈的主导是高层建筑的设计和建设。这个领域相应地产生了一种特定的（particular）地理特征（即实际建成的）和暗含的（intrinsic）地理特征（即对高层建筑及其设计广泛的各种可能的解释）。举例说明，今天，北京 CBD 暗含的地理特征存在几种建筑开发方式的潜在可能性与先例。其中，仅仅通过高度和规模，或是通过特定的雕塑感和轮廓线条的塑造都是实现标志性的一种。其他可能性包括通过使用新奇的材料或肌理表达形成的新颖感，或是通过智能操作实现环境上的高度可持续性等。还有新颖的项目设置，引入象征地方特色的符号参照等也是可能的手段之一。简而言之，这种暗含的地理特征包含了高层建筑建设能够实现的各种可能。尽管形态（typology）类型肯定是其中重要的内容，但它亦不限于此。它也包含各种主题的变化和权力机构对建筑上的预想。最后，塑造这些区域和地理特征的概念来源于各类分散的参考元素（discursive references）——这个概念来源于最早由福柯提出来的"话语"。福柯所说的话语包含用于讨论和参与"话题"（topic）的各种特定的文化的或其他的手段（例如语言和其他形式的交流表达），包括构成有意义的讨论和论证的各方面。[1] 在本文中，首要讨论的话题是各种形式的总体规划限定了特定区域的产生，无论是从区位上还是从建筑行为的领域上；还有就是对基地的规划和形成的建筑地理特征的解说。很明显，特定的、分散的参考元素既不是中立的，也不是静止的。它们在一个特定的时刻，因一个特定的话语所发生；这个话语的内容可能是宽泛的而且是不断变化的，其中，（保存下来的）比较确定的和明显的元素与当代（建筑）实践更紧密地联系在一起。换言之，当特定"区域"，也是特定行为"圈"，和这些"分散的参考元素"被"串联在一起"，加上这个区域的地理特征，同样，这里指实际的或是暗含的，共同构成了衡量建筑生产的情境逻辑（situational logic）。这种逻辑，可以想象，也提出了能够让大家认可的衡量建筑设计的内在的议题，没有这一逻辑，交换认识的范围也就无从界定，背景的假设也将无从依据。

1　长安大街和北京的东西轴线

北京的东西轴线沿长安大街伸展，在市中心与紫禁城、天安门广场相接。它向东通过建国门穿过五环延伸到京通高速公路；向西穿过复兴门外、复兴路和石景山，也越过了五环——总长超过 20km。它最早在 1958-1959 年的北京总体规划中出现，随着天安门广场的完工，在当时知名的规划师陈干监察下，长安街在 7km 范围内被拓宽至 120m。长安大街作为一条容纳政府部委总部的宏伟的道路，与北京穿过紫禁城、天安门和前门的南北轴线相交，形象地说，构成了中华人民共和国的灵魂轴线。轴线的交叉点成为随后规划的重点，很大程度上尊重了原有的帝制北京的轮廓，如果不包括城市形态的话——即按照春秋战国时期典籍《考工记》规定的模式所建造，体现政治、管理和文化首都的理想形态。然而，在继续保存北京这一角色的同时——当然出于不同的基调——北京 1958-1959 年的方案同时也提议将城市建设成为国家最大的工业城市和科学技术中心。简而言之，直到 1982 年的规划方案——1978 年向世界开放后的第一个规划——这个关于城市发展话语的尴尬的双重性才被打破，北京重新回到它政治和文化中心的位置，同时强调教育功能和老城的历史保护。然而，到 1990 年代早期，城市的发展已经超越了 1982 年的方案。城市向外扩张了两倍，内城的开发压力也日益增加。新一轮规划开始于 1992 年，最终形成了 1996 年的北京总体规划。根据这一轮规划，对于城市的规划话语转为"多功能和多结构的全方位国际性城市"，包括鼓励和容纳进一步向第三产业的转型。[2] 历史保护与保存继续成为重点，同时建设的重点由市中心转向邻近地区，形成"对旧的市中心区域的再平衡"。[3] 随后的 2004－2020 年规划虽然倾向于北京往更大范围，尤其是向东的大都市地区发展，但是很大程度上肯定了 1996 年规划尊重内城的原则。[4]

这些先后制定的规划政策一个明显的结果——包括再之前的努力——是对北京的平面布局从物质到精神方面的保存，或者更确切地说，保存了这种理想形态的延续性。几轮城市规划从一开始就保存了城市的一些基本概念，如对称和平衡，环状的扩展和区位选择的相似性等。城市本身很大程度上被视为一个大型的几何规律的水平（horizontal）艺术品，建筑高度由中心向外围逐渐上升。在帝制时代，南北轴线体现为以紫禁城为中心，向北通过景山和钟鼓楼，向南通过天安门、前门、天坛（图 1）。在 1996 年的规划中，这个轴线被概念性地向北延伸至奥林匹克公园，向南至新建的南部轨道交通枢纽。实际上，2002 年德国阿尔伯特·施佩尔城市规划建筑设计联合公司（Albert Speer & Partner）曾经接受过专门的南北轴线设计的委托。[5] 1996 年规划的另一个特点是明确了双轴线的安排，强化了沿长安街穿过北京市中心及其东西延伸的水平轴线。为了实现规划中强调的对城市中心区域的"再平衡"和对房地产开发压力的缓解，设定了东部靠近三环的 CBD 区域与相应的西部靠近老城边界和二环之间的金融街。（CBD 地区）原为商业中心，靠近外国领馆、世界级酒店，距机场交通方便，希望服务于跨国公司和国际性机构。金融街临近中国政府机关，更倾向于吸引国内企业。临近长安街、几乎是相对南北轴线一东一西对称布置的传统的购物街区王府井和西单，和中心向南的前门地带，也都接受了重点修整。尽管与西方的观念不同，但穿过整个城市的长安街的安排毫无疑问是纪念性的，比如章节式地安排建筑和公共空间，以及塑造持续的空间无限延伸的感觉。城市轴线本身也不是那种西式的、完全按照透视效果安排的一个整体，而是一系列空间活动的不断展开。总的说来，即使城市的规划话语在不断转换，北京的内城地区仍然很大程度上保持了空间形态的整体性和原有的艺术品质。而且，这种整体性和品质反过来也对某些区域内的建筑创作产生概念性的——如果不能称作是实质上的——影响力，如东部 CBD 和西部的金融街。

北京的 CBD 包括了大约 4 km² 的土地面积，沿三环两侧发展，或多或少以北部的朝阳路和南部的通惠河为界。长安街下的地铁一号线在 CBD 内目前有三个停靠站点，而且随着三环的改建这方面的条件还会进一步提高。与北京其他地方类似，这个区域地形平坦，与老城保持相当的距离，因此可以合理容纳高层建筑，对城市的历史中心不会造成视觉上的影响。如前所述，通过对街区平面、街道等级和模式，以及建筑体量和类型的规定，这个区域的地理特征进一步满足了作为 CBD 地区的要求。约翰逊·斐恩建筑规划公司（Johnson Fain Partner）在 2001 年为这个地区编制了总体规划，要求办公、居住和零售建筑总面积达到 1080 万 m²，新建 400～500 幢建筑，其中一半为商务办公空间。[6]

图1　1957年长安大街的梯阶状街区规划模型

图片取自：建筑工程部建筑科学研究院. 建筑十年——中华人民共和国建国十周年纪念. 北京：建筑工程部，1959：图38.

开发管理由北京商务中心区管理委员会负责，它融合了房地产开发公司和规范性权力机构的双重角色，参照了诸如新加坡城市再开发委员会的模式，这种机构目前在中国出现得越来越多。总的说来，（北京CBD）地块划分较大，同时包含办公、居住和零售商业，强调创造一种"工作—生活"（兼顾）的环境。在大地块结构下，建筑的地理形态包括独立式的塔楼、高层和中高层项目，以及沿街的相似高度的混合用途的项目。事实上，至少有一幢140层的摩天大楼在计划中。[7] 这个地区期望能够从原有的摇摇欲坠的低层建筑和单位大院混合体转变成接近曼哈顿中城的风格。明确地说，这个地区的建筑地理特征在很多方面都应当是现代的、有活力的和前卫的。特征鲜明的建筑、时髦的立面、大体量，应当是这里的主流。

跟 CBD 相比，金融街是一个小得多的项目，远不及 CBD 在总体规划上的象征性影响力。金融街是一片带状地块，主要由商业办公空间组成。如前所述，它紧邻二环路。这个地区同样有地铁服务，地铁二号线在金融街范围内设有两站。也是在 2001 年，这个项目的总体规划竞赛最终由 SOM 中标。这个区域的建筑地理特征相对而言是统一且整体的。目前大约有 18 幢高层建筑驻扎于此，环绕着一个中央公园，并通过花园、庭院和人行步道串联成一个城市步行区域。[8] 这个以天安门广场为中心、紫禁城一侧的区域的地理特征很大程度上被大型街区所构成的梯阶状结构所塑造，而这也进一步强化了（金融街与 CBD 的）差异。这里有很多大型宏伟的政府建筑，包括分列于天安门广场两侧的张镈设计的人民大会堂和张开济设计的革命历史博物馆。在广场的东侧稍远则有杨廷宝和陈登鳌设计的北京火车站。以上三个建筑都是 1959 年中华人民共和国建国十周年的十大建筑之一。在上述建筑群与重要地块的南部还包括带状的前三门高层住宅小区，建设于 1976 年，垂直于前门大街，绵延长达几公里。得益于北京的中心区位，这个区域的建筑地理形态意图清晰，如前文所涉，即使不是纪念性，也应该是追求雄伟、壮观且在整体结构中体现水平伸展的风格（图 2）。

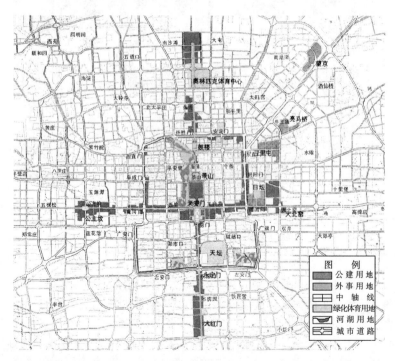

图 2 1992 年北京南北和东西轴线规划设计，其中显示 CBD 位于二环东侧，金融街临近二环路的西侧

图片取自：北京市城市规划与设计研究院

2 三个建筑项目

回到之前提到的对北京城市这些区域从纯粹美学艺术角度具有影响力的项目,至少有三个很明显的案例。即使不算备受争议,它们也都属于北京近期最受关注的建筑实践。第一个项目是由雷姆·库哈斯(Rem Koolhaas)与大都会建筑师事务所(OMA)的欧勒·舍仁(Ole Scheeren)设计的中国中央电视台与附属文化中心综合体,该项目位于朝阳区边缘,紧贴三环路并隶属于CBD地区(图3)。第二个是由山本理显设计工场所(Riken Yamamoto and Field Shop)设计的建外SOHO综合体,该项目位于延伸的长安大街南侧并紧贴通惠河。

图3 CBD区域,注明了CCTV/TVCC综合体和建外SOHO项目
图片取自:Michael Sypken的协助绘制

第三个是由保罗·安德鲁与巴黎机场设计公司(Paul Andreu and ADP)设计的国家大剧院,该项目位于长安大街上的人民大会堂西侧。这三个项目都对情境逻辑和北京这一场所(place)所固有的潜在原则作出了相应的反馈,尽管方式各不相同。这突出表现在如何解决城市大型地块的塑造、基本的水平延展性,以及布局中的纪念性(monumentality)。这也或多或少地表现在这三个基地内部与其周边在形态逻辑上的明显的自我相似性。三个项目在表现形式,或者说建筑设计的野心上而言都很新奇,不过,它们在当代北京的时空背景下都决非怪异、不合时宜或者离经叛道。事实上,可以说,这三个项目都非常适合它们所在的城市区域,无论是从地理概念的区域还是从一个行为圈的角度讲,可以作为中国近期崛起于世界的建筑范例。而且,就它们位于北京——作为一个整体——其特定的区域下固有的、始终不变地追求的理想建筑地理形态来讲,每个项目都是特征鲜明,而且很难效仿或是复制。简言之,事实上,它们都是针对特定场合而产生的建筑作品,完全不是普通的或是轻易可以参照的。

中国中央电视台建筑综合体是2001年一个国际竞赛的中标方案。在当时,中央电视台已经成为了世界最大的媒体集团,这个项目计划改变其机构低效地散布在北京各地的现状,集中容纳其行政与节目制作的设施。这个占地10hm²的项目位于CBD区域内,内部细分为四个街区,总建筑面积59.9万m²。如前所述,2002年雷姆·库哈斯和OMA中标,其对手包括多明尼克·裴洛(Dominique Perrault)、KPF、SOM和华东建筑设计院。OMA的方案将整个项目分为三个建筑,每个建筑都遵循各自的功能逻辑以及不同级别的安保与公共开放程度。其中最大的建筑——47.3万m²建筑面积的中国中央电视台总部大楼(CCTV)——坐落于整个基地的西南角,而9.5万m²的电视文化中心大楼(TVCC)则坐落在基地正北面,其中的庆典广场将两个建筑隔开。这个项目还有一个建筑面积3万m²的低层环形配套建筑坐落于基地的东北角,而(从风水上讲)吉祥的基地东南角则被一个面积可观的媒体公园所占据。[9]实际上，这个项目的景观设计——来自阿姆斯特丹的里/外设计事务所（Inside/outside）保证了兼顾个性与整体一致性的感觉。尽管这个项目尺度（庞大），但是从建设角度看仍可以被视为坐落在公园式的场景中（图4）。

综合体中的CCTV大楼高达234m，为一个连续的或水平或垂直的环构成，外形呈现为相互锁紧且顶部略微倾斜的字母"Z"——1号楼略高于2号楼但两者均由同一平台升起。固然，它的建筑外形不同寻常且十分复杂，然而这个环巧妙地将行政管理、新闻播报、制作以及辅助功能组合进一个相互衔接的序列中，满足了内部的灵活性、交叉性和合作的可能。另一个环也被整合到建筑中，为参观者提供公共路径，方便他们参观电视的制作过程和俯瞰城市。这不是一座摩天大楼。实际上，建筑师将这座建筑形容为"反摩天楼"，并且对如何容纳行政与制作设施作了彻底的反思。[10]该建筑在结构和建造中使用了高新技术，阿鲁伯集团（Arup Group）的工程师们将这个相互锁扣的塔楼设计成了一个由周边支撑的管状结构，以便在未对接前为两个倾斜的塔楼提供超常的刚度，同时也有利于施工过程不受干扰。[11]通过后面的钢制龙骨，建筑外立面不规则的幕墙网格既表达了建筑结构受力，也有助于统一建筑物的外在形象（图5）。相邻的TVCC大楼包含了东方文华大酒店、游客服务中心、一个大型的公共剧院及录制中心、一个数码影院和新闻发布大厅。和CCTV大楼强烈的整体外形与外幕墙一样，TVCC曲折的外形涵盖了内部的各类大部分项目。酒店内部是一个侧面采光的中庭，挑高约25层的中庭顶部设置了餐厅。CCTV地下室的天窗在某些位置可以看见TVCC大楼。尽管两幢建筑的形式和建筑细部各不相同，但是却共同营造出一种强烈的自我相似性和特性。旁边的二层环形辅助建筑包含了中央供热供能、保安宿舍与广播车车辆停车。整个综合体将容纳约1万名雇员，加上必不可少的工作人员与其他服务设施一起，它被称为是一个"媒体

图4　CCTV/TVCC综合体的基地规划
图片取自：OMA，鹿特丹

图5　从街道角度看CCTV
图片取自：Ted Lin 的摄影

城市"。

计划在2009年完工，这个项目经过一些延误，在2004年破土动工。在此期间这个项目已经备受争议。对它的批评包括过于雕塑感、过于纪念性、与周边环境格格不入，甚至被起了诸如"甜甜圈"、"醉鸡"、"下跪的人"和"大裤衩"等绰号。有人担心结构的整体性；也有人认为其隐藏着"建筑殖民主义"，因为它出自外国设计师之手。然而本文从情境逻辑出发，完全可以提供跟那些负面的批评相对应的解释。

首先，这肯定是一个标志性建筑，这点在其未建成之前就决定了。这是无可非议的。毕竟，中国中央电视台作为国家喉舌，伴随着中国的持续现代化以及国际地位的上升正取得愈发重要的地位。实际上，也可以已经有人作了这样的暗示，即将CCTV的这个环形及其非具象的形体与媒体制作的连续不断的状态和过程联系在一起。而且，也可以说，这种看上去不怎么合适的形象留给这个建筑更大的个人解读空间。媒体，毫无疑问包括中央电视台，都在持续进化中。如同前文所注，这是一个大尺度地展示这一过程的建筑，并且使用公共展示作为一个重要主题，如果不能被称作以透明为主题的话。没有比这更明显地——或者说诗意地——通过嵌入建筑的环状参观流线，以及从整体上更显著地通过建筑本身的形体与特立独行，邀请公众参与审视的了。库哈斯很少回避"大"，相反，他通过他自己的建筑话语将今天这种不断扩张的企业与机构的概念引入并包含到其中。[12] 总而言之，就表现手法而言，这个综合体是"超现代"的（hyper-modern）；但是，在（也许不仅仅限于）讨论中国国家建筑的"民族形式"这一对话中，它看上去有能力在其中占据一席之地，唤起了或者说象征着进入21世纪的"新中国"（的新形象）。在未来的历史回顾中，考虑到近期的成熟性，它所联系的一种类型的建筑风格很可能会与中国联系在一起，如同"乔治亚式"之于伦敦，"现代性"之于资本美国，或者"新古典主义"之于巴黎。

其二，回到区域的概念和它们所暗含的建筑地理特征，作为一个行为圈子的北京CBD肯定，"区域地"，包容了CCTV综合体，尤其是当人联想起纽约城中那些同样标志性的CBS大楼、时代广场和洛克菲勒中心的时候。在北京城市本身作为一个艺术品的前提下，CBD这一区域所暗含的建筑地理形态能够很好地容纳甚至欢迎纪念性，以及它的地块结构、宽阔的大道与强烈可见的流通枢纽，更不用说在中国历史上的这一时刻作为一个全球商业与生活方式的场所。同样，CBD是这样的一个场所——由众多大地块之上的单体建筑组成的大合唱，或者是插入地块的建筑群集合成的壮阔景观。还有，与其在内城的区位和在北京城市中的功能定位一致，无论是否属于规范规定，这个区域的建筑应当满足高度限制，符合北京城市作为一个整体无法否认的水平延展性，以及认可（这个城市）不需要戏剧性的天际线的事实。在此标准下——满足宏伟性、适中的高度但是整体上体现水平的形象，以及回避夸张的天际线——CCTV综合体的表现令人赞叹。建筑构成的曲折处理看似拥抱并最大限度接触到了这个面积可观的地块，暗示了一个虚拟的体量领域"完成"或者说"填满"了这个超大的地块结构。它们的高度也不过分。总而言之，这不是一幢摩天楼，而且它的形式与材料都一致避免与简单的形象产生联系，看看那些描述它的大众绰号并不贴切（就可以说明）。

其三，这个项目合理处理了大型综合项目的要求，兼顾了连续性与一定程度的灵活性的需要。尤其是，这个项目不仅仅是一个媒体设施，对于北京、对于中国，它都是一个独一无二的总部。仔细地审视它的尺度、操作模式、相互合作界面的程度、员工设施、与外部世界的关系等，这不是普通的项目要求。它可以看做是一个关于媒体过程的建筑被提升到一个相当的高度，一个适合中央电视台的庞大规模和事业的建筑。另外如同前文所提示，在这个高密度的区域，这个方案中丰富的公共与半公共空间设置为这个区域提供了必须的且毫无疑问会受到欢迎的便利。即使是在更为传统的北京公共建筑诠释手法中，也常常会出现这样的贡献。最后，这个项目过去和现在都一直是广泛的协作的成果，包括了来自世界各地的集团与企业，其中在中国最引人注目的是作为建筑与工程设计顾问的华东建筑设计院。此外，这个项目的推进也得到了中央电视台的强力支持和地方政府相关部门的投入。对于一个有着如此规模与雄心的项目，尤其是在今天的实践中牵涉了众多的管理方与技术方，其广泛合作的基础完全毋庸置疑，很难成为一个建筑殖民主义的突出范例。

建外 SOHO 作为一个私人投资项目受到的公众关注相对略少。它的开发公司是 SOHO 中国，由两个较年轻的企业家张欣与潘石屹创办于 1995 年。时至今日，SOHO 中国在北京的五个开发项目中四个位于 CBD，其中就包括建外 SOHO 项目。2002 年，山本理显设计工场所受委托在沿 CBD 的南侧边界部分设计一个快速建成的、混合使用的综合体。计划最终占据两个大型地块，这个项目的基地被公共开放空间一分为二。这个项目主要为居住用途，但也包含家庭办公功能并且允许在两种功能间转换的可能性；（项目）还包括公共与面向社区的设施，如餐馆、购物和停车。最初居住价格设定为面向中等收入，但是这个综合体的人气，和它接近大型商业地区的区位，很快促使价格上涨。实际上，今天的建外 SOHO 已经成为了极受欢迎甚至于"时髦"的居住与办公空间。这个项目的一期，在原址为机床厂的一块基地上，包含一个由九幢细长、典雅且平面呈对称正方形的塔楼所组成的网络。塔楼在经过铺地与简单景观设计的裙房之上升起 13 层到 31 层高；该裙房也同时作为这个综合体的主要公共空间，其他稍矮的塔楼则围合出了非居住功能的下沉式庭院以及裙房下的停车设施。在这里，三层高的水平的结构与塔楼的低层部分联为一体，为塔楼之间和开放的步行走廊之间提供了联系。塔楼外立面的建筑语汇为正方形的棋盘式图案，其中穿插着精致的透明或不透明的面板。整体的效果呈现出匀质性与独立性的外观，同时却又在视觉上显得那么生动。预测建成后的这一项目内约有 5 万人居住或工作，靠近公共交通和许多人的工作地点，为 CBD 所追求的成为"工作—生活"环境的目标增加了分量（图6）。

抛开其在区域内项目的合理性以及建筑设计的个性

图6　由裙房平台上看建外 SOHO

图片取自：Peter G. Rowe 的摄影

与质量,仅在本文架构内探讨,这个项目的优点来自于几个层面上它对城市氛围的贡献。首先,建筑师用一种新奇而统一的态度回应了CBD固有的大地块结构,同时也在基地范围内努力创造出一种与众不同的个性。他们的方式可以被称为场所操作(field operation),或者一系列类似的操作。首先,相似的塔楼群组成平行方格网平面,(该网格)相对于基地的几何形体作了轻微的转动,以提供更好的景观和日照。然后是裙房屋顶以及下方的拱廊结构设计。裙房屋顶通过景观绿化和铺地,连接各幢塔楼的出入口,可以步行到达综合体的任何地方,从而保持了相对开放的态度,避免了排外性。最后,塔楼与下沉式庭院相互回应,为项目中的公共领域增加了丰富的三维特征。而下沉式庭院与塔楼立面的结合也使得其与下层楼面的关系显得更亲密。总而言之,这三种场所操作的元素在空间上和谐地为步行平面和整个项目提供了更好的人性尺度;而且,尽管引入的建筑元素相对统一,(建外SOHO)仍然通过丰富的场地断面提供了令人惊叹的感官多样性与延展性。其次,这个项目中在建筑上存在一种特

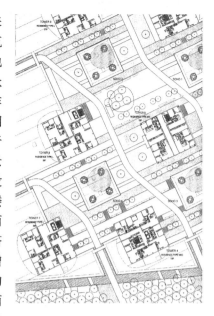

图7 建外SOHO的部分平面作为"场所操作"的示意

图片取自:《日本建筑》,2003年秋季,第108页

殊的"音调"(tone),这个词也许不够精准却也贴切。这样的大尺度(项目)经过细部的精心调节并不显得追求纪念碑式的宏伟性。它的高度和整体形态也不觉得特别高耸或慑人的壮观,很符合前面提到的这个区域的建筑地理特征。这个项目的确成功地做到在以居住为主要特征的同时,容纳小规模工作场所的社区,创造更加开放的公共生活(图7)。这个综合体自我构成完整的片区的特征,在北京也并非没有先例——如果抛开它现代的风格,它很容易让人想起其他地方和早期北京大院式的生活环境。[13]简而言之,建外SOHO为如何使用城市—建筑的语汇处理城市和项目所在区域中始终贯穿并蕴涵的地理特征,在基地上的单一建筑模式之外,提供了一种适宜和有效的方式。

中国国家大剧院的国际设计竞赛开始于1998年。该基地面积11.8hm^2,沿长安街一边长166m,紧邻北京中轴线交叉点,位于人民大会堂一侧,如前所述,处于城市的"官方"中心。在1950年代末酝酿对天安门地区改建时,这块基地就被周恩来确定为这一用途。[14]1999年(国际竞赛)收到了99个方案,为此特意成立了一个评审委员会对参赛方案进行评审。这个时期,在中国的许多地方,建设部和地方政府已经开始制定组织设计竞赛的导则。[15]评审委员会由两个群体组成,有世界级的建筑界评委,和包括来自市政府、建设部和文化部的甲方代表。[16]五个方案进入了第二轮竞赛:保罗·安德鲁和法国巴黎机场公司、特里·法雷尔(Terry Farrell)、矶崎新、HPP、建设部设计院。另外四家公司被邀请参加竞赛:北京市建筑设计院、王欧扬、清华大学设计院和深圳大

学设计院。然而，在随后的2001年进一步评审时，评审团没能就呈送给国家领导人的最后三个中选方案达成一致。据说甲方委员会——国家大剧院委员会——青睐安德鲁的方案，而建筑界评审委员会和公共民意测验倾向于矶崎新的作品。[17] 政府打破了僵局，宣布安德鲁是最后的赢家。这个剧院综合体的基本项目包括一个歌剧院、一个演奏厅和一个音乐厅，预计总共能容纳5500个观众席（图8）。

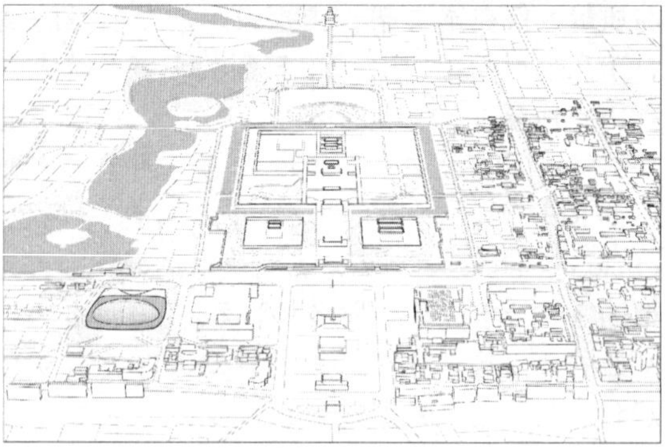

图8　邻近紫禁城的长安大街区域，标明了国家大剧院
图片取自：Michael Sypken 的协助绘制

保罗·安德鲁的设计——在竞赛过程中从最初比较传统的表现手法演变到最后的中标项目发生了很大的改变——采用一个超级椭球形外壳，由德国思特克公司（Setec）提供工程设计，平行于长安街的东西跨度212.4m，南北跨度143.8m，高46m。外壳的表面覆盖钛合金，大面积窗户呈优美弧线镶嵌于建筑前方，为大厅提供了自然采光。剧院的内部公共空间采用木条装饰，图案呼应了外壳的几何形状。在壳内，三个剧院沿着椭球体的东西轴线顺次排列，略大的歌剧院位于中心。在剧院之间和前厅提供了充足的空间满足人流的聚集和流动。这个椭球形壳体坐落于一个宽阔的很浅的方形基座之上，几乎一直拓展到基地的边缘，之间注水形成一个浅湖。观众进入剧院时需要通过一个宽阔的约60m长的地下通道，顶部较水面高度略高。这种入口方式使得壳体得以保存表面的完整性，不受干扰。这个综合体的南部后方注意与北部正立面入口保持对称，两条通道呈对角线直达基地边角。双排树的种植加强了环境设计的秩序感，刻画出基地的外轮廓边界，但这种手法避让开了沿长安街的街面。剧院的安排合理、技术先进，提供了足够的空间，悬吊与更换支架系统、舞台机械和其他附属设施被有效地组织进壳体之内及其地下建筑。在壳体内部，歌剧院的椭圆形外环覆盖了一层金色的网，有助于在夜晚亮灯的时候创造一种特殊的照明效果。事实上，该设计提供了一种透明、半透明、虚空间和大体量之间不断的互动，以及昏暗和光明的互换，逐渐地将观众引入建筑，提供了一种超越作品本身的几乎是魔术般的节奏（图9）。

在2007年大剧院正式对外开放之前，项目存在着多次延误，尤其是2004年5月安德鲁的另一项目巴黎戴

图9　国家大剧院的鸟瞰效果图
图片取自：Paul Andreu, 巴黎

高乐机场发生结构性事故之后，它受到了严密监控。[18]几乎是从项目一开始（它的设计）就伴随着激烈的争论。成百上千关于它的评论文章被发表——大部分在中国；中国科学院和工程院的院士，加上114个有影响的建筑师、工程师和学者联合署名了若干封信给中央政府批评这一建筑。它被描述成"失去理智的"、"与环境不和谐"、"北京古城里的异类"。[19]大众对这个建筑的超级结构的评价是一个"蛋"、"木船"，或是"外太空飞船"等。成本也是个问题，票价看上去远不能收回巨额的投资。另一方面，正面的评价也不少，通常围绕着"代表了时代的希望"、"面向21世纪"、"完美体现中国哲学"等。事实上，据说，目前发表的正面评价超过了负面的。[20]

再次回到本文的框架上来，在国家大剧院的建筑设计中至少可以观察到四种相关的情景逻辑线路。首先，在现代——如果不包括以前——通过这种规模的剧院创作出一种内在的显著的建筑地理特征一直是建筑设计实验和探索的前沿。在特殊的地段尤其如此。很明显诸如悉尼歌剧院、巴黎歌剧院、新加坡歌剧院、圣塞瓦斯蒂安的大型建筑等都是这样，这一类型的例子不胜枚举。今天，比较流行的是在满足项目对不同体量和相关要求之外力求创造统一的建筑外观；在大体量上进行覆盖甚至装饰；强调对材料本身的表现和观感；挑战传统的结构和技术约束；提供一种剧院艺术的公共狂欢。其次，位于北京的核心区域这一地点本身意味着对建筑尺度和纪念性的追求。特定地说，这更多地与风格无关。事实上，从这方面讲，它的风格已经被决定了必定是折中的。它必须是低层，水平延展、统一、简洁。象征性和装饰性肯定是建筑的表面特征，但是这些要让位给相对简单的总体形式和大型围合空间的协调。从概念角度讲，超越这个区域的种种历史和现代联系，简约抽象的宏大更适合这里。宏大的、开敞的、几无遮拦的天安门广场就是如此。实际上，当大剧院的设计竞赛开展以来，随着甲方委员会的逐步参与，许多方案，包括安德鲁的，看上去越来越多地向这些方向靠拢，自觉或不自觉地。[21]第三，在国家大剧院设计和建设的时刻，这个建筑地理特征所暗示的时代性，更多地指向现在与未来，而不是过去，至少在国家领导人的眼里是这样。回到先前的"民族形式"的问题，这些概念是关于代表一个"新中国"出现在现代国际舞台，对当代高端技术的渴望——如果不是展示的话——以及向前看的明确表态。从早期的规划就可以看出，对于北京历史的怀旧早就过去，当然这不表示不尊敬或是忽视物质上的保存和保护。[22]长安大街这种宽阔的梯阶形式结构从来就是中华人民共和国的作品和区域，而不属于历史保存的范围。第四，戏剧表演和剧院的特性在这里也是长期影响的一个因素。在说教、道德和意识形态之外，毕竟它们是有关创作幻想、演示、意外、朝生暮死和交通转换的王国。当然，剧院建筑设计应当为这些表演提供理想的物质载体。但是以此为动机，每个（剧院）建筑个体对此有其独特的回应方式。

在这种情景逻辑之下，安德鲁的国家大剧院毫无疑义其内在的建筑地理特征可以被称为是当代的，如果不是新颖的话。该设计吻合了北京这个区域所暗含的地理特征，诸如大体量下的简洁和独树一帜、抽象和宏大。尽管它不是仅有的例子也不是唯一可能的方案，国家大剧院的确强化了向前看甚至是未来主义的倾向，体现了这个以城市为主导发展力量和走向现代化的国家政权的当前目标。这个建筑物也充满了精心设计的建筑上的戏剧性，尤其是在等候进入这个世界和其过渡空间中所给予观众的感官上的愉悦和强烈的感受，如前所述。另外，安德鲁的设计反映了很多传统中国特色的剧院和戏剧表演元素。例如，对一系列场所或亭台楼阁安排的集中性（centrality）和轴线性（axiality），并且每一个随着时空推移多少带有不同的特征。在帝制时代水的元素经常被用于舞台和入口秩序的限定。（传统中国）也常常在庆典仪式入口设置门槛，尽管这里表现为不同的形式。最后，这种明显的大型屋顶结构的存在，尽管不是追求形似，然而这种将剧院设置于大型围合空间之内的做法，在传统京剧表演场地中很常见。

3 变换的文脉（context）

总的说来，从本文所讨论的三个项目可以看出，它们很大程度地受到所处的场所和时间的情境逻辑的限制，或者说对这种情境的回应参与塑造了项目。这些情境逻辑，反过来，是从变换的城市规划话语中来，从关于特定区位的城市可以创造何种新区域的不断思考，从建筑设计领域的动态和新的建筑地理形态中来。当然，由这些思考而塑造出的方案和计划无疑有其保守的一面，尤其是对早期城市构成的原则和北京本身作为一个几何平面艺术品的特点的尊重、润色和拓展上。肯定的是，在这里不是简单地对现存的否定或是传统的拘泥。毕竟传统一词，其英文（tradition）来源于（拉丁文）*traditio*，其核心的含义是"继承"（to bring across），带有敬意地评估甚至预知当前（now）、此地（here）的有价值的内容，并将之带至未来（future）。由此，在今天的北京，这种广义的、内含的建筑地理特征，可以被看做既是一种约束，又为设计提供了机会。简言之，每个区域都存在着其暗含的建筑地理特征，狭隘的也好，合适的也好。这些背景条件可以被看做是保守的，尽管（它们）更多是以一种更间接的或抽象的形式参与进来。除了这种上层抽象的行动方式，之前人们提过的诸如"场所精神"（genius loci）或是"城市精神"（spirit of the city）在这里都可以适用。文脉本身是，而且应当被视为是不断变化的。本文对这三个项目的讨论结果，就是它们的情景逻辑，以及其对于区域内项目的约束，（经过这三个项目）都发生了变化。然而，这并不表示它们没有进一步提升北京已有的鲜明特征。

尽管超出了这篇短文的范围，正如前文所暗示的，同样的观点可以适用于中国的其他地方。例如在上海，跟长安大街及其延伸相似，也存在着一条东西轴线，通过陆家嘴的世纪大道，到达花木、世纪公园和周边地带。同样是商务、文化和行政中心，不同的是在这个城市的这样一个位置，它暗含的和期望的地理特征更强调戏剧性的天际线效果，设计更有效率，看上去更急于塑造自我的形象。[23] 由最近许多中国城市开发的例子看，在他们的总体规划和建筑设计导则中广泛存在着——如果不能称作强烈的——一种信仰（belief）。对于宽阔的大街、大型公共或企业建筑大胆的现代性实验性在这里层出不穷。

原文英文，由侯丽（哈佛大学设计学院博士候选人，原同济大学城市规划系讲师）译成中文。

注释：

[1] FOUCAULT M. The Archaeology of Knowledge. Trans. A. M. Sheridan Smith. London：Travistock Publications Ltd. , 1972：116 – 117.

[2] XUE C. Q. L. Building a Revolution：Chinese Architecture Since 1980. Hong Kong：Hong Kong University Press, 2006：54 – 55. and Master Plan of Beijing, 1996.

[3] 北京市城市规划与设计研究院. 北京：迈向二十一世纪. 北京：北京市城市规划与设计研究院, 1992：20.

[4] 吴良镛编. 京津冀地区城乡空间发展规划研究二期报告. 北京：清华大学建筑与城市研究所, 2006.

[5] AS, P. Urban Design of the Central Axis in Beijing. Architecture and Urbanism, 2002 (399)：18 – 23.

[6] CAMPANELLA T. J. The Concrete Dragon：China's Urban Revolution and What It Means for the World. New York：Princeton Architectural Press, 2008：137.

[7] KING D. Plans for Huge China Tower Undeterred. Los Angeles Business Journal, 2001 (5).

[8] SKIDMORE, OWINGS, MERRILL LLP. Beijing Finance Street, 2007. Architecture and Urbanism, 2008 (454)：47.

[9] KOOLHAAS R. /OMA. New Headquarters for China Central Television (CCTV). Architecture and Urbanism, 2002 (399)：42 – 47.

[10] KOOLHAAS R. Lecture on Monumentality. Cambridge：Graduate School of Design, Harvard University, 2003.

[11] McGOWAN R. China Central Television (CCTV) Headquarters：Construction. Architecture and Urbanism, 2008 (454)：108.

[12] KOOLHAAS R. , BRUCE MAU. S, M, L, XL. New York：Monicelli Press, 1995.

[13] 例如，在帝制时代基本上是封闭的保甲制度，清代北京的八旗地区，和建国后早期的单位大院等。

[14] 同 [6]：141.

[15] 同 [2]：41.

[16] 周庆琳. 中国国家大剧院建筑设计国际竞赛方案集. 北京：中国建筑工业出版社, 1999：5 – 7.

[17] 同 [6]：142.

[18] 同 [6]：142.

[19] 同 [2]：41.

[20] 余军. 我来为安德鲁辩兼与彭培根先生商榷. 建筑学报, 2001 (3)：

31-33.

[21] 这点在中国建筑工业出版社所出版的《中国国家大剧院设计竞赛方案集》中不同阶段的竞赛方案中表现得很明显。

[22] 例如，通过北京市规划局1990年的高度和建造控制，2002年对北京25个以上历史地段的保护规划。

[23] KUAN S. Image of the Metropolis: Three Historical Views of Shanghai // Seng Kuan and Peter G. Rowe ed. Shanghai: Architecture and Urbanism for Modern China. Munich: Prestel, 2004: 84-95.

关于全球工地：交流的格局与不同的批评伦理

Of China as a Global Site: Interactions and a Different Criticality

朱剑飞

Zhu Jianfei

　　当今天中国成为世界最大建筑工地时，三个相关的问题浮现出来。第一个是我已经探讨过的，有关中国和西方之间思想的"对称"交流。现在看来有必要发展这个看法，以容纳一个更宽阔的视野，包括中国的建筑实践以及越来越多关于中国的国际性讨论。这需要采用历史、地理和全球的研究视角。这是一个发展的对当代现实的跟踪阅读。第二个问题是关于"批评建筑"（critical architecture）在中国和其他地方的地位。中国和亚洲的某些地区确实为一种实用工具主义（instrumentalist）和后批评主义（post-critical）论点提供了例证，如库哈斯（Rem Koolhaas）的研究论述所表明的。但是这里的"中国"和"亚洲"指的是这些国家中的实用主义实践，而非我曾经讨论过的新的批评的"先锋"实践。实际上，批评主义实践和实用主义实践，在这里同时存在并交错关联。因此，一个重要问题就产生了。在面对这些国家里普遍的当代实用主义时，在全球化的新自由主义意识形态盛行的世界里，我们在中国和其他地方是否还需要批评主义建筑？如果答案是肯定的，而且如果后批评主义思想在西方也正在超越负面的批评性的话，那么我们应该采纳什么样的新的批评建筑？今天在中国，我们是否可以发现相关迹象，以帮助寻找一种不同的批评性？作为对"对称"交流和中国"先锋"建筑研究的延续，我将探讨这个问题。

　　第三个问题是关于中国当下的政治经济发展以及中国在资本主义世界——或者套用沃勒斯坦（Immanuel Wallerstein）的定义，"资本主义世界体系"（capitalist world-system）——中可能的地位。有关研究指出，中国的发展在冷战的或古典的意识形态构架之外，走上第三种途径；在此途径上，国家扮演了综合的领导角色，而且并不屈从于新自由主义呼声的推动，尤其是来自美国的市场资本主义。有关学者如杜维明（Tu Weiming）、诺兰（Peter Nolan）、哈维（David Harvey）和池田（Satoshi Ikeda）等，通过不同的角度观察，都发现了一个走向后资本主义世界体系的发展趋势，而中国在其中扮演了重要的角色。这对建筑学来说有什么意义？如果这暗示了一种新的伦理和文化追求，那么它对"批评建筑"的意义是什么？批评性是否可以被重构，使之吸收不仅是西方的观点，还有不以自主、对抗和超越为基本假设的文化价值观念？

本文将依次处理这三个问题。首先我将从历史、地域和全球的角度描述"对称交流",然后讨论批评建筑的问题,最后讨论中国的第三条道路或中间路线,以及它对建筑学的意义。[1]

1 世界历史背景

依据沃勒斯坦的论述,资本主义世界体系在1450-1500年间出现,那时欧洲将美洲变成自己的殖民地。在这个体系中,在生产、经济和政治统治关系上,欧洲和美洲分别是"核心"和"边缘"。[2]到19世纪末,这个体系已经扩展到几乎覆盖整个世界,广阔的殖民地处于边缘地位,而发达国家处于核心地位。其中存在一个全球的劳动力分配,以及生产、金融和政治军事力量的等级分布。用这个理论和相关术语来说,自从1840年开始遭受侵略、丧失领土并被半殖民化后,1900年左右的中国处在边缘地位。中国与西方核心国家之间有一种矛盾的关系,中国是这种侵略的资本主义现代性的受害者,然而为了自强、现代化和社会发展,中国人仍然要向西方学习思想和知识。在西方建筑师到中国实践的同时,中国学生也前往日本、美国和西欧等发达国家学习建筑。他们学的主要是1920-1930年代先在欧洲而后在北美发展起来的巴黎美术学院设计体系。一个从西方向中国的思想和专业知识的流动显而易见。今天,中国看起来正在向一个世界的核心地位前进,或者说在世界体系的很多方面都在与核心国家密切互动。学院派体系已经不再是占据统治地位的设计范本;设计和建造现在是一个更加国际化的事业;中国城市化的速度和尺度正在催生一个令人惊讶的持续建设的工地和一个新的前所未有的超级城市的景象;向国际事务所开放的项目委托和提升自身形象的需求吸引了世界上几乎所有著名建筑师来中国设计建造;在一些海外建筑师和理论家思索中国和亚洲发展带来的启示的同时,关于中国的国际性讨论也在出现。随着这样一个图景在中国或者围绕中国展开时,这里看起来存在一个从中国向西方和世界的图像和影响的流动。然而过去自西方向中国的流动在新的条件下仍然活跃:在西方和海外建筑师在中国实践的同时,中国学生继续像以往一样,大量前往核心或者发达国家学习建筑。从历史和国际的眼光来看,在当前的中国究竟发生了什么事情?在此我们需要准确描述一个历史"瞬间",一个我将其描述为在中国和核心国家之间对称的瞬间,一个在之前和之后万变的历史中未曾有、也或许不再有的瞬间。依照我的观察,这个瞬间在2000年左右出现。因为有新的发展出现,中国和西方或者核心国家之间的相互关系可能已经离开了这个瞬间的状态。然而这个瞬间仍然应当被捕捉并记录下来。

2 近、现、当代中国建筑概述

1976年或者1978年以前,即后毛泽东时代到来之前,中国的现代建筑包括了两个主要传统:学院派的历史主义和社会主义的现代主义。尽管有争议,但前者应该说更具统治地位。它是建立在1920年末主要由20年代末和之后在美国接受教育的建筑师从美国引入的(尽管那些在日本和欧洲接受教育的建筑师也扮演了一定角色)教育体系之上。它的主要特征是在现代建筑结构上采用历史图样和风格,以及在一些例子中的对称构图。从1920年代到1990年代,在南京国民政府和新中国中央政府的直接支持下,其高潮分别出现于1930年代和1950年代。它可能以曲线的具有生动轮廓的中国式屋顶出现,亦可能是看起来更现代的、带有中国或者西方和其他地区传统装饰纹样的平屋顶。1970年左右"文革"末期对政治符号的应用,以及1980年代和1990年代在后现代主义影响下再次出现的中国式屋顶,是这个传统的两个变体。装饰性通过别的方式(例如地域主义),事实上一直延续到20世纪的最后几十年。第二个主要传统是1960年代和1970年代在公共建筑和集合住宅的设计中采用的现代主义形式。它很大程度上是出于经济和理性的考虑,而不同于1930年代和1950年代意识形态主导的民族主义形式,也不是1920年代及其后在欧洲由建筑师对形式研究和学科作独立探讨所得的结果。在当时的社会条件下,不存在让建筑师进行个人实验以探讨形式可能性的机会。除了一些特殊的例子(例如1930年代、1940年代末、1950年代初和之后的奚福泉、童寯、华揽洪、杨廷宝、冯纪忠等),中国建筑师在1970年代末之前主要的贡献,是为国家和社会大众完成的风格化的历史主义和经济理性的现代主义设计。在毛泽东时代(1949-1976年),由于客户和设计院建筑师都隶属于公共集体,建筑设计非常"集体主义",设计中的个人创作是被压制的。

1978年后在邓小平领导下的改革开放将中国带入了一个新的时代。至今已近30年的后毛泽东时代可以被划分成两个时期,第一时期是1980年代,第二时期是1990年代以及新世纪初的几年。如果说第一时期实行了农村改革和对外资有限开放的局部的城市企业改造,第二个时期则完成了城市产业改革并建立了不断向国际资本和文化开放的"社会主义市场经济",尤其是1990年代末以后。在建筑设计方面,中国建筑师的两个相关的贡献构成了1980年代的特征:晚期现代主义和装饰性的乡土或地域主义,有时是两者的混合体(我定义为"晚现代新乡土")。1977年或1978年以前接受教育的教授和高级建筑师是其中的主要力量。吴良镛、关肇邺、彭一刚、邢同和、布正伟、程泰宁等是其中一些最有影响力的人物。但是齐康1980年代在南京东南大学建筑设计研究院设计的大量作品,大概是这批建筑师作品中最重要的代表。"晚现代主义"设计(例如柴培义的国际展览中心,北京,1985年;彭一刚的天津大学建筑馆,天津,1990年;邢同和的上海博物馆,上海,1994年;布正伟的江北机场航站楼,重庆,1991年)是抽象的、英雄主义的、注重体量的,并且经常是对称的。从中可以清楚地看到古典主义的构图,以及1976年之前的国民政府和社会主义时期,学院派传统中发展成熟的,集体式的英雄主义气质。新乡土主义(例如齐康的梅园纪念馆,南京,1988年;关肇邺的清华大学图书馆新馆,北京,1991年)使用砖材和单坡屋顶,同时还附加其他装饰细节。我们在此看到,1976年以前的风格化的历史主义,在前期已经比较活跃的老一辈建筑师手中继续延续着。在历史纵向延续之外,这里还有一个横向的或者来自国际的影响:它包括1960年代和1970年代的粗野主义和晚现代主义,以及1980年代以及之后的后现代主义。1980年代中国的"晚现代"和"新乡土",实际上是在毛泽东时期接受教育的老一辈建筑师,在后毛泽东时代对建筑语言现代化使之与西方和国际发展同步的努力。[3]

1980年代也见证了海外建筑师的到来,尽管数量有限。重要的例子应该包括贝聿铭的北京香山饭店（1982年），Denton Corker Marshall（DCM）的北京澳大利亚大使馆（1982－1992年），以及黑川纪章（Kisho Kurokawa）的中日青年友好中心（1990年）。形式上，这些设计都介于晚现代主义和后现代主义之间，然而每个设计都有特色，具有明确的形式完整性。概念上，它们都与中国传统进行"对话"。如果说贝聿铭的香山饭店是使用了标志性、装饰性元素来对照中国南方乡土建筑和文人园林，黑川纪章的中日青年友好中心是在现代主义语言上采用了日本和中国的文化符号，那么DCM的澳大利亚大使馆则是采用了更加抽象和纯粹的现代主义手法，同时运用抽象的后现代主义手法（轴线、墙体、层次、面板、方孔）来诠释北京古城中的墙体围合的院落形制。然而，这些与中国的互动仍然是个别的学术性对话，还不是介入本土的全面参与。

关于1990年代以及其后，最主要的贡献是新一代中国建筑师的出现，无论是在国内还是国际舞台上。他们在1977－1978年以后的后毛泽东时代，在向西方和国际影响开放的大学里接受教育，其中一些人还到发达国家留学，在各自不同背景下实验了一些思路和设计之后，他们"突然"在1996－2000年左右出现，带来了基于个人研究的纯粹的、实验的现代主义建筑；这组现象，就其连续性和规模而言，是中国从未出现过的。这些建筑师最重要的特征是他们个人的设计作者身份，以及在建构、空间和体验这些领域里对建筑设计学内部知识和方法的实验。因为他们关注的是建筑学内部或独立的问题，他们的目的是挑战和超越已成为主流的巴黎美院的装饰主义现代传统，它在1980年代的各种变体，及其大众化、商业化的趋势，所以他们的设计在这个历史环境下是"批评的"。这些建筑师的出现，是以下这些历史发展的一部分：中国在1980年代和1990年代社会、政治、经济的开放，公民社会和中产阶层的出现（它与一个平行的资产阶级相关又正在与之迅速分离），以及设计市场的开放（1994－1995年建立了执照考试制度）。尽管情况还在发展，从最早的1996年到2000年间以及之后，最重要的建筑师应当包括张永和（席殊书屋，1996年）、刘家琨（何多苓工作室，1997年）、王澍（陈默工作室，1998年；顶层画廊，2000年；苏州大学图书馆，2000年）、崔恺（外研社二期，1999年；外研社会议中心，2004年）和马清运（父亲住宅，2003年；青浦曲水园公园，2004年）等。

另外一个从1990年代到现在的贡献或重要发展是国际参与的潮水般的"涌入"，或者更精确来说，是一个中外建筑师在中国项目上合作、竞争、交流的大海潮的到来。这种情况在以下几个方面将中国变成一个"全球"工地：①城市化的尺度、工程的数量和规模以及海外直接投资（foreign direct investment，FDI）的总量都跻身世界前列；②从1994年开始，海外直接投资在已有的经济特区以外的中国其他地区大幅上升。在中国2001年加入世界贸易组织并取得2008年奥运会主办权之后，重要工程的建筑师开始通过国际竞赛来选择。这些项目吸引了全世界的建筑师来参与中国的实践，其中主要来自欧洲的"明星"建筑师设计了具有国家意义的重要建筑。

需要特别注意的是，从历史的角度看，从1911年甚至1840年开始，在充满波折的近现代中国历史时间轴上，至今已经有30年的后毛泽东时代，是时间最长、政治上最稳定的时期。它是19世纪末以来近现代中国史上，持续对外开放，持续保持市场经济发展和科技及工业现代化最长的时间段。

3 当代中国的三组建筑：关于"象征资本"

上文最后提到一个现象，即今天中国涌现的中外建筑师并行、竞争或合作的大海潮，实际上是对这个国家整体设计状况的一个概括描述：几乎所有建筑师及其过去和现在的各种设计手法立场，都包含在此。为了从历史和世界的角度来观察中国当代的建筑实践和思想，现在有必要全面检视这个交流。如果仔细观察，我们可以发现四种设计类型：普遍的背景，大型项目，中型项目和小型项目。普遍的背景是指在今天中国大多数城市所能见到的，由高层建筑和大尺度街区混杂构成的景象，其中常见的是商业和住宅建筑，由不同规模和背景的中国国有设计院和私营公司以及海外设计公司设计。所有的"主义"和风格都能在这里看到，但是天际线主要由后现代和国际式风格建筑构成。更早期的不同质量的带有历史痕迹的建筑，共同存在于一个贯穿城市的极度混杂的低层环境中。以此为大背景，我们可以找到三组有影响或有争议的建筑。

第一组是"大型建筑"，包括那些象征城市和国家的地标性工程，例如大城市里的文化设施，尤其是那些与北京奥运会（或者上海世博会）相关的建筑。客户主要是地方政府或国家政府以及他们属下的公共机构。建筑师许多来自欧洲（英国、法国、德国、荷兰以及瑞士等）。著名的例子包括库哈斯的 CCTV 大楼，赫尔佐格和德梅隆（Herzog & de Meuron）的国家奥林匹克体育场（图1），福斯特（Norman Foster）的北京国际机场三号航站楼，以及这三个工程的结构工程师——来自英国的奥雅纳（ARUP）。

第二组是"中型建筑"，主要是重要的文化设施和住宅小区或新城。客户是多样的；它们可能是公共的或者私人的，政府机构或者房地产开发商。建筑师经常来自不同的西方国家，

图1 "大型"工程：国家奥林匹克体育场（"鸟巢"），北京，2008年。建筑师：赫尔佐格和德梅隆（Herzog & de Meuron）及中国建筑设计研究院。照片摄于2006年11月
图片取自：作者

图2 "中型"工程：深圳文化中心，2006年。建筑师：矶崎新。照片摄于2005年12月
图片取自：作者

但是其中引人注目的是日本建筑师，例如山本理显（Riken Yamamoto）的建外SOHO高层住宅（北京，2003年）和矶崎新（Arata Isozaki）的文化中心（深圳，2006年）（图2）。

　　第三组是"小型建筑"，小型指的是尺度和功能，而非影响力和意义。它们包括办公建筑、工作室、住宅和别墅。客户主要是私人个体。这些设计中著名的建筑师既有中国的也有海外的。在海外建筑师中，日本建筑师（以及韩国和其他亚洲国家建筑师）仍然处于有影响力的行列中。隈研吾（Kengo Kuma）的设计，包括他在北京郊区的"长城脚下公社"别墅群中的"竹屋"（2002年）（图3－a），以及他最近设计的上海Z58办公建筑（2006年）是最具代表性的。另外一个重要的例子是来自美国波士顿的Office dA（Monica Ponce de Leon和Nader Tehrani），及其设计的位于北京通州的一个200平方米的门房，一个展示了表皮、结构、材料和空间之间丰富交错的小型建筑。这里的中国建筑师，是上文提到的"突破的一代"，包括张永和、刘家琨、崔恺、马清运和王澍以及一批正在出现的更年轻的建筑师例如童明（图3－b）。如果说这些中国建筑师的主要立场是关注材料、肌理、构造、细部、空间、光线和体验，以反映个人、乡土或传统的生活世界，由此抵抗主流现代传统和庸俗的设计，那么在此区间工作的海外建筑师，从他们西方内部"解构主义"和"新现代主义"的脉络和层面上出发，与中国同行享有同样的对材料、构造、空间和体验的批判的关注。事实上，在更大尺度上操作的、"临界"或思考的（'edgy'and reflexive）海外建筑师，如西方和日本建筑师矶崎新、山本理显、赫尔佐格及德梅隆、库哈斯等，其设计依然是"建构"的或"后建构"的，只是其形式属于更加激进的新现代主义。两者的共同点是明确的，需要进一步发展强调。这里还应当注意的是"集群设计"现象：来自中国、亚洲乃至全世界的建筑师被邀请来参加设计（比如每人设计一个别墅），为房地产开发商展示新的设计和生活理念；例如为开发商"SOHO中国"设计的"长城脚下公社"（北京郊区，2002），以及在南京正在进行的为另外一个开发商设计的"中国国际建筑艺术实践展"。这些都是重要的场合，使具有相似而又不同设计观念的中外建筑互相观摩切磋；它为中国建筑师（当然也为其他建筑师）提供了观察和学习的窗口。

（a）"竹屋"别墅，北京，2002年。建筑师：隈研吾　　（b）席殊书屋，北京，1996年。建筑师：张永和
图片取自：隈研吾　　　　　　　　　　　　　　　图片取自：非常建筑工作室

图3　"小型"工程

这三组重要的大、中和小型建筑设计，事实上是"象征资本"（symbolic capital）的产物，其目的是在地方、国家和国际市场上树立卓越的标志（marks of distinction）。[4]它们是建筑师与强大的或国家单位或私人客户间的合作，用来在竞争市场和大众图像文化中，在多层次上，为某商业机构、城市或国家建立卓越的符号或者优越的象征。在这些层次中，设计中的形式资本，被用来创造文化的、社会的和商业的可见度，为开发商、市政府或国家机构服务。建筑专业的资源，尤其是知识以及其实践者——建筑师的名望，正在与那些政治与商业权威的资源合作：一种可同时促进两个资源系统有效权力的联合投资。世界上最有名望的职业荣誉——普利茨克建筑奖，在 1999 年、2000 年和 2001 年分别授予福斯特、库哈斯、赫尔佐格和德梅隆，而从 2001 年起他们很快就成为中国 2008 年最大的国家工程的设计者（北京首都机场 3 号航站楼、CCTV 大楼以及国家体育场）：这是在国际最高层面上的这种联合的清晰表现。

4 一个对称的瞬间：中国与西方

然而这种情况不应该限制我们认识这些参与的机缘和可能性的开启。首先，并非所有商业和政治权威都是压迫的：它们在一个人道主义的判断上可以是进步的或压迫的，取决于具体的历史情况。在中国近现代史的背景下看，后毛泽东时代政治经济的改革开放，对于中华民族而言，是进步的和解放的（尽管出现的问题也需要妥善解决）。第二，在权力与设计之间有一个我们不能否认的辩证关系。当设计服务于政治和商业权力时，由政治支持的开放和经济依托的物质基础也使设计知识得到发展、设计思想得到实现。

在这种情况下，由于政治经济的开放，许多设计实验和有关讨论在中国发生，而建筑师及其思想也在交流的海洋中跨越了国界。这里我们可以发现两股方向相反的主要流动趋势：一种是中国对西方和世界的影响流；另一种是西方和世界对中国的影响流。在第一种影响的流动中，看来中国作为一个整体向世界和西方学术界释放了一个特定印象。一种为高速现代化的大社会服务的，高效设计建造的实用主义态度，为西方提供了一个窗口或场景，使之重新思考在西方建立起来的一些思想，尤其是后现代主义对建筑（以及其他专业）中的工具主义现代性进行批评之后建立的思想。在相反的方向上，看起来是来自西方和世界尤其是欧洲和日本建筑师的具有思考和激进建构手法的有质量的设计，最大地影响了中国。这里，建构美学、纯粹主义、批评设计和大众关注（及有关的社会民主价值观），是西方对中国影响中比较明确的一些突出要素。现在让我们近距离检视这两股影响的流动。

4.1 中国向西方的流动

从中国流向西方和世界的影响，通过三种途径传播：遍布世界的西方专业媒体关于中国的话语（例如论坛、展览和杂志的专刊），以库哈斯为典型代表的个人理论型建筑师对中国的专注思考，以及在西方越来越多的关于参与和设计中国实际项目的报道。关于第一种，从 *AA Files*（1996 年 36 期）、*2G：International Architectural Review*（1999 年 10 期）（图 4 - a）开始，在海外出现了一个出版中国建筑特刊的潮流，表现在 A + U、Architectural Record、AV Monographs 和 Volume（2003 年、2004 年，2004 年和 2006 年）等专刊上。关于这个主题的展览会主要在欧洲各国陆续出现，如柏林的 Aedes 画廊、巴黎的蓬皮杜艺术中心、鹿特丹的建筑中心以及最近在维也纳建筑中心举办的第 15 届建筑师大会（分别在 2001 年、2003 年、2006 年和 2007 年举办）。这些活动都伴随出版了令人印象深刻的画册（图 4 - b）。有关论坛和系列讲座提供了介绍中国建筑情况的独特机会，如伦敦皇家艺术院和维也纳第 15 届建筑师大会上"中国制造"等讲座（分别在 2006 年和 2007 年）。西方和世界关于中国的大众话语，传递了一个中心印象，可以用 2G 和《建筑实录》（Architectural Record）相关期刊的封面文字作最好的总结："即时中国"，"中国……以超人速度建设，重新创造它的城市，从平地上冉冉升起"。标题背后是直上云霄的高层建筑的神奇的天际线（图 4 - c）。它表达了一个关于中国的想象，而如果这一图像被认真接受的话，它为西方提供了另一个现实世界的窗口，那里展现的是为高速现代化服务的工具主义建筑。

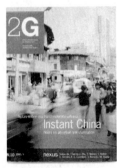  

（a）（左）2G：International Architecture Review，1999 年 10 期封面："即时中国"特刊
（b）（中）Alors, la Chine? 封面，巴黎：蓬皮杜艺术中心，2003：展览手册
（c）（右）《建筑实录》（Architectural Record），2004 年 3 期封面，包括关于中国的特别章节　　图片取自：作者
图 4　关于中国的出版物

目前西方理论型建筑师对中国的关注和思考，应该以库哈斯为最突出代表。在他的写作中，我们可以发现与中国和亚洲观察相重叠的一系列阐述和主张。在此我们面对的可能是西方今天，以中国和亚洲部分地区为基本档案和理论实验室的，关于为高速现代化服务的真实有效的建筑的最严肃的理论思考。

在 1995 年出版的书籍 S，M，L，XL 中，四篇关于"城市"、"大"、"新加坡"和"通用城市"的文章是特别相关的（图 5 - a）。在"城市设计发生了什么？"一文中，库哈斯说我们必须敢于"不批评"，以接受在全世界不可避免的城市化，并探索一种能够促进这种不可避免的物质条件的设计思想。[5] 在第二篇文章中，库哈斯主张一种"大"建筑，一种量的建筑，一种可以将它自己从西方建筑学消耗殆尽的艺术和意识形态运动中脱离出来，"重新获得它作为现代化载体的工具性"的建筑。[6] 在第三篇文章中，库哈斯用新加坡作为一个西方世界外的令人信服的例子，来探索建筑中的"操作"和"城市建造"，探讨据他说是西方在 1960 年代之后已经遗忘了很久的思想，一种可能将西方带回到为改造城市和社会的、具有尺度和能量的、英雄的和功能的现代主义的思想（图6-a）。[7] 在"通用城市"一文中，库哈斯全面挑战了在1980-1990年代占主流的关于认同、特征和地域主义的观点，并鼓励重视在全世界到处都可以找到的现代城市，一种一直被西方批评的但被亚洲所积极拥抱的城市模式（"亚洲追求它……很多通用城市都在亚洲"）。[8]

在《流变》（2000年）一书中，库哈斯发表了一段关于"珠江三角洲"演说，总结了在之后出版的《大跃进》（2001年）背后的一些观点（图5-b、图5-c、图6-b）。库哈斯的听众看来是西方人，他很明显是在对西方听众解释和理性化对亚洲关注的重要性。库哈斯说，现代化有其强度的顶峰，出现在不同地区，它曾经出现在欧洲和美国，但是，"今天现代化强度的顶峰，出现在亚洲，如新加坡和珠江三角洲等地"。[9] 他认为，这些亚洲城市可以教导我们今天正在发生什么。他说"为了更新建筑师职业和保持批评的精神，我们必须……观察这些新的现象并且将其理论化"。[10] 在《大跃进》中，库哈斯描述道，亚洲正处于一个持续猛烈的建设过程中，其尺度前所未有，是现代化大旋涡的一部分，它摧毁现存的环境并创造一个全新的城市物态。[11] 他说，一个关于城市和建筑的新理论是需要的，而这本书结尾部分描述中国珠江三角洲的七十个术语，可以作为这个新理论的起步。[12]

（a）（左）S，M，L，XL 封面，1995年
（b）（中）《流变》封面，2000年。
（c）（右）《大跃进》封面内页，2001年　图片取自：作者

图5　库哈斯（Rem Koolhaas）的出版物

（a）（左）S，M，L，XL 中的《新加坡诗集》　图片取自：Rem Koolhaas. Singapore Songlines // Rem Koolhans. S，M，L，XL. New York：Monacelli Press，1995：1062
（b）（右）《流变》（Mutations，317页）和《大跃进》（Great Leap Forward，197页）中关于中国珠江三角洲的文章（1062页）　图片取自：Rem Koolhaas et al. Mutations. Barcelona：ACTAR，2000：317

图6　库哈斯文章中使用的图片

关于全球工地：交流的格局与不同的批评伦理　351

这种发表于西方的理论型建筑师对中国的研究，又涉及中国影响西方的第三条途径，即西方和海外建筑师对设计和建造的直接参与，以及在西方的快速报道。库哈斯当然是赢得了2002年CCTV新台址的竞赛，该建筑在2008年完成（图7-a）。西方和海外建筑师获得的委托，包括体育场、体育馆、大剧院、机场、博物馆、展览建筑以及名气略低但是更加普遍的大型住宅新城，都是向西方传递影响的一部分；它们至少间接地展示了为高速都市化和现代化服务的大型的实用工具主义建筑。也许最后，中央电视台大楼和国家奥林匹克体育场，是这类为社会和物质发展服务的建筑的最永恒的明灯（图7）。

以库哈斯为最好代言人的这样一种趋势，在另外一个关于"后批评"实用主义的讨论中被引用；这个讨论这几年在美国和欧洲部分地区（主要是荷兰）之间穿行，其中索莫（Robert Somol）、怀汀（Sarah Whiting）和斯皮克斯（Michael Speaks）提倡了这种"后批评"实用主义，而贝尔德（George Baird）则对整个讨论进行了观察。[13]他们抓住了一种目前在西方对已控制并消耗建筑专业多年的批评传统的不满，一种走向"图表"和"效益"的实用主义趋势，一种据索莫、怀汀和斯皮克斯所说已经表现在库哈斯思想和工作上的趋势。尽管他们发现了库哈斯，他们却没有认识到库哈斯思想中一个重要的地域所在或理论实验室——亚洲和中国，或者任何一个真实世界历史中介入现代化的某个地理所在。[14]然而，这里还有更加重要的问题需要提出。这些后批评主义理论家对于真实地理的茫然本身还不是最重要的问题，最重要的应该是跨入新地理领域时出现一种新批评伦理的可能性的问题。因为在理论层面上，核心问题依然是：我们需要什么样的批评理论，新的批评理论如何构架，

(a) CCTV大楼建设中，2007年9月
图片取自：作者

(b) 国家奥林匹克体育场（"鸟巢"）建设中，2006年11月　图片取自：作者

(c) 国家大剧院建设中，2007年3月　图片取自：谢诗奇

图7　施工工地

它有何内容，它如何吸收后批评中有益的部分同时又是面对社会的、负责的、进步的。如果今天中国的建筑确实处于一个最强的实用主义实践中，且确实有大众的和社会主义的理想需要维护保持，又有职业批评态度需要保持和发展，那么在此是否会萌发有关批判伦理的新的思路？我们能否在作为理论思考基地的中国，发现构造新批评理论的线索和可能性？在文章的最后，我将对此提出一个初步的讨论。

4.2 西方向中国的流动

在相反的方向上，也存在一个从西方和世界流向中国的影响。这里我们可以发现实现这种影响的两个媒介。第一是西方和一些亚洲建筑师在中国所做的高品质设计；第二是中国在后毛泽东时代受教育的"突破的一代"，以张永和、刘家琨、崔恺、马清运和王澍为代表，在1996年后出现。在前者将西方思想带到中国的同时，后者也成为西方思想的中介，因为这些建筑师在后毛泽东时代接受的建筑教育是向国际开放的，他们中的一些也曾留学西方。

在这里西方和海外建筑师设计了"大型"、"中型"和"小型"建筑项目，例如CCTV大楼、国家体育场、建外SOHO住宅区、竹屋、"Z58"办公楼、深圳文化中心以及通州艺术中心门房（分别由库哈斯、赫尔佐格和德梅隆、山本理显、隈研吾、矶崎新和波士顿Office dA事务所设计），如同前文所述（图8、图9）。在西方建筑背景下，这些建筑师来自"新现代主义"和"解构主义"的历史阶段，企图超越1980年代和1990年代的历史主义的后现代主义。他们自己对纯粹和建构的兴趣，尽管以更加激进的形态出现，却与当地中国建筑师抵抗超越巴黎美院的历史主义和庸俗的商业主义的企图不谋而合。来自西方的注重形态、纯粹、内在、自立、作者、反思，比较完备而严密的批评的设计传统，对于企图超越本地主流传统的中国建筑师来说，显然是比较受欢迎的。

（a）艺术中心门房室外　　　（b）艺术中心门房室内

图8　艺术中心门房，通州，北京，2004年。建筑师：Office dA
（Monica Ponce de Leon and Nader Tehrani）

图片取自：Nader Tehrani, Office dA，摄影师：Dan Bibb

(a)"Z58"办公楼街道立面　　　　　(b)"Z58"办公楼屋顶水亭

图9　Z58，办公总部，上海，2006年。建筑师：隈研吾　图片取自：隈研吾

第二个媒介的中国建筑师，事实上与海外建筑师有着各种各样的联系。这些联系可能最明显地表现在北京长城脚下的公社、南京中国国际建筑艺术实践展、《大跃进》一书的写作以及各种合作项目的工作中。[15]这些建筑师，在1977－1978年后的面向世界的建筑教育体系中学习，其中又有一部分留学西方；他们强调内在自主性、建构逻辑和作者的独立设计思考，由此在中国作出了重要的跨越。最早的例子包括1996年及其后出现的以下几个项目：张永和的席殊书屋、晨兴数学中心和柿子林别墅（1996年、1998年、2004年），刘家琨的何多苓工作室和鹿野苑石刻博物馆（1997年、2002年），崔愷的外研社二期工程和会议中心（1999年、2004年）和他最近的德胜尚城综合办公建筑（2005年），王澍的陈默工作室、顶层画廊、苏州大学文正学院图书馆以及杭州中国美术学院象山校区（1998年、2000年、2000年、2005年），以及马清运的宁波中央商务区、宁波浙江大学图书馆、西安的父亲之家、无锡站前商贸区以及青浦的曲水园（2002年、2002年、2003年、2003年、2004年）（图10～图14）。近几年新的建筑也同样出现，例如童明的董氏义庄茶室（苏州，2004年）（图15）。

(a)席殊书屋，室外，北京，1996年　　　　　(b)晨兴数学中心，北京，1998年

（c）柿子林别墅，北京，2004 年

（d）UF 软件研究发展中心，北京，2006 年

图 10　张永和的设计
图片取自：非常建筑工作室

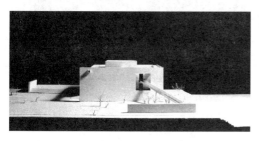

（a）何多苓工作室，设计模型，
建设完成于 1997 年，成都

（b）鹿野苑石刻博物馆，成都，2002 年

（c）鹿野苑石刻博物馆，成都，2002 年

（d）鹿野苑石刻博物馆，成都，2002 年

图 11　刘家琨的设计
图片取自：家琨设计工作室，摄影师：毕克俭

（a）外研社二期工程，北京，1999 年
图片取自：作者

（b）外研社二期工程，北京，1999 年
图片取自：作者

（c）德胜尚城，北京，2005 年
图片取自：崔恺，摄影师：张广源

（d）德胜尚城，北京，2005 年
图片取自：崔恺，摄影师：张广源

图 12　崔恺的设计

　　所有这些建筑师都通过清晰的写作来阐述他们的设计方法。如果说张永和和马清运有较强的设计理论基础（都曾留学美国），那么刘家琨和王澍则是把中国传统和西方的思路和概念结合起来思考，崔恺的文章则直接展示他在中国建筑设计研究院环境下服务不同的大型建筑客户的思路和策略（图 16）。就以西方方法思辨而言，张和马是比较突出的，他们对每个项目都有一个主题式的关注，其中马更加关心城市而张在具体案例中更加注重某些文化的、实验的议题（图 17）。

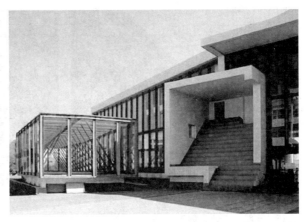

(a) 陈默工作室，室内，海宁，1998 年

(b) 文正学院图书馆，苏州大学，苏州，2000 年

(c) 中国美术学院象山校区，杭州，2005 年

(d) 象山校区二期，2007 年

图 13　王澍的设计　图片取自：王澍

(a) 浙江大学图书馆，宁波，2002 年

(b) 父亲住宅，西安，2003 年

(c) 无锡商业中心，无锡，2003 年建设中

图 14　马清运的设计　图片取自：MADA s. p. a. m.

（a）董氏义庄茶室室外　　　　　　　　　　（b）董氏义庄茶室室内

图15 童明的设计。董氏义庄茶室，苏州，2004年　图片取自：童明

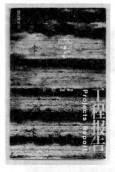   

（a）崔恺，《工程报告》，北京，2002年　（b）王澍，《设计的开始》，北京，2002年　（c）刘家琨，《此时此地》，北京，2002年　（d）汤桦，《营造乌托邦》，北京，2002年

图16 中国建筑师的著作　图片取自：作者

（a）（左）张永和《平常建筑》的首页，发表于《建筑师》，总第84期，1998年，27－34页
（b）（中一）张永和，《平常建筑》，北京，2002年
（c）（中二）张永和，《作文本》，北京，2005年
（d）（右）马清运，《现场马达》，柏林，2004年，马在柏林Aedes画廊的个人展览手册

图17 张永和与马清运的著作　图片取自：作者

从历史角度观察，张的文章，是最早的对中国现代传统的明确挑战，而挑战所运用的基本批评范畴是建筑的内在独立自主性（Autonomy）。所以他在此代表了这代人的批评声音。1998 年，在"平常建筑"一文中，张提倡了一种非表现、非话语的建筑，它以房屋的纯粹建构逻辑和其内在的诗意（踏步的、排柱的、墙体的、开口的、天窗的、庭院的诗意）为基础；他为此引用密斯（Mies van der Rohe）和特拉尼（Giuseppe Terragni）的作品为楷模（图 17 – a、图 17 – b）。[16] 在"向工业建筑学习"（2002 年）文章里，他说，一旦意义被取消，建筑就是建筑本身，是纯粹的、内在的、自立的存在。[17] 张在此主张一种"基本建筑"，它不依赖于另一个世界，比如说它是外在附加的社会意识形态的表现，它是自立的内在系统，由此它可能具有一种能力，来超越中国的巴黎美院体系的"美术建筑"和装饰建筑，及其近来的后现代的和其他种种变体。张提倡包豪斯体系，作为挑战装饰和美术建筑的一条新路。在他 2004 年的文章里，他的反巴黎美院式的装饰表达意识形态的内在自主的建筑，及其中的"资产阶级"和"右倾"的立场，开始出现扭转，走向一个反"资产阶级"的反资本主义的"左"倾的观点。在"第三种态度"一文中，他提倡一种既非纯粹批评研究也非盲目商业实践的"批评参与"的立场，并强调需要坚持内在自主性，以批评反对正在上升的资本主义倾向。[18] 在"下一个十年"（2004 年）一文中，张表明，他将把研究和对社会的服务结合起来，更加注重研究城市设计策略，并更加关心公共领域。[19] 尽管这里有一个批评对象的改变，但是（在批判参与中）对内在自主性的强调，仍然是一个思考的、批评的设计态度的核心方法。这里最重要的发展，并不是这些建筑师手中已经发展成熟的一种有批评态度的建筑，而是中国现代建筑史上一个自觉的批评态度的出现，表现在清晰的写作和 1996 – 2000 年间及其后建成的建筑作品中。这当然是历史背景下的一个突破，对此我已经在"Criticality in between China and the West"（2005 年，中译文以"批评的演化：中国与西方的交流"为名发表于 2006 年）一文中作出判断：具有一定批评理性的纯粹建筑的出现，反映在建筑师对建构逻辑、内在自主性、个人作者身份和思考性实验的追求之中。[20]

4.3 对称的瞬间

如果我们结合上述两种观察，即，如果将从中国向西方与从西方向中国的影响流动联系起来，作为 2000 年左右在相反方向上同时发生的事物，那么一种对称的交换就清晰可见。在中国吸收西方"批评性"的同时，西方则吸收中国的"后批评性"。如果前者可以张这一代建筑师和他的文章为代表，那么后者则可以库哈斯和他的文章为最佳代表。如果说前者的运行中，中国吸收的是西方过剩的，即严密理性、学科内部知识、内在自主性、思辩论述和批评的作者姿态等理念；那么后者运行中，西方吸收的也是中国过剩的，即服务于高速都市化现代化和大社会的，提供容量和能力的，有效率的工具主义的建筑实例。从历史角度看，如果前者准确发生在 1996 年和 1998 年（张的席殊书屋建成和"基本建筑"出现的时间），那么后者则发生在 2000 年、2001 年和 2002 年（库哈斯的《流变》、《大跃进》和 CCTV 大楼设计出现的时间）。第二个运行可以追溯到 1995 年《S，M，L，XL》出版的时候，因为它研究了"亚洲"和"新加坡"（如果我们把中国视为库哈斯所描述的亚洲现代化的一部分）。第二个运行还可以延伸到 2004 年后批评主义讨论在西方"出现"的时候，当时贝尔德发表的"批评性"文章总结了这场讨论（而中国的回应随即在 2005 和 2006 年出现）。这个运行还可以进一步延伸到 2008 年西方建筑师在中国设计的大型地标建筑的陆续完成的时候。严格来讲，一个对称的瞬间，或者说其在历史上最早的出现，实际上最清楚地发生在 1996 – 2002 年之间。

促使这种对称交流的原因，是两个世界互相开放时或当互相开放到某种程度使互相交流成为可能时（发生在 1990 年代后期），两者之间的强烈差异。两者间鲜明的反差对比，造成两者间自然的能量交换，使一边过剩的能量自然地向另一边输送。当两者逐渐形成一个更大的混杂综合体时，这种交换会被新的传播方式替代，而这正是每天都在发生的。特别需要注意的是，建筑的工具实用主义，尽管现在在亚洲达到了最大强度，它却也曾经在美国和欧洲出现过，主要在 19 世纪和 20 世纪初期资本主义工业化发展的高峰阶段。即使是现在，后批评主义思想在西方出现，也是由于这些国家新自由主义市场经济和信息技术革命的兴起（当然也发生在其他地区，包括亚洲和中国的）。另一方面，批评性尽管在欧洲传统中，也在 1960 年代后建筑学内，尤其是后现代对工具现代性的批判中发展成熟，但其也同样可以在亚洲和中国现代历史中找到。即使在这一代建筑师内部，在张永和、马清运和崔恺，尤其是刘家琨和王澍那里，中国的知识资源也被灵活地运用，所以他们的批评性也不完全是西方的。更进一步，在由特定"中介"传送的影响的方向上，也有新的发展。如果库哈斯和中国建筑师曾经分别向西方和中国的听众讲话，促成来自另一世界的影响的话，那么今天他们已经转向了新的听众：库哈斯与中国听众共同关注北京，而马和张则到美国任教，开启了有"中国"影响的新的教学日程。[21] 简言之，我所描述的原初的对称，是两个世界互通交流中一个具体历史瞬间的一个趋势。

在今天动态的历史演进中，新的趋势正在出现。其中一个新的趋势是对中国本土智慧和文化传统越来越多的关注，以及运用悠久的历史资源来构建具有批评理性的建筑。这就产生了一个新的问题，值得研究：在这场已经跨过太平洋来到亚洲和中国的关于批评和后批评的持续讨论中，是否有非西方的智慧资源可以运用，并被纳入探索新批评理论的计划之中？在中国和关于中国的讨论中是否已有这样的线索或征兆，可以得到发展，以助批评理论的重新构造？

5　中国如何影响世界：一个不同的批评伦理

根据沃勒斯坦的论述，资本主义世界体系中有核心国家，其成员和地理位置在历史上是移动变化的。据沃勒斯坦所说，这个体系尽管从 1450 – 1500 年间已经发展起来，并具有重复的周期和移动的规律，但由于地球的生态极限，它可能将不再延续并将在今天的环境中发生结构性改变。[22] 如果我们接受这个理论，很多问题就可以被提出来。如果中国正在向一个核心国家的状态靠近，那么它与传统核心国家比如美国之间将呈现一种什么关系？中国是否会给世界体系带来重大改变？如果这个体系将发生重大转变，这种改变将往什么方向发展,中国对这个转变可能产生什么影响?

哈维(David Harvey)注意到,中国的国家政权,伴随它对社会公正的一个长期的共产主义的原则,已经展示其决心,要驾驭而不屈从中国内部的资本集团和来自海外的以美国为主的世界市场的商贸和金融的挑战。[23]

诺兰(Peter Nolan)也发现,中国跨越冷战的或古典的意识形态构架的"第三条道路",或许可以解决社会问题和生态危机,保持稳定的发展和相对的公平,同时又可抵抗全盘自由的市场经济和美国鼓动的来自世界的挑战。[24]诺兰指出,中国为了生存和发展所必须采取的种种制度措施,如果成功,可能在更大范围内为亚当·斯密(Adam Smith)早已认识到的资本主义自身内在矛盾提供一个出路。中国可以提供的,不仅是一些新的制度规则,而是一个传统文化发展起来的整体的伦理哲学思想。根据诺兰所说,中国有一个社会、伦理和综合的"第三条道路"的悠久传统。这个传统包括一个无处不在的、但非意识形态的国家,一种能促进又能控制市场的方法和一种关于责任、关系和互为依存的伦理哲学,使国家在一个有机复合的社会体系中管理市场。

池田(Satoshi Ikeda)对中国传统、中国目前"市场社会主义"的表现以及美国引领的新自由主义主导的世界体系进行观察,也提出了与诺兰相似的观点。[25]池田认为,以中国传统和目前的情况看,中国国家政体已经超越冷战的意识形态构架;它不屈从于资本,却能吸引全球资本,保持经济增长。这样,中国或许可以走出其他亚洲小国的命运,在美国主导的市场经济之外,或者至少在不屈就于此体系的情况下,获得核心国家的地位。由此可能会出现一个由中国引领的后资本主义的世界体系;它不以自由的、市场的资产阶级意识形态和新自由主义思想,以及对财富资本无穷积累为最高价值观;它采用一种中性的、普遍的国家体制,以平衡发展、社会和生态的不同要求;它为世界政治经济秩序中处于边缘的或"第三世界"的人群努力获取更好的"成交条件"或地位处境。[26]

这里的关键是一个普遍的、非意识形态的国家,存在于以社会和生态伦理为基础的一个有机的关系网络编织而成的中国传统之中,它外在于西方近代发展出的社会学理论的各种范畴。如果国家、市场和社会以近现代西方不曾有过的方式互相联系,那么其他所有西方理论概念,包括"批评"的各种范畴,如"抵抗"、"超越"、"自主"、"先锋"等,也就无法在中国使用,如果没有重要的修改调整的话。今天我们可以看到一个普遍的、非意识形态的国家的浮现,它既非古典的资本主义也非古典的共产主义。后毛泽东时代中国实行的几乎所有政策,实际上都在这看来似乎矛盾的两极之间寻找一条新的途径。如果国家普遍存在并有机地根植于社会中,如果市场经济在国家之下也是有机地渗入社会中,而如果文化和批评的实践也同样深入于社会之中,那么批评建筑的整个构架也必需是关联的、有机的、渗入的,而非对抗或对立的。当代中国政治制度当然会进一步演化,以引进更多的市场民主、政治参与和有效司法,然而中国传统中的关联伦理,已经在后毛泽东时代,在西方各种概念和二元对立之间,打开了一条出路,它很可能将继续发挥作用,由此导向一个新的社会体系。在这样的环境下,批评性必须是一个关联的实践。

这种关联伦理发展的迹象，可以在建筑界的某些事物中找到。库哈斯设计的北京中央电视台 CCTV 总部大楼，是一个有趣的例子。这可以从三个方面来看。①关于国家和电视台节目：多重和"矛盾的"功能在此出现。项目的客户——中央电视台，为社会扮演了多重的、广泛的、普遍的角色，而社会也以同样方式接受这些角色。电视节目代表了国家的声音，又代表了一个国内的大众文化和大众社会，又为世界提供了一个民族国家的形象。另外，它提供了解中国和世界的信息窗口，但同时它又为大众提供道德说教和文化引导。②关于建筑：它扮演了多重的角色。大楼独特的标志性形象，表现了一个国家的兴起，它的集体的雄心和一个新政府领导的自信。它在全球资本市场和视觉媒体中提升了城市和国家的形象，同时在内部它又包含着并服务于一个社会主义的、集体主义的工作单位。③关于该设计出现的历史环境：这里的情况也是复合的。它代表了国家形象，也具有实用性，同时又允许并支持了一个反叛的、颠覆的建筑理念的实现。在这个激进设计建成时，它又象征了一个民族和它今天急速的转变。这种状态混淆了古典范畴的划分，混淆作为颠覆、否定和不介入的"批评"和作为服务社会或社会功能的"保守"。在这"批评的服务"中，一个激进的形态支持了又依托于一个社会和政治的权力机构。它发生在一个独特的历史阶段，其权力机构正极力推动物质的发展和社会的转变。

在中国这一代建筑师（张、马、刘、王、崔）中，建筑中的批评态度，历来都包含了来自本土的要素。刘家琨和王澍是这方面的代表。王近期的理论工作，"用手思考"，"在现代中国城市坍塌中重建生活世界"，采用了更多来自于中国知识传统和城乡空间环境的本土思想。[27]这些对中国思想的逐步加深的引用，或许会在批评思考中加入整体的和有机关联的思想。

关于批评实践的模式，另外三个方面必须受到注意。第一，这些建筑师长期在中国本土方式下工作，其中批评的社会立场是不可能完全自主和对抗的。我在前文中所提到的自主性是一种相对的和关联的自主性。他们比过去获得了相对的、更多的自主性，而今天所获得的自主性仍然是渗入的和关联的。一个西方传统中完全对立和否定的批评性，无法在这个以历史传统为基础的、有机的社会场域中运用实施。第二，在马清运和张永和的文章中，都可以发现一个与西方一些脱离和反对商业实践的批评态度保持的距离。两位在不同场合下都提及在美国"理论"和"实践"之间的脱离，一种中国建筑师不能也不应该效仿的做法。[28]他们认为，建筑师应该从事的，是渗入到现实世界中的批评实践。刘家琨也将其工作策略理论化，认为应当在设计的最前期参与和客户的策划，以保护对形式和公共空间的内在独立的设计。王澍和崔恺的作品也展示了为了新的和批评的思想而与客户进行的积极对话。第三，张在 2004 年还特别将这种认识定义为"第三种态度"，一种不切断研究与实践、批评与参与的态度，一种整合两者的"批评参与"的态度。

如果我们仔细观察西方社会学理论和建筑学论述中相关范畴的概念化过程，我们确实可以发现它在概念之间也在立场之间的以"对抗"为基础的思维模式（而这又与二元对立的亚里士多德的哲学传统相关）。[29]举例来说，在哈贝马斯（Jürgen Habermas）的理论中,"市民社会"是在与"国家权威"和"市场资本主义"(或"资本")干净而明确的对立冲突下界定的。[30]对他来说,为了保护重建一个社会群体的生活世界和民主的市民社会,我们需要建立一座"大坝"来阻挡国家和资本,即理性官僚制度和市场资本主义的泛滥或者入侵。然而为了真正推动和保护市民社会(而这就不可避免需要使用某种资本和权威),我们就不得不"侵蚀"这个理论,因为它不容纳这种妥协,不允许一个有机的、关联的视野的出现。在另一个例子中,埃森曼(Peter Eisenman)关于批评和超越的论述,也是清晰、对抗、不妥协的:"批评的态度,因其对知识可能性的追求,永远反对任何与现实状况的妥协宽容(... the critical as it concerns the possibility of knowledge was always against any accommodation with the status quo)"。[31]同样,这个理论本身不允许一个关联的视野的出现,尽管在实施建造一个"批评"建筑时,在与权威、资源和资本不可避免的联合中,一个"妥协"和"腐败"总在发生着。如果把这个不批评的瞬间纳入到一个新的批评理论中,那么我们就必须寻找一个新的理论构架。就此,一个非西方的哲学传统或许可以提供有意义的视野。依据有关研究,例如按照杜维明的论述,中国和东亚正在为现代性和资本主义发展提供另外的途径,其中携带着有机的关联的伦理观念,并以传统伦理体系如儒家思想为基础。[32]而这又与中国的一个普遍的哲学思想相联系,表现在阴阳两极的关系上,它们互相联系、转化,而非互相排斥、对立。[33]按照近来的有关探讨,这种认识在中国的一个政治结果,是一个关联的市民社会的存在,位于国家政府和民间乡土之间,它因此脱离于二元对立的哈贝马斯的"公共领域"的概念。[34]在这个传统中,国家、社会和市场,以正式和非正式方式,在一个社会关系的网络中长久运行。更重要的是,这个网络的、关联的运行实践,早已被理论化,并且在文化和伦理价值观念上深深内化在一个悠久的传统中。在这样的传统中,一个普遍的、公益的、伦理的但在政治上非意识形态的国家政府,统筹兼顾市场和社会;在此,一个改造的能量,一个"批评"的实践,在与他者和他者资源和力量的合作联系中展开。

基于以上所有思考,我们可以推测在不久的未来源自中国的两项可能的贡献。随着对外影响力的增加,中国可能会在前述的对称关系上,输出一种大容量的、有实用功效的工具主义建筑思想,它的作用是淡化或解开源于西方世界核心国家的"批评建筑"的纯净、严谨和限制。这种实用的建筑,或许对世界边缘的国家和人群,甚至对其他地区的中产阶级和"劳动人民",都更有效用。另外一个可能的贡献,是引入"关联"的视野,改造批评的理论构架和实践方法;这样,我们的任务就不是反对他者的、对抗和否定的批评,而是联系他者的、参与的、转化的批评,而他者则包括了权力、资本和自然资源的各种机构或主体;而这种关联的批评理论又以一个伦理的、有机的世界为基本的假设或构想。

原文出版于 Jianfei Zhu,Architecture of Modern China [M], London:Routledge,2009:169 – 198,中文由李峰(墨尔本大学建筑学硕士研究生)译出。

注释：

[1] 本文是在以前的一些文章基础上发展而来：Jianfei Zhu. Criticality in between China and the West. The Journal of Architecture, 2005, 10 (5): 479-498. 以及'China as a global site: in a critical geography of design', 收于 Jane Rendell, Jonathan Hill, Murray Fraser and Mark Dorrian (eds). Critical Architecture. London and New York: Routledge, 2007: 301-308. 本文稿最早在 2007 年 11 月 24 日维也纳建筑中心举办的第 15 届建筑师大会的"中国制造"论坛上发表。

[2] Immanuel Wallerstein. The three instances of hegemony in the history of the capitalist world-economy // Immanuel Wallerstein. The Essential Wallerstein. New York: the New Press, 2000: 253-263. 以及 The rise of East Asia 或 the world-system in the Twenty-First century, in Immanuel Wallerstein. The End of the World as We Know It: social science for the twenty-first century. Minneapolis: University of Minnesota Press, 1999: 34-48.

[3] 1980 年代的这个贡献在 1990 年代直到今天仍然在继续。英雄主义的晚现代主义仍然在更年轻的建筑师如徐卫国和胡越的设计中采用。新乡土或者现代乡土建筑，从另一方面来说，正在 1990 年代最近的例子中逐渐完善，例如沈三陵的天主教神哲学院，北京，1999 年，以及李承德的中国美术学院教学主楼，杭州，2003 年。尽管它延续到更年轻一代的建筑师，并进入 1990 年代而且在形式技巧在上述例子中得以完善，它仍然是 1980 年代的贡献，而非 1990 年代新的历史突破。

[4] 这里我用了被 David Harvey 修改为"集体象征资本"和"标志差异"的 Pierre Bourdieu 的概念. 见 David Harvey. Spaces of Capital: towards a critical geography. Edinburgh: Edinburgh University Press, 2001: 404-406, 394-411.

[5] Rem Koolhaas. What ever happened to urbanism? // O. M. A., Rem Koolhaas and Bruce Mau. S, M, L, XL. New York: The Monacelli Press, 1995: 958-971.

[6] Rem Koolhaas. Bigness, or the problem of large // O. M. A., Rem Koolhaas and Bruce Mau. S, M, L, XL. New York: The Monacelli Press, 1995: 494-517.

[7] Rem Koolhaas. Singapore songlines: thirty years of tabula rasa // O. M. A., Rem Koolhaas and Bruce Mau. S, M, L, XL. New York: The Monacelli Press, 1008-1089.

[8] Rem Koolhaas. The generic city // O. M. A., Rem Koolhaas and Bruce Mau. S, M, L, XL. New York: The Monacelli Press, 1238-1264.

[9] Rem Koolhaas. Pearl River Delta // Rem Koolhaas, Stefano Boeri, Sanford Kwinter, Nadia Tazi and Hans Ulrich Obrist. Mutations. Barcelona: ACTAR, 2000: 280-337. 尤其是 p. 309.

[10] 同上: 309.

[11] Rem Kollhaas. Introduction // Chuihua Judy Chung, Jeffrey Inaba, Rem Koolhaas, Sze Tsung Leong (eds). Great Leap Forward. Köln: Taschen, 2001: 27-28.

［12］同上：28.

［13］见：Robert Somol and Sarah Whiting. Notes around the Doppler effect and other moods of modernism. Perspecta 33：Mining Autonomy, 2002：72 – 77. Michael Speaks. Design intelligence and the new economy. Architectural Record, 2002（1）：72 – 76. 和 Design intelligence：part 1, introduction. A + U, 12, no. 387, 2002：10 – 18；以及 George Baird. "Criticality" and its discontents. Harvard Design Magazine, 21, Fall 2004/Winter 2005. Online. Available HTTP：< http：//www. gsd. harvard. edu/hdm >（accessed 5 November 2004）.

［14］我在"Criticality"一文中已经谈及这个话题，479 和 484 页.

［15］2002 年完成"长城脚下的公社"（北京）邀请的建筑师包括：张智强（中国香港），板茂（日本），崔恺（中国），简学义（中国台湾），安东（中国），堪尼卡（泰国），张永和（中国），古谷诚章（日本），陈家毅（新加坡），隈研吾（日本），严迅奇（中国香港）和承孝相（韩国）。受邀参加正在设计和建造中的中国国际建筑艺术实践展（南京）的建筑师包括：斯蒂文·霍尔（美国），刘家琨（中国），矶崎新（日本），埃塔·索特萨斯（意大利），周恺（中国），马清运（中国），妹岛和世＋西泽立卫（日本），张雷（中国），马休斯·克劳兹（智利），海福耶·尼瑞克（克罗地亚），戴维·艾德加耶（英国），路易斯·曼西拉（西班牙），肖恩·葛德赛（澳大利亚），欧蒂娜·戴克（法国），刘珩（中国香港），姚仁喜（中国台湾），盖伯·巴赫曼（匈牙利），汤桦（中国），王澍（中国），艾未未（中国），张永和（中国），崔恺（中国），阿尔伯特·卡拉奇（墨西哥），以及马丁·萨那克塞那豪（芬兰）.

［16］张永和. 平常建筑. 建筑师, 1998（10）：27 – 37. 尤其是 28 – 29 和 34 页.

［17］张永和. 向工业建筑学习//张永和. 平常建筑. 北京：中国建筑工业出版社, 2002：26 – 32.

［18］张永和. 第三种态度. 建筑师, 2004（4）：24 – 26.

［19］张永和, 周榕. 对话：下一个十年. 建筑师, 2004（4），56 – 58.

［20］朱剑飞, 'Criticality', 479 – 498.

［21］Rem Koolhaas, 'Found in translation' 和 '转化中的感悟'（王雅美翻译），Volume 8：无所不在的中国, 2006, pp. 120 – 126 和 157 – 159. 也可见张永和, 史建, 冯恪如. 访谈：张永和. Domus 中国, 2006（7）：116 – 119. 和马清运, 史建, 冯恪如. 访谈：马清运. Domus 中国, 2007（2）：116 – 117.

［22］Wallerstein, 'The three instances', p. 254 和 'The rise of East Asia', p. 35, 48. 也见 Enrique Dussel. Beyond eurocentrism：the world-system as the limits of modernity// Fredric Jameson and Masao Miyoshi（eds）. The Cultures of Globalization. Durham：Duke University Press, 1998：3 – 31. 尤其是 19 – 21 页.

［23］David Harvey. A Brief History of Neoliberalism. Oxford：Oxford University Press, 2005：120 – 151. 尤其是 pp. 120, 141 – 142, 150 – 151 页, 分别观察了共产党长期坚持平均主义的承诺，中国从新自由主义中的脱离，以及政府政策对资产阶级的压制。然而

Harvey 的研究是全面的并且也确实指出了相反的趋势，例如中国和美国在采用新自由和新保守主义政策方面的合作。

［24］Peter Nolan. China at the Crossroads. Cambridge：Polity Press, 2004：174 – 177.

［25］Satoshi Ikeda. U. S. hegemony and East Asia：an exploration of China's challenge in the 21st century // Wilma A. Dunaway (ed.). Emerging Issues in the 21st Century World-System, Volume II：new theoretical directions for the 21st cenrure world-system. Westport：Praeger Publishers, 2003：162 – 179.

［26］Ikeda, U. S. hegemony and East Asia, pp. 177 – 178.

［27］王澍在 2007 年 11 月 24 日维也纳建筑中心举办的第 15 建筑师大会的"中国制造"论坛上发表了这个观点。

［28］见张永和，'Yong Ho Chang (about education)', in Michael Chadwick (ed.) Back to School：Architectural Education：the information and the argument (Architectural Design, vol. 74, no. 5, 2004), London：Wiley-Academy, 2004：87 – 90, 尤其是 p. 88；和马清运，访谈，2004. HTTP 网页发布有效：< http：//www. abbs. com > (2004 年 10 月 15 日进入). 也见张永和，第三种态度，p. 24 – 26.

［29］在 Francois Jullien 对中国和希腊/欧洲哲学的比较中，他论证了在战争和策略理论方面，中国人倾向于一种间接的和改造的方式，而欧洲人则视直接的对抗、最后一战、对敌人决定性打击为最重要。Jullien 的比较引导我们进入另外的领域例如文学和绘画，但是他最终的兴趣在于中国和希腊之间的哲学传统。这个关于亚历士多德和"阴阳"世界观中二元对立与二元关联的比较，见 Francois Jullien. The Propensity of Things：towards a history of efficacy in China. Janet Lloyd. New York：Zone Books, 1995：249 – 258.

［30］Jürgen Habermas. Further reflections on the public sphere // Craig Calhoun (ed.). Habermas and the Public Sphere. Cambridge, Mass.：MIT Press, 1992：421 – 461.

［31］Peter Eisenman. Critical architecture in a geopolitical world // Cynthia C. Davidson and Ismail Serageldin (eds). Architecture beyond Architecture：creativity and social transformations in Islamic cultures. London：Academy Editions, 1995：79, 78 – 81.

［32］Tu Wei-ming. Introduction and Epilogue // Tu Wei-ming (ed.). Confucian Traditions in East Asian Modernity：moral education and economic culture in Japan and the four mini-dragons. Cambridge, Mass.：Harvard University Press, 1996：1 – 10, 343 – 349.

［33］Jullien, The Propensity, pp. 249 – 258.

［34］在西方普遍存在并特别在哈贝马斯理论中出现的，关于"公共领域"中所使用的二元论概念的困境，见 Philip C. C. Huang. "Public Sphere" / "Civil Society" in China?：the third realm between state and society. Modern China, 1993, 19 (21)：216 – 240, and Timothy Brook and B. Michael Frolic (eds). Civil Society in China. New York：M. E. Sharpe, 1997. 尤其在 pp. 3 – 16.

参考文献（中文）
Bibliography（Chinese）

（按首字拼音排序）：

——. 建筑学报, 1954 – 1962, 1978.
——. 人民日报, 1955 – 3 – 28, 1959 – 10 – 2.
[美] 弗雷德里克·C·泰韦斯. 新政权的建立和巩固∥[美] 麦克法夸尔, 费正清. 剑桥中华人民共和国史：革命的中国的兴起 1949 – 1965. 谢亮生等译. 北京：中国社会科学出版社, 1990：55 – 149.
[美] 戈德曼. 党与知识分子∥[美] 麦克法夸尔, 费正清. 剑桥中华人民共和国史：革命的中国的兴起 1949 – 1965. 谢亮生等译. 北京：中国社会科学出版社, 1990：228 – 72.
[美] 惠廷. 中苏分裂∥[美] 麦克法夸尔, 费正清. 剑桥中华人民共和国史：革命的中国的兴起 1949 – 1965. 谢亮生等译. 北京：中国社会科学出版社, 1990：508 – 570.
[美] 肯尼斯·弗兰姆普敦. 建构文化研究. 北京：中国建筑工业出版社, 2007.
[美] 肯尼斯·弗兰姆普敦. 现代建筑：一部批判的历史. 北京：生活·读书·新知三联书店, 2004.
[美] 麦克法夸尔, 费正清. 剑桥中华人民共和国史：革命的中国的兴起 1949 – 1965. 北京：中国社会科学出版社, 1990.
[日] 藤井明. 聚落探访. 宁晶译. 王昀校. 北京：中国建筑工业出版社, 2003.
[日] 中岛岭雄. 外交关系：从朝鲜战争到万隆路线∥[美] 麦克法夸尔, 费正清. 剑桥中华人民共和国史：革命的中国的兴起 1949 – 1965. 谢亮生等译. 北京：中国社会科学出版社, 1990：273 – 306.
[苏] 阿谢甫可夫·耶·安. 苏维埃建筑史. 北京：建筑工程出版社, 1955.
[苏] 利亚布申, 谢什金娜. 苏维埃建筑. 吕富珣译. 北京：中国建筑工业出版社, 1990.
《建筑师》编辑部. 从现代向后现代的路上Ⅰ、Ⅱ. 北京：中国建筑工业出版社, 2007.
《中国建筑史》编写组. 中国建筑史. 北京：中国建筑工业出版社, 1986.
《住宅建筑设计原理》编写组. 住宅建筑设计原理. 北京：中国建筑工业出版社, 1980.
北京城市建设工作有哪些问题 市设计院建筑师在市委座谈会上各抒己见. 北京日报, 1957 – 5 – 20 (1).
北京都市计划设计资料集（第一集）. 北京：北京市档案馆, 1947.
北京规划建设, 2005 (2)：101.
北京建设史书编辑委员会编辑部. 改建与扩建北京市规划草案的要点∥北京建设史书编辑委员会编辑部. 建国以来的北京城市建设资料第一卷：城市规划. 北京：北京建设史书编辑委员会编辑部, 1995.
北京建设史书编辑委员会编辑部. 建国以来的北京城市建设资料第一卷：城市规划. 北京：北京建设史书编辑委员会编辑部, 1995.

北京建设史书编辑委员会编辑部. 建国以来的北京城市建设资料第一卷：城市规划. 北京：北京建设史书编辑委员会编辑部，1987.

北京建设史书编辑委员会编辑部. 建筑城市问题的摘要//北京建设史书编辑委员会编辑部. 建国以来的北京城市建设资料第一卷：城市规划. 北京：北京建设史书编辑委员会编辑部，1995.

北京建设史书编辑委员会编辑部. 苏联市政专家组组长阿布拉莫夫在讨论会上的讲话（摘录）//北京建设史书编辑委员会编辑部. 建国以来的北京城市建设资料第一卷：城市规划. 北京：北京建设史书编辑委员会编辑部，1995.

北京市城市规划管理局，北京市城市规划设计研究院党史征集办公室. 1954年前后的北京建筑管理工作//北京市城市规划管理局，北京市城市规划设计研究院党史征集办公室. 党史大事条目．1995.

北京市城市规划与设计研究院. 迈向二十一世纪. 北京：北京市城市规划与设计研究院，1992：20.

北京市人民委员会举行首次会议. 人民日报，1955-2-22（1）.

波兰建筑师代表团. 波兰建筑师访华代表团对中国城市规划、建筑艺术和建筑教育的一些意见. 建筑学报，1956（1）：102-111.

波兰建筑师代表团. 波兰建筑师学会访华代表团对中国建筑师同志们所提问题的答复. 建筑学报，1956（2）：87-98.

蔡育天. 回眸：上海优秀近代保护建筑. 上海：上海人民出版社，2001.

曹洪涛，储传亨. 当代中国的城市建设. 北京：中国社会科学出版社，1990.

常怀生. 哈尔滨工业大学建筑学院春秋录//杨永生. 建筑百家回忆录续篇. 北京：知识产权出版社和中国水利水电出版社，2003：163-166.

陈登鳌. 在民族形式高层建筑设计过程中的体会. 建筑学报，1954（2）：104-107.

陈干，高汉. 《建筑艺术中社会主义现实主义和民族遗产的学习与运用的问题》的商榷. 文艺报，1954-8-30（16）.

陈干，高汉. 论梁思成关于祖国建筑的基本认识. 建筑学报，1955（1）.

陈干. 京华待思录：陈干文集. 北京：北京市城市规划设计院，1996.

陈亮全. 不再是专业唱独角戏的时代——社区意识与民众参与的空间观. 建筑师，1993（12）：109-113.

陈迈. 台湾光复五十年建筑发展的回顾与展望. Dialogue，2001（45）：36-43.

陈薇. 天籁疑难辨，历史谁可分——90年代中国建筑史研究谈. 建筑师，1996（69）：79-82.

陈占祥. 忆梁思成教授//梁思成先生诞辰八十五周年纪念文集编辑委员会. 梁思成先生诞辰八十五周年纪念文集. 北京：清华大学出版社，1986.

城市建设总局规划设计局. 全国标准设计评选会议对选出方案的意见和单元介绍. 建筑学报，1956（2）：57-72.

崔恺. 本土设计. 北京：清华大学出版社，2008.

崔恺. 工程报告. 北京：中国建筑工业出版社，2002.

戴念慈. 当代中国建筑大师. 北京：中国建筑工业出版社，1999.

董光器. 北京规划战略思考. 北京：中国建筑工业出版社，1998.

董豫赣. 极少主义. 北京：中国建筑工业出版社，2003.

董豫赣．预言与寓言——贝聿铭的中国现代建筑．时代建筑，2007（5）．

都市实践．URBANUS 都市实践．北京：中国建筑工业出版社，2007．

杜尔圻．高等学校建筑群的布局和单体设计．建筑学报，1956（5）：1-27．

对过去进行的建筑思想批判和建筑界存在问题 清华建筑系教师各抒己见．北京日报，1957-5-30（2）．

反对建筑中的浪费现象．人民日报，1955-3-28（1）．

范文照．欧游感想．中国建筑，1936（24）：11-19．

范文照．中国的建筑．文化建设月刊，1934，1（1）：135．

范文照．中国建筑师学会缘起．中国建筑，创刊号，1932（11）：3．

冯纪忠．建筑弦柱——冯纪忠论稿．上海：上海科技出版社，2003．

符家钦．和平宾馆的诞生．新观察，1952（17）：18-19．

傅朝卿．中国古典式样新建筑——二十世纪中国新建筑管制化的历史研究．台北：南天书局，1993．

傅宁军，何祚庥．一个忠实于科学的科学家．传记文学，1999（5）．

傅熹年．博大精深、高山仰止——学习《刘敦桢文集》的体会//傅熹年．傅熹年建筑史论文集．北京：文物出版社，1998：440-442．

高汉，陈干．论"法式"的本质和梁思成对"法式"的错误认识．新建设，1955（12）．

高汉．云淡碧天如洗——回忆长兄陈干的若干片段//陈干．陈干文集——京华待思录．北京：北京市城市规划设计研究院，1996．

葛如亮．从创作实践谈创作之源．建筑学报，1986（4）．

葛如亮．风景建筑漫笔——天台山石梁飞瀑风景建筑设计概述．建筑师，1980（4）．

葛如亮．天台山国清寺建筑．同济大学学报，1979（4）．

龚德顺，邹德侬，窦以德．中国当代建筑史纲要．天津：天津科学技术出版社，1989．

谷口忠．社会生活的变迁与建筑样式．张广正译．申报，1935-4-20．

顾大庆．图房、工作坊和设计实验室．建筑师，2001（98）：20-36．

顾大庆．中国的"鲍扎"建筑教育之历史沿革——移植、本土化和抵抗．建筑师，2007（126）：5-15．

顾大庆．中国建筑教育的遗产及21世纪的挑战．中国建筑教育，2008（1）：19-23．

顾孟潮，张在元．中国建筑评析与展望．天津：天津科学技术出版社，1988．

郭肇立．管窥大象——流行建筑的品味．建筑师，1984（4）：27-29．

郭肇立．试论建筑形象的模仿与超越——由桃园县政府办公大楼谈起．建筑师，1981（7）：32-38．

贺陈词．建筑上的传统与现代问题．建筑师，1981（9）：30-32．

侯仁之，邓辉．北京城的起源与变迁．北京：北京燕山出版社，1997．

胡海涛．建国初期对唯心主义的四次批判．南昌：百花洲文艺出版社，2006．

沪华海公司工程师宴客并论建筑．申报，1924-2-17．

华昌宜．仿古式建筑及其在台湾（上）．建筑双月刊，1962（4）：10，14．

华昌宜．仿古式建筑及其在台湾（下）．建筑双月刊，1962（5）：38-39．

华揽洪．北京幸福村街坊设计．建筑学报，1957（3）：16-33．

华霞虹．"同济风格"——20世纪中后期同济四个建筑作品评析．时代建筑，2006（6）：

52-59.

黄健敏. 中国建筑教育溯往. 建筑师（台），1985（11）.

黄模春. 访高而潘. 光复以来台湾建筑的回顾，1979（2）：88-94.

黄绍纶. 移民企业家：香港的上海工业家. 张秀莉译. 上海：上海古籍出版社，2003.

矶崎新. 未建成/反建筑史. 北京：中国建筑工业出版社，2004.

吉国华. 20世纪50年代苏联社会主义现实主义建筑理论的输入和对中国建筑的影响. 时代建筑，2007（97）（"中国建筑的现代之路，1950-1980年代"专辑）：66-71.

贾东东. 海内外建筑师合作设计作品选. 北京：中国建筑工业出版社，1998.

建筑工程部召开设计及施工工作会议，揭发浪费和质量低劣现象. 人民日报，1955-3-3（1）.

建筑师杂志. 社论：仿欧式的建筑. 建筑师，1983（6）：18.

建筑师杂志. 展望：从本土出发. 光复以来台湾建筑的回顾. 建筑师，1979（2）：127.

建筑学报，1955（1）.

蒋大椿. 八十年来的中国马克思主义史学（一）. 历史教学，2000（6）：5-10.

蒋原伦. 今日先锋·实验建筑专辑（第8辑）. 天津：天津社会科学院出版社，2000.

金受中. "北京的东西长安街"，北京的回忆. 香港：文化生活出版社，1975.

孔祥伟. 论过去十年中的中国当代景观设计探索. 景观设计学，2008（2）.

赖德霖，钱锋，彭长歆，王浩娱，袁雪平，司春娟. 中国近代大学建筑系毕业生. 建筑业导报，2004：326-329，332.

赖德霖，王浩娱，袁雪平，司春娟. 近代哲将录——中国近代时期主要建筑师、建筑事务所名录. 北京：中国水利水电出版社，知识产权出版社，2006.

赖德霖. 从宏观的叙述到个案的追问：近十五年中国近代建筑史研究评述. http://www.aaart.com.cn/cn/theory.

赖德霖. 设计一座理想的中国风格的现代建筑——梁思成中国建筑史叙述与南京国立中央博物院辽宋风格设计再思//赖德霖. 中国近代建筑史研究. 北京：清华大学出版社，2007：331-362.

赖德霖. 社会科学、人文科学、技术科学的结合——中国建筑史研究方法初识，兼议中国营造学社研究方法"科学性"之所在//"纪念刘敦桢先生诞辰110周年暨中国建筑史学史专题研讨会"论文. 南京：东南大学，2007-10-20，21.

赖德霖. 折中背后的理念——杨廷宝建筑的比例问题研究//赵辰，伍江. 中国近代建筑学术思想研究. 北京：中国建筑工业出版社，2003：38-43.

赖德霖. 中国近代建筑史研究. 北京：清华大学出版社，2007.

赖德霖. 中国近代建筑史研究. 清华大学建筑系博士研究生论文，1992.

乐嘉藻. 中国建筑史. 北京：团结出版社，2005.

黎宁. 国际新建筑运动论. 重庆：中国新建筑社，1943.

黎宁. 新建筑造型理论的基础. 重庆：中国新建筑社，1943.

李椿龄. 降低标准后的二区住宅定型设计介绍. 建筑学报，1955（1）：95-100.

李国豪. 建苑拾英. 上海：同济大学出版社，1991.

李海清. 理想主义与社会现实//赵辰，伍江. 中国近代建筑学术思想研究. 北京：中国建筑工业出版社，2001：44-47.

李翔宁. 权宜建筑——青年建筑师与中国策略. 时代建筑，2005（6）.

李邕光．目前住宅标准设计所存在的一些问题及讨论．建筑学报，1956（2）：99－103．

梁思成，陈占祥．关于中央人民政府行政中心区位置的建议//梁思成．梁思成文集（四）．第1版．北京：中国建筑工业出版社，1986．

梁思成，张锐．天津特别市物质建设方案．天津：北洋美术印刷所，1930．

梁思成，陈占祥．关于中央人民政府行政中心区位置的建议．北京：清华大学建筑学院资料室，1950．

梁思成．建筑艺术中社会主义现实主义和民族遗产的学习与运用的问题//梁思成．梁思成全集：第五卷．北京：中国建筑工业出版社，2001：185－196．

梁思成．从"适用、经济、在可能条件下注意美观"谈到传统与革新．建筑学报，1959（6）：1－4．

梁思成．大屋顶检讨．未刊稿，林洙提供．

梁思成．访苏代表团建筑土木门的传达报告．未刊稿，林洙提供，1953．

梁思成．工作笔记．林洙提供．

梁思成．古建築論叢．澳門：神州图书公司，1975．

梁思成．关于首都建设计划的初步意见．未刊稿，林洙提供，1953．

梁思成．关于中央人民政府行政中心区位置的建议//梁思成．梁思成全集：第五卷．北京：中国建筑工业出版社，2001：60－81．

梁思成．建筑设计参考图集序//梁思成．梁思成文集（二）．第一版．北京：中国建筑工业出版社，1984．

梁思成．建筑艺术中社会主义现实主义和民族遗产的学习与运用的问题（1954）//梁思成．梁思成文集（五）．北京：中国建筑工业出版社，2001：185－196．

梁思成．建筑艺术中社会主义现实主义和民族遗产的学习与运用的问题．新建设，1954－2．

梁思成．梁思成的发言．建筑学报，1958（11）：6－7．

梁思成．梁思成全集：第八卷．北京：中国建筑工业出版社，2001．

梁思成．梁思成全集：第三卷；梁思成全集（五）．北京：中国建筑工业出版社，2001．

梁思成．梁思成全集：第四卷．北京：中国建筑工业出版社，2001．

梁思成．清工部《工程做法则例》图解．北京：清华大学出版社，2006．

梁思成．人民英雄纪念碑设计的经过//梁思成．梁思成全集：第五卷．北京：中国建筑工业出版社，2001：462－464．

梁思成．为什么研究中国建筑．中国营造学社汇刊，1944－10－7（1）．

梁思成．文革交代材料．林洙提供．

梁思成．我对苏联建筑艺术的一点认识//梁思成．梁思成全集：第五卷．北京：中国建筑工业出版社，2001：175－178．

梁思成．一个知识分子的十年．中国青年，1959－10－1（19）．

梁思成．致聂荣臻同志信，1949//梁思成．梁思成文集（四）．北京：中国建筑工业出版社，1986：366－368．

梁思成．致梅贻琦信，1945年3月9日//梁思成．梁思成全集：第五卷．第一版．北京：中国建筑工业出版社，2001．

梁思成．致周总理信——关于长安街规划问题//梁思成．梁思成文集（四）．第一版．北京：中国建筑工业出版社，1986．

梁思成. 致朱总司令信——关于中南海新建宿舍问题,1950年4月5日∥梁思成. 梁思成文集（四）. 第一版. 北京：中国建筑工业出版社,1986.

梁思成. 中国建筑的特征. 建筑学报,1954（1）:36-39.

梁思成. 祖国的建筑（1954）∥梁思成. 梁思成全集：第五卷. 北京：中国建筑工业出版社,2001:197-234.

梁思成. 祖国的建筑∥梁思成. 梁思成文集（四）. 第1版. 北京：中国建筑工业出版社,1986-9.

梁思成. 清式营造则列. 北京：清华大学出版社,2006.

梁思成的发言. 人民日报,1956-2-4（6）.

梁文翰. 新建的南海糖厂. 建筑学报,1957,10:43-48.

林凡. 人民要求建筑师展开批评和自我批评. 建筑学报,1954（2）:122-124.

林徽音. 论中国建筑之几个特征. 中国营造学社汇刊,1932-1933,3（1）:163-179.

林原. 包浩斯,建筑与我：专访张肇康先生. 联合文学,1993,9（3）:222-228.

林洙. 建筑师梁思成. 天津：天津科学技术出版社,1997.

林洙. 叩开鲁班的大门：中国营造学社史略. 北京：中国建筑工业出版社,1995.

刘敦桢. 刘敦桢全集. 北京：中国建筑工业出版社,2007.

刘敦桢. 批判梁思成先生的唯心主义建筑思想. 建筑学报,1955（1）:69-79.

刘敦桢. 中国封建制度对古代建筑的影响. 古建园林技术,2007（4）:9-10.

刘敦桢. 中国古代建筑史. 北京：中国建筑工业出版社,1980.

刘家琨. 此时此地. 北京：中国建筑工业出版社,2002.

刘家琨. 鹿野苑石刻博物馆. 世界建筑,2001,10:91-92.

刘家琨. 叙事话语与低技策略. 建筑师,1997,78（10）:46-50.

刘可强. 新台湾社区建筑意识——社区参与的社会价值与专业意义. 建筑师,1996（10）:94-95.

刘先觉. 杨廷宝先生诞辰一百周年纪念文集. 北京：中国建筑工业出版社,2001.

刘向东,吴友松. 广厦魂：建筑学家杨廷宝传. 南京：江苏科学技术出版社,1986.

刘秀峰. 创造中国的社会主义的建筑新风格. 建筑学报,1959（9,10）:3-12.

刘叙杰. 刘敦桢∥杨永生,王莉慧. 建筑史解码人. 北京：中国建筑工业出版社,2006:8-15.

刘叙杰. 中国古代建筑史（第一卷）：原始社会,夏,商,周,秦,汉建筑. 北京：中国建筑工业出版社,2003.

刘致平. 中国建筑类型及结构. 北京：中国建筑工业出版社,1987.

卢绳. 对于形式主义复古主义建筑理论的几点批评. 建筑学报,1953（3）.

陆谦受,吴景奇. 说明；我们的主张. 中国建筑,1936:26.

路秉杰. 天安门. 上海：同济大学出版社,1999.

罗哲文古建筑文集. 文物出版社,1998.

马清运,史建,冯恪如. 访谈：马清运. Domus中国,2007,2（8）:116-117.

马清运. 都市主义的中国政策（内部参考）. 马达思班,2003-9-25.

毛泽东. 在延安文艺座谈会上的讲话∥毛泽东. 毛泽东选集：第三卷. 北京：人民出版社,1966/1970:804-835.

南京工学院建筑系. 中国建筑史. 南京：南京工学院建筑系，1980.
潘谷西，何建中.《营造法式》解读. 南京：东南大学出版社，2005.
潘谷西. 东南大学建筑系成立七十周年纪念专集. 北京：中国建筑工业出版社，1997.
潘谷西. 中国古代建筑史（第四卷）：元明建筑. 北京：中国建筑工业出版社，1999.
庞树滋，徐宏波. 新建的中国青年出版社印刷厂. 建筑学报，1956，8：28－35.
裴芹. 古今图书集成研究. 北京：北京图书馆出版社，2001.
彭怒，伍江. 中国建筑师的分代问题再议. 建筑学报，2002（12）.
彭一刚. 建筑空间组合论. 北京：中国建筑工业出版社，1983.
齐康. 入门的启示——评《建筑空间组合论》. 建筑师，1984（21）：164－165.
钱锋，伍江. 中国现代建筑教育史（1920－1980）. 北京：中国建筑工业出版社，2008.
秦佑国. 梁思成、林徽因与国徽设计//清华大学建筑学院. 梁思成先生百岁诞辰文集. 北京：清华大学出版社，2001：111－119.
清华大学建筑系思想学习自由发言. 未刊稿，清华大学建筑学院资料室提供，1955－3－17.
人民大会堂设计组. 人民大会堂. 建筑学报，1959，9－10：23－30.
人民日报社. 反对建筑中的浪费现象. 人民日报，1955－3－28（1）.
阮庆岳. 弱建筑——从《道德经》看台湾当代建筑. 台湾：田园城市文化事业有限公司，2006.
尚廓. 桂林芦笛岩风景建筑的创作分析. 建筑学报，1978（3）：11－15.
深圳市建筑设计研究总院孟建民建筑工作室. 失重. 北京：中国建筑工业出版社，2008.
沈勃. 关于北京市设计院在建筑设计中的形式主义和复古主义错误的检计. 人民日报，1955－5－5（2）.
沈志华. 对在华苏联专家问题的历史考察：基本状况及政策变化.（2005－07－29）. http://www.shenzhihua.net/zsgx/000088.htm.
时代建筑（"实验与先锋"专辑），2003（5）.
史建，冯恪如. 马清运访谈. domus 国际中文版，2007（2，3）.
史建，冯恪如. 王澍访谈. domus 国际中文版，2006（10）.
史建，冯恪如. 张永和访谈. domus 国际中文版，2006（7）.
史建. 超城市化语境中的"非常"十年. 建筑师，2004（2）.
史建. 灰黄语境中的白色，或聚落几何学. Edge,（07）.
思班都市. 百岛园. 广州：广东世界图书出版公司，2004.
孙大章. 中国古代建筑史第五卷：清代建筑. 北京：中国建筑工业出版社，2002.
台湾地貌改造运动特展·图录专辑. 台湾：文建会，2005.
汤桦. 营造乌托邦. 北京：中国建筑工业出版社，2002.
唐克扬. 私人身体的公共边界——由非常建筑谈表皮理论的中国接受情境. 建筑师，2004（4）.
天安门地区管理委员会. 天安门（DVD）[CD]. 北京：中国录音录像出版社，1999.
童寯. 建筑教育（1944）//童寯. 童寯文集：第一卷. 北京：中国建筑工业出版社，2000：112－117.
童寯. 童寯文集：第一卷. 北京：中国建筑工业出版社，2000.
涂添凤. 天津市鸿顺里社会主义大家庭建筑设计介绍. 建筑学报，1958，10：34－35.

汪季琦．回忆上海建筑艺术座谈会．建筑学报，1980（4）：1-4.

汪坦，藤森照信，王世仁等．中国近代建筑总览：北京篇．北京：中国建筑工业出版社，1993.

王栋岑．王栋岑手稿．未刊稿，清华大学建筑学院资料室提供，1954-12.

王栋岑．王栋岑致薛子正信．未刊稿，清华大学建筑学院资料室提供，1954-12.

王浩娱，许焯权．从中国近代建筑师1949年后在港工作经历看"中国建筑的现代化"∥张复合．中国近代建筑研究与保护（五）．北京：清华大学出版社，2006.

王浩娱．陆谦受后人香港访谈录：中国近代建筑师个案研究∥第四届中国建筑史学国际讨论会论文集．上海：同济大学，2007.

王建国．杨廷宝建筑论述与作品选集．北京：中国建筑工业出版社，1997.

王健英．中国共产党组织史资料汇编：领导机构沿革和成员名录．北京：中共中央党校出版社，1995.

王军．城记．北京：三联书店，2003.

王力甫．访吴明修．光复以来台湾建筑的回顾，1979，2：95-103.

王明蘅．现代化的谬误及并发症．建筑师，1986，3：41-46.

王明贤，史建．九十年代中国实验性建筑．文艺研究，1998（1）.

王明贤．建筑的实验．时代建筑，2000（2）.

王群．解读弗兰姆普敦的《建构文化研究》系列之二．A+D建筑与设计，2001（2）.

王群．解读弗兰姆普敦的《建构文化研究》系列之一．A+D建筑与设计，2001（1）.

王群．空间、构造、表皮与极少主义．建筑师，1998，84（10）.

王世仁，张复合．"北京近代建筑概说"，中国近代建筑总揽：北京篇．北京：中国建筑工业出版社，1993.

王澍．设计的开始．北京：中国建筑工业出版社，2002.

王玉石．天安门．北京：中国书店，2001.

吴景祥．怀念梁思成先生∥梁思成先生诞辰八十五周年纪念文集编辑委员会．梁思成先生诞辰八十五周年纪念文集．第一版．北京：清华大学出版社，1986.

吴良镛．《梁思成全集》前言∥清华大学建筑学院．梁思成先生百岁诞辰纪念文集．第一版．北京：清华大学出版社，2001.

吴良镛．京津冀地区城乡空间发展规划研究二期报告．北京：建筑与城市研究所，清华大学，2006.

吴良镛．人民英雄纪念碑的创作成就．建筑学报，1978，2：4-7.

吴小如，吴同宾．中国文史资料书举要．天津：天津古籍出版社，2002.

吴欣隆．"社区建筑师"座谈会．建筑师，1996，10：115-120.

吴耀东．日本现代建筑．天津：天津科学技术出版社，1997.

武利华．徐州汉画像石（一函二册）．北京：线装书局，2001.

西泽文隆．台湾现代建筑观后杂感．建筑双月刊，1964，15：25-28.

夏路，沈阳．访问汪季琦．未刊稿，清华大学建筑学院资料室提供，1983-2-7.

夏铸九．营造学社——梁思成建筑史论述构造之理性分析．台湾社会研究季刊，1990，3（1）：6-48.

香港建筑师学会．热恋建筑：与十五香港资深建筑师的对话．香港：香港建筑师学会，2006.

谢英俊，阮庆岳．屋顶上的石斛兰：关于建筑与文化的对话．台湾：木马文化，2003．

徐苏斌．日本对中国城市与建筑的研究．北京：中国水利水电出版社，1999．

薛求理，贾巍．北京奥运建筑——"鸟巢"的城市影响及社会效应．建筑师，将于2009年发表．

薛求理，李颖春．"全球－地方"语境下的美国建筑输入—以波特曼建筑设计事务所在上海的实践为例．建筑师，2007，128：24－32．

薛求理，彭怒．"现代性"和都市幻像——日本建筑师1980年以来在上海建筑设计的空间分析．时代建筑，2006（6）：124－129．

薛求理，周鸣浩．海外建筑师在上海"一城九镇"的实践——以浦江镇为例．建筑学报，2007（3）：24－29．

薛求理．全球化冲击：海外建筑设计在中国．上海：同济大学出版社，2006．

薛求理．上海的"十佳"和香港的"十佳"．世界建筑，2000（9）：77－80．

薛求理．中国建筑实践（中英文双语版）第二版．北京：中国建筑工业出版社，2009．

阎亚宁．访叶树源．建筑师，1984，7：40－43．

燕翊治．国营友谊农场的场部规划介绍．建筑学报，1955，3：86－89．

杨冬江，李冬梅．为中国而设计——境外建筑师与中国当代建筑．北京：中国建筑工业出版社，2009．

杨廷宝．解放后在建筑设计中存在的几个问题．建筑学报，1956，9：51－53．

杨逸咏，黄世孟．研究台湾的几个线索．建筑师，1976，1：20－30．

杨永生，顾孟潮．20世纪中国建筑．天津：天津科学技术出版社，1999．

杨永生．建筑百家争鸣史料1955－1957．北京：中国建筑工业出版社，2003．

也土．世界七大新建筑奇迹．武汉：华中科技大学出版社，2008．

叶祖贵，叶洲独．关于小面积住宅设计的进一步探讨．建筑学报，1958，2：30－36．

伊东中太．中国建筑史．陈清泉译．上海：商务印书馆，1937．

游正林．内部分化与流动：一家国有企业的二十年．北京：社会科学文献出版社，2000．

于光远．忆彭真二三事．百年潮，1997（5）．

余岱宗．审美趣味与文学观念的重新建构——论建国初期意识形态与文艺的关系．集美大学学报，2004（1）：95－102．

余军．我来为安德鲁辩兼与彭培根先生商榷．建筑学报，2001（3）：31－33．

俞孔坚．景观十年：求索心路与践行历程．景观设计学，2008（2）．

原广司．世界聚落的教示100．于天祎，刘淑梅，马千里译．王昀校．北京：中国建筑工业出版社，2003．

张镈．我的建筑创作道路．北京：中国建筑工业出版社，1994．

张敬淦．北京规划建设纵横谈．北京：北京燕山出版社，1997．

张永和，史建，冯恪如．访谈：张永和．Domus中国，2006，7（1）：116－119．

张永和，张路峰．向工业建筑学习．世界建筑，2000（7）．

张永和，周榕．对话：下一个十年．建筑师，2004（4）：56－58．

张永和，非常建筑．建筑"动词"：张永和非常建筑作品集．台湾：田园城市文化事业有限公司，2006：43．

张永和．城市，开门！——2005首届深圳城市\建筑双年展．上海：世纪出版集团，上海人民出版社，2007.

张永和. 第三种态度. 建筑师，2004（4）：24-26.

张永和. 平常建筑. 北京：中国建筑工业出版社，2002.

张永和. 平常建筑. 建筑师，1998，10（84）：27-37.

张永和. 向工业建筑学习//张永和. 平常建筑. 北京：中国建筑工业出版社，2002：26-32.

张永和. 作文本. 北京：生活·读书·新知三联书店，2005.

赵冰. 风生水起. 建筑师，2003（4）.

赵辰. "民族主义"与"古典主义"——梁思成建筑理论体系的矛盾性与悲剧性之分析//张复和. 中国近代建筑研究与保护（2000年中国近代建筑史国际研讨会论文集）. 北京：清华大学出版社，2001：77-86.

赵冬日. 建筑事业上集体创作的范例. 建筑学报，1959，9-10：17.

赵冬日. 天安门广场. 建筑学报，1959，9-10：18-22.

赵冠谦. 建筑标准设计//中国大百科全书出版社编辑部. 中国大百科全书：建筑、园林、城市规划. 北京：中国大百科全书出版社，1988：222-223.

赵深. 发刊词. 中国建筑，1932，创刊号：2.

赵星. "'非常建筑'非常十年"研讨会纪实. 建筑师，2004（2）.

支文军. 葛如亮的新乡土建筑. 时代建筑，1993（1）.

中国建筑工业出版社. 中国国家大剧院设计竞赛方案集. 北京：中国建筑工业出版社，1999：5-7.

中国建筑设计研究院. 建筑师札记. 北京：清华大学出版社，2007.

周卜颐. 批判以梁思成先生为首的错误建筑思想. 1955年3月24日，未刊稿.

周鸣浩，薛求理. "他者"策略：上海"一城九镇"计划之源. 国际城市规划，2008（2）：113-117.

周荣鑫. 周荣鑫理事长的大会总结. 建筑学报，1957，3：14-15.

朱畅中. 梁先生与国徽设计//梁思成先生诞辰八十五周年纪念文集编辑委员会. 梁思成先生诞辰八十五周年纪念文集. 北京：清华大学出版社，1986：119-132.

朱剑飞. 批评的演化：中国与西方的交流. 时代建筑，2006（5）.

朱剑飞. 政治的文化——中国固有形式建筑在南京十年（1927-1937）的历史形成的框架//赵辰，伍江. 中国近代建筑学术思想研究. 北京：中国建筑工业出版社，2001：111-116.

朱启钤，梁启雄，刘敦桢，杨永生. 哲匠录. 北京：中国建筑工业出版社，2005.

朱涛. "华存希望小学"小传. http://blog.sina.com.cn/s/blog_49e53b730100 04pu.html.

朱涛. "建构"的许诺与虚设——论当代中国建筑学发展中的"建构"观念. 时代建筑，2002（5）.

朱涛. 近期西方"批评"之争与当代中国建筑状况——朱剑飞一文《批评的演化：中国与西方的交流》引发的思考. 时代建筑，2006（5）.

朱兆雪，赵冬日. 对首都建设计划的意见. 清华大学建筑学院资料室，1950.

邹德侬，窦以德. 中国建筑五十年. 北京：中国建材工业出版社，1999.

邹德侬. 中国现代建筑史. 天津：天津科学技术出版社，2001.

邹跃进. 新中国美术史1949-2000. 长沙：湖南美术出版社，2002.

参考文献（英文）
Bibliography (English)

（按首字英文字母排序）：

AS & P. Urban Design of The Central Axis in Beijing. Architecture and Urbanism, 2002, 399: 18 - 23.

BAIRD G. "Criticality" and Its Discontents. Harvard Design Magazine, 21, Fall 2004/Winter 2005. (2004 - 11 - 5). http://www.gsd.harvard.edu/hdm>.

BANHAM R. Theory and Design in The First Machine Age. London: Architectural Foundation, 1960.

BERMAN M. All That Is Solid Melts into Air: The Experience of Modernity. New York: Simons and Schuster, 1982.

BLASER W. Courtyard House in China: Tradition and Present. 2nd ed. Basel: Birkhäuser, 1995.

BLASER W. West Meets East: Mies Van Der Rohe (in Collaboration with Johannes Malms). Basel, Boston: Birkhauser, 1996.

BOYD A. Chinese Architecture and Town Planning: 1500BC-AD1911. London: Alec Tiranti, 1962.

BRAY D. Designing to Govern: Space and Power in Two Wuhan Communities. Built Environment, 2008, 34 (4): 392 - 407.

BRAY D. Social Space and Governance in Urban China: The Danwei System from Origins to Reform. Stanford: Stanford University Press, 2005.

BROOK T, FROLIC B M (ed.). Civil Society in China. New York: M. E. Sharpe, 1997: 3 - 16.

CAMPANELLA T J. The Concrete Dragon: China's Urban Revolution and What It Means for The World. New York: Princeton Architectural Press, 2008: 137.

CARLHIAN, J P. The Ecole Des Beaux-Arts: Modes and Manners. Journal of Architectural Education, 1979 - 11, 33 (2): 7 - 17.

CHANG C K, BLASER W. China: Tao in Architecture. Basel: Birkhauser, 1987.

CHANG W M. Chang Chao Kang: 1922 - 1992. Committee for The Chang Chao Kang Memorial Exhibit, 1993.

CHANG Y H. Learning from Uncertainty. Area, 2005 (78): 6 - 11.

CHANG Y H. Yong Ho Chang (About Education) //MICHAEL C (ed.). Back to School: Architectural Education: The Information and The Argument. Architectural Design, 2004, 74 (5). London: Wiley-Academy, 2004: 87 - 90.

CHU S. The New Life Movement, 1934 - 1937: Research in The Social Sciences on China. New York: East Asian Institute Columbia University, 1957.

CHUNG C J, INABA J, KOOLHAAS R, LEONG S T (ed.). Great Leap Forward. Cologne: Taschen, 2001.

CODY J W. Exporting American Architecture, 1870 - 2000. London: Routledge, 2003.

COLLINS, P. Changing Ideals in Modern Architecture, 1750 – 1950. 2nd ed. . Montreal & Kingston: McGill-Queen's University Press, 1998.

COLQUHOUN A. Composition Versus The Project: Modernity and The Classical Tradition. Cambridge, Mass. : The MIT Press, 1991.

COLQUHOUN A. Concepts of Regionalism // WONG C T (ed.). Postcolonial Space (s). Gülsüm Baydar Nalbantoglu. New York: Princeton Architectural Press, 1997: 13 – 23.

DAVIS D. From Welfare Benefit to Capitalised Asset: the Re-Commodification of Residential Space in Urban China // FORREST R, LEE J (ed.). Chinese Urban Housing Reform. London: Routledge, 2003: 183 – 196.

DENISON E, REN G Y. Modernism in China. Chichester: John Wiley & Sons, Ltd, 2008.

DÖCKER R. Terrassentyp (Types of Terraces). Stuttgart, 1930.

DONG M Y. Republican Beijing: The City and Its History. Berkeley, Los Angeles, London: University of California Press, 2003.

DUSSEL E. Beyond Eurocentrism: The World-system As The Limits of Modernity // FREDRIC J, MASAO M (ed.). The Cultures of Globalization. Durham: Duke University Press, 1998: 3 – 31.

DUTTON M. Policing and Punishment in China: From Patriarchy to The People. Cambridge: Cambridge University Press, 1992.

EDE F. G. Die Kaisergräber der Tsing Dynastie. Ihr Tumulusbau (The Tombs of The Qing Dynasty). Berlin: Rother, 1930.

EGBERT D D. The Beaux-arts Tradition in French Architecture, Illustrated by The Grands prix de Rome. New Jersey: Princeton University Press, 1980.

EISENMAN P. Critical Architecture in A Geopolitical World // CYNTHIA C D, I S (ed.). Architecture Beyond Architecture: Creativity and Social Transformations in Islamic Cultures. London: Academy Editions, 1995: 78 – 81.

ERNST. Das Neue China (The New China). Sinica, 1936, 11 (1/2): 101.

ESHERICK J W (ed.). Remaking The Chinese City: Modernity and National Identity, 1900 – 1950. Honolulu: University of Hawai'i, 2000.

EVANS R. The Projective Cast: Architecture and Its Three Geometries. Cambridge, Ma. : The MIT Press, 1995.

FAIRBANK W, LIANG L. Partners in Exploring China's Architectural Past. Philadelphia: University of Pennsylvania Press, 1994.

FERGUSSON J. History of Indian and Eastern Architecture. New York: Dodd, Mead & Company, 1891.

FLETCHER B. A History of Architecture on The Comparative Method. London: B. T. Batsford Ltd, 1st ed. , 1896; 5th ed. , 1905.

FORTY A. Words and Buildings: A Vocabulary of Modern Architecture. London: Thames & Hudson, 2000.

FOUCAULT M. Governmentality // BURCHELL G, GORDON C, MILLER P (ed.). The Foucault Effect: Studies in Governmentality. London: Harvester Wheatsheaf, 1991: 87 – 104.

FOUCAULT M. The Archaeology of Knowledge. trans. SMITH A M S. London: Routledge, 1972.

FOUCAULT M. What Is an Author // RABINOW P (ed.). The Foucault reader. New York: Pantheon Books, 1986: 101 – 120.

FRAMPTON K. Modern Architecture: A Critical History. 3rd ed.. London: Thames and Hudson, 1992.

FRAMPTON K. Rappel a L'ordre: The Case For The Tectonic. Architectural Design, 1990, 3 – 4 (60): 19 – 25.

FRAMPTON K, L A. Notes on American Architectural Education-From The End The Nineteenth Century Until The 1970s. Lotus, 1980, 27: 7.

FRASICAI M. "The Tell-The-Tale" Detail // K N (ed.). Theorizing a New Agenda for Architecture: An Anthology of Architectural Theory 1965 – 1995. New York: Princeton Architectural Press, 1996.

FRIEDMANN J. China's Urban Transition. Minneapolis: University of Minnesota Press, 2005.

GUTHRIE D. Dragon in a Three-Piece Suit: The Emergence of Capitalism in China. Princeton NJ: Princeton University Press, 1999.

HABERMAS J. Further Reflections on The Public Sphere // CRAIG C. (ed.). Habermas and The Public Sphere. Cambridge, Mass.: MIT Press, 1992: 421 – 461.

HADAMARD J. The Psychology of Invention in The Mathematical Field. Princeton: Princeton University Press, 1949.

HAMLIN T F (ed.). Forms and Functions of Twentieth-Century Architecture. New York: Columbia University Press, 1952.

HARDY G H. A Mathematician's Apology. Cambridge: Cambridge University Press, 1967.

HARVEY D. A Brief History of Neoliberalism. Oxford: Oxford University Press, 2005: 120 – 151.

HARVEY D. Spaces of Capital: Towards A Critical Geography. Edinburgh: Edinburgh University Press, 2001.

HIRST P. Foucault and Architecture. AA Files, Autumn 1993 (26): 52 – 60.

HITCHCOCK H R., JOHNSON P. The International Style. New York, London: W. W. Norton, 1995.

HOAK E W, CHURCH W H (ed.). Masterpieces of Architecture in The United States. New York: Charles Scribner's Sons, 1930.

Hong Kong and Far East builder. Hong Kong: Hong Kong Builder.

Hong Kong Lands, Works Branch Information, Public Relations Unit, Hong Kong Building Development Department. Building: A Guide to Building Development in Hong Kong. Hong Kong: The Unit, 1986: 19.

HUANG P C C. "Public Sphere" / "Civil Society" in China?: The Third Realm Between State and Society. Modern China, 1993 – 4, 19 (21): 216 – 240.

IKEDA S. U. S. Hegemony and East Asia: An Exploration of China's Challenge in The 21st Century // WILMA A D (ed.). Emerging Issues in The 21st Century World-System, Volume II: New Theoretical Directions for The 21st Centure World-System. Westport: Praeger Publishers, 2003: 162 – 179.

IKONNIKOV A. Russian Architecture of The Soviet Period. Moscow: Raduga Publishers Cop., 1988.

JAY M. Scopic Regimes of Modernity // FOSTER H (ed.). Vision and Visuality. Seattle: Bay Press, 1988: 3 – 23.

JENNER W J F. The Tyranny of History: The Roots of China's Crisis. London: Allan Lane, The Penguin Press, 1992.

JULLIEN F. The Propensity of Things: Towards A History of Efficacy in China. trans. Janet Lloyd. New York: Zone Books, 1995: 249 –258.

KING D. Plans for Huge China Tower Undeterred. Los Angeles Business Journal, 2001, 11 (5).

KÖGEL E (ed.). Ai Weiwei Beijing: Fake Design in The Village. Berlin: Aedes, 2008.

KÖGEL E, KLEIN C. Made in China: Neue chinesische Architektur. Munich: Deutsche Verlags-Anstalt, 2005.

KÖGEL E. Hsia Changshi zum 100. (oder 103.) Geburtstag. (Hsia Changhsi for his 100. (Or 103) birthday). Bauwelt, 2006 (21): 8.

KÖGEL E. Using The Past to Serve The Future//PETER H, ERIK W (ed.). Architecture and Identity. Münster: LIT-Verlag, 2008: 455 –468.

KÖGEL E. Zwei Poelzig-Schüler in der Emigration in Shanghai. Rudolf Hamburger und Richard Paulick zwischen 1930 –1950 (Two students of Poelzig in Emigration in Shanghai. Rudolf Hamburger and Richard Paulick between 1930 –1950). Unpublished PhD Thesis. Weimar: Bauhaus University, 2006. http://e-pub.uni-weimar.de/volltexte/2007/991/.

KÖGEL E, MEYER U (ed.). TU MU-Young Architecture of China. Berlin: Aedes, 2001.

KOOLHAAS R, AMOMA. Content. Cologne: Taschen, 2004.

KOOLHAAS R, MAU B. S, M, L, XL. New York: Monicelli Press, 1995.

KOOLHAAS R, OMA. New Headquarters for China Central Television (CCTV). Architecture and Urbanism, 2002, 399: 42 –47.

KOOLHAAS R, BOERIS, KWINTERS, TAZIN, OBRIST H U. Mutations. Bordeaux: ACTAR (Arc En Reve Centre d'architecture), 2002.

KOOLHAAS R. "Found in Translation" and "Zhuanhua Zhongde Ganwu". trans. Wang Yamei. Ubiquitous China, 2006, 8: 120 –126, 157 –159.

KOOLHAAS R. Bigness, Or The Problem of Large // KOOLHAAS R, Mau B. S, M, L, XL. New York: Monaceli Press, 1995: 494 –517.

KOOLHAAS R. Introduction//CHUNG C J, INABA J, KOOLHAAS R, LEONG S T (ed.). Great Leap Forward. Cologne: Taschen, 2001: 27 –28.

KOOLHAAS R. Pearl River Delta (Harvard Project on The City) // KOOLHAAS R, BOERI S, KWINTER S, TAZI, OBRIST H U. Mutations. Barcelona: ACTAR, 2000: 280 –337.

KOOLHAAS R. Singapore Songlines: Thirty Years of Tabula Rasa//KOOLHAAS R, MAU B S. M, L, XL. New York: Monaceli Press, 1995: 1008 –1089.

KOOLHAAS R. The Generic City // KOOLHAAS R, MAU B S. M, L, XL. New York: Monaceli Press, 1995: 1238 –1264.

KOOLHAAS R. What Ever Happened to Urbanism? //KOOLHAAS R, MAU B S. M, L, XL. New York: Monacelli Press, 1995: 958 –971.

KOOLHAAS R. Lecture on Monumentality. Cambridge, Massachusetts: Graduate School of Design, Harvard University, 2003.

KRUFT H W. A History of Architectural Theory: From Vitruvius to The Present. trans. TAYLOR R, Elsie Callander, Antony Wood. London: Zwemmer, 1994.

KUAN S. Image of The Metropolis: Three Historical Views of Shanghai // SENG K, ROWE P G (ed.). Shanghai: Architecture and Urbanism for Modern China. Munich: Prestel, 2004: 84 - 95.

LEFEBVRE H. The Production of Space. trans. SMITH D N. Oxford: Blackwell, 1991.

LEGATES R T, SCOUT F (ed.). The City Reader. London and New York: Soutledge, 2000.

LI S. Writing A Modern Chinese Architectural History: Liang Sicheng and Liang Qichao. Journal of Architectural Education, 2002, 56 (1): 35 - 45.

LIANG S C. A Pictorial History of Chinese Architecture. Wilma Fairbank (ed.). Cambridge Mass.: MIT Press, 1984.

LIANG S C E. A Pictorial History of Chinese Architecture: A Study of The Development of Its Structural System and The Evolution of Its Types. Cambridge, Mass: The MIT Press, 1984.

LILLICO S. Foreign Medicine and Hospitals in China. The China Journal, 1935, 8: 93.

LIM W S W, BENG T H. Contemporary Vernacular: Evoking Traditions in Asian Architecture. Singapore: Select Books, 1998.

LOWENTHAL D. The Past Is A Foreign Country. New York: Cambridge University Press, 1985.

LÜ J, ROWE P, ZHANG J (ed.). Modern Urban Housing in China 1840 - 2000. Munich: Prestel, 2001.

MA Q. "Interview", 2004. (2004 - 10 - 15). http://www.abbs.com.

MAD. Mad Dinner. Barcelona: Actar Barcelona, 2007.

McGOWAN R. China Central Television (CCTV) Headquarters: Construction. Architecture and Urbanism, 2008, 454: 108.

MEYER J F. The Dragons of Tiananmen: Beijing As A Sacred City. Columbia: University of South Carolina Press, 1991.

MITCHELL D. Man in The Middle. BC business, 1987 - 1 - 1.

MURPHY H K. An Architectural Renaissance in China: The Utilisation in Modern Public Buildings of The Great Styles of The Past. Asia, 1928 (6): 468 - 475.

NAQUIN S. Peking: Temples and City Life, 1400 - 1900. Berkeley, Los Angeles, London: University of California Press, 2000.

NOLAN P. China at The Crossroads. Cambridge: Polity Press, 2004: 174 - 177.

O. M. A. , KOOLHAAS R, MAU B. S, M, L, XL. New York: The Monacelli Press, 1995.

PAI H. Portfolio and The Diagram: Architecture, Discourse, and Modernity in America. Cambridge, Mass: MIT Press, 2002.

PANOFSKY E. Perspective As Symbolic Form. trans. Christopher S. Wood. New York: Zone Books, 1997.

PARKINS M F. City Planning in Soviet Russia. Chicago: The University of Chicago Press, 1953.

PEISERT C. Peking Und Die "Nationale Form". Die Repräsentative Stadtgestalt Im Neuen China Als Zugang Zu Klassichen Raumkonzepten. (Beijing and The 'National Form': The Representative Urban Form in New China As An Approach to The Use of A Classical Concept of Space.). Unpublished PhD Thesis. Berlin: Technische Universität, 1996.

PEREZ-GOMEZ A, PELLETIER L. Architectural Representation and The Perspective Hinge. Cambridge, Mass. : MIT, 1997.

PEVSNER N. An Outline of European Architecture. Harmondsworth: Penguin Books, 1963.

PRYOR E G. Housing in Hong Kong. Hong Kong: Oxford University Press, 1983.

RABINOW P. French Modern: Norms and Forms of The Social Environment. Cambridge, Massachusetts: The MIT Press, 1989.

ROBERTSON H. Principles of Architectural Composition. London: The Architectural Press, 1924.

ROWE P G, KUAN S. Architectural Encounters with Essence and Form in Modern China. Cambridge, Mass. : MIT Press, 2002.

RYKWERT J. The Ecole Des Beaux-arts and The Classical Tradition // MIDDLETON R. The Beaux-arts and Nineteenth-Century French Architecture. London: Thames and Hudson, 1984: 8 – 17.

SHAW G. It's Back to The Drawing Board for Stanley Kwok: "Master Planner" Had Ability to Bring People Together. The Vancouver Sun, 1993 – 9 – 18.

SKIDMORE, OWINGS & MERRILL LLP. Beijing Finance Street, 2007. Architecture and Urbanism, 2008, 454: 47.

SOLINGER D. Contesting Citizenship in Urban China: Peasant Migrants, The State and The Logic of The Market. Berkeley: University of California Press, 1999.

SOMOL R, WHITING S. Notes Around The Doppler Effect and Other Moods of Modernism. Perspecta 33: Mining Autonomy, 2002: 72 – 77.

South China Morning Post. Hong Kong: South China Morning Post.

SPEAKS M. Design Intelligence and The New Economy. Architectural Record, 2002 – 1: 72 – 76.

SPEAKS M. Design Intelligence: Part 1, Introduction. A + U, 2002, 12 (387): 10 – 18.

SPENCE J D. The Search for Modern China. New York and London: W. W. Norton & Company, 1991.

STALIN J V. The Political Tasks of The University of The Peoples Of The East // STALIN J V. Works, Vol. 7. Moscow: Foreign Languages Publishing House, 1954.

STEINHARDT N S. A History of Chinese Architecture. New Haven: Yale University Press, 1984.

STEINHARDT N S. The Tang Architecutral Icon and The Politics of Chinese Architectural History. Art Bulletin, 2004 – 6, 86 (2): 228 – 254.

STERN R A M. PFSFS: Beaux-Arts Theory and Rational Expressionism. The Journal of The Society of Architectural Historians, 1962 – 5, 21 (2): 84 – 102.

STRAND D. Rickshaw Beijing: City People and Politics in The 1920s. Berkley, Los Angeles, London: University of California Press, 1989.

SU G D. Chinese Architecture: Past and Contemporary. Hong Kong: Sin Poh Amalgamated (H. K.) Limited, 1964.

TARKHANOV A, KAVTARADZE S. Stalinist Architecture. Trans. R and J Whitby, PAVER J. London: Laurence King, 1992.

TSANG S. A Modern History of Hong Kong. Hong Kong: Hong Kong University Press, 2004.

TU W. 'Introduction' and 'Epilogue' // TU W (ed.). Confucian Traditions in East Asian Modernity: Moral Education and Economic Culture in Japan and The Four Mini-dragons. Cambridge, Mass. : Harvard University Press, 1996: 1 – 10, 343 – 349.

WALLERSTEIN I. The Essential Wallerstein. New York: New Press, 2000.

WALLERSTEIN I. The Rise of East Asia, Or The World-system in The Twenty-first Century //

WALLERSTEIN I. The End of The World As We Know It: Social Science for The Twenty-First Century. Minneapolis: University of Minnesota Press, 1999: 34 – 48.

WANG H Y. Mainland Architects in Hong Kong After 1949: A Bifurcated History of Modern Chinese Architecture. Unpublished Thesis (Ph D), Hong Kong: The University of Hong Kong, 2008.

WATKIN D. The Rise of Architectural History. London: The Architectural Press, 1980.

WEISMEHL L A. Changes in French Architectural Education. Journal of Architectural Education (1947 – 1974), 1967 – 3, 21 (3): 1 – 3.

WHEATLEY P. The Pivot of The Four Quarters: A Preliminary Enquiry into The Origins and Character of The Ancient Chinese City. Edinburgh: Edinburgh University Press, 1971.

WIGOD R. The Master Builder: Stanley Kwok Has His Critics, But He Was Deemed Uniquely Fitted to Mastermind A False Creek Megaproject. The Vancouver sun, 1996 – 9 – 7.

WRIGHT G. "History for Architects." The History of History in American Schools of Architecture, 1865 – 1975. Ed. Wright, Gwendolyn. Princeton: Architectural Press, 1990.

WU H. Tiananmen Square: A Political History of Monuments. Representations, Summer 1991 (35): 84 – 117.

WU H. Remaking Beijing: Tiananmen Square and The Creation of A Political Apace. Chicago: University of Chicago Press, 2005.

WU J. Bauhaus Principles in The Architecture of Shanghai. In Kai Vöckler; Dirk Luckow: Peking, Shanghai, Shenzhen. New York: Campus Verlag, 2000: 515 – 520.

WU L. Rehabilitating The Old City of Beijing. Vancouver: UBC Press, 1999.

XING R. Accidental Affinities: American Beaux-Arts in Twentieth-century Chinese Architectural Education and Practice. Journal of The Society of Architectural Historians, 2002 – 3, 61 (1).

XU Y. The Chinese City in Space and Time: The Development of Urban Form in Suzhou. Honululu: University of Hawaii Press, 2000.

XUE C Q L. Building A Revolution: Chinese Architecture Since 1980. Hong Kong: Hong Kong University Press, 2006: 54 – 55, and Master Plan of Beijing, 1996.

XUE C Q L, Chen X. Chinese Architects and Their Practice. Journal of Architectural and Planning Research, Locke Science Publishing Company, Inc., USA, 2003, 20 (4): 291 – 306.

XUE C Q L, LI Y. Importing American Architecture In China-A Case Study of John Portman & Associates' Practice in Shanghai. Journal of Architecture, Routledge (Taylor & Francis Group, UK), 2008, 13 (3): 317 – 333.

XUE C Q L, ZHOU M. Importation and Adaptation: Building "One City and Nine Towns" in Shanghai, A Case Study of Vittorio Gregotti's Plan of Pujiang Town. Urban Design International, (Palgrave-MacMillan, UK), 2007, 12: 21 – 40.

XUE C Q L. Artistic Reflection in Contemporary Chinese Architecture. TAASA Review, The Asian Arts Society of Australia, 2004, 13 (4): 14 – 15.

XUE C Q L. Building A Revolution: Chinese Architecture Since 1980. Hong Kong: Hong Kong University Press, 2006.

XUE C Q L. Chronicle of Chinese Architecture: 1980 – 2003. Architecture and Urbanism, Tokyo, 2003, 399 (12): 152 – 155.

XUE C Q L, NU P, MITCHENERE B. Japanese Architectural Design in Shanghai: A Brief Review of The Past 30 Years. Journal of Architecture, Routledge (Taylor & Francis Group, UK), forthcoming 2009.

ZANTEN D V. Architectural Composition at The Ecole Des Beaux-arts From Charles Percier to Charles Garnier// DREXLER A. Architecture of The Ecole Des Beaux-arts. London: Secker and Warburg, 1977: 111 – 324.

ZHANG J, WANG T. Housing Development in The Socialist Planned Economy From 1949 to 1978 // LÜ J, ROWE P, ZHANG J. Modern Urban Hosing in China 1842 – 2000. Munich, London, New York: Prestel Verlag, 2001: 103 – 186.

ZHU J. Architecture of Modern China: A Historical Critique. London, New York: Routledge, 2009.

ZHU J. From Land Use Right to Land Development Right: Institutional Change in China's Urban Development. Urban Studies, 2004, 41 (7): 1249 – 1267.

ZHU J. Beyond Revolution: Notes on Contemporary Chinese Architecture. AA Files, 1995, 35: 3 – 14.

ZHU J. China As A Global Site: in A Critical Geography of Design// Jane Rendell, HILL J, Burray Fraser, Mark Dorrian (ed.). Critical Architecture. London: Routledge, 2007: 301 – 308.

ZHU J. Chinese Spatial Strategies: Imperial Beijing 1420 – 1911. London and New York: Routledge-Curzon, Taylor & Francis Group, 2004.

ZHU J. Criticality in Between China and The West. Journal of Architecture, 2005 – 11, 10 (5): 479 – 498.